Maler und Dichter der Idylle
Salomon Gessner (1730–1788)

Nr. 154 Idylle „Phillis, Chloe"

Maler und Dichter der Idylle

Salomon Gessner

1730–1788

Zweite Auflage

Wolfenbüttel 1982

Ausstellungskataloge der
Herzog August Bibliothek Nr. 30

Ausstellung zum 250. Geburtstag Salomon Gessners, veranstaltet von der Präsidialabteilung der Stadt Zürich und der Herzog August Bibliothek Wolfenbüttel in Zusammenarbeit mit der Zentralbibliothek, dem Kunsthaus Zürich und dem Schweizerischen Landesmuseum Zürich.

Abkürzungen im Katalog

HAB: Herzog August Bibliothek Wolfenbüttel
ZB: Zentralbibliothek Zürich
L: Leemann-van Elck, Paul: Salomon Gessner. Zürich 1930.
Lit.: Literatur

Bei Größenangaben in cm steht Höhe vor Breite.
Abgekürzte Literaturangaben sind im Literaturverzeichnis aufgeschlüsselt.

Aus konservatorischen Gründen können nicht alle Objekte an den Ausstellungsorten gezeigt werden.

Umschlag: Marco P. Osterwalder, CH-6900 Lugano
Gesamtherstellung: Limbach, Druck- und Verlagshaus, D-3300 Braunschweig
1. Auflage März 1980
2. durchgesehene Auflage Mai 1982
ISBN 3-88373-010-6
Vertrieb in der Schweiz durch Verlag Hans Rohr, Zürich

Inhalt

Konzeption der Ausstellung

Martin Bircher
unter Mitwirkung von Thomas Bürger

Katalogredaktion

Martin Bircher, Eckhard Schinkel

Mitarbeiter am Katalog

Martin Bircher
Herzog August Bibliothek Wolfenbüttel

Thomas Bürger
Wolfenbüttel

Renate Böschenstein-Schäfer
Genève

Alfred Cattani
Neue Zürcher Zeitung Zürich

Jörg-Ulrich Fechner
Universität Bochum

Gotthardt Frühsorge
Herzog August Bibliothek Wolfenbüttel

Karl S. Guthke
Harvard University

Ulrich Im Hof
Universität Bern

Eckhard Schinkel
Münster

Rudolf Schnyder
Schweizerisches Landesmuseum Zürich

Bernhard von Waldkirch
Zürich

Bruno Weber
Zentralbibliothek Zürich

Max Wehrli
Universität Zürich

Lucas Wüthrich
Schweizerisches Landesmuseum Zürich

Rat und Hilfe gewährten

Hans Baer, Zürich
Nicolas Baerlocher, Zürich
Peter Berghaus, Münster
Jean-Pierre Bodmer, Zürich
Yvonne Boerlin-Brodbeck, Basel
C. G. Boerner, Düsseldorf
Hansjakob Diggelmann, Zürich
Fernand Favre, Grandvaux VD
Galerie Fischer, Luzern
Christian von Heusinger, Braunschweig
Werner Hofmann, Hamburg
Eduard Justi, Braunschweig
Eva Kaiser, Wolfenbüttel
D. Karasek, Erlangen
Ludwig Kohler, Zürich
Ingeborg Köhlhoff, Wolfenbüttel
Antiquariat August Laube, Zürich
Rudolf Madliger, Zürich
Peter Mortzfeld, Wolfenbüttel
Ursula Perucchi, Zürich
Géza Rech, Salzburg
Hans Rindlisbacher, Basel
Martin Salzmann, Zürich
Hans-Peter Schramm, Hannover
Frau E. Schriever, Goldbach-Zürich
Gert Schröter, Braunschweig
Barbara Strutz, Wolfenbüttel
Conrad Ulrich, Zürich
Leo Zihler, Zürich †

Fotonachweis
Herzog August Bibliothek Wolfenbüttel und Zentralbibliothek Zürich. – Herzog Anton Ulrich-Museum Braunschweig; C. G. Boerner Düsseldorf; Kunsthalle Hamburg; E. Guignard Vevey; ETH, Kunsthaus, Schweiz. Institut für Kunstwissenschaft, Schweiz. Landesmuseum Zürich.

Dank

Die Drucklegung des Katalogs wurde durch Zuwendungen gefördert von:
Stiftung Pro Helvetia
Neue Zürcher Zeitung

Dem Katalog ist eine Faksimile-Beilage der ersten Nummer der *Neuen Zürcher Zeitung* vom 12. Januar 1780 beigeheftet und ein Prospekt des Orell Füssli Verlags beigelegt.

Von der Gouache *Ideale Landschaft mit Wasserfall. 1786* (Kat. Nr. 172) im Besitz des Schweizerischen Landesmuseums erscheint zur Eröffnung der Ausstellung ein farbiger Poster.

Leihgeber

Öffentliche Kunstsammlung
Basel

Universitätsbibliothek
Basel

Gottfried Keller-Stiftung
Bern

Herzog Anton Ulrich-Museum
Braunschweig

Universitätsbibliothek
Erlangen-Nürnberg

Dr. J.-U. Fechner
Bochum

Niedersächsische Landesbibliothek
Hannover

H.-D. von Diepenbroick-Grüter †
Tecklenburg

Kantonsbibliothek
Trogen

Musée Jenisch
Vevey

Herzog August Bibliothek
Wolfenbüttel

Frau D. Schriever
Zürich-Goldbach

H. u. R. Madliger-Schwab
Zürich

Eidgen. Technische Hochschule,
Graphische Sammlung
Zürich

Kunsthaus
Zürich

Schweizerisches Landesmuseum
Zürich

Zentralbibliothek
Zürich

Private Leihgeber

Zum Geleit

Im Rahmen der Zürcher Kulturgeschichte nimmt das 18. Jahrhundert eine Sonderstellung ein. Gewiß war Zürich damals nicht von jener kreativen Kraft erfüllt wie zur Zeit der Reformation. Aber „die Schweizer", welche in der deutschen Geistesgeschichte gegen Ende des 18. Jahrhunderts eine beträchtliche Rolle spielten, waren – von wenigen Ausnahmen wie Albrecht von Haller abgesehen – doch meist in Zürich zu Hause. Unter diesen Zürchern wieder nimmt Salomon Gessner einen wichtigen Platz ein. Dabei sollte seine Frau Judith, die Tochter von Zunftmeister Heinrich Heidegger, nicht vergessen werden. Sie schuf in Zürich so etwas wie einen Pariser Salon und gab damit dem puritanischen Zürcher Alltag einen neuen Farbton.

Die Familie Gessner gehörte seit dem 16. Jahrhundert zu den kulturellen Kräften der Stadt. Salomon Gessners Vater war Drucker, Buchhändler und Ratsherr. Trotz so vorzüglichen Voraussetzungen begann Salomons Werdegang eher holprig. Er hatte große Schwierigkeiten in der Schule. Auch eine Buchhändlerlehre in Berlin mußte abgebrochen werden. Schlagartig öffnen sich Salomon Gessner aber die Türen, als er mit seinen Gedichten vollen Erfolg hatte. Sein Schwiegervater besaß nicht nur die damals schönste Kupferstichsammlung Zürichs, er ebnete ihm auch den Weg in politische Ämter. 1765 zog er in den Großen Rat ein, 1767 war er bereits im Kleinen Rat, 1768 wurde er Obervogt in Erlenbach, 1776 erhielt er die Vogtei „Zu den vier Wachten", welche die damals selbständigen Gemeinden Hottingen, Fluntern, Ober- und Unterstraß sowie Wipkingen umfaßte. 1781 schließlich wählte ihn der Rat zum Sihlherrn. Damit war ein Amtssitz im idyllisch-romantischen Sihlwald verbunden. Aus allen Quellen geht hervor, Gessner habe seine Amtspflicht gewissenhaft und mit Geschick erfüllt. Dies ist um so bemerkenswerter, als seine Haupttätigkeiten auf ganz anderen Gebieten lagen. Schon 1752, Gessner war damals 22 Jahre alt, begründeten die „Anakreontischen Lieder" seinen frühen Ruhm als Dichter. Zwischen 1762 und 1839 erschienen Salomon Gessners Gesammelte Schriften sechsundzwanzigmal, darunter fünfmal in französischer Sprache. Um 1770 dürfte er der im Ausland bekannteste Schweizer Autor gewesen sein.

Damit nicht genug, betätigte er sich auch als Verleger. Als Erbe seines Vaters vereinigte er die Firma Gessner mit der Buchdruckerei Orell, die später zum Unternehmen Orell, Gessner, Füssli und Co. erweitert wurde. Hier erschienen fast alle seine Werke. Der bibliophile Buchdruck, mit dem er in unmittelbarer Fühlung lebte, entsprach seinen Interessen in hohem Maße. Besondere Aktualität besitzt die Tatsache, daß Gessner vor genau 200 Jahren die damalige „Zürich Zeitung", die heutige *Neue Zürcher Zeitung* gründete. Schließlich stürzte sich Gessner auch noch in ein völlig neues Unternehmen, in die von ihm gegründete Porzellanmanufaktur im Schooren bei Bendlikon unterhalb Kilchberg. Wenn diesem Unternehmen der wirtschaftliche Erfolg versagt blieb und Gessner dabei einen guten Teil seines Vermögens einbüßte, so galt dies doch als ein kulturgeschichtliches Ereignis.

Gessner war ein ausgesprochen geselliger Mensch mit vielen Freunden und Bekannten. Wer immer als prominenter Gast nach Zürich kam, versäumte nicht, beim berühmten Gessner vorzusprechen. Natürlich hat man Gessners Bedeutung mit dem Hinweis auf das Verspielt-Empfindsame seiner Werke relativiert. Dies ändert aber nichts daran, daß Gessner wie kein zweiter Zürcher den Geschmack seiner Epoche traf. Auf diese Weise hat er Zürich mit dem Zeitgeist versöhnt. Dies war nach dem spannungsvollen Verhältnis, welches das 17. Jahrhundert in Zürich gekennzeichnet hatte, keine Kleinigkeit. Darüber hinaus war er ein liebenswürdiger, heiterer Mensch, der zum Wohlbefinden in seiner Heimatstadt beitrug und der es verdient, wieder einmal in Erinnerung gerufen zu werden.

Ich freue mich, daß wir die Ausstellung mit der Herzog August Bibliothek in Wolfenbüttel gemeinsam konzipieren und durchführen konnten, und wünsche ihr in beiden Städten einen guten Erfolg.

Sigmund Widmer, Stadtpräsident von Zürich

Salomon Gessners 250. Geburtstag ist ein sehr willkommener Anlaß für die Zusammenarbeit zwischen Zürich und Wolfenbüttel, zwei Stationen einer gemeinsamen Ausstellung, in der eine Zeit lebendig wird, die in beiden Städten bleibende Spuren hinterlassen hat.

Das literarische Zürich des 18. Jahrhunderts mit Bodmer und Breitinger, Gessner und Lavater und vielen bedeutenden Schriftstellern und Gelehrten, Politikern und Künstlern wirkte weit über die Schweiz hinaus und hinterließ selbst in Wolfenbüttel Spuren, in der Stadt, in der Gotthold Ephraim Lessing, fast gleichzeitig mit dem Schweizer Idyllendichter, als Bibliothekar wirkte. Zürich, heißt es, zählte um 1750 etwa 10 000 Einwohner. Auch die Residenzstadt der Braunschweiger Herzöge hatte noch die gleiche Größe, sie war ein lebendiges kulturelles Zentrum im Herzen des Deutschen Reiches, in der Nachbarschaft Braunschweigs, in der die Freunde des Zürcher Poeten am Collegium Carolinum wirkten. Welch ein Unterschied zwischen der Limmatstadt und der Okerfestung: dort der freie Geist Schweizer Bürger, hier die Enge verblühter Barockpracht.

Doch Wolfenbüttel hatte damals einen so guten Namen wie Zürich dank der Bibliothek von Herzog August, die auch heute noch Zentrum der ehemaligen Residenzstadt ist.

In der Bibliotheksrotunde stand der zwanzigjährige Salomon Gessner mit seinem Freund – wie viele vor ihm und nach ihm – staunend vor den Bücherwänden, deren Ruhm so groß war, daß man vom „achten Weltwunder" sprach. Zwei Jahrzehnte früher hatte ein anderer junger Schriftsteller und Gelehrter aus der Schweiz, Albrecht von Haller, die fürstliche Sammlung in dem den Schloßplatz überragenden Gebäude in Augenschein genommen. Auch Lessing hatte sich durch diese Bibliothek angezogen gefühlt: er wurde unter den Büchern am Ende seines Lebens ein wahrer Büchergelehrter. In seinem Hause an der Bibliothek, heute als Museum für Lessing und seine Zeit eingerichtet, sind die *Fabeln aus der Zeit der Minnesänger* und die Fragmente des Nibelungenliedes – beide Werke sind in Zürich erschienen – mit Lessings handschriftlichen Anmerkungen ausgestellt.

Man sieht, es gab durchaus Beziehungen zwischen dem lieblichen Zürich und dem herben Wolfenbüttel. Sie sind in der Gegenwart wieder lebendig geworden, denn die Idee dieser gemeinsamen Ausstellung verdanken wir dem Zürcher Martin Bircher. Er ist nicht nur ein Freund Wolfenbüttels, sondern auch wissenschaftlicher Mitarbeiter an der Herzog August Bibliothek, verantwortlich für die Forschungen über Barockliteratur: er stellt also die Beziehung wieder her zwischen Zürich und der Stadt Lessings, die ihrer Bücher wegen berühmt geblieben und nun ein Zentrum wissenschaftlicher Studien über die frühe Neuzeit geworden ist. Diese Periode in der europäischen Kulturgeschichte gipfelte in dem Jahrhundert der Aufklärung, in dem auch der liebenswerte und bewunderungswürdige Dichter und Denker, Illustrator und Verleger, Kaufmann und Politiker Salomon Gessner seine Zeit durch seine Dichtungen und vielfältigen Tätigkeiten mitprägte.

Die Ausstellung gleicht einem Panorama, vor dem die Zürcher Bürger dem angesehenen Salomon Gessner huldigen. Sie zeigt auf eindrucksvolle Weise den Reichtum literarischer und künstlerischer Überlieferung in der Schweiz. Wohl selten kann eine Ausstellung eine solche bunte Fülle an Lebenszeugnissen und künstlerischen Gegenständen aus dem Umkreis einer vielseitig tätigen Persönlichkeit bieten, wie es diese zum 250. Geburtstag von Salomon Gessner ermöglicht.

Mir bleibt an dieser Stelle nur ein Wort des Dankes zu sagen an alle, die mitgewirkt haben. Der Dank der Herzog August Bibliothek gebührt zunächst der Präsidialabteilung der Stadt Zürich, die Martin Birchers Idee aufgriff und in die Tat umsetzte, sowie der Zentralbibliothek, dem Kunsthaus und dem Schweizerischen Landesmuseum in Zürich für tätige Mithilfe und wertvolle Leihgaben. Mein besonders herzlicher Dank gilt meinem Kollegen Martin Bircher, der mit tatkräftiger Umsicht und in bewundernswerter Beharrlichkeit diese Ausstellung zusammengestellt und den Katalog konzipiert und herausgegeben hat. Er konnte dabei auf seinen reichen Fundus historischer Detailkenntnisse zurückgreifen und viele Vorarbeiten zu Gessners ungedrucktem Briefwechsel heranziehen, dessen Herausgabe Birchers Gesamtausgabe von Salomon Gessners Schriften, vor einigen Jahren erschienen, abrunden soll.

Unser gemeinsamer Dank gilt den vielen unermüdlichen und hilfsbereiten Mitarbeitern am Katalog, die sich auf eine so vorbildliche Weise für das Andenken an Salomon Gessner eingesetzt haben.

Ich wünsche der Ausstellung und dem reich bebilderten Katalog einen guten Erfolg. Salomon Gessners 250. Geburtstag 1980 zwischen den beiden Lessingjahren 1979 und 1981 verstehen wir als gutes Omen.

Paul Raabe

Paul Raabe, Direktor der Herzog August Bibliothek

Maler und Dichter der Idylle Salomon Gessner (1730–1788)

Martin Bircher

Salomon Gessner, der vor zweihundertfünfzig Jahren in Zürich geboren wurde, genießt – keineswegs nur in seiner Vaterstadt – einen guten Ruf: Hier erinnert ein Denkmal an ihn, eine Allee ist nach ihm benannt, sein Wohnhaus trägt eine Inschrift. Seine künstlerischen und literarischen Werke sind in der Bibliothek und in den Kunstsammlungen zu finden. In regelmäßigen Abständen der Gedenkjahre wird er gefeiert. Sonst ist es ruhig um ihn geworden. In seiner Zeit war es anders: man sprach von einem Gessner-Fieber, das Frankreich ergriffen habe, in Deutschland gehörte er zu den auflagenstärksten Autoren, in alle Kultursprachen ist er übersetzt worden.

Wer war eigentlich Salomon Gessner? Und lohnt auch heute die Beschäftigung mit ihm? Die Tatsache, daß er in der Literaturgeschichte einen bedeutenden, in der Kunstgeschichte – nach Wölfflin – einen immerhin bescheidenen Platz verdient, daß er in der Geschichte seines Landes und seiner Stadt eine Rolle gespielt hat, mag nicht alleinige Garantin für das Interesse darstellen, das wir ihm heute entgegen bringen. Man mag darauf hinweisen, daß Gessners Bücher wohl im Antiquariat, kaum aber in Buchhandlungen zu finden, daß seine Gemälde und Kupferstiche zwar in Museen vorhanden, nicht aber zugänglich sind, auch nicht in Form von Reproduktionen oder Posters, die das Wohnzimmer junger Leute schmücken. Früher war das Exemplarische von Leben und Leistung eines verdienten Bürgers Grund genug, ihm eine Biographie zu widmen, etwa in Form eines Neujahrsblatts, wie es in Zürich seit Jahrhunderten Tradition ist. Die Jugend sollte daraus lernen, sollte sich an dem Erfolgreichen, Tugendhaften ein Beispiel nehmen. Ob sie es heute noch an Gessner nähme? Herder hat seine Zeitgenossen aufgefordert, auf das zu sehen, was in der Vorwelt war und geschah, „damit wir, was um uns ist und geschieht, schätzen lernen". Also auch eine gewissermaßen moralische Absicht mit didaktischer Aufgabe, die jeder Verständige ernst nehmen wird. Auch Lessing betrachtete die „Rettung" eines beinahe vergessenen Dichters als eine der „angenehmsten Beschäftigungen" und war bemüht, sein „Recht auf die Ewigkeit zu untersuchen". Anderseits hat der Grüne Heinrich den „dichten Staub" von den Schriften Gessners entfernen müssen, um ihn zu entdecken und zu lesen. Heute an Gessner zu erinnern heißt, sich zuerst einmal das Zeitlose, Gültige, Schöne seines Arkadien zu vergegenwärtigen, wohl auch an die Sehnsucht nach der Welt der Idylle und des Goldenen Zeitalters beim Betrachter zu appellieren. Gessner müßte in den verschiedenen Aspekten seines künstlerischen Schaffens und in seinem Geflecht menschlicher Beziehungen überhaupt einmal sichtbar gemacht werden. Dies geschieht nur in Form einer Schau ausgewählter Objekte und in Form eines Katalogs mit neuen, verschiedenartigen Beiträgen zum Phänomen Gessner – nicht eines „Denkmals" im Sinne einer abschließenden Würdigung. Tangenten sollen vielmehr von unterschiedlichen Standpunken an den Umkreis seiner Welt gelegt und neue Perspektiven zur Würdigung eröffnet werden. Eine „Gesamtschau", ein „endgültiges Bild" liegt außerhalb unserer Reichweite: dazu ist die Zeit noch nicht reif, ist die Forschung nicht weit genug getrieben, ist der Ausstellungsraum zu klein, war die Zeit der Vorbereitung allzu knapp.

Eine gewisse Bewunderung dem Menschen und Künstler Gessner gegenüber mag aber doch – nicht nur aus lokalpatriotischen oder persönlichen Gründen – vorweg erlaubt sein. Er war ein Dichter und ein Maler, der den Besten seiner Zeit genügte. Er war der Leiter eines traditionsreichen, noch heute bestehenden Verlagshauses, das 1519 gegründet wurde und dem er zu europäischem Ansehen verhalf. Aus diesem Verlag und auf Gessners Initiative hin erschien am 12. Januar 1780 die erste Nummer der heutigen *Neuen Zürcher Zeitung*. Er war Teilhaber (vielleicht „künstlerischer Leiter") der wichtigsten Zürcher Porzellanmanufaktur. Er war Politiker, der sich akiv um die Tagesgeschäfte seines Staates kümmerte. Die Helvetische Gesellschaft verdankt seiner Aktivität und Teilnahme Ansehen und Wirkung. Auch die Gründung der Zürcher Künstlergesellschaft hat Gessner entscheidend gefördert, er gehört somit zu den geistigen Vätern des Kunsthauses seiner Vaterstadt, die Grund hat, auf ihn stolz zu sein. Nicht ohne Ironie hat Gessner vom Gefühl seines ersten großen Erfolgs als Dichter seinem Freund Zimmermann von jenen anderen Qualitäten geschrieben, auf die er Grund hatte, stolz zu sein: „wenn ich und meine unsterblichen Schriften vergessen sind, werden Sie sagen: mein Gessner war ein rechtschaffener Bursche." Unser heutiges Bemühen um ihn ist aber wohl mehr als ein nur bescheidenes Zeichen der Pietät, des Gedenkens an einen Mann von Verdienst und von Qualitäten aller Art. In der Idylle *Daphnis und Micon* läßt Gessner zwei Hirten über das Grabmal eines Tyrannen und eines redlichen Mannes nachsinnen. Während die Trümmer des ersteren im Sumpf versinken, ist das des Redlichen nur mittelbar sichtbar: „was du hier siehst, ist ein rühmliches Denkmal. Die Gegend war öde; sein Fleiß hat diese Felder bebaut, und diesen fruchtbaren Schatten hat seine eigene Hand gepflanzt. Wir, seine Kinder und unsre spätern Nachkommen werden sein Andenken segnen ... denn der Segen des Redlichen ruht auf diesen Feldern und Triften, und in diesem stillen Schatten, und in uns." „Herrliches Denkmal", entgegnet ihm Micon, „womit man auch nach seinem Tode Gutes thut."

Bei dem Gedenken an Gessners 250. Geburtstag geht es also nicht um ein neues Gessner-Denkmal oder einen Ehrentempel. Es sollte heute auch nicht, wie das die letzte ihm gewidmete Ausstellung vor 50 Jahren beabsichtigt hat, „das bisher unvollständig und mühsam Zugängliche in ungekannter Übersichtlichkeit" ausgebreitet werden. Von den damaligen 900 Objekten sind weniger als ein Fünftel tauglich befunden worden, dasjenige symbolisch zu repräsentieren, was wir für das Beste von Gessner halten: eine Auswahl schöner Erstausgaben und Übersetzungen, motivisch und kompositorisch besonders ansprechender Gemälde, Zeichnungen und Radierungen, schöne Proben aus seiner Porzellanmanufaktur. Keine Geburtsurkunde oder Totenmaske, keine mehr oder minder belanglosen Dokumente zur Biographie des Dichters, vielmehr Hinweise, Anregungen für den Betrachter. Nicht dem Kontakt zu allen Freunden und wichtigen Zeitgenossen konnte nachgespürt werden, sondern auch hier wieder nur eine Auswahl, Bekannte und Unbekannte. Nicht fehlen dürfen die herrlichen Porträts seines Freundes Anton Graff, die Dokumente zu Mozarts Besuch in Zürich und bei Gessner, zu Winckelmann, einem der begeisterten Verehrer Gessners, der durch mannigfache Kontakte aufs herzlichste mit Zürich verbunden war.

Ein Kernstück der Ausstellung ist die Rekonstruktion des „Gessnerischen Gemählde-Cabinets", der besten zwanzig Gouachen, die Gessner nicht verkaufen wollte und in seinem Atelier zurückbehielt. Die Familie hat das „Cabinet" als „Heiligtum" liebevoll bewahrt und Fremden gegen Entgelt gezeigt, bis sie sich aus wirtschaftlichen Gründen genötigt sah, die Gemälde der Stadt Zürich zu verkaufen. Ein „Freund der Kunst und der Gessnerischen Familie" hat äußerst interessante Bildbeschreibungen zu den einzelnen Stücken verfertigt, die einen wichtigen Beitrag zur oft diskutierten Beziehung von Malerei und Dichtung im 18. Jahrhundert darstellen. Ein anderer Kunstfreund lobte damals auch schon, daß Gessner mit Pinsel und Radiernadel „das reinste Gefühl des Idyllenlebens auszudrücken wußte, welches er als Dichter so treu, so einfach, so unnachahmlich schilderte." Gessner war sich der Einheit von Dichtung und Malerei, von Pictura und Poesis in seinem Schaffen sehr wohl bewußt: „Dichtkunst und Mahlerey leihen sich einander mehr, als die meisten Dichter und Kunstrichter nicht einzusehen vermögen", schreibt er einmal in einem Brief. Der Wunsch, daß dieses „Gessnerische Gemählde-Cabinet" nicht erst wieder in 50 Jahren für ein paar Wochen enthüllt würde, sondern in Gessners Vaterstadt in einer würdigen Denkstätte zugänglich wäre, soll an dieser Stelle angemerkt und ausgesprochen werden.

„Für die historische Forschung ist die Epoche der Aufklärung gleichsam das Prunkstück der Zürcher Kulturgeschichte", stellt Sigmund Widmer in seinem dem 18. Jahrhundert gewidmeten Band von „Zürich eine Kulturgeschichte" fest. Glücklicherweise trifft auch für Salomon Gessner zu, daß zumindest einzelne Aspekte seines Wirkens gut untersucht sind. In jüngster Zeit ist er, im Zusammenhang mit der Aufwertung der „Idylle" zu einem „Lieblingskind der Germanistik" (Renate Böschenstein), wieder stärker in den Blickpunkt des Interesses und des Bewußtseins geraten. Zuvor war es lange Zeit ruhig um Gessner. Ein zuverlässiges Verzeichnis seiner Schriften, Übersetzungen und Radierungen wurde vor 50 Jahren von dem bibliophilen Liebhaber Paul Leemann-van Elck vorgelegt. Ohne seine jahrzehntelange Beschäftigung mit Gessner und seine vielen weiteren Aufsätze über ihn wäre eine Orientierung kaum möglich. Wohl ist vor einigen Jahren erstmals eine kritische Gesamtausgabe von Gessners Schriften erschienen, die den Text erstmals sichert und darbietet; auch die *Idyllen* sind in einer wohlfeilen Ausgabe erhältlich. Anderseits läßt sich sehr rasch belegen, wie sehr das „Prunkstück der Zürcher Kulturgeschichte" trotz der bisherigen verdienstvollen Leistungen in mancher Hinsicht vernachlässigt ist und dringender Restauration und Pflege bedarf.

Der beliebte Dichter Gleim hat einmal den bis heute nicht erfüllten Wunsch ausgesprochen, daß von allem, was Gessner geschrieben habe, „kein Buchstabe verloren gehe". Tatsächlich stellen die Briefe von und an Gessner das wohl interessanteste und wichtigste Dokument zur Kenntnis seines Lebens und seiner Umwelt dar; nirgends zeigt er sich offener, liebenswürdiger und schlagfertiger als in seinen Briefen. Wer sie indessen lesen und studieren möchte, sieht sich der Unmöglichkeit einer Orientierung gegenüber: der größere Teil ist wohl noch niemals gedruckt worden und die Originale sind in alle Winde zerstreut und müssen erst zusammengetragen werden. Viele einzelne Stücke sind zwar veröffentlicht, aber in so verschiedenartigen Jahrbüchern, Zeitschriften und Tageszeitungen, daß die Zusammenstellung eine Arbeit von Monaten erfordert. Eine Edition des gesamten Briefwechsels Gessners stellt sich daher als vordringliches Desiderat für jede weitere Beschäftigung mit ihm; es ist eine ebenso durchführ- und überschaubare wie notwendige Aufgabe.

Auf anderen Gebieten zeigt sich ein ähnliches Bild: es ist unbekannt und nicht genau erforscht, welche Bücher zur Zeit Gessners in seinem Verlag erschienen sind. Ein exaktes Verzeichnis wie auch eine gründliche Untersuchung des Zürcher Verlags- und Buchhandels sowie des Zensurwesens wäre ebenso lobenswert wie aufschlußreich für die zürcherische und die schweizerische Buchproduktion im 18. Jahrhundert. Zur Rezeptionsgeschichte Gessners und der Dokumentation seiner Gespräche, der Rezensionen seiner Werke in den Periodika seiner Zeit, der Wirkung auf Zeitgenossen und spätere Generationen fehlen ebenfalls systematische Vorarbeiten als solide Basis für eine Darstellung. Endlich meinen wir, daß Gessners Schaffen als Maler und Zeichner einer ebenso zuverlässigen Dokumentation bedürfte wie es im Falle seines Schaffens als Dichter und Buchkünstler bereits erfolgt ist. Bedauerlicherweise müssen wir feststellen, daß seit der Ausstellung von 1930 eine Anzahl von Werken wieder verschollen ist, da versäumt wurde, sie damals dokumentarisch zureichend festzuhalten. Es bedürfte somit einer Aufnahme, Inventarisierung und kritischen Sichtung der Gouachen in den verschiedenen öffentlichen wie privaten Sammlungen – sehr viele hervorragende Objekte befinden sich noch immer in altem Zürcher Familienbesitz. Ein zuverlässiger Katalog von Gessners Gemälden und Zeichnungen wäre ein sehr wünschenswerter und angesichts des überschaubaren Bestands ohne großen Aufwand zu erarbeitender Beitrag in der Reihe der Oeuvrekataloge Schweizer Künstler.

Dank
Vorbereitung von Katalog und Ausstellung wurde durch die gleichzeitige Förderung der Präsidialabteilung meiner Heimatstadt Zürich wie auch der Herzog August Bibliothek ermöglicht, im Sinne einer erstmaligen Zusammenarbeit der beiden für die Literatur des 18. Jahrhunderts so wichtigen Städte. Es ist mir eine angenehme Pflicht, mich bei denjenigen zu bedanken, die mitgeholfen haben, Katalog und Ausstellung zu ermöglichen, zu betreuen, vorzubereiten und aufzubauen. Die Zusammenarbeit mit Nicolas Baerlocher im Stadthaus Zürich gestaltete sich sehr intensiv und erfreulich. Ohne meinen unermüdlichen tätigen Mitarbeiter und Freund Thomas Bürger in Wolfenbüttel hätte ich die Aufgabe weder anfangen noch durchführen können. Eckhard Schinkel hat sich einmal mehr bei der redaktionellen Arbeit des Katalogs hervorragend bewährt. Meine Mitarbeiterin am Barockkatalog, Frau Ingeborg Köhlhoff, hat keine Mühe gescheut, um mir bei Schreib- und Korrekturarbeiten zu helfen. In Zürich danke ich Bernhard von Waldkirch für seinen großen Fleiß beim Beschreiben und immer wieder veränderten Zusammenstellen der Gemälde. Allen denen, die so spontan durch ihre Beiträge zum Katalog und damit auch zum Gelingen der Ausstellung und zur erhofften Neubelebung des Interesses an Salomon Gessner beigetragen haben, gilt der besondere Dank.

Zur zweiten Auflage
Der große Erfolg im Jubiläumsjahr 1980 in Zürich und Wolfenbüttel, ein intensives Echo mit rund sechzig Berichten in Zeitungen und Zeitschriften, in Rundfunk und Fernsehen bewogen uns, zwei Jahre später, die Ausstellung nochmals aufzubauen und den Katalog in durchgesehener, inhaltlich unveränderter Form neu aufzulegen. Es gereicht der Schweiz und Salomon Gessner zu großer Ehre, daß die Ausstellung zum Ausklang des Goethe-Jahrs 1982 in Weimar/DDR – in leicht veränderter Form – gezeigt werden kann. Der Direktorin der Kunstsammlungen zu Weimar, Frau Dr. Liselotte Honigmann-Zinserling, gebührt Dank und Anerkennung, daß sie die Kunsthalle am Theaterplatz vom 9. Dezember 1982 bis 28. Februar 1983 zur Verfügung stellt. Das Patronat übernimmt die Schweizerische Botschaft in der DDR. Die Stiftung Pro Helvetia, Zürich, sicherte die Finanzierung. Besonders dankbar sind wir ihrem Direktor, Luc Boisonnas, und Christoph Eggenberger, wie auch allen Leihgebern und Mitarbeitern, welche die Weimarer Ausstellung ermöglichten.

Daß gleichzeitig viele Anzeichen für eine allgemeine Gessner-Renaissance festzustellen sind, entspricht zweifellos der Bedeutung des in unserer Ausstellung Gefeierten: 1981 sind nicht weniger als vier zu unserem Thema wichtige Dissertationen erschienen: Berthold Burk: Elemente idyllischen Lebens. Studien zu Salomon Gessner und Jean-Jacques Rousseau; Gerhard Hämmerling: Die Idylle von Gessner bis Voß. Theorie, Kritik und allgemeine geschichtliche Bedeutung; Rita Lüchinger: Salomon Gessner in Italien. Sein literarischer Erfolg im 18. Jahrhundert; Petra Maisak: Arkadien: Genese und Typologie einer idyllischen Wunschwelt (alle: Frankfurt/M. und Bern 1981). 1982 wird nicht nur Abate Bertòlas „Elogio di Gessner", hrsg. v. M. und A. Stäuble, erscheinen (Firenze: Olschki), sondern auch ein großer Bildband über den Künstler Gessner, verfaßt von Martin Bircher und Bruno Weber, worin u. a. das gesamte „Gessnersche Cabinett" in Farbe abgebildet wird (Zürich: Orell Füssli). Eine gründliche Untersuchung über Gessner als Künstler durch Bernhard von Waldkirch steht unmittelbar vor dem Abschluß.

Zürich um 1780

Alfred Cattani

Die Stadt, in der vor 200 Jahren, am 12. Januar 1780, erstmals die *Zürcher Zeitung* erschien, war nicht mehr, wie in der Jahrhundertmitte, die Hochburg des geistigen Lebens im deutschen Sprachraum. Aber noch fiel ein Abglanz der sich zu Ende neigenden ruhmreichen Epoche über Zürich. Johann Jakob Breitinger war zwar schon 1776 gestorben, aber noch lebte sein Kampfgefährte, Johann Jakob Bodmer, hochbetagt in seinem Haus «am Berg». Salomon Gessner, gleichermaßen berühmt als Idyllendichter wie als Maler, hatte sich noch nicht in sein Refugium im Sihlwald zurückgezogen, und die von ihm mitgetragene Verlagsbuchhandlung und Druckerei von Orell, Gessner, Füssli und Compagnie, die auch die neue *Zürcher Zeitung* herausgab, genoß einen Ruf, der weit über die Landesgrenzen hinausging und selbst dem jungen Goethe den begeisterten Ausruf entlockte, dieser einzige Verlag habe ebenso viele gute Werke publiziert wie der halbe Buchhandel Deutschlands zusammen. Und da lebten noch in Zürich Pfarrer Johann Kaspar Lavater und Bäbe Schulthess, bei denen Goethe freundschaftlich verkehrt hatte, Johann Heinrich Pestalozzi, der eben daran war, seinen Erziehungsroman *Lienhard und Gertrud* fertigzustellen, der Philosoph Johann Georg Sulzer, der Maler und Fabeldichter Ludwig Meyer von Knonau, der Arzt Johann Kaspar Hirzel, der einst den philosophischen Bauern «Kleinjogg» geschildert hatte, der Naturforscher Johann Gessner und viele andere. Der deutsche Schriftsteller Wilhelm Heinse, damals zu Besuch in Zürich, behauptete sogar, in der kleinen Stadt von 10 000 Bewohnern lebten 800 Personen, die schon etwas hätten drucken lassen...

«Enge, krumme, übelriechende Gassen ...»

Zürich war nach wie vor ein wichtiges Ziel der im 18. Jahrhundert so beliebten Bildungsreisen. Christoph Meiners, Professor der Philosophie in Göttingen, der die Stadt im Sommer 1783 besuchte, schildert sie so: «Zürich ... ist in zwo ungleiche Hälften getheilt. Die so genannte grosse Stadt (d. h. die Quartiere rechts der Limmat) hat wie fast alle Städte meistens enge, krumme, übelriechende und oft so steile Gassen, dass es nicht möglich wäre, mit einem Fuhrwerk oder auch nur mit einem Pferde hinanzuklimmen. Die öffentlichen Gebäude sind alle schön und prächtig: die Häuser der Einwohner aber im Durchschnitt weder in die Augen fallend noch weitläufig; doch finden sich in der kleinen Stadt (d. h. links der Limmat) viele schöne Privatgebäude, so wie auch gerade und breite Strassen. Die Häuser haben alle Zeichen und Benennungen wie in Teutschland die Gasthöfe: zum Beyspiel zur Reblaube, zum gewundenen Schwerdt...»

In den drei Jahrzehnten vor 1780 waren in Zürich tatsächlich einige bauliche Akzente gesetzt worden: in der 1752–57 erstellten neuen Meise, im Waisenhaus, das 1771 eröffnet wurde (heute Amtshaus I) und in dem ungefähr zu gleicher Zeit erbauten Haus zur Krone, dem heutigen Rechberg. Schöne Innenausstattungen und reichverzierte schmiedeeiserne Portale zeugten von gutem Geschmack. 1778 waren auf private Initiative hin die ersten öffentlichen Oellampen installiert worden, beim Rathaus, oben an der Marktgasse und in vielen andern Quartieren. Meiners ließ sich durch die äußere Bescheidenheit der Privathäuser nicht täuschen, wenn er konstatiert:

«Unter den Bürgern und Einwohnern von Zürich findet sich viel Wohlhabenheit; allein noch hat das Glück nicht in den Händen von Wenigen ungeheure Reichthümer versammlet ... Hunderttausend Gulden machen in dieser Stadt, wo Handel und Fabriken so sehr blühen, schon einen reichen Mann; und nur wenige giebt es, die zwey- oder dreymal so viel besitzen.»

Dieser von Gewerbefleiß und unternehmerischem Geschick herrührende Wohlstand bildete den äußeren Rahmen jenes regen Geisteslebens, dessen sich Zürich im Rokoko rühmen durfte. Zahlreiche Bildungsvereine und Gesellschaften waren damals gegründet worden, wie die Naturforschende oder Physikalische Gesellschaft, welche die berühmten *Bauerngespräche* organisierte, in denen über Entwicklung und Rationalisierung der Landwirtschaft diskutiert wurde, die Cosmographische Gesellschaft, die Mathematisch-Militarische, die Helvetische Gesellschaft, die den Bürgersinn pflegen und erneuern wollte, und viele andere mehr. Zahlreiche Zeitungen und Zeitschriften wurden in der so verlags- und druckfreudigen Stadt herausgegeben: neben der wöchentlich zweimal erscheinenden *Zürcher Zeitung* gab es die *Freitags-Zeitung* und die *Donnstags-Nachrichten*, ein Anzeigenblatt; dazu Zeitschriften wie die *Freymüthigen Nachrichten* und später (ab 1781) die *Monatlichen Nachrichten*. Die Stadtbibliothek, damals in der Wasserkirche, verfügte über reichhaltige Bestände und genoß weitherum einen guten Ruf.

«Das Vieltrinken war so ziemlich gemein»

Das tägliche Leben war einfach. Johann Kaspar Heideg-

ger, einer der Teilhaber bei Orell, Gessner, Füssli und Compagnie, beschwört am Jahrhundertende, 1797, in einem nostalgisch angehauchten Rückblick die Vergangenheit, wobei er über 1780 zurückgeht und wohl manches beschönigend verklärt:
«Unsere Väter», sagt er, «richteten sich nach der Tageszeit ... Alles war früh und jeder in seinem Geschäfte. Wenn es Abend war, besuchte der Hausvater etwa einen Spaziergang, und zuweilen, nicht täglich, eine Gesellschaft, wo dann freilich die Mässigkeit im Trinken keine der ersten Tugenden war. Das Vieltrinken war so ziemlich gemein, doch kehrten die Väter spätestens um sieben Uhr nach Hause, wo die Hausgenossen alle schon seiner warteten, und alles legte sich früh zu Bett.»
«Die damalige Lebensart», so heißt es an anderer Stelle, «war so einfach, dass man friedlich en familie lebte, das ist, Vater, Mutter und Kinder bewohnten nur *eine* Stube und hatten gewöhnlich auch nur eine ... Selbst ein Mann von senatorischer Würde machte hierin selten eine Ausnahme. Er genügte sich, in einer Ecke seiner Stube seine Geschäftsstelle zu haben. Die Frau und die Kinder umschlossen den Tisch mit häuslichen Arbeiten, und das Spinnrad misstönte in keinem Ohr; auch nicht das Gekreische der kleinen Kinder ... Kam ein ehrlicher Bürger oder Bauer, der (Geschäfts-)Verkehr hatte, so geschah es im Beisein der Familie ... Diese offene Verhandlung ... gab Erfahrungen, die manche Frau fähig machten, den Mann gut zu beraten ... Daher ist es gekommen, dass ich verschiedene alte Frauen kannte, die, ohne die mindeste schulmässige Kultur genossen zu haben, doch so viel Weltklugheit hatten, ... ihr Heimwesen gut zu verwalten ...; ja ich kannte welche, die einen Platz auf einem Richterstuhl besser und viel ehrenhafter würden besetzt haben als mancher Mann.»

Zunftregime

Freilich war die Zeit keinesweg so idyllisch-friedlich und spannungslos. Ganz im Gegenteil. Der geistige Aufbruch Zürichs hatte vor allem die Jugend, die über das Literarisch-Künstlerische hinaus auch nach politischer Erneuerung strebte, bald in Konflikt mit der Obrigkeit gebracht, die streng über ihre Privilegien wachte. Die Verfassung war oligarchisch, mit einigen demokratischen Zügen. 1776 teilten sich 75 Familien in ein Regime, dessen hervorstechendstes Merkmal das Zunftwesen, die Bewahrung der Handels- und Gewerbevorrechte waren. Nach Auffassung von Johann Caspar Bluntschli, dem Historiker, Politiker und Staatsrechtler, der einige Jahrzehnte später die politischen und gesellschaftlichen Zustände des Ancien régime kritisch analysierte, hatte die zürcherische Aristokratie «nie den grossartigen Charakter des Berner Patriziates, sondern behielt einen Anstrich von spiessbürgerlicher Beschränktheit und Krämerei. Sie war eher hochmütig als stolz, eher nach Gewinn als nach Ehre begierig, eher kaufmännisch als adelig.»
Die regierenden Häupter Zürichs verfügten jedoch über eine fest verankerte Autorität. In seinen Lebenserinnerungen schreibt der 1785 verstorbene Maler und Fabeldichter Ludwig Meyer von Knonau:
«Der geringste zürcherische Bürger hatte als regimentsfähig das tiefe Gefühl, mehr zu sein als irgendein Landmann. Der Bäcker, von dem meine Eltern das Brot kauften, ... war ein talentvoller, der Geschäfte kundiger Mann, ... ein sehr angesehener Zunftmeister, und man näherte sich ihm in ehrerbietiger Haltung. So verhielt es sich noch mit mehreren Andren, und eine grosse Zahl von Handwerkern war berechtigt, als Glieder des Grossen Rathes Ehrerbietung zu fordern.»
Und Bluntschli erklärt:
«Nicht als ob die Aristokratie der Stadt bösartig oder tyrannisch gewesen wäre, nur in gewerblichen Sachen war sie drückend, in den übrigen durchgängig milde, hausväterlich und wohlwollend.»

Sittenmandate und Zensur

Ein wichtiges Instrument dieses patriarchalischen Regiments waren die Kleider- und Sittenmandate, grundlegend jenes von 1755, das mehrmals, zuletzt noch 1779, erneuert und ergänzt worden war. Der durchreisende Meiners berichtet darüber:
«Mannspersonen dürfen weder Gold noch Silber, noch Sammet oder Seide; Frauenzimmer keine Edelgesteine, Spitzen oder Federn tragen. Wenn die letztern in die Kirche gehen, müssen sie mit einem langen schwarzen Kleide von wollenem Zeug angethan und ihr Haar mit einem Schleyer oder Haube bedeckt seyn; und selbst im härtesten Winter ist ihnen kein Pelzmantel erlaubt. In der Stadt darf niemand in Kutschen Besuche machen, wiewohl dieses Gesetz bisweilen eludirt (d. h. umgangen) werden soll.
Der Einfalt an Kleidern entspricht das übrige Hausgeräth, selbst in wohlhabenden Häusern. Man findet es durchgehends bequem, reinlich und zierlich; aber nirgends oder selten sehr kostbar ...
An den Frauenzimmern sieht man hier gar keine Schminke und sehr wenig von französischen Moden und Sitten, ungeachtet viele Jünglinge und Männer in Frankreich gedient haben, oder noch dienen. Weiber und Jungfrauen haben noch die liebenswürdige Bescheidenheit und Schüchternheit ... Die Ehen sind zwar hier so wenig als an irgendeinem anderen Orte auf der Erde unverletzlich; allein, dass ehelich Treue hier

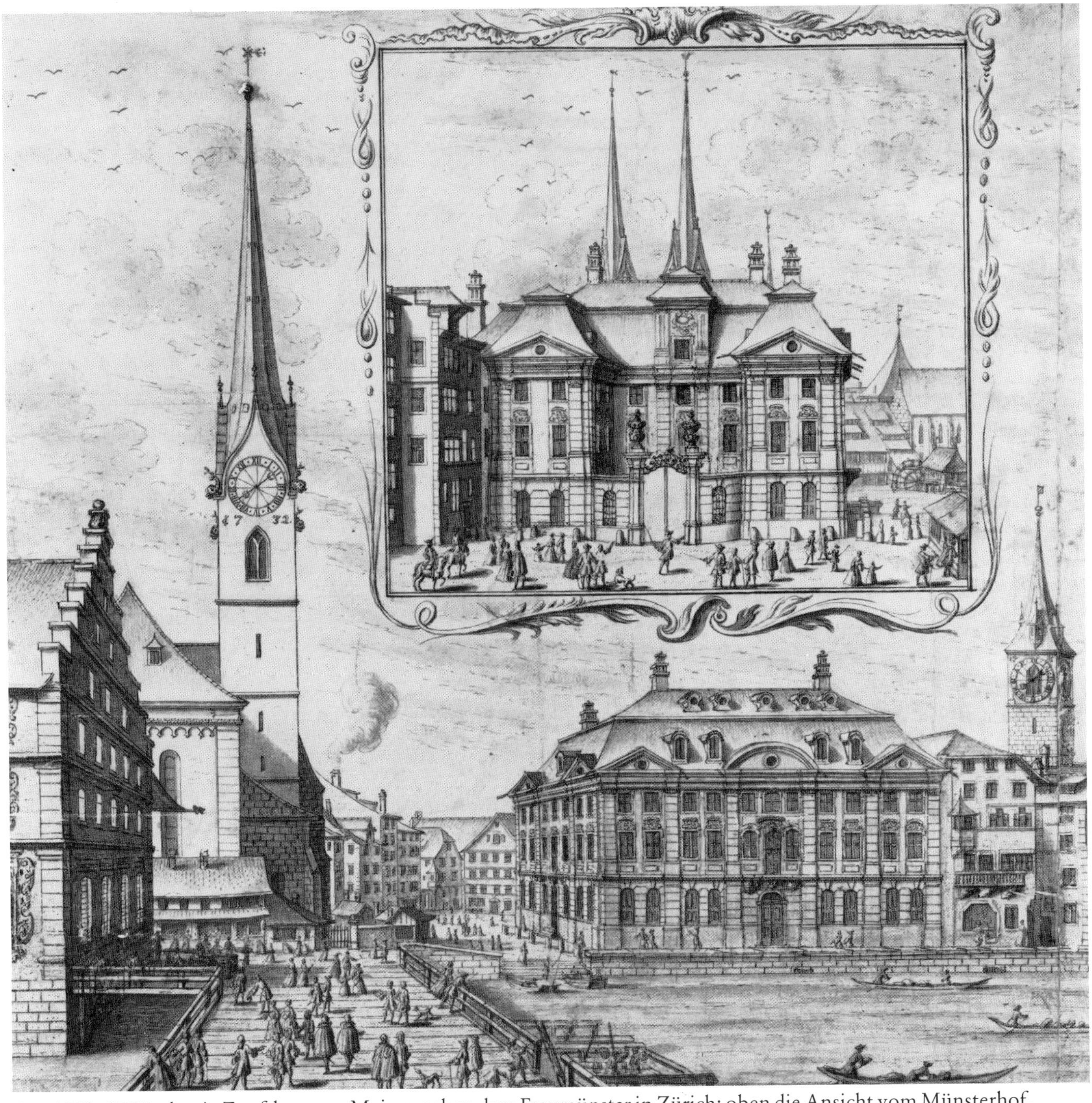

Das 1752–1757 erbaute Zunfthaus zur Meisen neben dem Fraumünster in Zürich; oben die Ansicht vom Münsterhof. Salomon Gessner war Mitglied dieser Zunft, und heute ist hier die ständige Ausstellung des schönen Porzellans aus seiner Manufaktur Schooren-Bendlikon.

nicht so selten oder gar Thorheit ist, . . . kann man daraus schliessen, dass die Frauen und Mütter sich ihres Hauswesens und der Erziehung der Kinder mit Ernst annehmen. . .»
Daß hier der fremde Besucher bei seinem kurzen Aufenthalt sich vielleicht allzusehr von den Äußerlichkeiten hat beeindrucken lassen, bezeugt Johann Kaspar Heidegger, der die Wirkung der strengen Sittenmandate relativiert, indem er sagt, daß sie zwar «alle öffentlichen Freuden verboten, hingegen angelweit die Thüre öffneten, in verschlossenen Häusern weit schädlichere Zerstreuungen zu suchen».
Noch mehr als gegen die Sittenmandate wurde Sturm gelaufen gegen die Zensur, die in ihrer Engherzigkeit

und Ängstlichkeit jede geistige Regung, sofern sie Verbreitung durch die Druckerpresse finden sollte, zu ersticken drohte. Alle Literaten, Publizisten, Drucker und Verleger kämpften gegen sie und wandten die abenteuerlichsten Tricks an, sie zu umgehen – umsonst. Das alte Regime, unsicher den neuen Ideen von Freiheit und Aufklärung gegenüberstehend, brachte die Kraft nicht auf, sie auf legalem Wege einzudämmen oder gar abzuschaffen.

Die Briefe des Conte di Sant'Alessandro

Einer der eifrigsten Kritiker von damals, der junge Johann Heinrich Füssli (1745–1832), später Nachfolger Bodmers als Professor für Vaterländische Geschichte, in den letzten Jahren des Alten Zürich als Obmann noch eines der wichtigsten politischen Häupter, in der Helvetik dann als Anhänger der neuen Ordnung einer der profiliertesten Politiker und schließlich, 1805–21, als einer der Mitinhaber des Verlages Chefredaktor der *Zürcher Zeitung*, dieser Füssli machte seinem Unwillen über das obrigkeitliche Regiment in den siebziger Jahren in bezeichnender Weise Luft. Kurz nachdem er von seiner Bildungsreise aus Italien zurückgekehrt war, schrieb der 25jährige, inspiriert von Montesquieus *Lettres persanes*, unter dem Pseudonym Conte di Sant'Alessandro Briefe über Zürich, in denen er an den Zuständen in seiner Vaterstadt vieles auszusetzen fand. Ironisierend verulkt er die steife Würde der Mitglieder des Rates, wenn sie in ihrer «altdeutschen Tracht» majestätisch an seinem Hotel – selbstverständlich dem berühmtesten der Stadt, dem «Schwert» – über die Brücke zum Rathaus schreiten, und er läßt seinen Diener Floriconet ausrufen:

«Sehen Sie dort. . . den schwarzgekleideten Hanswursten! Hier wieder einer! Guckt, seht, noch einen! Aber einen! Sie laufen alle, wie es scheint, nach dem grossen Haus gegenüber. . .»

Und lächelnd klärt der Conte den Domestiken auf, daß man es hier keineswegs mit einem Karneval, sondern mit einer sehr ernst zu nehmenden politischen Veranstaltung zu tun habe.

Ebenso ärgerlich findet Füssli den Brunnen, der 1766/67 auf dem Münsterhof errichtet worden war und der in der Öffentlichkeit weidlich kritisiert wurde. Es handle sich, so schreibt der Conte an seinen fiktiven Freund in Italien, um eine Fontäne, die «in Absicht auf die darauf angewendete Masse Stein den größten in Rom wenig weichet, in Ansehung der Arbeit aber erbärmlich ist». Die den Brunnen zierenden Figuren, so meint der Kritiker, seien von so verzerrten Formen, daß künftige Kunstsachverständige «höchst irrig daraus auf die Gestalt des Menschenvolkes schliessen würden, welches diese Ungeheuer für Meisterstücke hält». (Der Brunnen, der wegen eines technischen Fehlers kaum Wasser spendete, wurde 1811 wieder abgerissen.)

Füsslis Zorn wendet sich auch gegen das neuerbaute Zunfthaus zur Meisen:

«Gleich diesem Brunnen en face stehet ein Gebäude, welches ebenfalls das schönste in hier sein soll und ein Zunfthaus ist . . . In Absicht auf die Grösse und Menge der Steinen darf auch dieses manchem Palast in Welschland nicht weichen. Es wimmelt aber so von groben architektonischen Fehlern. . . : Unter anderem sind oben an dem bäurischen Werke Larven oder vielmehr Fratzen angebracht, die unter gewissen Umständen meine empfindliche Gioconda nicht sehen dürfte, aus Besorgnis einer ungestalten Nachkommenschaft. Auch hat dieser Steinhaufe, welcher bei uns kaum 20 000 Scudi wert wäre, mehr als 40 000 gekostet. . .»

Und noch ärgerlicher findet der kritische Graf die Bräuche auf der Zunftstube, wenn er ein Zunftmahl schildert:

«Sie werden mir kaum glauben, wenn ich sage, dass für einen Mann sechs bis sieben Pfund Fleisch, ein hübscher Fisch, eine halbpfündige Wurst, der Quart von einer Pasteten, ein paar Pfund Brot und vier bis sechs Schoppen Wein dargereicht wurden. Diese Gerichte tischet man zu zweien Malen auf, zwischen welchen die ganze Zunft wieder für eine Stunde in die Rauchstube gehet, mittlerweile die Dauungswerkzeuge wirken lässt und zu neuen Verrichtungen aufziehet.»

Mit Überraschung bemerkt der Conte jedoch, daß die meisten Gäste ihr Essen kaum berührten, sondern nur die Sauce des Fisches auftunkten.

«Auf einmal entstand ein Geräusch, welches mich aus meinem Erstaunen aufscheuchte. Der Aufwärter erteilte einem jeden Gast zwei grosse Regalbogen Packpapier aus, worein jeder mit ausnehmender Geschwindigkeit und mathematischem Geschick seinen Kram . . . einwickelte. Einige schoben sogar ihren Fisch mit ein, nachdem sie ihn vorher durch das Maul gezogen, damit ja nichts durch die Ausdünstung bis auf den folgenden Morgen verloren gehe. . .»

Nach dem Essen nahmen gegen zehn Uhr die meisten Zunftvorsteher Abschied. Der Conte wird gebeten, noch ein wenig zu bleiben und das Nachspiel abzuwarten.

«Alle jungen Zünfter setzten sich rund um eine grosse Tafel, die mit vielen hundert Gläsern und Flaschen ganz überführt war, und erhoben mit heischerem Geschrei ihre Stimme zum gröbsten Lob des Beischlafs und des Weins, den sie mehr verschütteten als tranken. Unter dem Saufen schmissen sie Gläser hinter sich, für sich und überzwerch, stampften mit den Füs-

Sitzung des Großen und des Kleinen Rates im Zürcher Rathaus. Gessner gehörte während Jahrzehnten zuerst dem einen, dann dem andern Rat an. (Stich von David Herrliberger)

sen und Ellenbogen auf Tisch und Boden und erhoben einen rasenden Lärmen . . . Letztlich schwenkten sie mit den Stühlen und ritten mit denselben über die Trümmern der Gläser her. Nur der lächerliche Kontrast des Eifers, wormit dieses elende Bacchanale getrieben wurde, machte dasselbe einigermassen spasshaft.»

Füsslis kritische Worte konnten damals nicht gedruckt werden; sie wurden jedoch eifrig abgeschrieben und gingen von Hand zu Hand. Ihr Echo dürfte um so größer gewesen sein, als sie von einem frischen, angriffigen Stil geprägt waren und nicht nur Negatives enthielten, sondern ausführlich Nutzen und Bedeutung der Bauerngespräche schilderten und schließlich in einer Salomon Gessner in den Mund gelegten geistvollen Analyse zürcherischen Geisteslebens seit der Reformation endeten.

Politische Unrast

Tatsächlich war um 1780 die allgemeine Stimmung in Zürich keineswegs ausgeglichen. Auch hier hatte die Unruhe der geistigen Welt ihre politischen Folgen; die Ideen Montesquieus, Rousseaus und der andern französischen Aufklärer fanden eifrige Verfechter. Noch war der Grebel-Handel der frühen sechziger Jahre nicht vergessen, als es nur mit Mühe gelungen war, einen korrupten Beamten wegen seiner Verfehlungen zur Verantwortung zu ziehen. 1767 war es wegen einer befürchteten Entsendung zürcherischer Truppen nach dem politisch unruhigen Genf zu öffentlicher Kritik an der Obrigkeit gekommen, was diese zu einem harten Durchgreifen veranlaßte (eine von Johann Heinrich Füssli edierte Zeitschrift, *Der Erinnerer*, 1765–67 erscheinend, wurde damals verboten). Jakob Heinrich

(Henri) Meister, Sohn eines Pfarrers und selber Geistlicher, wurde wegen der Publikation einer angeblich atheistischen Schrift *De l'origine des principes religieux* 1769 ins Exil gezwungen, der Verleger Rudolf Füssli (der Vater von Johann Heinrich) gemaßregelt, die Schrift selber eingezogen. In der zweiten Hälfte der siebziger Jahre erhielt die Unrast neue Nahrung. Am Bettag 1776 wurde die Bevölkerung beunruhigt durch eine bis heute nicht aufgeklärte Vergiftung des im Großmünster gereichten Abendmahlweines, nach dessen Genuß viele Personen erkrankten. Politisch ernster zu nehmen war ein Jahr später der Unwille, welchen der von der Obrigkeit eilig und heimlich betriebene Abschluß eines neuen Soldbündnisses mit Frankreich auslöste. Bis hinein in die Reihen der Vorsteherschaft der Zünfte kam es zu Unmutskundgebungen, so daß die Regierung in einer gedruckten Erklärung versichern mußte, künftig das Mitspracherecht der Zünfte in solchen Angelegenheiten besser zu wahren. Gleichzeitig beteuerte die Regierung, sie sei beim Abschluß des Bündnisses in jeder Hinsicht «landesväterlich» vorgegangen, und warf den Kritikern vor, daß ihr Verhalten Ruhe und Ordnung gefährde und das gegenseitige Vertrauen zu erschüttern drohe.

Ihren Höhepunkt erreichten diese unterschwelligen Spannungen im Jahre 1780, als die Obrigkeit im März den seit langem wegen seines eigenwillig-unverträglichen Charakters unbeliebten Pfarrer Johann Heinrich Waser festnehmen ließ und ihn des Hochverrats beschuldigte. Waser, wegen ständiger Schwierigkeiten im Amt von seinem Dienst dispensiert, hatte sich als Wissenschaftler, vor allem als Statistiker, einen weit über Zürich hinaus berühmten Namen gemacht. Anlaß zum Konflikt mit dem Regime war die Weigerung Wasers, ihm aus dem Archiv zur Einsichtnahme überlassene Staatspapiere wieder zurückzugeben. Das genügte der Obrigkeit, um gegen ihn das Todesurteil auszusprechen und ihn am 27. Mai 1780 öffentlich hinrichten zu lassen.

Ohne Zweifel spielte die Überlegung, nach den Unruhen von 1777 ein Exempel zu statuieren und einen wenig beliebten, aufmüpfischen und querulierenden Mitbürger zu beseitigen, eine gewisse Rolle beim harten Urteil gegen Waser, das noch Jahre später, vor allem in Deutschland, heftig diskutiert und nicht selten als Vergeltungs- und Blutjustiz einer unbelehrbaren Obrigkeit bezeichnet wurde. In Zürich selbst war öffentliche Kritik nicht möglich. Hinter der Mauer des amtlichen Schweigens gingen aber die emotionalen Wogen hoch. Der deutsche Historiograph und Hofrat Georg Wilhelm Zapf, der im Herbst 1781 in Zürich weilte und seine Gespräche immer wieder auf den Fall zu bringen suchte (wobei er persönlich von der Ungerechtigkeit des gegen Waser ergangenen Urteils überzeugt war), erklärte die unbeugsame Haltung der zürcherischen Behörden mit der internationalen Lage und dem politischen emotionalen Charakter der freiheitlich gesinnten Schweizer.

«Die Theilung Polens», schreibt er, «mag vielleicht jetzt den Zürchern ein abschreckendes Beyspiel seyn (man befürchtete österreichische Annexionsgelüste auch gegenüber der Schweiz, der Verf.), und deswegen suchen sie kleine Unruhen sogleich in ihrer ersten Geburt zu ersticken. Der Freyheit athmende Schweitzer, wenn er einmal anfängt zu toben, ist nicht so leicht wieder auf seine erste Ruhe zurückzubringen. Man sagte mir sogar von einer heimlichen Gährung unter den Bürgern Zürichs über Wasers Tod. Wenn diese in einen Ausbruch gekommen wäre; so hätt es ein ziemliches Blutbad absetzen können, da die Meinungen sehr ungleich, und ungleich mehr für als wider Wasern waren.»

Weder die politischen Differenzen von 1777 noch Wasers Tod oder die ständigen Bemühungen und Klagen Einzelner vermochten das Ancien régime zu Reformen zu bewegen. Das landesväterliche Regiment war zu sehr in seinen Formen erstarrt, als daß es aus sich heraus regenerationsfähig gewesen wäre. Viele Kritiker saßen selbst in Ämtern und Behörden, aber sie vermochten ihre wohlgemeinten Absichten nicht durchzusetzen. Die altüberlieferten Strukturen waren zu hart und unbeweglich. Selbst als die ersten Alarmzeichen der Französischen Revolution ertönten und die Unruhe immer stärker auch auf die Schweiz übergriff, gelang es nicht, den alten Staat von innen her zu erneuern. Es brauchte die gewaltsame militärische Intervention Frankreichs, welche die alte Eidgenossenschaft zum Einsturz brachte und den Weg freilegte für die Schaffung eines neuen, moderneren Staates.

Der Aufsatz erschien erstmals in der Neuen Zürcher Zeitung, Samstag/Sonntag, 12./13. Januar 1980, Nr. 9. Der Wiederabdruck erfolgt mit ihrer freundlichen Genehmigung.

Lit.: Christoph Meiners: Briefe über die Schweiz. Erster Theil. Frankfurt und Leipzig 1785. Georg Wilhelm Zapf: Reise in einige Klöster Schwabens, durch den Schwarzwald und in die Schweiz im Jahre 1781. Erlangen 1786. Johann Heinrich Füssli: Briefe des Conte di Sant'Alessandro. Herausgegeben von Emil Ermatinger. Frauenfeld 1940. Ueber den zürcherischen Luxus. Vorträge des alt Amtmannes Johan Heinrich Heidegger, Mitinhaber der Buchhandlung Orell, Gessner, Füssli & Co. in Zürich. Herausgegeben von Leo Weisz. Zürich 1933. Ludwig Meyer von Knonau: Lebenserinnerungen. Herausgegeben von Gerold Meyer von Knonau. Frauenfeld 1883. Johann Caspar Bluntschli: Staats- und Rechtsgeschichte der Stadt und Landschaft Zürich. Zürich 1838/39.

Nr. 1 Anton Graff: Salomon Gessner

Zeittafel

Salomon Gessner in Zürich		Zeitgeschichte
1. April, Geburt Salomon Gessners in Zürich als Sohn des Buchdruckers und Verlegers Hans Conrad Gessner; Besuch der Schulen in Zürich.	1730	Gottsched *Critische Dichtkunst.*
	1733	Wieland geboren.
Streit der Zürcher mit Gottsched (bis 1744).	1740	Friedrich II. („der Große") König von Preußen.
J. H. Füssli („Londoner F."), S. Landolt, J. C. Lavater geboren.	1741	Händel *Messias.*
Bodmer und Breitinger edieren die *Manessische Liederhandschrift.*	1748	B. H. Brockes *Irdisches Vergnügen in Gott* abgeschlossen.
Lehre in der Spenerschen Buchhandlung in Berlin, nach kurzer Zeit abgebrochen, Gessner will Maler werden; Kontakte mit Ramler, Sulzer u. a.	1749	Goethe geboren; Ewald v. Kleist *Der Frühling.*
Rückreise über Halberstadt, Braunschweig u. Straßburg; in Zürich Mitarbeit in der väterlichen Handlung.	1750	Rousseau *Über Kunst und Wissenschaft.*
Erste literarische Beiträge zur Zeitschrift *Crito.*	1751	Lessing Kritiker bei der *Vossischen Zeitung.*
Freundschaft mit E. v. Kleist und Wieland.	1752	Franklin erfindet den Blitzableiter.
Die Nacht.	1753	
Daphnis.	1754	Columbia-Universität New York gegründet.
Johann Caspar Füssli *Geschichte und Abbildung der besten Maler der Schweiz.*	1755	Erdbeben von Lissabon (mehr als 30 000 Tote); J. J. Winckelmann *Gedanken über die Nachahmung der griechischen Werke in der Malerei und Bildhauerkunst.*
Idyllen; Gessner schreibt den 2. Teil von Bodmers *Inkel und Yariko.*	1756	Beginn des Siebenjährigen Krieges zwischen Preußen und Österreich, Rußland, Frankreich; Mozart geboren.
Der Tod Abels.	1758	
J. C. Hirzel *Die Wirtschaft eines philosophischen Bauern*	1759	E. v. Kleist fällt in der Schlacht bei Kunersdorf; Schiller geboren.
Gründung der Helvetischen Gesellschaft, die ab 1761 jährlich einmal in Bad Schinznach tagt und an der G. aktiv teilnimmt.	1760	J. Macpherson *Ossian.*
Heirat mit Judith Heidegger; Eintritt als Teilhaber in die Firma Orell & Co., die fortan „Orell, Gessner u. Cie", ab 1770 „Orell, Gessner, Füssli & Cie" heißt.	1761	Nymphenburger Porzellan-Manufaktur; Rousseau *La nouvelle Héloise.*

Evander und Alcimna; Erast; erste Gesamtausgabe der *Schriften.* Grebel, der ungerechte Landvogt, von Füssli und Lavater angeklagt.	1762	Katharina II. („die Große") wird Zarin; Rousseau *Du Contrat sociale.*
Beteiligung an der Porzellan- und Fayence-Fabrik in Schooren-Bendlikon am Zürichsee.	1763	Ende des Siebenjährigen Krieges; Friede von Hubertusburg.
Folge von radierten Landschaften in Waterloos Geschmack (10 Blatt). Geburt seines Sohnes Conrad.	1764	W. Hogarth gestorben; Winckelmann *Geschichte der Kunst des Altertums.*
Mitglied des Großen Rates der Stadt Zürich.	1765	Joseph II. wird Kaiser; J. Watt erfindet die Dampfmaschine; Kartoffel setzt sich als Nahrungsmittel durch.
Folge von radierten Landschaften im antiken Geschmack (12 Blatt), bis 1768; Mitglied des Kleinen Rates der Stadt Zürich. Lavater *Schweizerlieder.*	1767	Beginn der industriellen Revolution in Rußland; Winckelmann wird in Triest ermordet; Lessing *Minna von Barnhelm.*
Obervogt von Erlenbach; Geburt seines Sohnes Heinrich.	1768	
Folge von radierten Landschaften mit mythologischen Figuren (10 Blatt), bis 1771.	1769	Napoleon geboren.
Brief über die Landschaftsmalerei.	1770	Beethoven, Hegel, Hölderlin geboren.
Neue Idyllen und Übersetzung der *Moralischen Erzählungen* von Diderot.	1772	Erste Teilung Polens zwischen Österreich, Rußland und Preußen.
Französische und deutsche Quartausgabe seiner *Schriften* (bis 1778).	1773	Aufhebung des Jesuitenordens; Goethe *Götz von Berlichingen.*
Gründung der Töchterschule.	1774	Goethe *Die Leiden des jungen Werthers.*
Obervogt von Wipkingen.	1776	Unabhängigkeitserklärung Nordamerikas; Erklärung der Menschenrechte.
	1778	Voltaire und Rousseau gestorben.
Goethes 2. Aufenthalt in Zürich, Besuch bei Gessner.	1779	Lessing *Nathan der Weise.*
Redaktion des *Helvetischen Calenders* (mit insgesamt 53 von Gessner radierten Schweizer Landschaften), bis 1788. Gründung der *Neuen Zürcher Zeitung.*	1780	Friedrich II.: *De la littérature allemande.* Hinrichtung von Pfarrer Waser.
Sihlherr: Oberaufseher über die der Stadt gehörenden Wäldereien. Pestalozzi *Lienhard und Gertrud* 1. Band.	1781	Reformen unter Joseph II.: Abschaffung der Leibeigenschaft und Folter, gewährt Religionsfreiheit; Lessing gestorben; I. Kant *Kritik der reinen Vernunft.*
	1783	Erste Aufstiege von Heißluft- und Gasballonen.
	1786	Mozart *Figaro;* Friedrich II. gestorben; Erstbesteigung des Montblanc.
2. März, Tod Salomon Gessners.	1788	
	1789	Ausbruch der Französischen Revolution.

Eckhard Schinkel

Der Freundeskreis

Salomon Gessner im Porträt

Thomas Bürger

„Sie verlangen mein Portrait", schrieb Salomon Gessner 1764 an Friedrich Nicolai und prophezeite: „die Welt wird doch nichts andres als ein Alltags-Gesicht sehen" [1]. Der Berliner Verleger nahm das Bildnis dennoch dankend an und fügte es ein in die von ihm redigierte *Bibliothek der schönen Wissenschaften und freyen Künste,* wie er auch später jedem Band der von ihm herausgegebenen *Allgemeinen Deutschen Bibliothek* das Bildnis eines Gelehrten seiner Zeit voranstellte. Den zwölften Band (1770) eröffnete ein Kupfer mit dem Porträt Lessings, und dieser Criticus kommentierte sein Abbild mit dem Zweizeiler:

„Mich mahlte Simon Klecks so schön, so meisterlich
das aller Welt, so gut als mir, das Bildnis glich." [2]

Beide Dichter sprechen vom sprichwörtlichen Allerweltsbildnis, aber jeder anders: Lessing sieht sein Bildnis der Welt ähnlicher als ihm selbst; Gessner aber fürchtet, als Alltagsgesicht der Welt vorgeführt zu werden. Welch ein Unterschied!

Freilich – der reproduzierbare Porträtstich sollte in der Gesellschaft zirkulieren und das Bild den Abwesenden vergegenwärtigen – und dazu taugte ein Allerwelts- so wenig wie ein Alltagsgesicht. Zwar entbehrte das Freundschaftsbildnis im Zeitalter der Empfindsamkeit der heroischen Geste und des repräsentativen Gehabes, das die Ständehierarchie des Barockzeitalters dem Bildnis des 17. Jahrhunderts geradezu abverlangte, aber es bedurfte deshalb um so mehr der individuellen Physiognomie und glaubhaften Authentizität. Jedes „vollkommene Portrait", erklärte Johann Georg Sulzer, der Schwiegervater des bedeutenden Porträtmalers Anton Graff, in seiner *Allgemeinen Theorie der Schönen Künste,* sei „ein wichtiges Gemählde, weil es uns eine menschliche Seele von eigenem persönlichen Charakter zu erkennen giebt. Wir sehen in demselben ein Wesen, in welchem Verstand, Neigungen, Gesinnungen, Leidenschaften, gute und schlimme Eigenschaften des Geistes und des Herzens auf eine ihm eigene und besondere Art gemischt sind ... Daß weder in der Kleidung, noch in den Nebensachen irgend etwas soll angebracht werden, versteht sich von selbst. Gegen das Gesichte muß im Portrait gar nichts aufkommen, dieses ist das Einzige, das die Aufmerksamkeit an sich ziehen muß." [3] Sulzer plädiert – übrigens analog zur Dichtungstheorie der Zeit – für die Darstellung der Charaktere mit Verstand

Nr. 5

Nr. 10

und Herz, die den Abgebildeten mit seinem Temperament dem Betrachter stimmungshaft nahe bringt; damit wendet er sich gleichzeitig gegen die distanzierende Darstellung eines mit allegorischer und emblematischer Bildsprache verschlüsselten Porträts, das nur mit intellektueller Anstrengung zu entziffern ist. – Mit seinem Bekenntnis zu Empfindung und Freundschaft als einem Ausdruck bewußt praktizierter Vermenschlichung individueller Beziehungen opponierte das sich emanzipierende Bürgertum im 18. Jahrhundert gegen die Notwendigkeit öffentlicher Repräsentation, wie sie das gesellschaftliche Reglement des vorangegangenen höfischen Zeitalters wider alle Privatheit verlangte und bis in alle Einzelheiten hinein bestimmte – der langsame, aber stetige Wandel des Porträts vom Repräsentationsstück zum Freundschaftsbildnis illustriert die gesellschaftliche Veränderung. Besteht im 17. Jahrhundert die Tendenz zur perfekten Stilisierung der Rolle des Abgebildeten bis zur Unkenntlichkeit der individuellen Persönlichkeit, so im 18. Jahrhundert allerdings die Gefahr der Verflachung der Physiognomie zum Alltags- oder Allerweltsgesicht.

Der Winterthurer Porträtmaler Anton Graff (1736–1813) malte in Dresden zu seinem Broterwerb („ich war genötigt mir ein wenig Geld zumachen" [4]) zunächst Fürstenbildnisse im traditionellen Sinne der Hofkunst; nachdem er aber „gänzlich vom Hof weggebissen worden" [5], porträtierte er, insbesondere während einiger Reisen, zahlreiche seiner gelehrten Zeitgenossen. Seinem freundschaftlichen Umgang mit Salomon Gessner (vgl. S. 49 f.), der „die Art, wie Sie der Hof verlassen und wieder gesucht hat" [6], ausdrücklich anerkannte, verdanken sich die drei qualitativ hochwertigen Bildnisse des Schweizer Malerdichters: das Bildnis des 35jährigen (mit dem Pendant seiner Frau Judith, Kat. Nr. 1/2), ein Einzelbildnis des 36jährigen (heute im Kunstmuseum Winterthur) und das Altersbildnis des 51jährigen ohne Perücke (Kat. Nr. 3). [7] Friedrich von Matthisson schrieb dazu in seinen *Erinnerungen:* „Die Freundschaft führte Graf(f)s Pinsel, als er das ähnlichste

Salomon Gessner (1730–1788) – Maler und Dichter der Idylle – genoß als Schriftsteller zu Lebzeiten europäischen Ruhm. Seine Schriften wurden in mehr als zwanzig Sprachen übersetzt und in ganz Europa verbreitet. Gessner stand mit Mozart und Winckelmann, mit Wieland und Anton Graff in naher Verbindung und war einer der bedeutendsten Verleger seiner Zeit: aus dem Verlag «Orell, Gessner, Füssli & Co.» ist 1780 die erste Nummer der heutigen «Neuen Zürcher Zeitung» hervorgegangen.
Ursprünglich wollte Gessner Maler werden, wie später der ihn bewundernde Gottfried Keller. Seit seinem 22. Lebensjahr illustrierte er als Radierer zahlreiche Publikationen seines Verlages und vor allem die eigenen, in immer neuen Auflagen veröffentlichten Schriften. Sein großes künstlerisches Talent entfaltete sich im Malen von Deckfarbenbildern. Im letzten Lebensjahrzehnt war seine Kunst zur Meisterschaft in der Darstellung der idyllischen Landschaft gereift.
Nachdem dem Dichter Gessner in jüngster Zeit von germanistischer Seite größtes Interesse entgegengebracht wurde, scheint es heute dringend notwendig, den Blick auch auf den Radierer, Zeichner und Maler zu richten, dessen Bedeutung bislang nicht gebührend gewürdigt wurde. Ein erster Schritt zu dieser neuen Würdigung – nach den verdienstvollen Vorarbeiten eines Heinrich Wölfflin (1889), Paul Leemann-van Elck und Wilhelm Wartmann (1930) – wurde 1980 mit der Ausstellung zu Gessners 250. Geburtstag in Zürich und Wolfenbüttel getan, an welcher die Autoren dieser Monographie maßgeblich beteiligt waren. Der Band vereinigt in 40 farbigen und 138 schwarz-weißen Abbildungen erstmals in Buchform einen repräsentativen Teil des künstlerischen Werks von Salomon Gessner. Ein großer Schweizer Künstler des 18. Jahrhunderts wird in neuer Anschauung vergegenwärtigt und neuer Bewertung zugänglich.

Bildniß erschuf, welches vom Sänger des *ersten Schiffers* vorhanden ist. Der treffliche Seelenmahler hat sich darin beynahe selber übertroffen, so hyperbolisch das vielleicht auch klingen mag, und man darf, in Absicht auf ächten Kunstwerth, dieses Porträt kühn dem Gemählde zur Seite stellen, wodurch er seinem verewigten Schwiegervater Sulzer, dessen schon halb erloschener Blick ernstfroh auf zwey blühenden Enkeln ruht, ein so rührendes Ehrendenkmahl stiftete. Geßners Bildniß kann, unter Grafs zahlreichen Werken, aus einem in vieler Hinsicht fruchtbarn Gebiete der Mahlerei, nach der strengsten Gerechtigkeit, mit zum Hauptbeweise dienen, daß dieses Künstlers feiner physiognomischer Takt fast niemals den glücklichen Moment verfehlte, wo sich nicht bloß eine oder die andere charakteristische Eigenthümlichkeit, sondern die ganze Individualität des Innern im ruhigen Aeußern des darzustellenden Urbildes abspiegelt." [8] Mit dieser kommentierenden Deutung zeigt Matthisson (unwichtig, welches der drei Bildnisse er gerade vor Augen hat) völlig treffend, worauf es ankommt: Ähnlichkeit der Physiognomie, charakteristische Darstellung der ganzen Individualität, äußere Abbildung der inneren Seele – so wird das Bildnis zum rührenden Ehrendenkmal, zum Denkmal der Freundschaft. Genau in diesem Sinne verstand auch Gessner die Funktion des Bildnisses, als er im April 1783 an Graff schrieb: „Ihr Porträt und das meinige sind nun in der Stube plaziert, wo wir gewöhnlich frühstückten, und ich kann Ihnen das Vergnügen nicht ausdrücken, das Sie mir und den Meinigen allen machen, so oft wir dieses Denkmal Ihrer mir ewig schätzbaren Freundschaft sehen." [9] Anton Graff hatte das dritte Porträt Gessners 1781 in Zürich begonnen, in Dresden fertiggestellt und 1782 in der Kunstakademie ausgestellt; nun hing es neben seinem Selbstbildnis, das er im Jahr zuvor zur größten Freude der Familie Gessner nach Zürich gesandt hatte: „So unerwartet mir Ihr Geschenke war", bedankte sich Gessner im Februar 1782, „so sehr hat es mich auch entzükt ... Nichts in der Welt hätte mir schäzbarer seyn könen, als Ihr Bild von Ihrer Hand. Das schäzbarste Andenken unsrer Freundschaft, auch für meine Nachkomenden, wenn ich nicht mehr bin." [10]
Die Wertschätzung des Bildnisses als Vergegenwärtigung des abwesenden Freundes und Andenken für die Nachgeborenen fand seinen einzigartigen Höhepunkt in der Einrichtung eines Freundschaftstempels durch den Dichter Johann Wilhelm Ludwig Gleim: mit dem Bildnis Ewald von Kleists begann er 1745 eine Sammlung von Ölgemälden seiner Freunde, und als ihm Herder 1800 sein von Graff gemaltes Bildnis schenkte, hatte Gleim schon mehr als „hundertzehn Porträten meiner großen und edlen Zeitgenossen" in seinem „Bil-

Nr. 9

derkabinett" oder „Gedächtnistempel" zu einer „Schule der Humanität" um sich versammelt. [11] Gleims Idee und Ausführung ist gleichsam eine Proklamation des Freundschaftskults im 18. Jahrhundert mit pädagogischem Akzent: der Repräsentations- und Legitimationszwecken dienenden Ahnengalerie des Geblütsadels wurde erstmals eine Porträtsammlung des Tugendadels zur Seite gestellt. – In Briefen der Jahre 1787 und 1788 an Hans Caspar Hirzel bat Gleim auch um „das Bildnis unsres lieben seel. Geßners" [12], das – wohl 1787 von unbekannter Hand gemalt – noch heute unter den 150 Gemälden des Gleimhauses in Halberstadt zu sehen ist. Ein Freundschaftstempel im Kleinen ist das von Johann Caspar Füssli (1757?) gemalte Quodlibet mit dem Selbstbildnis Füsslis und dem (wohl frühesten gemalten) Porträt Salomon Gessners im Kreise der Bildnisse seiner Zürcher Freunde Bodmer, Hirzel und Zellweger (Kat. Nr. 25).
In seinem Testamentsentwurf des Jahres 1782 verfügte Gleim die Fortsetzung seiner Bildersammlung mit Por-

träts der „Würdigsten" seiner Zeit, ungeachtet ihres Geschlechts oder Standes: „gemalt werde ein Dichter, Weltweiser, Landwirt, Künstler, Kaufmann, König oder Bettler..." [13] Dieser dem Revolutionsjahrzehnt angemessene Wunsch blieb unausgeführt wohl nicht zuletzt deshalb, weil das Sammeln originaler Kunstwerke im Zeitalter ihrer technischen Reproduzierbarkeit den Begüterten vorbehalten blieb. Die Realität des Kunstmarkts hat ein Mitglied der Londoner Malerakademie, der Schweizer Samuel Hieronymus Grimm, in einem Schreiben an Gessner 1771 kurz und präzise so skizziert: „Der hochadeliche Dummkopf kauft copien von copien nach copien von Raphael, Corregio etc. die er für originale bezahlt. Die Klügern begnügen sich mit den Werken der besten heutigen Meistern, die minder reichen haufen mit Zeichnungen, Kupfern und nicht zu theuren gemählden ihre Zimmer und portofolios auf. Der Handwerksmann bekleibt seine Stube mit wohlfeilen Kupfern, und der Schuflicker seinen Stall mit Holzschnitten von alten Liedern." [14] Da in Deutschland die Dichter in der Regel schlecht bezahlt wurden, solange die Produktion von poetischen Schriften als etwas Heiliges angesehen und ein Autorenhonorar für Simonie erklärt wurde [15], mochte sich der Dichter Karl Wilhelm Ramler mit Kupferstichen begnügen, wenn auch er Bildnisse um sich versammelte: „Bey meiner Ankunft", schreibt er aus Leipzig 1774 an Gessner, „überraschte mich Herr Bause mit einem Bildnisse von mir. Er mußte mir aber zugleich den besten Abdruck, den er noch hatte, von meinem Dichter Gessner geben. Nun habe ich ein halbes Dutzend Dichter zu meiner Ermunterung um mich. Sie, Gellert, Rabener, Haller, Weisse, Lessing. Mich selbst bedarf ich nicht; meine Stelle mag ein Spiegel vertreten." [16] Der Leipziger Kupferstecher Johann Friedrich Bause hatte das Bildnis von Gessner nach dem 1766 entstandenen Gemälde von Anton Graff angefertigt und bot es seit 1771 zum Verkauf an (Kat. Nr. 12). Gessner selbst bestellte rechtzeitig am 17. Juli 1770: „Von meinem Portrait belieben sie 30 gute Abdrüke an unsre Buchhandlung zusenden." Im postscriptum desselben Briefes fügte er hinzu: „Einer meiner Freunde, der eine der wichtigsten Kupfer-Samlungen hat, wünscht von allen Ihren Arbeiten ein Exemplar zu haben." [17] Das Porträt war schon längst ein beliebtes Sammelobjekt geworden, und Bause wurde einer der besten Lieferanten, hatte er doch nicht weniger als 45 Bildnisse geistiger Größen seiner Zeit allein nach Graff in Kupfer gestochen. Die so in Serie handwerksmäßig hergestellten Bildnisse mit ihrem unverkennbar klassizistisch-strengen Rahmen wurden schließlich von Wieland als „Bausesche Machwerke" [18] beargwöhnt.

Einen neuen Porträtstich wünschte der Berner Kupferstecher Matthias Gottfried Eichler nach dem letzten, von Graff 1782 in Dresden fertiggestellten Ölgemälde zu entwerfen und bat deshalb seinen Freund, den Maler und Radierer Heinrich Rieter, um ein vermittelndes Schreiben an Gessner: „Mit vielem Vergnügen habe ich vernohmen; daß Ihr Portrait endlich von Dreßden angelangt seye –. Ich nehme mir die Freyheit die Bitte so ich auch schon mündlich und schriftlich für meinen Freund Herrn Eichler, wegen der Stechung dieses Ihnen gewiß Vergnügen machenden Portraits an Sie, werthester Herr, gethan habe, zu wiederholen. Nur die gegründete Hoffnung daß der Stich zu Ihrer und Herrn Graf(f)en Befriedigung und folglich für das Sie liebende publicum interessanter als alles bisher gestochene, ausfallen werden macht mich dreiste genug Sie so dringend darum zu ersuchen... Die Größe dieses portraits würde er gleich dem schön gestochenen Gellert nach Graf von Preisler in Kopenhagen, einrichten, welches etwas größer als die bekannten von Bause, ist. Für das Original versichere ich Ihnen, daß alle mögliche Sorge solle getragen werden..." [19] Im Frühjahr 1784 erschien das Porträt in einem von Weinlaub umrankten Oval (Kat. Nr. 14); Graff hatte es Gessner kurz zuvor angekündigt: „Ihr Portrait von Eichler gestochen wird braf, er hat mir ein Probedruk geschikt der meine Erwartung übertroffen." [20] Von den über sechzig Zeichnungen, Radierungen und Kupferstichen, mit denen verschiedene Künstler in unterschiedlicher Qualität Gessner porträtierten, haben sich etwa dreißig an den Ölgemälden Anton Graffs orientiert. [21] Nach dem Ölbildnis des Zürcher Porträtisten Johann Melchior Wyrsch (Kat. Nr. 4) zeichnete und radierte der ‚schweizerische Chodowiekki', wie der Maler und Kupferstecher Johann Rudolf Schellenberg aufgrund seines Fleißes und Ansehens als Illustrator genannt wurde, mehrere Entwürfe zu einem Porträt Gessners (Kat. Nr. 5–11). Das physiognomisch prägnanteste und auf Beiwerk wie Bücher-, Lyra- und Blumenzierrat weitgehend verzichtende Porträt im Oval bestimmte er schließlich als Illustration für Johann Caspar Füsslis *Geschichte der besten Künstler in der Schweitz,* in der Gessner mit seinem *Brief über die Landschaftsmalerei* gewürdigt wurde (Kat. Nr. 9).

Während die Qualität der gemalten Ölbildnisse wie auch einiger Zeichnungen und Kupferstiche das hohe künstlerische Niveau im Umkreise Gessners signalisiert, sind die bemerkenswert zahlreichen Kopien und Nachahmungen eher Zeugen der großen Popularität des Erfolgsschriftstellers. Ein Popularitätszeugnis und Curiosum besonderer Art ist der in Daumennagelgröße gedruckte und damit gewiß kleinste Porträtsammelband der Welt mit den vierzehn Bildnissen der Dichter Hagedorn, E. v. Kleist, Haller, Klopstock, Cramer, Gellert, Gleim, Ramler, Uz, Gessner, Lessing, Bodmer,

Nr. 14

Zachariae und Weisse (Kat. Nr. 16). Dieses bibliophile Vademecum, *Andenken der Gelehrten für das schöne Geschlecht* genannt, sollten Mädchen und Frauen stets bei sich tragen können, denn gelebt und geliebt wurde nicht zuletzt nach literarischen Mustern.[22] Wenn Goethe mit den Grafen Stolberg nackt in der Sihl badete, um es den poetischen Schäfern Gessners gleichzutun; wenn Klopstock und seine Freunde während ihrer Fahrt auf der Zürchersee „wie Hagedorn" empfanden; wenn Lotte und Werther Hand in Hand nur eines zu sagen wußten: „Klopstock!" – dann identifizierten sie sich mit den literarischen Darstellungen ihrer Dichter, erkannten sich in ihnen wieder und lebten ihnen nach. Und wie das dichterische Wort sollte den so empfindsamen Gemütern auch das Bildnis ihres verehrten Genius immer gegenwärtig sein können – für das Bildnis des Geliebten hingegen hielt das in rote Seide eingehüllte Bändchen eine freie Seite bereit mit der Einladung:

„Auf dieses Blatt, ihr Schönen mahlt das Bild
das euren Herzen mehr. Als alle Dichter gilt."

Wenn ein Bild zum Andenken an eine Person oder ein Ereignis fehlt, so wird es bekanntlich geschaffen. Dies gilt auch für das Zusammentreffen des Idyllendichters mit dem jungen Mozart im Jahre 1766. Gessner hatte der Familie Mozart seine Werke überreicht, und exakt diese Szene mußte es sein, die einer Mozart-Biographie für die Zürcher Jugend zum Neujahr 1832 zur Veranschaulichung vorangestellt werden sollte (Kat. Nr. 76). Das Ergebnis ist eine stilisierte Phantasiedarstellung mit der Projektion eines harmonischen Familienbildes, die so recht im Kontrast zu einer Tagebuchnotiz Mozarts jr. aus dem Jahre 1820 steht, worin dieser vermerkt, Salomon Gessner sei, von seiner Frau angetrieben, eigentlich nur um des Hausfriedens willen schöpferisch tätig gewesen. . .[23] – Vergleichsweise anspruchslos und schon deshalb glaubhafter ist das Aussehen Gessners in zwei Silhouetten festgehalten (Kat. Nr. 15), die nach Lavaters Theorie über Schattenrisse zudem wichtige Einsichten in das Wesen des Abgebildeten gestatten. „Die Physiognomik hat keinen zuverlässigern, unwiderlegbarern Beweis ihrer objektifen Wahrhaftigkeit, als die Schattenrisse", schreibt er im zweiten Band seiner *Physiognomischen Fragmente*[24], und darf man Lavaters Deutungsproben Glauben schenken, so ist das Gesicht Gessners das – „eines guten, sanften, gefälligen, denkenden Mannes von Geschmacke, Kenntniß, Geschäfftigkeit – und vieler Cultur".

---

1 S. G. an Friedrich Nicolai, Zürich 22. August 1764. In: Paul Leemann-van Elck: S. G.'s Briefe an Friedrich Nicolai. Zürcher Taschenbuch für das Jahr 1934. 132–161, hier 133f.

2 Paul Raabe und Günter Schöne: Lessing – Erinnerung und Gegenwart. Das Lessinghaus in Wolfenbüttel. Hamburg 1979. 26.

3 Johann George Sulzer: Allgemeine Theorie der Schönen Künste... Zweyten Theils, erster Band („Portrait"). Biel 1777. 448–53, hier 449 und 452.

4 Anton Graff an S. G., Dresden 21. Mai 1770. In: Paul Leemann-van Elck: Salomon Gessner. Sein Lebensbild. Mit beschreibenden Verzeichnissen seiner literarischen und künstlerischen Werke. Zürich und Leipzig 1930. 85–89, hier 86.

5 ebda.

6 Paul Leemann-van Elck: Salomon Geßners Freundschaft mit Anton Graff. Zürcher Taschenbuch auf das Jahr 1938. 186–211, hier 195.

7 Berckenhagen verzeichnet in seinem Oeuvrekatalog ferner eine Silberstiftzeichnung auf Elfenbein, eine Kreide- und eine Rötelzeichnung von der Hand Anton Graffs sowie acht Kopien Öl auf Leinwand nach Graffs Gemälde von 1781/82. Ekhart Berckenhagen: Anton Graff. Leben und Werk. Berlin 1967. 144–147 (Nr. 448–455).

8 Friedrich von Matthisson: Salomo Geßner und Johann Kaspar Lavater. Züge zu ihren Charakter-Gemählden. 1787. In: Morgenblatt für gebildete Stände. Montag, 27. Juli 1812. 714; auch in: F. v. M.: Erinnerungen. Dritter Band. Zürich 1812. 143f.

9 S. G. an Anton Graff, Zürich 3. April 1783. In: Leemann (wie Anm. 6). 200.

10 S. G. an Anton Graff, Zürich 22. Februar 1782. In: Leemann (wie Anm. 6). 199.

11 Die Bildnisse im Gleimhaus. Bearb. von Carl Becker und Gerlinde Wappler. Halberstadt 1965. 14–25.

12 ebda. 36.

13 ebda. 22.

14 Samuel Hieronymus Grimm an S. G., London 17. Mai 1771. In: Paul Leemann-van Elck: Salomon Geßners Beziehungen zu Zeitgenossen. Mit 28 ungedruckten Briefen an S. G. Zürcher Taschenbuch für das Jahr 1931. 1–66, hier 26–31.

15 Goethe, seit 1776 Geheimer Legationsrat in Weimar mit einem Jahresgehalt von 12.000 Talern (zum Vergleich: der „deutsche Horaz" Karl Wilhelm Ramler verdiente seit 1787 jährlich 800 Taler), schreibt in Dichtung und Wahrheit III, 12: „Die Produktion von poetischen Schriften aber wurde als etwas Heiliges angesehn, und man hielt es beinah für Simonie, ein Honorar zu nehmen oder zu steigern. Autoren und Verleger standen in dem wunderlichsten Wechselverhältnis. Beide erschienen, wie man es nehmen wollte, als Patrone und als Klienten. Jene, die, neben ihrem Talent, gewöhnlich als höchst sittliche Menschen vom Publikum betrachtet und verehrt wurden, hatten einen geistigen Rang und fühlten sich durch das Glück der Arbeit belohnt; diese begnügten sich gern mit der zweiten Stelle und genossen eines ansehnlichen Vorteils: nun aber setzte die Wohlhabenheit den reichen Buchhändler wieder über den armen Poeten, und so

Nr. 2 Anton Graff: Judith Gessner, geb. Heidegger

stand alles in dem schönsten Gleichgewicht." Hamburger Ausgabe IX 517.

16 Karl Wilhelm Ramler an S. G., Leipzig 30. September 1774. In: Carl Schnüddekopf: Aus dem Briefwechsel zwischen Gessner und Ramler. Zeitschrift für vergleichende Litteraturgeschichte N. F. Bd. 5 (1892). 96–117, hier 110f.

17 S. G. an Johann Friedrich Bause, Zürich 17. Juli 1770. Zitiert nach einer Kopie des Originals in der ehem. Preußischen Staatsbibliothek Berlin.

18 Thieme-Becker: Allgemeines Lexikon der Bildenden Künste. Von der Antike bis zur Gegenwart. 3. Bd. Leipzig 1909. 94.

19 Heinrich Rieter an S. G., Bern 10. Oktober 1782. Die Bitte um Leihgabe des Originals wiederholte Matthias Gottfried Eichler selbst noch einmal in einem Berner Brief vom 18. Oktober 1782. Beide Briefe in Leemann (wie Anm. 14). 57f.

20 Anton Graff an S. G., Dresden 8. Dezember 1783. In: Leemann (wie Anm. 4). 89.

21 Vgl. den Katalog des Kunsthauses Zürich 1930, 79–84, und Berkenhagen (wie Anm. 7). Nicht mitgezählt sind Bildnisse Gessners auf Titelkupfern, etwa Le Barbiers Darstellung einer Porträtbüste Gessners von 1786 als Frontispiz zum zweiten Band der französischen Gesamtausgabe (Kat. Nr. 91).

22 Vgl. Ernst Leisi: Paar und Sprache. Linguistische Aspekte der Zweierbeziehung. Heidelberg 1978. Kap. 3: Lieben nach Texten.

23 „Da ich hier dem Hause Geßners gerade gegenüber wohnte," schrieb Mozart 1820 in sein Tagebuch (in Privatbesitz), „so lenkte ich das Gespräch auf diesen Idyllendichter, und Herr v. Wyß, der ihn noch persönlich gekannt hatte, erzählte mir so manches Interessante von ihm. Wer wollte wohl glauben, daß nicht die schöne Natur ihn zu seinen Schöpfungen begeisterte, sondern seine böse Frau, die immer zankte und schrie, er solle doch wieder etwas schreiben, und so setzte er sich denn, des lieben Hausfriedens wegen hin und schrieb. Auch war er im Umgange sehr anziehend, doch mußte er erst ins Feuer gebracht werden." Zitiert nach Max Fehr: Wolfgang Mozart junior. Über seinen Zürcher Aufenthalt 1820. NZZ Nr. 587 vom 8. IV. 1945.

24 Johann Caspar Lavater: Physiognomische Fragmente, zur Beförderung der Menschenkenntniß und Menschenliebe. Zweyter Versuch. Mit vielen Kupfertafeln. Leipzig und Winterthur 1776. („Zwölftes Fragment. Wieviel man aus den Schattenrissen sehen kann?") 91 und 103. Lavater hat Gessner auch selbst gezeichnet, sein Porträt von Schellenberg für sich kolorieren lassen und ihn als „Seher des Schönen" bedichtet. Vgl. F. O. Pestalozzi: J. C. Lavaters Beziehungen zur Kunst und den Künstlern. 78. Neujahrsblatt zum Besten des Waisenhauses in Zürich für 1915. 38f.

Lit.: Leo Balet/E. Gerhard: Die Verbürgerlichung der deutschen Kunst, Literatur und Musik im 18. Jahrhundert. Hg. und eingeleitet von Gert Mattenklott. Frankfurt/M. u. a. 1973. 168–173 („Porträtkunst"); Porträt 1: Der Herrscher/ Porträt 2: Der Arzt-Graphische Bildnisse aus dem Porträtarchiv Diepenbroick. Ausstellungskataloge des Westfälischen Landesmuseums für Kunst und Kulturgeschichte Münster 1977 und 1978; Martin Bircher [Hg.]: Deutsche Schriftsteller im Porträt – Das Zeitalter des Barock. München 1979 (= Beck'sche Schwarze Reihe Bd. 200); Jürgen Stenzel [Hg.]: Deutsche Schriftsteller im Porträt – Das Zeitalter der Aufklärung. München 1980 (im Druck).

Gemälde

1 *Farbtafel*

Graff, Anton
Salomon Gessner im Alter von 35 Jahren
Öl auf Leinwand
80 x 61,5 cm
Zürich, Schweizerisches Landesmuseum, Dep. der Gottfried-Keller-Stiftung

Hüftbild, sitzend nach links im Freien, in der rechten Hand ein kleines Buch, zwischen dessen Seiten der Zeigefinger geschoben ist; mit der linken Hand, die vom rechten Unterarm verborgen wird, hält G. anscheinend ein Rohrinstrument (als Hinweis auf seine Hirtengedichte); im blau-dunkelroten Tuchrock, Kopf etwas nach links. Entstanden in Zürich 1765/66 (mit Gegenstück, vgl. Kat. Nr. 2).
Lit.: Ekhart Berckenhagen: Anton Graff. Leben und Werk. Berlin 1967. Nr. 449.

2 *Farbtafel*

Graff, Anton
Judith Gessner, geb. Heidegger
Öl auf Leinwand
80,5 x 61 cm
Zürich, Schweizerisches Landesmuseum, Dep. der Gottfried-Keller-Stiftung

Hüftbild, sitzend nach vorn; die rechte Hand liegt auf dem Schoß, während sich der linke Arm auf das rechts sichtbare Tischchen stützt, wobei die linke Hand zum Hals geführt ist, ihr Kopf mit Blumen im Haar etwas nach links, hellblaue Schleifen am Hals und am Mieder, zum hellgrünen Seidenkleid kontrastiert das noch lichtere Grün der Jacke und der schwarze Chiffonschal. Entstanden in Zürich 1765/66 (mit Gegenstück, vgl. Kat. Nr. 1).
Lit.: Berckenhagen Nr. 448.

3

Graff, Anton
Salomon Gessner im Alter von 51 Jahren
Öl auf Leinwand
66 x 51 cm
Zürich, Kunsthaus

Brustbild von vorn, mit angeschnittener linker Hand, die einen Brief (oder Buch) hält, Kopf (ohne Perücke) etwas nach links; im grünen Hausmantel mit einem bräunlichen Schal und offenem Hemdkragen. Begonnen 1781 in Zürich, 1782 auf der Ausstellung der Dresdner Kunstakademie.
Lit.: Berckenhagen Nr. 453.

Nr. 12

4

Wyrsch, Johann Melchior
Salomon Gessner im Alter von ungefähr 35 Jahren
Öl auf Leinwand
36 x 29 cm
Privatbesitz (Nachlaß Leemann)

Das undatierte Ölgemälde (Brustbild im Oval) wird dem Zürcher und Luzerner Porträtisten Johann Melchior Wyrsch (1732–1798) zugeschrieben (vgl. die Abb. auf Tafel 1 im Katalog 1930); nach ihm wurde eine Reihe von Porträts in Kupfer gestochen.

Zeichnungen

5 *Abbildung*

Schellenberg, Johann Rudolf
Salomon Gessner im Alter von ungefähr 35 Jahren
Bildrand 10,9 x 8,4 cm
ZB: Graphische Sammlung, S. G. I, 8 unten A 5 Nr. 2

Getuschte Bleistift- und Federzeichnung in Schwarz von Johann Rudolf Schellenberg (1740–1806) in Winterthur, nach dem um 1765 entstandenen Gemälde von Johann Melchior Wyrsch (Kat. Nr. 4); gezeichnet im Oktober 1769 als (nicht ausgeführter) Entwurf zu einer Radierung für Johann Caspar Füsslis *Geschichte der besten Künstler in der Schweitz,* Zürich 1769/70.
Lit.: Kat. 1930 Nr. 826.

6

Schellenberg, Johann Rudolf
Salomon Gessner im Alter von ungefähr 35 Jahren
Bildrand 10,9 x 8,5 cm
ZB: Graphische Sammlung, S. G. I, 10 oben A 5

Getuschte Bleistift- und Federzeichnung in Schwarz nach dem Gemälde von Johann Melchior Wyrsch; gezeichnet und radiert (Kat. Nr. 10) im Oktober 1769.

7

Schellenberg, Johann Rudolf
Salomon Gessner im Alter von ungefähr 35 Jahren
Bildrand 10,8 x 8,4 cm
ZB: Graphische Sammlung, S. G. I, 8 unten A 5 Nr. 1

Bleistiftzeichnung nach dem Gemälde von Johann Melchior Wyrsch; gezeichnet und radiert (Kat. Nr. 11) im Oktober 1769.

8

Schellenberg, Johann Rudolf
Salomon Gessner im Alter von ungefähr 35 Jahren
Bildrand 12,2 x 8,5 cm
ZB: Graphische Sammlung, S. G. I, 9 unten A 5

Getuschte Bleistift- und Federzeichnung in Schwarz nach dem Gemälde von Johann Melchior Wyrsch; gezeichnet im Oktober 1769.

Druckgraphik

9 *Abbildung*

Schellenberg, Johann Rudolf
Salomon Gessner im Alter von ungefähr 35 Jahren
Bildrand 11 x 8,7 cm
ZB: Graphische Sammlung, S. G. I, 9/10 oben links

Radierung nach dem Gemälde von Johann Melchior Wyrsch im Oktober 1769, erschienen als Illustration in: Johann Caspar Füssli, *Geschichte der besten Künstler in der Schweitz, nebst ihren Bildnissen,* Bd. 3, Zürich: Orell, Geßner, Füeßli und Comp. 1770, Taf. nach S. LXIV (gegenüber dem Schluß von Gessners hier erstmals gedruckten Brief über die Landschaftsmalerei).

10 *Abbildung*

Schellenberg, Johann Rudolf
Salomon Gessner im Alter von ungefähr 35 Jahren
Bildrand 12,1 x 8,2 cm
ZB: Graphische Sammlung, S. G. I, 9/10 unten rechts

Radierung nach dem Gemälde von Johann Melchior Wyrsch im Oktober 1769 (vgl. die Vorzeichnung Kat. Nr. 6).

11

Schellenberg, Johann Rudolf
Salomon Gessner im Alter von ungefähr 35 Jahren
Bildrand 11,4 x 8,5 cm
ZB: Graphische Sammlung, S. G. I, 4 unten links

Radierung nach dem Gemälde von Johann Melchior Wyrsch im Oktober 1769 (vgl. die Vorzeichnung Kat. Nr. 7).

12 *Abbildung*

Bause, Johann Friedrich
Salomon Gessner im Alter von 36 Jahren
Kupferstich
Bildrand 25,1 x 17,5 cm
ZB: Graphische Sammlung, S. G. I, 1

Brustbild in Oval von Johann Friedrich Bause (1738–1814) in Leipzig nach dem 1766 entstandenen Gemälde von Anton Graff (1736–1813) im Kunstmuseum Winterthur, erschienen als Einzelblatt bei Bause in Leipzig im März 1771.
Lit.: Berckenhagen Nr. 451.

13

Haid, Johann Elias
Salomon Gessner im Alter von ungefähr 36 Jahren
Schabkunstblatt, Augsburg 1774
Plattenrand 22 x 13,7 cm
Tecklenburg, Porträtarchiv Diepenbroick

Brustbild in Oval nach der Zeichnung von Schellenberg (Kat. Nr. 5) mit der Sockelinschrift „Salomo Gessner. Ruris deliciis Carmine felici et scalpro exprimendis Turicum nobilitat."

14 *Abbildung*

Eichler, Mathias Gottfried
Salomon Gessner im Alter von 51 Jahren
Kupferstich
Bildrand 29 x 20,7 cm
ZB: Graphische Sammlung, S. G. I, 25

Brustbild im Ovalrahmen, an dem sich Weinlaub entlangrankt; nach dem 1781/82 entstandenen Gemälde von Anton Graff im Kunsthaus Zürich, erschienen bei Eichler in Bern im Febr./März 1784.
Lit.: Berckenhagen Nr. 453.

15

Originalsilhouetten
Je 11,2 x 9 cm
ZB: Graphische Sammlung, SIL 94, 97

„Herr Rathsherr Gessner" und „Frau Rathsherr Gessnerinn". Zwei Originalsilhouetten, einander zugewendet auf Papier montiert. Aus der Sammlung von Dr. Jakob August Gessner (1864–1941), Gymnasialprofessor in Aarau (Kein Nachkomme des Dichters).

16

Andenken der Gelehrten für das schöne Geschlecht
32 Bll. in Kupferstich. O. O. u. J. (ca. 1760).
20 : 18 mm!
HAB: Lo 6176

Dieses kuriose Büchlein kleinsten Formats enthält 14 Porträts der damals bedeutendsten Dichter: Hagedorn, E. v. Kleist, Haller, Klopstock, Cramer, Gellert, Gleim, Ramler, Uz, Gessner, Lessing, Bodmer, Zachariae und Weisse. Dem jeweiligen Bildkupfer folgt der Name des Dargestellten und eine zweiseitige, gereimte Sentenz. Z. B.:

„Salomon Geßner.
In erwünschten Bildern sanften Schäfer Glück.
Anmuthsvoll zu schildern, ist sein Meisterstück."
Der rote Seidenband mit Metallschließe endet mit einer Pointe; einer leeren Bildseite folgt die Einladung:
„Auf dieses Blatt, ihr Schönen mahlt das Bild
das euren Herzen mehr. Als alle Dichter gilt."

Nr. 18

Freunde in der Schweiz und in Deutschland

Martin Bircher

1. Die ältere Generation

Johann Jakob Bodmer (1698–1783)

Das gelehrte und das schöngeistige Zürich des 18. Jahrhunderts ist durch Bodmers Wirksamkeit geprägt – jeder gebildete Zürcher konnte sich seinen Schüler nennen. In seinem Haus verkehrten die bedeutendsten Geister der Zeit, nicht nur der junge Klopstock oder Wieland, der hier wichtige Jahre seiner Entwicklung verbrachte. Welche Anregungen für das gesamte Gebiet der Literatur von Bodmer ausgingen, ist kaum faßbar, handle es sich um die Vermittlung und Übersetzung literarischer Texte der Antike (Homer), Italiens (Dante), Englands (Shakespeare und Milton) oder des deutschen Mittelalters.
Anfangs betrachtete Bodmer reichlich skeptisch die dichterischen Versuche des jungen Daphnis-Gessners und äußerte sich, wie wir aus Hottingers Biographie wissen, vernichtend über die frühesten Proben, auch noch über *Die Nacht.* Allmählich hat Gessner aber das Herz des „Vaters der Jünglinge" gewonnen: 1752 entwarf er seine erste Vignette für Bodmers *Noah,* der im väterlichen Verlag erschien, 1756 vollendete er dessen Erzählung *Inkel und Yariko,* 1758 erschien *Der Tod Abels,* ein ganz vom Geiste Bodmers durchdrungenes alttestamentarisches Epos.
Gessner hat nie in gedruckten Schriften zu literarischen Streitfragen Stellung bezogen. Kleist teilte ihm schon 1753 mit, Bodmer habe seinen *Daphnis* sehr gerühmt, wodurch „Sie ihn wegen Ihrer *Nacht* versöhnt haben. Er hat eine gute Idee von Ihnen und erwartet von Ihrer Fähigkeit viel Gutes, wie billig. Machen Sie sich diese gute Neigung zu nutze und verderben Sies nicht mit ihm, wie ich. Er ist doch ein unvergleichlicher Mann, man muß sein Genie bewundern". Bodmer war seinerseits Realist genug, es nicht mit Gessner zu verderben, der eine immer wichtigere Rolle im Zürcher Verlagswesen zu spielen begann. Eine ganze Anzahl seiner Werke ist in der Folgezeit bei Orell & Gessner erschienen, vorab die bedeutende Homer-Übersetzung, einige Dramen, Werke zur vaterländischen Geschichte. Aus ihrem Briefwechsel sind nur ein Schreiben Gessners an Bodmer (16. April 1760) und eines in umgekehrter Richtung (Ostern 1777) erhalten. Beide zeugen von ihrer guten Beziehung, ja Freundschaft. – In Gessners Verlag erschien endlich auch eine der frühesten Würdigungen Bodmers, unmittelbar nach seinem Tod, verfaßt von Leonhard Meister: „Um Bodmers Bild in seiner ganzen Grösse zu zeigen, sollte im Hintergrunde das Chaos gemahlt seyn, welches bey seiner Ankunft zur schöneren Schöpfung sich loswand" (in: *Über Bodmern.* Zürich 1783).

17 *Abbildung*

Johann Jakob Bodmer
Schabkunstblatt von Johann Jakob Haid, 1752.
31,5 x 21,7 cm
ZB: Graph. Sammlung, J. J. Bodmer I, 1

Das Blatt des Augsburger Stechers Haid (1704–1767) entstand nach einem vermutlich 1748 angefertigten Gemälde von Johann Caspar Füssli d. Ä. (1706–1782), heute im Besitz der Zentralbibliothek Zürich. Das Einzelblatt erschien bei Füssli in Zürich im Mai 1752. Auf dem Mauerfragment unter dem ovalen Bildnis erkennt man drei allegorische Figuren, mit der Arche Noah, ein Hinweis auf Bodmers Epos.

18 *Abbildung*

Johann Jakob Bodmer
Federzeichnung, braun laviert. 9 x 8,6 cm.
Privatbesitz Wolfenbüttel

Kopfstück halblinks, nicht signiert, datiert: „L[avater?] 28. April 1796". Es zeigt auffallende Ähnlichkeit mit Johann Heinrich Füsslis Bleistiftzeichnung Bodmers von 1778 (Maße und Standort unbekannt, Schiff Nr. 582); es stammt vermutlich ebenfalls aus Lavaters Besitz wie Kat. Nr. 19.

19

Bodmers Porträt aus Lavaters Besitz
Aquarell in Oval.
20 x 29 cm (Porträt: 11,3 x 7,7 cm; Handzettel: 10,2 x 7 cm)
Privatbesitz Wolfenbüttel

Kopfstück nach links, nicht signiert. Das Blatt, das in der für Lavaters Sammlung typischen Weise auf einen Karton mit verschließbarem Deckel geklebt wurde und damit geeignet war, in einer der Kassetten von Lavaters riesiger Porträtsammlung aufgehoben zu werden. Dem Porträt gegenüber klebt ein Zettel, auf dem von Lavaters Hand zu lesen steht:

„Runder war Bodmers Stirn und Feüervoller sein Auge
Feiner die Nase, feiner die Falten an Aug und den Wangen –
Dennoch sehn wir noch hier Den Mann von besonderm
Verstande L[avater] 1797"

I. Casp. Fueſsli ad vivum pinx. et excud.
I. I. Haid sculps. Aug. Vind.
BODMER

Nr. 17

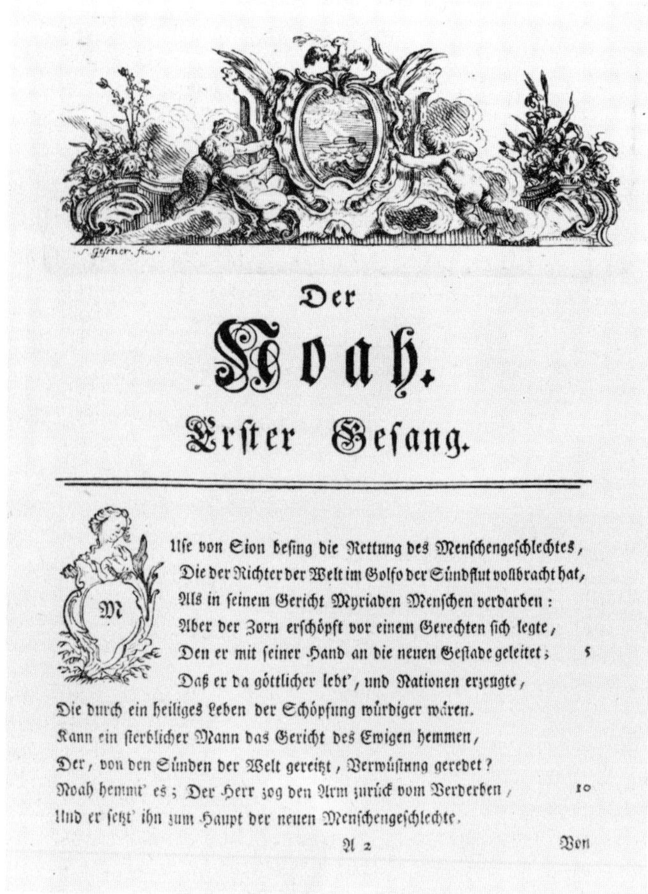

Der

Noah.

Erster Gesang.

Muse von Sion besing die Rettung des Menschengeschlechtes,
Die der Richter der Welt im Golfo der Sündflut vollbracht hat,
Als in seinem Gericht Myriaden Menschen verdarben:
Aber der Zorn erschöpft vor einem Gerechten sich legte,
Den er mit seiner Hand an die neuen Gestade geleitet;
Daß er da göttlicher lebt', und Nationen erzeugte,
Die durch ein heiliges Leben der Schöpfung würdiger wären.
Kann ein sterblicher Mann das Gericht des Ewigen hemmen,
Der, von den Sünden der Welt gereizt, Verwüstung geredet?
Noah hemmt' es; Der Herr zog den Arm zurück vom Verderben,
Und er setzt' ihn zum Haupt der neuen Menschengeschlechte.

A 2 Von

Nr. 20

Dieses Porträt hatte Lavater als Vorlage für den Kupferstich im vierten Teil seiner *Physiognomischen Fragmente* (Leipzig und Winterthur 1778) verwendet und dazu geschrieben: „Bodmers Stirn noch viel bedeutender in der Natur gezeichnet; sein Auge, viel lebendiger und rollender, ist nicht unter zehntausenden, sondern unter hunderttausenden das einzige in seiner Art. Wer sich der Aehnlichkeit mit ihm nähert, hat Einbildungskraft, Geschmack an Natur und Schönheit des Nützlichen, und Gabe zu wirken und darzustellen, mit leichter und leiser, schneller und unbetäubender Kraft. Die Nase ist wahrhaftig weise! und auf der Lippe schwebt naiver attischer Scherz" (S. 377). Gessner hatte zu Lavaters *Physiognomik* seine eigene, eindeutige Meinung. Am 11. Oktober 1778 schrieb er seinem Freund Jacques Henri Meister nach Paris: Lavaters „vierter Band ist Unsinn wie die ersteren".

20 *Abbildung*

(Bodmer, Johann Jakob)
Der Noah. In Zwölf Gesängen.
[griech. Motto aus Pindar]
Zürich, bey David Geßner, 1752. 4°
ZB: 3.332 b; HAB: Lo 522

L 248 Vign. S. 3: „Die Arche Noah in barocker Kartusche, von zwei Putten und einem Engelchen gehalten. Auf beiden Seiten Blumen-Arrangements".

Eine der gewichtigen Dichtungen Bodmers, ein alttestamentarisches Heldenepos in Hexametern, dem Gessner bald nacheifern sollte, als er ihm den *Tod Abels* in Prosa entgegensetzte und damit international weit größeren Erfolg errang, als Bodmer mit allen seinen Werken. Zum *Noah* hat der 22jährige Gessner die erste Vignette überhaupt entworfen und ausgeführt; das sorgfältig ausgestattete Werk erschien im väterlichen Verlag. Die ersten beiden Gesänge des *Noah* waren bereits zwei Jahre zuvor in Frankfurt und Leipzig erschienen; die späteren Auflagen erschienen beachtlicher Weise nicht mehr bei Gessner, sondern in Berlin (1765) in Zürich „bey David Bürgkli" (1772) und in Basel (1781). Die Berliner Ausgabe hat nicht mehr Gessner, sondern der hochbegabte 24jährige Johann Heinrich Füssli illustriert.

21

[Bodmer, Johann Jakob und Gessner, Salomon]
Inkel und Yariko.
o. O. 1756. 4°
ZB: 3.347 (6) L 506

Inkel und Yariko ist die Geschichte eines Weißen, der sein Leben einer Farbigen verdankt, die ihm in Liebe zugetan ist. Herzlos verkauft er in schnöder Weise die „Wilde" als Sklavin und wird dafür seinerseits zur Strafe vom Gouverneur zum Sklaven gemacht. Er bereut seine schlechte Tat und will die Ketten der Buße weitertragen, auch als er hört, daß ihn jemand loskauft. Erst als er erfährt, das Yariko selbst das Lösegeld gebracht hat, nimmt er die Freiheit wieder an. – Die Geschichte hat das damalige Europa erschüttert und ist in vielen Versionen dargestellt worden. – Bodmer hatte den ersten Teil der Geschichte in Hexametern verfaßt – Gessner dichtete und veröffentlichte die Fortsetzung ohne Bodmers Wissen; er schrieb sie bezeichnenderweise in Prosa, die ihm weit näher lag. Später hat er die Dichtung nie in eine Gesamtausgabe seiner Schriften aufgenommen, sie erschien erst wieder in der zehnten postum erschienenen Gesamtausgabe von 1789. – Ausgestellt ist das Handexemplar Bodmers mit seinen eigenhändigen Korrekturen.

Lit.: Price, Lawrence Marsden (Hrsg.): Inkle and Yarico Album. Berkeley 1937. Gessner Gesamtausgabe: Bd. 3 S. [25–40].

Nr. 22 Vignetten nach Gemmen Lipperts

Philipp Daniel Lippert (1702–1784)

Der Kontakt Gessners zu dem angesehenen Dresdner Akademieprofessor für Altertumskunde läßt sich bis 1765 zurückverfolgen, als sein Schwager Heidegger Lippert die neue Ausgabe der *Schriften* Gessners überreichen ließ, worauf sich dieser bedankt hat. Gessner hat begeistert dessen Sammlung von antiken Gemmenabrissen studiert, die er in Abgüssen 1768 für die Stadtbibliothek erwerben ließ, wo sie noch heute aufbewahrt werden. Nach Füsslis Bericht soll Gessner „oft ganze Abende mit der Hitze und dem Fleiß eines lernbegierigen Knaben nach diesen köstlichen Überresten der alten Kunst" gezeichnet haben. Vgl. vor allem B. Webers Beitrag „Gessner illustriert Gessner" in diesem Katalog (insbesondere Anmerkungen 27 und 28).

22

Lippert, Philipp Daniel
Dactyliothecae universalis signorum exemplis nitidis redditae.
3 Kästen in Buchform mit 3000 Abgüssen von Gemmen und 3 Kommentarbänden. Leipzig 1755–62
ZB: KK 35, 414–415

Eine genaue Darstellung der Abhängigkeit Gessnerscher Radierungen von den Gemmen aus Lipperts *Dactyliotheca* steht noch aus, ergäbe aber zweifellos ein anschauliches Ergebnis. Wünschenswert wäre ebenfalls die Edition und Kommentierung des leider nur lückenhaft überlieferten Briefwechsels Gessners mit Lippert. Bislang sind folgende Dokumente nachweisbar: Gessner an Lippert, 3. September 1765 (früher Sammlung E. Stickelberger, seit 1977 ZB Zürich), ebenso, 20. September 1768 (Standort unbekannt, bis 1955 Sammlung Leemann): „Deutschland muß stolz seyn auf ihr Werk. Der gelehrte Kenner der Alterthümer hat Ihnen sehr vieles zudanken, aber noch ungemein viel mehr die Künste und der gute Geschmak. Ihr Werk ist jedem Künstler verständlich und unentbehrlich. Ihre Abdrüke legen ihm die wahren Muster des Schönen und Edlen ohne grossen Aufwand vor Augen, und Ihre Erklärung läßt seinen Geschmak nicht mehr schwanken. Mit dem grössesten Scharfsinn und der heitersten Deutlichkeit findet er da die wahre Schönheit der Formen, des Ausdruks und Sitten und Gebräuche erklährt, und die Stellen, die aus den Alten mit so viel Geschmak gewählt sind, streuen ihm auf alles Licht und führen ihn zugleich zu den schönen Wissenschaften, die dem wahren Künstler so unentbehrlich sind; er sieht die Harmonie zwischen der Dichtkunst und den andren Künsten und wie sie sich immer wechselseitige Dienste leisten." Mit diesem Brief bestellte Gessner „die 2000 Abdrüke für unsre öffentliche Bibliothek", und zwar „in über einander gefügten Tabletten, das 1000 à 21 Duc., so bald als möglich ist". Er bittet um Angabe, wohin das Geld zu überweisen sei, ferner daß er ihm „wohlgerathene Abdrücke" schicke, welche er „mit der grössesten Ungeduldt erwarte". – Ein Brief Lipperts an Gessner über das Supplement seiner *Dactyliotheca* vom 3. Oktober 1774 hat Leemann veröffentlicht (*Salomon Geßners Beziehungen zu Zeitgenossen.* In: Zürcher Taschenbuch für das Jahr 1931, S. 48–49). Das Original befindet sich im Besitz der Zentralbibliothek Zürich, zusammen mit einem weiteren Brief Lipperts ähnlichen Inhalts, ohne Datum. Vom 4. April 1778 datiert ein Brief Gessners in der Sammlung Eugen Wolbe, den dieser am 2. März 1934 in der *Neuen Zürcher Zeitung* veröffentlicht hat („Schweizerische Autographen"). Endlich besitzt die Historical Society of Pennsylvania einen Brief Gessners an Lippert vom 18. April 1777. (vgl. Ch. E. Schweizers Aufsatz im *Jahrbuch der Deutschen Schiller-Gesellschaft* 8, 1964).

Johann Caspar Füssli d. Ä. (1706–1782)

Füssli ist eine der imponierenden Gestalten im Zürich des 18. Jahrhunderts. Als Maler und Kunsthistoriker wirkte er, nach Studienjahren in Wien und Süddeutschland, seit 1736 in seiner Vaterstadt, wo sein Haus zu einem Sammelpunkt künstlerischer Bestrebungen wurde. Ihm ist der Kontakt der Zürcher zu Winckelmann in Rom zu danken: zu seinen Gunsten hatte Füssli eine kleine Sammlung veranstaltet, die ihm eine Reise nach Neapel ermöglichen sollte, was diesen zu einem ersten rührend-enthusiastischen Brief an die Zürcher Wohltäter veranlaßte. Füsslis berühmte *Geschichte der besten Künstler in der Schweitz* erschien 1755–57 bei David Gessner, in zweiter Auflage 1769–79 „bey Orell, Geßner und Comp.". Der erste Band dieser auf fünf Bände erweiterten Neuauflage ist „Herrn Salomon Geßner, des täglichen Raths der Republick Zürich, gewiedmet". Gessner hat am 10. Januar 1770 ein „Sendschreiben" an Füssli verfaßt, das in der Vorrede des 3. Bandes veröffentlicht wurde: es ist der programmatische *Brief über die Landschaftsmalerei.* Füssli schreibt in seiner Vorrede von Gessner: er „genießt als ein vierzigjähriger Mann in und aussert seinem Vaterland denjenigen allgemeinen Beyfall, welchen die grösten Männer aller Zeitalter sonst meistens erst von der neidlosen Nachwelt erwarten müssen. Ganz Europa ließt seine Werke, eine jede Nation in ihrer Muttersprache... man kann es kaum begreiffen, daß ein einziger Mann in der Beste seiner Jahre Meister in zwoen Künsten ist". Füssli hatte achtzehn Kinder, die fünf überlebenden betätigten sich alle als Maler. Am berühmtesten wurde Johann Heinrich, der als Dichter begann, Lavaters bester Jugendfreund war und in England zu einem der gefeiertsten Maler seiner Zeit wurde. Salomon Gessners Mutter war seine Patentante.

23

Füssli, Johann Caspar
Geschichte der besten Künstler in der Schweitz.
5 Bde. Zürich, bey Orell, Geßner und Comp. 1769–79
ZB: RRk 387–91; HAB: Da 155

Der erste Band dieser auf fünf Bände erweiterten Neuauflage ist „Herrn Salomon Geßner, des täglichen Raths der Republick Zürich, gewiedmet". Im 3. Band findet sich der Erstdruck seines *Briefs über die Landschaftsmalerei,* den er von 1772 an allen Ausgaben seiner *Schriften* beifügte. „Füsslis Künstlergeschichte, eine Vitensammlung mit Exkursen zu allgemeinen Fragen der Entwicklung der Kunst und der Ästhetik, ist in ihrer erweiterten und umgearbeiteten zweiten Auflage nicht nur eine Quellensammlung hohen Ranges für die schweizerischen Künstler des 17./18. Jahrhunderts vor allem, sondern sie spiegelt in teilweise kühner und bisher übersehener Weise die Umschichtungen, die sich im Wirkungsbereich der Zürcher Aufklärung und des beginnenden literarischen Sturm und Drang auch für die Geschichte der bildenden Kunst ergaben." (Y. Boerlin-Brodbeck, S. 85). – Füssli hat jahrelang mit großem Fleiß Texte und Porträts für sein Lexikon zusammengetragen; sein begabter Sohn Johann Heinrich hat eine ganze Anzahl von Bildnissen entworfen. Vielen Spuren wäre noch nachzugehen; so findet sich beispielsweise im Germanischen Nationalmuseum Nürnberg ein interessanter Brief Füsslis vom 5. Februar 1769 an Anton Graff – „einer der obersten" unter seinen Freunden – mit der Bitte um einen ausführlicheren Lebenslauf für das Lexikon. Yvonne Boerlin hat in exemplarischer Weise Füsslis Beziehung zu dem erfolgreichen Hofmaler Wille in Paris untersucht und dargestellt, mit dem auch Gessner befreundet war.

Lit.: Gessner: Gesamtausgabe, Bd. 3, S. 229–273; Y. Boerlin-Brodbeck a. a. O.

24 *Farbtafel*

Füssli, Johann Caspar
Allegorie mit den Bildnissen Ewald von Kleists und Friedrich Gottlieb Klopstocks
Öl auf Leinwand
56 x 43 cm
Kunsthaus Zürich: Inv. Nr. 1898

In der Vielzahl typischer Freundschaftsbildnisse von Dichtern und Künstlern im 18. Jahrhundert ist Füsslis Doppelbildnis durchaus auffallend: als Allegorie nutzt es eigentlich antiquierte Elemente der Bildersprache des 17. Jahrhunderts, als Dichterporträt mit den Medaillonbildnissen Klopstocks und Kleists aber zeigt es die für die Zürcher Literaturszene im 18. Jahrhundert wichtigsten deutschen Dichter. Klopstock erhält als Schöpfer des biblischen Epos *Der Messias* das Attribut des Kreuzes, Kleist als preußischer Offizier Helm und Degen. Der Ruhm (Fama) verbindet die Heroen, deren Tugend und Maß (Hand in Hand personifiziert) das Böse besiegen (Harpyie, Gorgo und Drache). – 1750 begrüßte Bodmer in Klopstock den enthusiastisch erwarteten Schüler, der es verstanden hatte, seinem Programm entsprechend biblischen Stoff in antike Hexameterverse, Tugend in Poesie umzusetzen. Dem emphatischen „Verlangen nach Klopstocks Ankunft" („Klopstock, was hemmt dir den Fuß in jenem fernen Bezirke, Wo kein helvetischer Himmel dir lächelt?") entsprach Bodmers ernüchteter Rückblick („so groß in seinem Gedichte, so klein und gemein in seinem Leben"). Als Klopstock nach fast siebenmonatigem Aufenthalt am 14. Februar 1751 Zürich verließ, hatte er zwar nicht – wie von Bodmer selbstverständlich erwartet – den *Messias* beendet, dafür aber mit seiner Ode *Von der Fahrt auf der Zürcher-See* der Stadt ein literarisches Denkmal und seiner jungen Dichtergeneration einen neuen Maßstab für empfindsame Naturpoesie und dichterisches Selbstbewußtsein gesetzt:

Möchtet ihr auch hier seyn, die ihr mich ferne liebt,
In des Vaterlands Schooß einsam von mir verstreut,
Die in seligen Stunden
Meine suchende Seele fand;

Nr. 24 J. C. Füssli: Allegorie mit Bildnissen Klopstocks und Kleists

Nr. 25

O so wollten wir hier Hütten der Freundschaft baun!
Ewig wohnten wir hier, ewig! wir nennten dann
Jenen Schattenwald, Tempe,
Diese Thäler, Elysium. (18., 19. Str.)

Die Erlebnisse der „Lustschiffahrt" auf dem Zürchersee, zu der sich am 30. Juli 1750 Jünglinge mit ihren Mädchen um Klopstock versammelt hatten, erzählte Johann Caspar Hirzel in einem Brief fünf Tage später ausführlich dem interessierten Ewald von Kleist. Dieser hatte selbst für sein Hexametergedicht *Der Frühling*, einem Musterbeispiel beschreibender Poesie, im Buch der Natur zum Lob des Schöpfers, der Freude und der Menschlichkeit gelesen – der Dichter wird zum Sprachrohr des ‚Vaters der Welt' und zum Kritiker menschenfeindlicher Politik, zum Widersacher des naturfeindlichen Krieges, der ‚oft Arbeit und Hofnung verheeret, Reben und Früchte zernichtet, Dörfer und Wälder entzündet'. Salomon Gessner hat in seiner Idylle *Der Wunsch* die Dichter gepriesen, die ihre Leser die geheimen Regeln der Harmonie und Schönheit in der Natur „voll sanften Entzykens" empfinden ließen. Er verehrte insbesondere den „schoepfrischen Klopstock" und den „mahlerischen Kleist", die auf ihre Weise Gessners realen Wunsch sinnfällig machten, „die Fehler unsers Staats" zu bemängeln und in der „goettlichen Tugend" das menschliche „Glyk" zu erkennen.

Lit.: (Hg.) Albert Köster: Klopstock und die Schweiz. Frauenfeld und Leipzig 1923; Oden von Klopstock. Zürich im August 1750. (Faksimile-Druck der bei Conrad Orell & Co. erschienenen „Ersten Ode an Herrn Bodmer" und „Zweyte Ode Von der Fahrt auf der Zürcher-See") Zürich 1947; Yvonne Boerlin-Brodbeck: Johann Caspar Füssli und sein Briefwechsel mit Jean-Georges Wille. In: Beiträge zur Kunst des 17. und 18. Jahrhunderts in Zürich (= Jahrbuch 1974–77 des Schweiz. Instituts für Kunstwissenschaft) Zürich 1978 (darin Beschreibung und Abbildung S. 85 und 156 f.).

25 *Abbildung*

Füssli, Johann Caspar
Quodlibet mit Bildnissen von Zeitgenossen und antiken Köpfen

Öl auf Leinwand, 1757?
51,5 x 62,5 cm
Kantonsbibliothek Trogen

Die Darstellung einer scheinbar zufälligen Hängung von Gegenständen an ein Brett ist eine bemerkenswerte Spezialität des Zürcher Malers Johann Caspar Füssli d. Ä.. Das vorliegende Quodlibet vereinigt in freier Anordnung (,wie es beliebt') gemalte und gestochene Bildnisse und Zeichnungen auf Tannenholz zu einem Stilleben. Die illusionistische Darstellung (mit zwei Insekten) täuscht den Betrachter, der die dargestellten Gegenstände für ‚greifbare' Wirklichkeit hält; das so Realität suggerierende, die Arbeit des Künstlers aber verbergende Stilleben ist das Trompe-l'oeil. – Die scheinbar beliebige Auswahl und Zuordnung erschwert das Erkennen der Konzeption in der Komposition: zentral und repräsentativ hängt das Bildnis Johann Jakob Bodmers ohne jede Bezeichnung, ihm zugeordnet scheinen in der Diagonale (von oben links nach unten rechts) zwei Zeichnungen mit den Büsten Homers und weiterer antiker Dichter. In der zweiten Diagonale (von unten links nach oben rechts) sind ein Selbstbildnis Füsslis mit der Unterschrift „Johann Caspar Füessli, Aetatis Suae 30" und ein Porträt Salomon Gessners („Daphnis") zu sehen. Aus der diagonalen Anordnung fallen zwei kleinere Bildnisse heraus: das obere zeigt den Trogener Arzt Dr. Laurenz Zellweger, im Freundeskreis Philocles genannt, mit der Bildunterschrift „Gehe nicht krumm nach mannenn die / richtige Wege gegangen, / Kennest du nicht den geraden pfad, so / frage PHILOCLES"; das untere zeigt in ovalem Rahmen das gemalte Porträt des Zürcher Stadtarztes Dr. Hans Caspar Hirzel. Hirzel wurde 1762 erster Präsident der Helvetischen Gesellschaft, der auch Gessner und Zellweger beitraten. – „Voraussetzung der Anordnung sind anzuordnende Materien", bemerkt in einem Aphorismus der phantasiebegabte Illustrator literarischer Motive, Johann Heinrich Füssli. Sein Vater hat (wohl zur Erinnerung an eine gemeinschaftliche Vergnügungsreise nach Trogen) einige Porträts von Zürcher Freunden zu einem Bild zusammengetragen und damit der Freundschaft ein unverwechselbares Stilleben gewidmet; schon zehn Jahre zuvor hatte der Dichter Johann Wilhelm Ludwig Gleim begonnen, mehr als 130 Bildnisse befreundeter Dichter und Künstler, darunter auch ein Porträt Gessners, zu sammeln und in seinem Haus in Halberstadt der Freundschaft einen Tempel zu errichten.
Lit.: Zürcher Malerei im 18. Jahrhundert, Katalog Zürich 1969, S. 19 f.; Schweizer Stilleben im Barock. Schweizerisches Institut für Kunstwissenschaft, Zürich 1973, S. 67 und 72; Y. Boerlin-Brodbeck a. a. O. (Beschreibung S. 157).

26 *Abbildung*

Füssli, Johann Heinrich
Nächtliches Studierzimmer.

Federzeichnung, laviert.
Bez. u. l. „H. F. 1754. d. 12. April". u. r. (von anderer Hand): „Heinrich Füßli v. Zürich. in London"

Nr. 26

15,9 x 19 cm
unveröffentlicht
Antiquariat H. u. R. Madliger-Schwab, Zürich

Die reizvolle, unbekannte Zeichnung des 13jährigen Sohnes Johann Caspar Füsslis, Johann Heinrichs (1741–1825), stellt vermutlich eine Szene im väterlichen Studierzimmer dar: ein älterer Mann mit Mütze sitzt schreibend am Pult seines Arbeitstischs, auf dem eine Kerze brennt. Ein Bursche – Johann Heinrich selbst? – holt ein Buch vom obersten Brett einer imposanten Bücherwand. Ein perspektivisch noch nicht ganz gelungenes Bett, eine Standuhr, deren Zeiger fünf Minuten vor neun Uhr zeigen, gehören zur einfachen Einrichtung des Zimmers; hinter den Butzenscheiben des Fensters ist die Mondsichel sichtbar. – Unter Füsslis frühesten Zeichnungen finden sich mehrere Nachtstücke: die Ermordung Wallensteins (Schiff 74–75), König Joas, von seinen Knechten getötet (104), Die nächtliche Lampe des Bauern (122) und andere. Auffällig ist das modische Barett, das der junge Mann auf dem Kopf trägt; man kann Ähnlichkeiten zum „Nächtlichen Bankett von Offizieren in Trachten des 16. Jahrhunderts" (52) sehen. Dagegen ist kaum auszumachen, ob die Gesichtszüge des schreibenden Mannes diejenigen des Vaters sein sollen; auch das Bildnis des alten Mannes mit Zipfelmütze von 1779 (Schiff 583) harrt noch der Deutung.
In jedem Fall spiegelt die Zeichnung eine Szene aus der alltäglichen Erfahrungswelt des Schülers wider; der elf Jahre ältere Salomon Gessner hat in jenem Jahr seinen *Daphnis* erstmals veröffentlicht, und Johann Caspar Füssli arbeitete immer noch an seinem aufsehenerregenden schweizerischen Künstlerlexikon, zu dem der Sohn im gleichen Jahre, teils noch unbeholfene, teils sehr gelungene Bildnisse schweizerischer Künstler, Humanisten und Reformatoren gezeichnet hat (Schiff 131–191).
Füssli und Gessner: größere Gegensätze lassen sich im Zürich ihrer Zeit kaum denken. Füssli war Lavaters bester Jugend-

freund, an Klopstock hat er sich begeistert, nicht an den Idyllen. Von Gessner dichtet er, Jahrzehnte später, als er längst in London seßhaft geworden war, in einem Gedicht, dessen Titel, *Schweizerlands Künstler,* an das Lebenswerk seines Vaters anspielte, für den er als 13jähriger Bücher hervorsuchte, im Jahre als Gessner seinen *Daphnis* veröffentlichte:

Hygieias Mündel, Zögling der Musen, wo
Entdeckt, o Gessner, dich der entzückte Vers?
Auf Juras Höhn? Am Wetterhorne?
Oder des Gotthards zerblitzten Wüsten,
Der Elemente Keim, die Natur im Werk
Belauschend?

Lit.: Gert Schiff: Johann Heinrich Füssli 1741–1825. Oeuvrekataloge Schweizer Künstler. Zürich 1973.; J. H. Füssli: Sämtliche Gedichte. Hrsg. von M. Bircher und K. S. Guthke. Zürich 1973.

Albrecht von Haller (1708–1777)

Gessners Bewunderung für den 22 Jahre älteren „Compatrioten" Haller, den Verfasser des berühmten Lehrgedichts *Die Alpen*, war groß; höchst eindrücklich ist das Denkmal, das er ihm mit seiner Gouache (Kat. Nr. 155) gesetzt hat. Eine persönliche Freundschaft hat sich zwischen den Beiden nicht ergeben: Wir kennen nur einen Brief Gessners an Haller (10. Juni 1760), dann allerdings die vorzüglichen Rezensionen von Gessners Werken aus der Feder Hallers (vgl. den Beitrag von Karl S. Guthke für den vorliegenden Katalog). Zu einer verlegerischen Beziehung konnte es nicht kommen, da Hallers *Versuch Schweizerischer Gedichte* bereits in Heideggers Offizin in Zürich erschienen ist, die auch die wichtige Biographie von Zimmermann, dem Freund beider Dichter *(Das Leben des Herrn von Haller,* Zürich, Heidegger und Co. 1755) verlegt hat. – Die Ruhmesgeschichte von Gessners Dichtungen hat diejenige Hallers in den Schatten gestellt. In Frankreich erschien beispielsweise die Übersetzung eines Abbé Bruté de Loirelle unter dem Titel *Pastorales et Poemes de M. Gessner qui n'avoient pas encore été traduits; suivis de deux Odes de M. Haller, traduites de l'Allemand, Paris 1768 (L 658).*

27

Haller, Albrecht von
Versuch Schweizerischer Gedichte. Dritte / vermehrte und veränderte Auflage.
Bern / Bey Niclaus Emanuel Haller. 1743
Exemplar aus dem Besitz von Salomon Gessner.
Nachlaß Leemann-van Elck, Goldbach/Zürich

Erfreulicherweise hat sich als eines der ganz wenigen Bücher aus Gessners Besitz die Ausgabe des *Versuchs Schweizerischer Gedichte* erhalten. Es stammt aus dem Besitz Victor Eugène Zellwegers, des Urenkels Gessners, der es Paul Leemann geschenkt hat. Auf dem Vorsatzblatt finden sich Salomon Gessners Prägestempel, im Anhang 12 handschriftliche Seiten mit „Zusätzen zu Hrn. D. Hallers Gedichten. Von dem gleichen Verfaßer" nach einer späteren Edition des Buchs.

Nr. 28

Ewald von Kleist (1715–1759)

Gessner traf den 15 Jahre älteren Kleist erstmals in Berlin; ihre gute Freundschaft rührt aber aus den Monaten, da sich Kleist 1752 als preußischer Werbeoffizier in Zürich aufhielt. Er hat Gessner zu seiner ersten Veröffentlichung *(Die Nacht)* ermuntert, und dieser zeigte seinen Dank durch die Aufnahme des weltgepriesenen *Frühling* in seinen Verlag, mit zwei bezaubernden Kupfern geziert. – Von Kleist stammt auch das berühmte Wort, wonach man in dem großen Berlin kaum drei bis vier „Leute von Genie und Geschmack" antreffe, während man in dem kleinen Zürich „mehr als zwanzig bis dreißig derselben" finde. Ihre Freundschaft spiegelt sich in ihrem aufschlußreichen Briefwechsel wider, der erst durch Kleists Tod in der Schlacht von Kunersdorf (1759) beendet wurde.

28 *Abbildung*

[Kleist, Ewald von]
Der Frühling. Ein Gedicht. Nebst einem Anhang einiger anderer Gedichte von demselben Verfasser. Verbesserte Auflage.
Zürich, Bey David Gessner, 1754.
ZB: 3.385 (9) (Exemplar aus Bodmers Besitz)
L 250: „Titelk.: Idyllische Flußlandschaft, in Rokoko Rankenumrahmung", datiert 1753.
Lit.: W. Körte (Hrsg.): Briefe der Schweizer Bodmer, Sulzer, Geßner. Aus Gleims litterarischem Nachlasse. Zürich 1804; E. v. Kleist: Werke 3. Teil, Briefe an Kleist. Berlin 1882; P. Leemann-van Elck: Salomon Geßner im Kreise zeitgenössischer Freunde. In: Das Bodenseebuch 1930; ders.: Salomon Geßners Freundschaft zu Ewald von Kleist. In: Zürcher Monats-Chronik 1937.

29

[Nicolai, Friedrich]
Ehrengedächtniß Herrn Ewald Christian von Kleist. Zweite verbesserte und vermehrte Auflage.
Berlin, bey Friedrich Nicolai 1760.
HAB: 79 QuN (1)

Kleists Porträt wurde von Friedrich Kauke gestochen.

Johann Wilhelm Ludwig Gleim (1719–1803)

Ein herzlicher Briefwechsel, getragen von gegenseitiger Hochachtung, hat sich seit 1754 zwischen Gessner und Gleim, dem Dichter der Anakreontik in Halberstadt, ergeben. Auf seiner Rückreise von Berlin hatte Gessner den berühmten Dichter und glühenden Verehrer des Preußenkönigs für „ein paar Stunden" gesehen. Später hat ihm Kleist Grüße aus Halberstadt nach Zürich gebracht. Man schickte sich gegenseitig die neuesten Dichtungen zu; „Sie erhalten hier meine Idyllen", schreibt Gessner am 24. März 1756, „ich wünsche, daß sie ihres Beyfalls würdig seyn mögen". Und 1772 schreibt er ihm: „Unsere Nation soll stolz darauf seyn, daß wir an Ihnen den feinsten Dichter der Freude haben". In Gleims Freundschaftstempel in Halberstadt hatte Gessners in Öl gemaltes Porträt, das er eigens bestellt und in Zürich hatte anfertigen lassen, einen Ehrenplatz unter den bedeutenden Zeitgenossen.

30

Gleim, Johann Wilhelm Ludwig
„An Herrn Gesner den Verfaßer der Idyllen", 1763. Eigenhändiges Gedicht.
Fotokopie nach dem verlorenen Original, früher in der Preußischen Staatsbibliothek Berlin.
Privatbesitz

Wenn in der Welt ein Weiser ist
der seinen Wunsch in Grenzen schließet
Und sein Verdienst nach Thaten mißt
Und Brod und Waßer froh genießet,

Der mit sich selbst am meisten scharf
Der Laster Heer mit Krieg beziehet
Der nicht vor sich erröthen darf
Wenn er sein Leben übersiehet,

Freund, so beneid ich ihn, und nicht
Den großen Mann im blauen Bande
Voll rother Flecken im Gesicht
Und in der Seele voller Schande;

Der von Zufriedenheit und Ruh
Nichts weiß, und nichts von Schäferstunden
Und niemahls so vergnügt, wie du
Sieht seine großen Heerden weiden.

von Gleim. 1763.

31 *Abbildung*

Brief Gessners an Gleim
Zürich, 24. März 1756 (unveröffentlicht)
Universitätsbibliothek Basel. Handschriftenabteilung. Sammlung Geigy-Hagenbach

Gessner hatte Gleim im März 1756 die *Idyllen* geschickt und in dem Begleitbrief darauf hingewiesen, daß er „in dem lezten Stük", nämlich in der Idylle *Der Wunsch*, vgl. Kat. S. 76 f., „Gelegenheit habe, ihnen zu sagen, daß ich mit der grösesten Hochachtung sey, Ihr Ergebenster Freund". Da ihr Briefwechsel nur sehr lückenhaft erhalten ist, kennen wir Gessners Reaktion auf das Gedicht Gleims nicht, das er ihm ohne jeden Zweifel hat zukommen lassen. Körte hat es jedenfalls nicht in seiner Ausgabe von Gleims *Sämmtlichen Werken* veröffentlicht.

32

[Gleim, Johann Wilhelm Ludwig]
Der Blöde Schaefer. Ein drammatisches Gedicht.
Zyrich bey Orell, Gessner und Comp. 1767
ZB: 7. 282 (4)
L 339 T. Vign.: „Großer, früchtebeladener Korb mit Füßen, im Gras".

„Ich werde die Schönheiten dieses Gedichts mit keinem Wort anpreisen; dieser Kunstgrif ist bey einem Werk unnö-

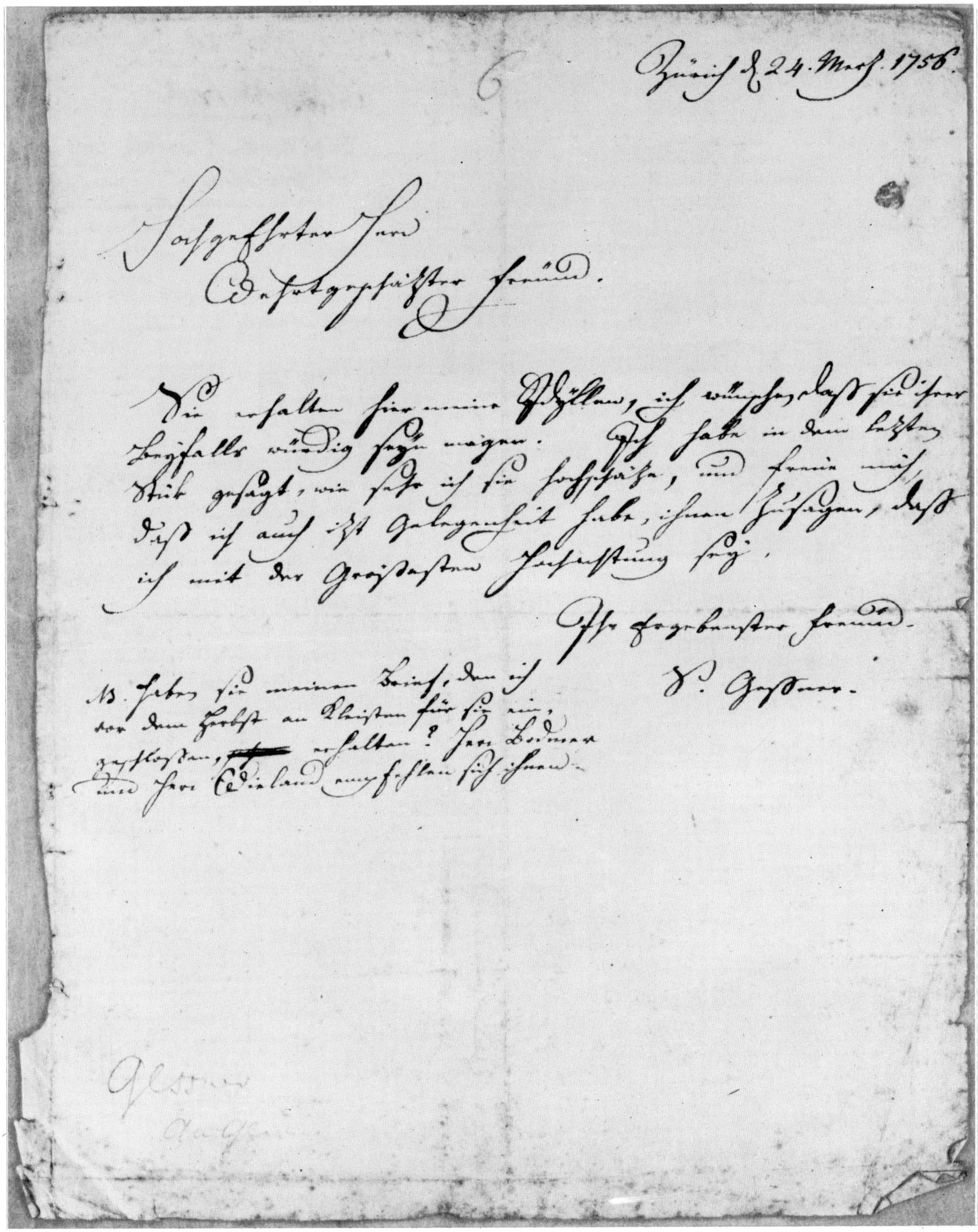

6

Zürich d. 24. Merz. 1756.

Hochgeehrter Herr

Werthgeschäzter Freund.

Sie erhalten hier meine Idyllen, ich wünsche daß sie ihres Beyfalls würdig seyn mögen. Ich habe in dem lezten Brief gesagt, wie sehr ich sie hochschäze, und freue mich, daß ich auch izt Gelegenheit habe, ihnen zu sagen, daß ich mit der grösten Hochachtung seye.

Ihr ergebenster Freund.

S. Gessner.

N.S. Haben sie meinen Brief, den ich vor dem Herbst an Kleisten für sie eingeschlossen, erhalten? Herr Bodmer und Herr Wieland empfehlen sich ihnen.

Nr. 31

thig, von dem man weiß, daß es von Gleim ist. Ich ergreife indeß die Gelegenheit mit dem angenehmsten Entzüken, unsrer Freundschaft ein öffentliches Denkmal zu stiften." Mit diesen Worten leitet Gessner seine Ausgabe von Gleims „drammatischem Gedicht" ein, für die er auch die Titelvignette selbst verfertigt hat. „Wäre das Manuscript ... einen Tag später angelangt, so wäre es unmöglich gewesen, ihn noch auf die Messe zu liefern... Sie müssen's der allzu strengen Eile zu gut halten, wenn der Druck nicht ganz so gerathen ist, wie Sie und ich es wohl gewünscht hätten. Es mußte die Nächte durch daran gearbeitet werden" schreibt er ihm am 16. Juni 1767. – Einen langen Brief schrieb Gleim am 20. Oktober 1768 (unveröffentlicht, im Freien Deutschen Hochstift Frankfurt/M.) im Auftrag des Grafen zu Stolberg, der beim „Uhrmacher Pfenninger" eine wertvolle Uhr bestellt und bezahlt hatte, die nun endlich „mit der fahrenden Post übersendet" werden soll. – Ein letztes mal gedachte der 83jährige Gleim, „wenn nicht von Geburt, doch an Gesinnung, ein Schweizer", am 26. April 1802 an seinen verstorbenen Freund Gessner, als er seinem Sohn Heinrich einen Brief schickte. „Kriegslieder müssen nur, wenn das Vaterland in Gefahr ist, gesungen werden, müssen nicht das Spiel irgend einer vaterländischen Muse seyn. Muth in die Herzen der Kriegesmänner seiner Zeit zu singen war jedes schweizerischen Dichters Pflicht; warum erfüllte sie keiner? Ich höre, lieber Freund, daß von Ihrem sel. Herrn Vater an Sie geschriebene Briefe herausgekommen seyn sollen. Senden Sie mir doch baldigst ein Exemplar. Mögte doch von dem, was er geschrieben hat, kein Buchstabe verloren gehen. Mehrmalen hatte ich den Gedanken, seine Briefe an mich drucken zu lassen. Alle tragen den Stempel seines Geistes u. Herzens, wie die von Sulzer und dem Erzvater der Schweizer, dem nicht genug verehrten Bodmer. Haben Sie Lust eine Sammlung der Briefe dieses Triumvirats an mich in Verlag zu nehmen, so will ich eine Abschrift veranstalten." (Unveröffentlichter Brief, früher Sammlung Leemann.) Die *Briefe der Schweizer Bodmer, Sulzer, Geßner. Aus Gleims litterarischem Nachlasse, herausgegeben von Wilhelm Körte* erschienen kurze Zeit nach dem Tod Gleims, des „seligen Vaters treustem Freunde", 1804 im Verlag Heinrich Gessners.

Lit.: Gessner: Gesamtausgabe, Bd. 3, S. [91–96]; Die Bildnisse im Gleimhaus. Bearbeitet von Carl Becker und Gerlinde Wappler. Halberstadt 1965. – In der von Wilhelm Körte herausgegebenen und in Halberstadt erschienenen Ausgabe von Gleims *Sämmtlichen Werken* finden sich in Band 3 (1811) ein Gedicht „An Geßner. Verfasser des Daphnis" (S. 403–404) und in Band 5 (1812) ein Sinngedicht „Geßner an den Versificirer seiner Idyllen" (S. 67).

2. Die gleichaltrige Generation

Johann Caspar Hirzel (1725–1803)

Hirzel, aus alter Zürcher Familie, promovierte 1746 in Leiden zum Doktor der Medizin, war dann, als „Sendbote Bodmers", in Berlin und wurde später Anführer der berühmten Zürichseefahrt mit Klopstock, Stadtarzt, Ratsherr und Verwalter vieler Ehrenämter. „Unter den verschiedenen Versuchen, die ‚häusliche und bürgerliche Wohlfahrt', ‚Aufklärung und Volkserleuchtung' zu fördern, sind vor allem seine physiokratischen Bestrebungen um die Hebung der Landwirtschaft zu nennen, die er mit Hilfe der obrigkeitlich unterstützten Naturforschenden Gesellschaft unternahm." (Max Wehrli). In Jakob Gujer, genannt Kleinjogg, von Wermatswil bei Uster fand er den Musterbauern, den er als naturgerechtes, wirtschaftliches und moralisches Vorbild pries und als „Socrate rustique" weltberühmt machte. Der Musterhof wurde nach Hirzels Buch Wallfahrtsort bedeutender Reisender; 1768 übernahm Gujer von der Regierung den Katzenrütihof bei Rümlang. Rousseau schrieb pathetisch: „Heureux les pays où des Klyjoggs cultivent la terre et où des Hirzels cultivent les lettres" – und selbst Pestalozzi läßt sich ohne Hirzel nicht denken. Seine literarische Leistung liegt in den verschiedenen Lebensbildern, „Denkmälern" und Denkreden, die er berühmten Mitbürgern widmete, darunter Zellweger, Blaarer von Wartensee, Heidegger, Sulzer (*Hirzel an Gleim über Sulzer den Weltweisen,* 1779), „in jener typischen Gattung einer menschen- und gesellschaftsfrohen, erziehungsgläubigen Zeit, die doch bereits sich selber etwas bespiegelt" (Max Wehrli). Hirzel zählt zu den besten Jugendfreunden Gessners, wie die erhaltenen, unveröffentlichten Briefe zeigen. Als Arzt stand er dem Freund in der letzten Stunde bei.

33

Hirzel, Johann Caspar
Die Wirthschaft eines philosophischen Bauers.
Entworfen von H. C. Hirzel, M. D. und Stadtarzt in Zürich. Neue vermehrte Auflage.
Zürich, bey Orell, Geßner, Füeßlin u. Comp. 1774.
ZB: ZF 8023

„Wenn Herr Hirzel kein Verdienst hätte ... als daß er den philosophischen Bauern geschrieben ..., so würde sein Verdienst schon sehr groß seyn. So oft ich Kleinjoggen sehe, so oft dank' ich's Hirzeln aufs neue, daß er ihn aus der Dunkelheit hervorgezogen hat." Mit diesem Lob aus den *Physiognomischen Fragmenten* (1. Bd. 1775, 234f.) würdigte Lavater die von den Zeitgenossen stark beachtete Hauptschrift des Zürcher Stadtarztes Hans Caspar Hirzel, der mit der Arbeit des Jakob Gujer, genannt Kleinjogg, die vorbildliche Musterwirtschaft eines einfachen Bauern seiner Nation zum Vorbild empfahl. „Ich habe", schreibt Hirzel über Kleinjogg, „keinen Mann vor mir, der sich aus dem verachteten Baurenstand, durch den Umgang mit den Einwohnern der Stadt, emporzuheben und sich den Sitten der Städte zu nähern gesucht, noch weniger einen Mann, der durch den Umgang mit Gelehrten, die Bücher kennen gelernt, und sich zu einem

Nr. 34

Halbgelehrten erhoben hätte. Kleinjogg hat seine Vorzüge der Natur und eignem Nachdenken zu verdanken, er bliebe vergnügt bey seinem Stand, er suchte sich nicht einmahl zu einem Vorgesetzten in seinem Dorf zu erheben" (zitiert nach der ersten, bei Heidegger 1761 erschienenen Ausgabe, S. 23 f.). Seine Beschreibung eines landwirtschaftlichen Musterbetriebes, vor allem in der Übersetzung des Baslers Johann Rudolf Frey als *Socrate rustique* bekannt geworden, rechtfertigte Hirzel mit der Verantwortung eines Stadtarztes für eine gesunde Land- und Volkswirtschaft; die durch praktische Detailkenntnisse ausgezeichnete Darstellung ermöglichte ihm zugleich die Kritik am gesellschaftlichen Laster, etwa der Trunksucht (S. 83ff.), aber auch an bigotter Religiosität (S. 73) und Unterdrückung (S. 81). – Ähnlich hatte auch Gessner mit seiner poetischen Projektion eines idealischen Hirtenstandes Momente einer Kritik an Unfreiheit und (calvinistischer) Prüderie verbunden. - In einem Schlußdialog mit dem philosophischen Bauern spricht Hirzel über eine „Gesellschaft von vernünftigen Freunden, [die] unter Freuden und Scherz, das Gute so leicht überlegen . . [und] . . von allerhand Verbesserungen und Erfindungen, in verschiedenen Berufen" reden könne (S. 119f.). Hier scheint die Idee zur Gründung der gemeinnützigen Helvetischen Gesellschaft (1761) ausgesprochen, als deren Präsident Hirzel schließlich so prominente Mitglieder wie Gessner, Iselin und Zimmermann um sich versammeln konnte. Gessner und Hirzel haben Zimmermann offenbar gemeinsam kennengelernt, wenn Gessner am 1. August 1759 an Hirzel schreibt: „Guten Tag mein Schatz . . . ich wolte eben an dich schreiben, ob ich auf Samstag bey dir vorbey komen koene um dich nach Schinznach abzuholen . . . Ich befreüe mich noch um so viel mehr, da ich bey diesem Anlas Hrn Zimmermann kennen lerne." (Familien-Archiv Hirzel Nr. 278, ZB Zürich) Außer den frühen, mit drollig-vertraulicher Herzlichkeit geschriebenen Briefen ist das von Johann Caspar Füssli gemalte Quodlibet (Kat. Nr. 25) mit den Porträts Hirzels und Gessners ein Zeugnis dieser bemerkenswerten Freundschaft.

Lit.: ADB 12; M. Wehrli (Hrsg.): Das geistige Zürich im 18. Jahrhundert. Zürich 1943; W. Guyer, Kleinjogg der Zürcher Bauer. Erlenbach/Zch. o. J.; vgl. insbesondere den Beitrag von G. Frühsorge in diesem Katalog.

Karl Wilhelm Ramler (1725–1798)

Mit dem fünf Jahre älteren Ramler verband Gessner seit seiner Berliner Zeit eine herzliche Freundschaft: „Sie sind der einzige Deütsche Dichter, an dem ich mich niemahls satt lese" schreibt Gessner ihm einmal im Jahre 1770. Ihr Briefwechsel ist durch Offenheit der beiden Gleichgesinnten geprägt: man war sich in bezug auf Gottsched wie auch auf die modernste deutsche Literatur gleicher Meinung: „Die Liebe zum Sonderbaren und Neuen verführt doch gewaltig . . . Wir beiden wollen standhaft beym Alten bleiben", schreibt Ramler einmal. – Als Gessners Sohn Conrad 1786 von seinem Studienaufenthalt in Dresden wieder in die Schweiz reiste, hätte er seine Route über Berlin wählen sollen, um die alten Freunde seines Vaters zu besuchen. Er hatte ihm bereits ein Empfehlungsschreiben für sie geschickt: in erster Linie sollte er Ramler, aber auch Nicolai und den trefflichen Chodowiecki besuchen. Aus der Reise nach Berlin wurde indessen nichts. – Ramler überlebte Gessner um zehn Jahre; sieben seiner Briefe an ihn haben sich in den Nationalen Forschungs- und Gedenkstätten der klassischen deutschen Literatur in Weimar erhalten.

34 *Abbildung*

Karl Wilhelm Ramler

Bleistiftzeichnung laviert, Kopfstück nach rechts. Bez.: „Carolina Mezger fecit"
11 x 9,2 cm
Porträtarchiv von Diepenbroick, Tecklenburg

Die Künstlerin Caroline Mezger (1787–1843) lebte in Schaffhausen.

35

Ramler, Karl Wilhelm
Salomon Gessners auserlesene Jdyllen in Verse gebracht.
Berlin 1787 gedruckt und verlegt von J. F. Unger
ZB: ZM 1602; HAB: Lo 6257

Schon 1777 hatte er Gessner einen „Deutschen Versificateur" der *Idyllen* prophezeit, der die „schönen, rührenden und besonders mannichfaltigen Erfindungen . . . in Verse bringen wird." 1787 erschienen sie, von Ramler selbst in Verse gebracht, bei J. F. Unger in Berlin, zwei Jahre später auch noch *Der Erste Schiffer.*

Lit.: Carl Schüddekopf: Aus dem Briefwechsel zwischen Gessner und Ramler. In: Zeitschrift für Vergleichende Literaturgeschichte Bd. IV, 1891, S. 96–117.

Johann Heinrich Schinz (1726–1788)

Schinz war von 1754 bis 1788 Pfarrer des kleinen Dorfs Altstetten bei Zürich, mit Bodmer und Gessner befreundet und hat Predigten und theologische Abhandlungen veröffentlicht.

36 *Abbildung*

Brief Gessners an Johann Heinrich Schinz
[Zürich, Februar 1761]
Privatbesitz (Nachlaß Leemann) Goldbach

Dem Jugendfreund Schinz teilt Gessner im Februar 1761 mit:
„Theuerster Freünd.
Ich sende ihnen hiermit den Ehegerichts-Schein, und erinnere sie noch einmahl, daß wir den ersten Dienstag im Merzen im feyerlichen Aufzug bey ihnen eintreffen werden, um durch sie die völlige Erlaubniß zuerhalten, fürhin unbehindert nicht nur Kinder des Geistes sondern auch Kinder des Fleisches erzeugen zu dörfen. Indeß leben sie wohl, ich bin Ihr Ergebenster Diener u. Freünd S. Geßner."
Die junge Braut, Judith Heidegger, Tochter eines angesehenen Ratsherrn und Zunftmeisters, war sechs Jahre jünger als Gessner, dessen Biograph Hottinger sie mit folgenden Worten schildert: „Mademoiselle Heidegger war ein junges Frauenzimmer von seltenen Vorzügen der Schönheit und des Geistes. . . .was ihr an Erworbenem abgieng, das ward durch ihren lebhaften Verstand, ihr feines Gefühl, und ihren treffenden Witz reichlich ersezt. Ein hoher, schlanker Wuchs, ein geistvolles Aug, und ein lachender Mund, auf welchem der bewafnete Spott saß, kündigte jedem weiblichen Kreis, in welchen sie eintrat, ihre Ueberlegenheit an . . . Wie Wieland von der Musarion sagt: Es war in ihrem Charakter eine seltene Mischung von edelm Stolze, und gefälliger Sanftheit; von jugendlicher Raschheit, und ernster Ueberlegung; von neckendem Muthwill, und schonender Delikatesse; von männlicher Kraft, und weiblicher Feinheit; die es ungewiß machte, ob sie mehr zu lieben, oder zu bewundern wäre."
Hottingers Aussagen schenkt man gerne beim Betrachten von Anton Graffs Gemälde von Judith Gessner Glauben, das er einige Jahre später gemacht hat (Kat. Nr. 2). – Am 3. März 1761 fand in der Pfarrkirche von Altstetten die kirchliche Trauung statt. Ein Jahr war seit jenem 29. März 1760 verstrichen, da er ihr mitgeteilt hatte: „Theuerste Freundin. Erlauben sie, daß ich durch diß Schriftliche Geständniß ihnen sage, daß ich mich für den glücklichsten Menschen halte, da sie mich ihrer Liebe nicht unwürdig achten". Ihre „Kinder des Fleisches" waren: Dorothea (1763–1823), Conrad (1764–1826) und Heinrich (1768–1813); zwei weitere Mädchen starben bei der Geburt (1762 und 1767).

Lit.: J. A. Stargardt: *Der Autographensammler.* NF 1, Nr. 2, 1951, Nr. 156; Besitzer des Briefes unbekannt.

Isaak Iselin (1728–1782)

Iselin aus Basel manifestierte seine theoretische Vorläuferschaft zur Geschichtsphilosophie Kants durch eine tätige Unterstützung der Helvetischen Gesellschaft und die Gründung einer „Gesellschaft zur Beförderung des Guten und Gemeinnützigen". Sein philosophiegeschichtlicher Standort ist geprägt durch seine Leibnizverehrung und sein Unverständnis gegen Voltaires Kritik an Leibnizens Rechtfertigung der besten aller möglichen Welten im *Candide* und gegenüber Rousseaus Kulturpessimismus. Iselin ist „von ganzem Herzen" überzeugt, daß ein tugendhafter Bürger, welcher den Stimmen der Natur, der Vernunft und der Gottheit folgt, die – von Gessner poetisch idealisierten – Hoffnungen auf Tugend und Freiheit realisieren kann.

37

Iselin, Isaak
Vermischte Schriften
2 Bde. Zürich, bey Orell, Geßner, Füeßli und Comp. 1770.
ZB: 16. 309–310
L 350–351

Die Bodmer, Hirzel und dessen Übersetzer Frey gewidmeten vermischten Schriften, in Form eines philosophischen Dialogs oder kurzer Abhandlungen über Gelehrsamkeit, Religion und Politik, noch heute angenehm zu lesen, sind in den zwei Bänden von 1770 vorzüglich gedruckt. Iselin hatte sie dem Verlag Orell, Geßner & Füeßli durch ein Schreiben an Gessner vom 23. April 1769 angeboten: „Ich habe schon lang daran gearbeitet meine Werke in einen Stand zu stellen, damit sie in einer neuen Auflage mit mehr Ehre erscheinen können. Ich habe die meisten derselben seit einem Jahre umgegossen und einige so gar zweymal ganz umgearbeitet. Ich habe viele ganz zernichtet und was ich dabey des Aufbehaltens nicht unwürdig fand in andere eingeschmolzen. Es

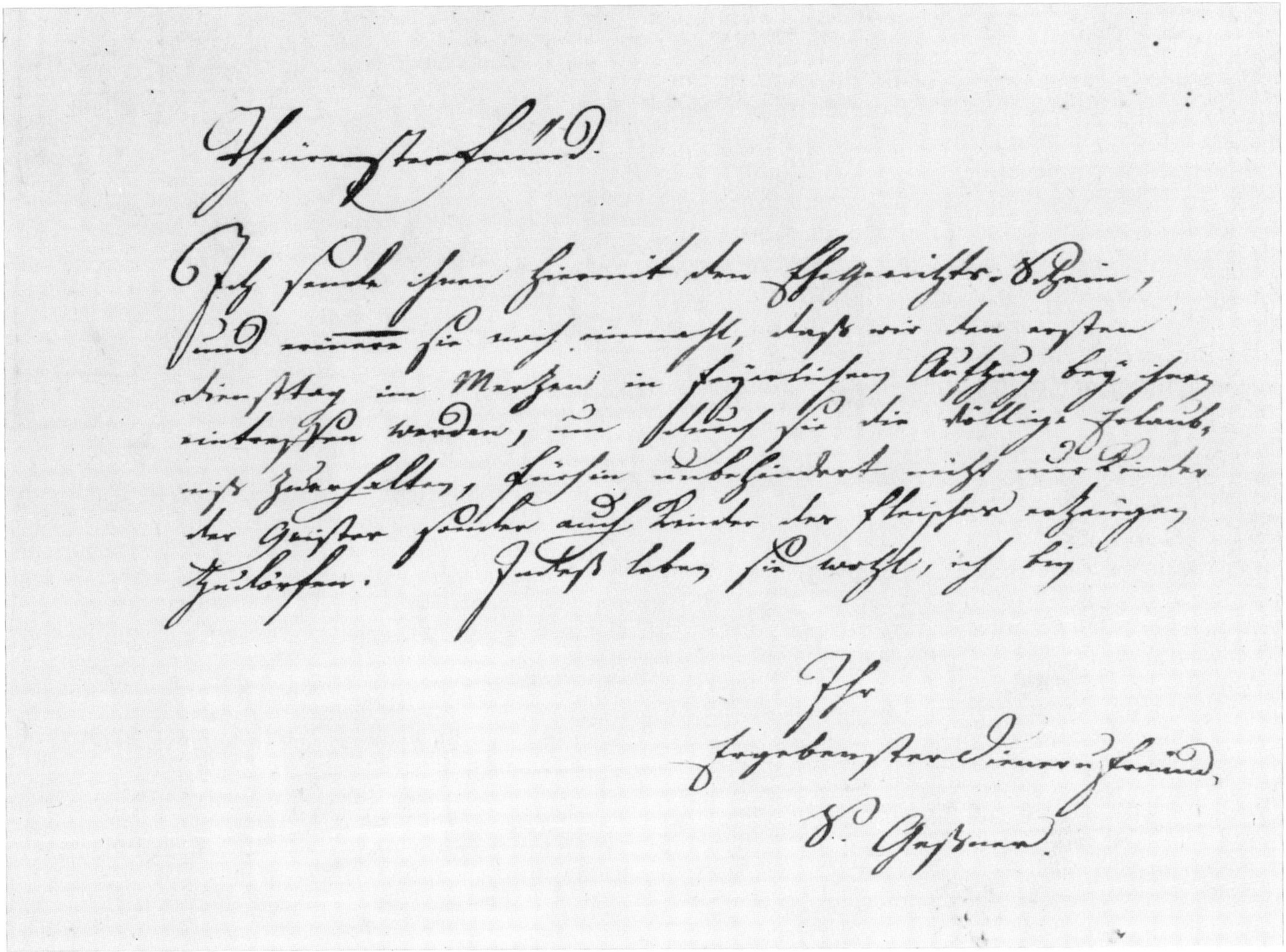

Nr. 36

sind daraus zwey Bändgen entstanden so groß als die welche die Geschichte der Menschheit ausmachen. Sie stehen Ihrer Societät zu Diensten, mein theüerster Herr und Freünd! allein ich muß Ihnen dabey von etwas reden – daran zu denken ich bisher nicht gewöhnt war. Ich meyne von dem honorario ... Sieben Kinder fordern von mir Rechnung über meine Ausgaben. ... Ich überlasse es also Ihnen, mein theuerster Freund mir ein honorarium in Geld zu bestimmen, das sie mir aber nicht in Geld, sondern in Büchern abzuführen hätten – Hierüber erwarte ich Ihre Gesinnungen womit ich Sie bitte den Geist der einen Schriftsteller und einen Freund wie Sie sind beseelet mehr zuzuziehen als den Geist der Buchhandlung." Zumindest hat Gessner den Geist des Schriftstellers und des Buchhändlers zu dem Geist des Buchkünstlers zusammengeschmolzen, um mit zwei Titelvignetten die Bände wirkungsvoll einzuleiten: ein Lehrer disputiert mit seinem Schüler angesichts erntender Bauern während eines Spaziergangs (1. Bd.) und Minerva verweist auf die Attribute von Kunst, Wissenschaft und Landarbeit (2. Bd.).

Lit.: P. Leemann-van Elck: S. Geßners Beziehungen zu Zeitgenossen. Zürcher Taschenbuch für das Jahr 1931. S. 7–10; U. Im Hof: Isaak Iselin, sein Leben und die Entwicklung seines Denkens. Basel 1947; ders: Isaak Iselin und die Spätaufklärung. Bern 1967; ders.: Aufklärung in der Schweiz. Bern 1970.

Johann Georg Zimmermann (1728–1795)

Es gibt unter Gessners Briefen kaum herzlichere, spontanere, scherzhaftere als diejenigen, die er seinem zwei Jahre älteren Jugendfreund Zimmermann nach Brugg, später nach Hannover geschrieben hat. Zwei Monate nach seiner Heirat drückte er es in einem Brief an Zimmermann (22. Mai 1761) so aus: „ich liebe Sie mehr als ich Ihnen sagen kann, und Sie sitzen in meinem Herzen meiner lieben Hausfrau auf dem Schoos". Viele gemeinsame Interessen verbinden die beiden Schriftsteller: die politische Lage der Schweiz und die Bestrebungen der Helvetischen Gesellschaft in Schinznach, die zeitgenössische Literatur, vorab die eigenen Schriften – Gessner verlegte Zimmermanns *Nationalstolz*. Später, als Zimmermann als königlicher Leibarzt nach Hannover übersiedelte, wurde ihr Kontakt allmählich seltener; nach 1772 besitzen wir keine Briefe mehr von ihnen. In Hannover hat sich Zimmermann wie kein anderer für seinen Freund eingesetzt, durchaus auch im kommerziellen Sinne, indem er den Verkauf seiner Schriften, Verlagsprodukte, Gouachen und Porzellanwaren förderte und neue Kontakte herstellte: mit Andreae und Jerusalem, vorab aber mit der Herzogin Philippine Charlotte von Braunschweig. In seinem Werk *Über die Einsamkeit* lobt Zimmermann seinen „unsterblichen Geßner" zu wiederholten Malen, diesen „angenehmsten unter allen Sängern der Natur".

38

Johann Georg Zimmermann
Kupferstich von Conti
16,5 x 8,9 cm
Porträtarchiv von Diepenbroick, Tecklenburg

In seinem Buch *Über die Einsamkeit* berichtet der Autor von seiner Freundschaft zu Gessner: „Dieser unsterbliche Dichter war immer, im engen Umgange mit vertrauten Freunden, einer der liebenswürdigsten Gesellschafter. Meinem Herzen ward immer leicht und wohl, sobald ich ihn nur sah." Von einer gemeinsamen Wanderung in der Nähe von Schinznach schreibt er: „In diesem Thale, zwischen dem Hapsburg und der Aar, gieng ich einst mit Geßner am Ufer spatzieren. Dem unsterblichen Dichter fiel unter unsern Gesprächen ein Gedanke ein, den er nicht ausgeführet hat. Ich möchte, sagte Er, Americanische Idyllen, schreiben, und du, Zimmermann, kannst mir sagen, was für Bücher mir zu diesem Zwecke behülflich wären. Indem wir beyde, langsam und glücklich, auf unserm Wege fortschlenderten, sahen wir oft nach dem Schlosse Hapsburg hinauf, und Geßner sagte mir: sieh, in diesem Berge sind alle möglichen Nüancen von Grün." (4. Teil, Leipzig 1785, S. 52 bzw. 58)

39 *Abbildung*

Zimmermann, Johann Georg
Vom Nationalstolze. Vierte, um die Hälfte vermehrte, und durchaus verbesserte Auflage.
Zürich, bey Orell, Gessner und Compagnie. 1768.
ZB. 25. 972 (Exemplar aus J. J. Bodmers Besitz)
L340: Vign. S. 1: „Vier Europäer beschaun drei nackte Wilde."

Gessner illustrierte, auf Wunsch Zimmermanns, die „lächerlichste" Geschichte im 7. Kapitel seines Buches: Einige Franzosen landen an der Küste Westafrikas und kommen zum Häuptling der Wilden. „Er saß auf seinem Thron, das ist, auf einem Stück Holz, ebenso aufgeblasen, als wenn es der Thron des großen Moguls wäre... Dieser Potentat fragte in vollem Ernste: spricht man in Frankreich viel von mir?"
Zimmermanns Buch *Vom Nationalstolz* war ein Bestseller; die ersten drei Auflagen erschienen in kurzen Abständen im Verlag Heidegger in Zürich, mit dem sich der Autor indessen

Nr. 39

überwarf, um die vierte, „durchaus verbesserte und um die Hälfte vermehrte Auflage" seinem Freund Gessner anzuvertrauen, der sich rühmt, „daß seit Adams Zeiten, keine redlicheren und geradern Buchhändler in der Welt gewesen sind, als Orell Geßner und Comp."
Plötzlich wird der schalkhafte Gessner in seinem Brief ernst, und gibt sich geschäftlich, er verhandelt mit Zimmermann über die Konditionen, die Möglichkeiten, die Zensur zu hintergehen, über die Termine und die Ausstattung, die Korrekturen und den Buchschmuck. Man war sich wenig später unter Freunden handelseinig, freute sich aber, der Bücherzensur ein Schnippchen zu schlagen: „den Herrn Censor wollen wir so gut möglich zum Narren haben..." Und als Gessner das Manuskript ganz gelesen hatte, schreibt er ihm „Man ist bezaubert, man kan nicht wegkommen", und er prophezeit ihm: „Sie müßen der Lieblings-Autor von allen vernünftigen Menschen seyn". (Vgl. auch das Kapitel über Gessner als Verleger in diesem Katalog.)

40

Brief Gessners an Zimmermann
Zürich 22. März 1768 (Antwort auf Zimmermanns Brief vom 12. 3., Kat. Nr. 41)
Niedersächsische Landesbibliothek Hannover, Nachlaß Zimmermann

„Mein theuerster Herr Doctor.
Machen sie ja nicht zuviel wesens daraus, daß sie Ihr Geld jezt schon haben, das wir ihnen doch schuldig waren. Zuweilen ist es uns auch bequemer, es zuverschieben, bis das Werk gedrukt ist, das hängt von den Umständen oder der Abrede ab; die leztere suchen wir, besonders bey Bezahlungen, immer genau zuhalten, die Umstände mögen seyn wie sie wollen. Was die Einrichtung der Ausgabe ihres Werkes betrift, so weiß ich, daß mein Schwager, der die Aufsicht auf die Drukerey hat, sein möglichstes thun wird, sie zubefriedigen.
Die beyden Vignetten die man ihnen versprochen hat, die verspreche ich ihnen auch, und ich werden ihnen die Zeichnungen davon zu ihrer Beurtheilung übersenden.
Sie finden die Ausgabe meiner Schriften schön, ich bin selbst darmit zufrieden, sie hat auch unter allen, die noch davon

Nr. 22

gemacht worden, am besten gelungen. Aber das, mein liebster Freünd! daß Sie meine Schriften izt wieder lesen, daß sie ihnen bey dieser Wiederholung noch vergnügen machen, das war mir eine sehr erwünschte Nachricht. Das ist mir mehr werth, als alle das schiefe loben und tadeln der meisten Deutschen Kunstrichter. Evander war in Frankreich zu einfach in der Anlage, zuwenig Handlung fürs Theater, sie hatten auch recht, doch fanden sie noch Sachen drinn, die ihnen gefielen. Die Deutschen, sobald es nicht in ihre Regeln, wie in einen angemeßenen Rock paßte, fanden nichts mehr darinn, es war nichts als ein hundsschlechtes Ding, womit ich mich gebrandmalet hatte.
Leben sie wohl, mein bester Freünd! Ich bin mit ganzer Seele Ihr ergebenster S. Geßner.
Zürich den 22. Merz 1768.

Eben jezt sagt mir mein Schwager, man habe in der Zeit, da er ihre Antwort erwartet, mit Setzen nicht fortgefahren, damit wenn sie noch einige Abänderungen verlangten, immer noch völlig in seiner Gewalt habe, nach ihrem Willen zumachen; künftigen Freytag oder spätestens Samstag werden sie Corecturen erhalten."
Anschrift des Briefes: „Herrn Herrn Doctor Zimmermann Arzt in Brugg".
Lit.: Briefe von Salomon Gessner an J. G. Zimmermann. In: Zürcher Taschenbuch auf das Jahr 1862 (Text ohne Nachschrift, S. 159–160.)

41

Brief Zimmermanns an Gessner
Brugg 12. März 1768 (vgl. Gessners Antwort vom 22. 3., Kat. Nr. 40)
ZB: Ms V 522a III 144

„Mein lieber Herr Rathsherr.
Es freüet mich, daß Sie sich meine Bedinge haben gefallen lassen und ich wünsche von Herzen, daß Sie nichts an mir verlieren.
In die Hosen würde ich scheißen, wenn nicht *Sie* es auf sich genommen hätten den Censor zum Narren zu haben.
Allerdings wäre es unmöglich wöchentlich vier Bogen zu liefern, wenn mir von jedem eine Correctur müßte gesandt werden. Doch würde ich lieber die dritte Correktur selbst besorgen, und das Ding etwas langsamer zum Vorschein kommen sehen.
In acht Tagen erwarte ich also den Probebogen: aber Sie müssen mir erlauben allenfalls denselben umwerfen zu lassen wenn er nicht recht ist – In dieser Absicht bin ich ein Pedant.
Die angeführte Stelle im zehnten Capitel geht ganz und gar nicht auf den Dr. Rahn, sonden auf die *Patrioten.* Ich lasse mir die vorgeschlagenen Abänderung vollkommen gut gefallen: Sie belieben also anstatt eines Rathsherrn Sohn zu schreiben – eines *Bürgermeisters Sohn.*
Sie erweisen mir und meinem Buche unendlich viele Ehre. Es ist aber bey meiner Seele im Grunde doch nur ein Narrenbuch, und wenn man es in dieser Absicht und unter diesem Titel gut findt, so bin ich zufrieden.
Wegen dem *Zunftschreiber* im zweiten Capitel [S. 39] muß ich abbitten, wenn Sie allenfalls einen *Härr Vetter Zunftschryber* haben; denn der Bürger aus Zürich sagte zu dem Marschall von Villars so: Nüd nüd, Härr Marschall, dänn Sy ischt mi Schwöster, und ihrä Härr ischt en Öööör!
Beyliegend übersende ich Ihnen, mein lieber Herr Rathsherr, die Zeichnung zu der Vignette. Sie gefällt mir so zimlich, denn obgleich man durch eine Brille die Gegenstände außer sich größer sieht, so verstehe ich doch durch die angebrachten Brillen nicht die Betrachtung anderer, sondern die Betrachtung seiner selbst. Nur der *Euröpäer* gefällt mir nicht. Ich bitte Sie also das ganze zu lassen wie es ist, aber mir einen andern Euröpäer zu zeichnen, einen kleinen *Franzosen,* à la grecque frisiert, den Huth unterm Arm, les pieds en dehors, in einem Officierskleide nach dem Schnitt von Lochmanns Regiment, und dem *Ordre de St. Louis* im Knopfloch. – Ich bitte auch die Kupferplatten ja nicht größer zu wählen als die Breite der Columne meines Buches.
Vor acht Tagen habe ich an den Ariost zu Biberach [= Wieland] geschrieben, und ihn gefragt, wohin ich seine Gedichte senden soll.
Für die unvergleichlich schöne Auflage ihrer Werke sage ich Ihnen den gehorsamsten und verbindlichsten Dank. Ich besaß alle diese Stücke nur einzeln: itzt freüt es mich alle von neüem durchzulesen, durchzustudieren, und insbesonders durchzufühlen.
Gestern schrieb mir der Doctor [= H. C. Hirzel], er habe Ihnen angerathen von Herrn Hottinger die Approbation meines Manuscripts zu begehren, ohne ihm das Manuscript zu zeigen. – Der Einfall leüchtet mit vortreflich ein, wenn sich Herr Hottinger so behandeln läßt. Leben Sie wohl, mein lieber Herr Geßner

Ganz der Ihrige
J. G. Zimmermann.

Brugg den 12. Mertz 1768.
Noch eins – O dürfte ich wohl so frey seyn mir eine Gefälligkeit von Ihnen auszubitten? Indem ich die prächtige Auflage Ihrer gestern erhaltenen Werke durchblättere, entgehet mir der Wunsch, daß Sie sich möchten gefallen lassen, über dem Anfang des ersten Capitels vom Nationalstolze die Guirlande anzubringen, die T. 1. ihrer Werke p. 19 über dem Anfang des ersten Gesanges über den Tod Abels steht. – Dieses mir auszubitten, erlaubet zwar unser Accord nicht; daher ich herzlich gerne die Unkosten der Zeichnung und des Stiches über mich nehmen will. Auch am Ende des Buches

könnten Sie sodann etwas von der Art anbringen – aber ebenfalls auf meine Unkosten.
Oder anderst. Die bey dem Tod Abels gebrauchten Kupferplatten werden ohne Zweifel ausgenützt seyn. Sie müssen also diese Guirlandes von neuem stechen. Es würde also nicht mehr Mühe kosten ganz andere Figuren zu stechen, nemlich für den Anfang und das Ende des Buches etwas das auf das Buch selbst eine Beziehung hätte. Ihrer reichen Einbildungskraft würde es leicht seyn zwey solche Sujets zu finden, und wenn Sie sich nicht gerne die Mühe gäben etwas zu erfinden so liegt Stoffs genug in dem Stich, z. Ex. für die erste Seite der Negerkönig der auf einem Stück Holz sitzend die an sein Land gestiegenen Franzosen fragte, parle t'on beaucoup de moi en France? Für den Beschluß des Buches, etwas antikes das auf die Liebe der Freyheit und des Vaterlandes eine Beziehung hätte. Doch diese Wahl überlasse ich Ihnen ganz, - ich wiederhole es aber nochmals, Zeichnung und Stich setzen Sie mir à Conto.
Wenn Sie keine kleine metallene Figuren haben, so kommt an das Ende von jedem Capitel ein *sehr kleiner* Holzstich, der sich aber nicht auf das *Schäferleben* beziehen muß.
Le Diable vous emporte – werden Sie sagen?"
Lit.: P. Leemann-van Elck: Geßners Beziehungen zu Zeitgenossen. In: Zürcher Taschenbuch für das Jahr 1931. S. 10–13.

42

(Lavater, Johann Caspar)
Aussichten in die Ewigkeit in Briefen an Herrn Joh. Georg Zimmermann.
Zürich, bey Orell, Gessner und Comp. (4 Bände) 1768–78.
ZB: 7. 279–81a; HAB: Te 721
L 342–43

Am 14. September 1768 schreibt Wieland Lavater über sein neues Werk: „Sie, mein Herr, scheinen würcklich bestimmt zu seyn dieses Grösseste was jemals die himmlische Muse einem sich Unsterblich fühlenden Geiste eingegeben hat, in derjenigen Vollkommenheit auszuführen, welche die Erfüllung Ihrer grossen Absicht nothwendig macht." Er wünscht ihm „zu einem so erhabenen und auf das Allgemeine Beste des Menschlichen Geschlechts so unmittelbar bezweckenden Vorhaben, Gesundheit, Ruhe und alle mögliche Aufmunterungen". *(Wielands Briefwechsel,* 3. Bd., Berlin 1975).
Lavater drückt zu Beginn seiner Briefe die Trauer über den Abschied von Zimmermann aus, der nach Hannover übergesiedelt war: „... und nun entfernen Sie, mein Freund, sich auch noch von mir. – – Sie, mit dem ich mich alle Wochen über grosse und kleine Angelegenheiten so vertraulich unterhalten ... Denken Sie, mein theuerster, wie mir bey dem allen zu Muthe seyn müssen, und wie gar nichts mich aufzurichten vermögend sey, als Aussichten in das zukünftige Leben." So sind also die Briefe „ein Gedenkzeichen", das er ihm auf seine „Reise nach Hannover aus einfältigem Herzen" mitgibt. Lavater hofft, mit seinen Ausführungen Materialien „zu einem grossen und beynahe ungeheuren Gebäude" zusammenzustellen, zu dem er sich kaum fähig fühle.
Daß die *Aussichten* in Gessners Verlag erschienen und von ihm sogar mit Vignetten versehen wurden, verdankt sich eindeutig seiner Freundschaft zu Zimmermann. Lavater flicht ihm ein bescheidenes Kränzchen in der Vorrede zum 2. Teil, wenn er die Wahl der Prosa mit dem Hinweis auf große Vorbilder verteidigt: „Wir vermissen in Young und in Geßner sehr wenig bloß deswegen, weil sie nicht in Versen geschrieben seyn". Daß sich Gessner und Lavater durch die Drucklegung dieses merkwürdigen Werks, zweifellos eines der wichtigsten des Physiognomikers, nicht näher gekommen sind, liegt wohl bei ihren so verschiedenen Charakteren begründet. Beider Ansehen war im Europa ihrer Zeit unvergleichlich. Während Gessner sich in Briefen an zwei seiner nächsten Freunde (Nicolai und J. H. Meister) vernichtend über Lavater geäußert hat, kennen wir von diesem nur lobende Aussagen über Gessner.
In Lavaters Porträtsammlung war Gessner zweimal vertreten (beide Bildnisse befinden sich heute in der Lavater-Sammlung der Österreichischen Nationalbibliothek Wien); unter das eine schrieb er die Verse:
„Also, geistiger nur, mit mehr überhängendem Auglid,
Schaute der Seher des Schönen, der lebt im Genuß und Gefühle
Grazioser Natur ... die Laun schwebt auf dem Mund ihm
Und der Schweiger verbarg das Genie des Komikers – aber
Ließ er den Genius los, so klatschte die Kunst und Natur ihm."
„Ich erinnere mich gar wohl", schreibt auch Lavaters Schwiegersohn Georg Gessner in seiner Lavater-Biographie, „mit welcher Wärme er, als ich am Begräbnistage Salomon Geßners zu ihm kam, mit mir über den Verstorbenen sprach, und seine Empfindungen drückte er in dem, so viel ich weiß, nie anders als für Freunde publizierten Gedichte aus." Es ist denkbar, wenn auch nur durch die eine Briefstelle an Meister belegbar (11. Oktober 1778: „... das Geschrei, womit Zimmermann und andere seiner Apostel. . –"), daß auch Gessners Freundschaft zu Zimmermann durch dessen größere Affinität zu Lavater allmählich abgeklungen ist.
Lit.: Ernst Schulte-Strathaus: Bibliographie der Originalausgaben deutscher Dichtungen im Zeitalter Goethes. München u. Leipzig 1913. S. 92–94. F. O. Pestalozzi: Joh. Caspar Lavaters Beziehungen zur Kunst und den Künstlern. LXXVIII. Neujahrsblatt zum Besten des Waisenhauses in Zürich für 1915. S. 37–39.

Christoph Martin Wieland (1733–1813)

Als der 26jährige Wieland nach fast siebenjährigem Aufenthalt in Zürich nach Bern reiste, schrieb er am 7. August 1759 an Gessner: „Ihre Freundschaft und der persönliche Umgang mit Ihnen machte einen ansehnlichen Theil meiner Glückseligkeit in Zürich aus". Tatsächlich sind die beiden jungen Dichter von Anfang an in einen engen persönlichen Kontakt miteinander getreten. Ihre Freundschaft hielt den Jahrzehnten ihrer Trennung unvermindert stand, wie wir ihrem regen Briefwechsel entnehmen können. Endlich wurde ihre herzliche Verbindung auch von ihren Kindern fortgegeführt: 1795 vermählte Herder in Weimar Gessners Sohn Heinrich mit Wielands Tochter Charlotte Louise.
Wielands Beziehung zu Gessner ist über den Bereich ihrer persönlichen Freundschaft hinaus geprägt durch die geschäftlichen Kontakte, die sich durch die Tatsache ergaben, daß die meisten Wielandschen Schriften der Zürcher und Biberacher Periode von Gessners Sozietät verlegt wurden. Eine besondere Stellung und und Bedeutung kommt insbesondere seiner Shakespeare-Übersetzung in acht Bänden zu.
Wielands Briefe an Gessner und an den Verlag – nunmehr bis zum Jahre 1772 in der kritischen Briefausgabe zugänglich – stellen ein wichtiges Dokument zur Geschichte der Buchproduktion im 18. Jahrhundert dar (vgl. auch das Kapitel über Gessner als Verleger in diesem Katalog).

43

Christoph Martin Wieland
Öl auf Leinwand, Halbfigur. Von Johann Caspar Füssli (nicht sign.), um 1754 entstanden.
74 x 59 cm
ZB: Inv. Nr. 180

Das früheste Bildnis Wielands, kurze Zeit nach seiner Ankunft in Zürich gemalt. Wieland trägt eine Perücke, einen kragenlosen offenen Überrock, darunter offene Weste, weiße Halsbinde, Ärmelkrausen. Auffällig seine blauen Augen und der greisenhafte Ausdruck. Er sitzt am Schreibtisch, wohl im Hause Bodmers, die linke Hand auf einem Buch, in der Rechten ein Federkiel.
Lit: Hansjörg Schelle. In: Rechenschaftsbericht 1955–57, Wieland-Museum, Biberach 1957. Abgebildet in: Geist und Schönheit im Zürich des 18. Jahrhunderts, Zürich 1968, S. 74–75.

44

[Wieland, Christoph Martin]
Lobgesang auf die Liebe. . . . Zweite, vom Verfasser selbst besorgte Auflage.
Zyrich, Bei David Gessner, 1753.
UB Erlangen: Sch. L. 628
Fehlt bei L; T. Vign.: Putto mit Zepter auf Weltkugel in einer Kartusche.

Der junge Daphnis-Gessner mag an solchen Tönen, die er aus Bodmers Munde nie vernahm, sein besonderes Gefallen gefunden haben. Mit Wieland streifte er durch die Wälder des Zürichbergs und genoß den Blick auf die Berge und den See, den Klopstock in unvergleichlicher Weise geschildert hat. Beide haben Liebeslieder gedichtet und sich des Lebens gefreut – bis Gessner dem leicht begeisterten Wieland vorschlug, das kleine Werk auf die Liebe im väterlichen Verlag neu für das Zürcher Publikum herauszugeben, wofür er sich bereit erklärte, selber eine hübsche Vignette zu stechen. Es war die Zeit, da sich Gessner erstmals mit Buchschmuck befaßte, für seine *Nacht* wie für Bodmers *Noah*. – Die Überarbeitung des Drucks wurde zweifellos mit Bodmer besprochen, an dessen Schreibtisch ja auch Wieland zu dichten hatte, und das eigenhändig verbesserte Exemplar Wielands findet sich heute noch unter den Büchern aus Bodmers großer Bibliothek, die der Zentralbibliothek übergeben wurde. Bei der Zürcher Ausgabe von Wielands *Lobgesang auf die Liebe* könnte man sich freilich fragen, ob die Zensur die Verbreitung der Schrift unterbunden hat. Unter allen Werken Wielands ist dies der seltenste Titel, der einem so findigen Bibliographen wie Leemann nie zu Gesicht kam. In keiner Bibliothek der Schweiz ist ein Exemplar erhalten, nach langer Suche gelang endlich der Nachweis des Titels in der Universitätsbibliothek Erlangen.
Lit.: W. R. Deusch: Wieland in der zeitgenössischen Buchillustration. Stuttgart 1964, Nr. 2 (Abbildung des Titelblatts eines inzwischen verschollenen Exemplars auf S. 19).

45

[Wieland, Christoph Martin]
Lobgesang auf die Liebe.
Halle, verlegts Carl Hermann Hemmerde, 1751.
ZB: 25.31 (Von Wieland korrigiertes Handexemplar aus dem Besitz Bodmers).

Die früheste Dichtung des 18jährigen Wieland, die er voller Stolz nach Zürich mitbrachte, um sie Bodmer zu überreichen. Sicher hat diesem das *Gedicht von der Natur der Dinge*

Cyrus.

Quo nihil majus meliusve terris
Fata donavere, bonique Divi,
Nec dabunt, quamvis redeant in aurum
Tempora priscum.

Von
C. M. Wieland.

Zürich, bey Geßner, 1759.

Nr. 46

besser gefallen als der *Lobgesang*, der „in etlichen enthusiastischen Stunden des Maymonats 1750" verfaßt wurde, weshalb Wieland dann entschuldigend in der Vorrede zur zweiten Auflage beifügt, man möge das kleine Werk „entweder als eine bloß poetische Ausschweifung oder als eine Satyre auf die Verliebten ansehen". In regelmäßigem Versmaß dichtet er zu Beginn (nach der revidierten Auflage zitiert):

„Goettliche Libe, dich will ich besingen, du Mutter der Welten,
Du Erfinderin unsers Glyckes, Gespielinn der Gottheit,
Die du in brynstigen Armen durch die vereinigte Herzen,
Aehnlich zaertlichverbundene Seelen dem Ewigen darbringst,
Dich will ich singen, dich fyhlet mein Herz, dicht toenet die Harfe!"

Wie angetan der kinderlose Bodmer von dem jungen Wieland war zeigt sein Brief, den er kurz nach dessen Ankunft, am 25. März 1752 an Gleim schreibt: „das gütige Schicksal" habe ihm „den jüngern, zweiten Klopstock gegeben, den Verfasser des *Lobgesangs auf die Liebe*. . . . , ‚Ein Orakel des Alters schon in der Blüthe der Jahre'. Sie werden diesen glücklich schätzen, daß er, erst neunzehn Jahre alt, schon eine Diotima hat. ‚Blühend, wie himmlische Auen, wie junge Seraphim zärtlich'".

Lit.: Briefe der Schweizer Bodmer, Sulzer, Geßner. Aus Gleims litterarischem Nachlasse, hrsg. v. W. Körte. Zürich 1804.

46 *Abbildung*

Wieland, Christoph Martin
Cyrus.

[lat. Motto: Vignette]
Zürich, bey Geßner, 1759.
ZB: AA 2411; HAB: Lo 8023
L 268 T. Vign: „An einen Baumstamm gelehnter Schild mit Löwenfell, Speer, Helm und Waffen".

Mit dem fragmentarischen Heldengedicht über den erhabenen Cyrus, den Xenophon beschrieben hat, stellt sich Wieland in die Reihe der großen Epiker und Vorbilder Homer, Vergil, Tasso, Milton, Glover und natürlich Bodmer. Er versucht, „den Grösten seiner Vorgänger nachzueifern, und sie wenigstens in dem einzigen Stücke zu übertreffen, worinn er es möglich fand, in der Grösse des Helden und der Handlung". Er wählt, nach „einer genauen Prüfung aller Versarten", den Hexameter Homers, der sich am vollkommensten und bequemsten für das Heroische Gedicht eigne. Die Vorrede datiert er aus Bern, am 30. Mai 1759, wohin er in jenen Tagen gezogen war. Am 7. August schreibt er den ersten Brief an seinen Freund Gessner und gibt sich melancholischen Gedanken über den Verlust seiner besten Freunde hin. Über sein neuestes Büchlein schreibt er ihm: „Cyrus schläft. Er hat hier viel Freunde. Sie würden wohl thun, wenn Sie eine Anzahl Exemplare an einen hiesigen Buchhändler schikten. Ich bin begierig zu wissen was die Deutschen von ihm sagen werden. Seyn Sie So gütig mir zu melden, was Sie hierüber erfahren."

Lit.: Wielands Briefwechsel. 1. Band. Berlin 1963. – W. R. Deusch: Wieland in der zeitgenössischen Buchillustration. Stuttgart 1964. Nr. 6.

47 *Abbildung*

Wieland, Christoph Martin
Poetische Schriften.

Mit allergnädigsten Freyheiten. 3 Bde. Zürich bey Orell, Geßner u. Comp. 1762.
ZB: AX 6004, HAB: Lo 7987
L 287–290

Selbstbewußt schreibt Wieland im „Vorbericht" seiner ersten Gesamtausgabe: „So unvollkommen indessen diese Werke meiner ersten Jugend sind, und so kaltsinnig die Empfindung ihrer Mängel mich etliche Jahre her gegen sie gemacht;

so habe ich mir doch nicht verbergen können, daß eine übertriebene Gleichgültigkeit eben so ungerecht als eine allzu zärtliche Liebe lächerlich seyn würde". Vom „Fusse des Jura bis zum Baltischen Meere wohnen eine schöne Anzahl wakrer Leute, deren Freundschaft ich denselben zu danken habe".
Gessner hat zu dieser Ausgabe besonders hübsche Titelblätter radiert, die stilistisch denjenigen seiner eigenen Gedichte (L 52) und vor allem denjenigen von Wielands Shakespeare Übersetzung verwandt sind.
Für die spätere Auflage von 1770 hat er eine dem neuen Publikumsgeschmack angepaßte Typographie gewählt und ganz andere Vignetten entworfen. Der Verlag nennt sie „Dritte verbesserte Auflage"; in Wirklichkeit ist es die zweite Auflage der *Poetischen Schriften,* aber die dritte der einzelnen Werke (L 347–349), ZB: 15.172–174; HAB: Lo 7988. Wieland schreibt in der Vorrede, die neue Auflage entspreche nicht seinem „freyen Willen", sondern sei „allein dem Gutbefinden meiner schätzbaren Freunde, der Herren Verleger, zuzuschreiben". Das hat ihn aber nicht gehindert, kräftige neue Honorarforderungen zu stellen, „einen großen Thaler für den Bogen" (2. April 1769 an Gessner). Die Bedingung ist offenbar erfüllt worden.
Als sich die Verleger übrigens einmal über Wielands Forderungen entsetzten, meint Wieland nur: „lassen Sie mich nur ein reiches Weib bekommen, so sollen Sie Wunder sehen" (29. August 1764 an Gessner). Nachdem er endlich sein „süßes Weibgen" gefunden hatte, wurden indessen seine Honorarforderungen nicht geringer.
Erwähnenswert ist endlich noch Wielands Widmung der Auflage seiner *Poetischen Schriften* von 1770 an Bodmer und Breitinger, „zum öffentlichen Zeichen der dankbaren Erinnerung an die unverdiente Güte, womit sie mich in meinen glücklichen Jünglings-Jahren überhäuft, und der Freundschaft, deren sie mich zu einer Zeit, da die Welt noch nichts von mir wußte, gewürdiget haben. Mit Vergnügen ergreiffe ich diese Gelegenheit zu gestehen, daß, wenn ich einiges Verdienst habe, es hauptsächlich dem vieljährigen vertrauten Umgang mit diesen zween vortreflichen Männern, und dem mannigfaltigen Nützen, den ich daraus gezogen, beyzumessen ist".
Lit.: Wielands Briefwechsel. 3. Band. Berlin 1975. – W. R. Deusch: Wieland in der zeitgenössischen Buchillustration. Stuttgart 1964, Nr. 7 und 19.

48 *Abbildung*
Wieland, Christoph Martin
Sammlung Prosaischer Schriften.
Mit Königl. Poln. u. Churf. Sächs allergn. Freyheit. 2 Bde.
Zürich bei Orell, Gessner und Comp. 1763. 1764.
ZB: 15.175
L 317–318

Ähnlich wie bei den *Poetischen* ist auch bei den *Prosaischen Schriften* zu beobachten, wie Gessner die Titelblätter für die spätere Auflage umgestaltet (1771–72: L 354–55, ZB: AK 708; HAB: Lo 7989), während die Auflage von 1779 unverändert nachgedruckt wird. Am 25. Juli 1764 schrieb Wieland an Gessner: „Über die Bedingungen werden wir wohl eins

Nr. 48

werden; doch ist eine absolute davon, daß ich selbige nicht als eine Fortsetzung meiner Poetischen Schriften, sondern besonders, in anderm Format und so schön als möglich gedrukt haben möchte".
Lit.: Wielands Briefwechsel. 3. Band. Berlin 1975. – W. R. Deusch: Wieland in der zeitgenössischen Buchillustration. Stuttgart 1964, Nr. 9 und 23.

Pierre François de Boaton (1734–1794)

Ein wenig bekannter Schweizer in Deutschland, der das Ansehen seines Vaterlands mehrte – ähnlich wie Sulzer in Berlin, Graff in Dresden, Zollikofer in Leipzig – war der aus dem Waadtland gebürtige Capitain Boaton im Dienst des Königs von Preußen. Er veröffentlichte in französische Verse übersetzte Dichtungen von Gessner

Nr. 47

Nr. 48

und Wieland und komponierte komische Opern. In seiner französischen Muttersprache setzte er sich somit für die deutsche Literatur im Berlin Friedrichs des Großen ein – die einzige Stadt übrigens, die Gessner außerhalb Zürichs in jungen Jahren kennengelernt hatte.

49

Traduction libre en vers, d'une partie des Œuvres de Mr. Gesner, Sénateur de la Ville & République de Zurich.
A Berlin, Chez George Jacques Decker, 1775.
ZB: AX 6042
L 672

Wie aus Boatons Vorwort hervorgeht, ist seine Übersetzung bereits in Manuskriptform Gessner zu Augen gekommen, und das vorteilhafte Urteil des Dichters, ausgesprochen in einem Brief an Herrn H***, stellt Capitaine Boaton seiner Übersetzung voran. Gessner habe geurteilt:

„J'ai lu, mon cher H**, la traduction des Idylles, & le fragment du premier Navigateur. Il est bien flatteur pour moi, qu'un François de tant de goût les trouve dignes d'être donnés encore une fois à ses compatriotes dans cette nouvelle parure, & je ne peux qu'être très-satisfait de voir mon souvenir rappellé d'une maniere si avantageuse à une Nation, qui m'a accordé son suffrage, & chez laquelle j'ai un si grand nombre d'Amis du plus grand mérite. Je trouve cette traduction préférable, quant à la fidélité, à beaucoup d'autres qui sont plutôt des imitations libres que des traductions & c."
Überdies widmet Boaton seine Ausgabe dem verehrten Gessner, der durch seine Dichtungen Deutschland ebenso wie Frankreich bezaubert habe, mit folgenden Versen: „Gesner, permets qu'à tes talents. . . Je te présente tes enfants Qui sans changer de moeurs, ont changé de langage". Es ist verständlich, daß Boaton, der nicht nur militärische, sondern auch schriftstellerische Lorbeeren ernten wollte, begierig auf eine persönliche Antwort Gessners wartete, die indessen aus unerfindlichen Gründen ausblieb.

50

Traduction libre en vers des Nouvelles Idylles et du Daphnis de Mr. Gesner Sénateur de la Ville & République de Zurich.

A Copenhague. Chez M. Hallager 1780.
ZB: AX 6392
L 679

Fünf Jahre nach seinem ersten Versuch wagte es Boaton nochmals, mit einer französischen Versübersetzung, die in Kopenhagen erschien, an die Öffentlichkeit zu treten. Er widmet sie einer Gönnerin aus seiner Waadtländer Heimat, Madame de Métral, „Dame de St. Saphorin, Lavigni & autres Lieux". Der Übersetzer sandte persönliche Widmungsexemplare an den Kronprinzen und an Gessner, aber nur der Erstere würdigte ihn einer Antwort.

51

Brief von Friedrich Wilhelm II. von Preußen an Boaton

Potsdam 24. Juni 1780 (Schreiberhand, eigenhändig unterzeichnet)
Privatbesitz Wolfenbüttel

Friedrich Wilhelm II. (1744–1797), Kronprätendent als ältester Neffe Friedrichs des Großen (gestorben 1786), hat sich nicht überschwenglich, aber doch schnell und sehr wohlwollend über Gessner und seinen Übersetzer am 24. Juni 1780 an Boaton gewandt: „Monsieur! Je vous suis obligé de votre traduction en Vers des nouvelles Idilles et du Daphnis de Gessner, que vous M'avés envoyés, et dont Je ferai la lecture avec plaisir. Soyés bien persuadé de la haute idée que J'ai de vos talents; et que Je serai Toûjours, Monsieur, vôtre très affectionné Ami! Fr. Guillaume. Potsdam le 24e Juin 1780."
Nur Gessner schwieg. Am 28. August 1781 faßte sich Boaton ein Herz und fragte in höflichster Form, ob er die beiden Übersetzungen nicht erhalten, oder ob er damit nicht zufrieden sei? Er habe inzwischen auch Wielands *Oberon* zur Zufriedenheit des Autors übersetzt. „Daignez, je vous supplie, me tirer de l'incertitude où je suis, et soyez persuadé que quelleque soit votre décision, je la recevrai avec la plus vive reconnaissance" (Brief in der Zentralbibliothek Zürich). Es ist kaum anzunehmen, daß Gessner sich nach diesem Brief nicht aufs freundlichste bedankt hat – ob die Versfassung ihm gefallen hat, wissen wir aber doch nicht. Sein Antwortbrief ist nicht erhalten und einen weiteren Brief scheint Boaton nicht nach Zürich geschickt zu haben. Ob man annehmen könnte, daß sich Gessner über Boaton Gedanken machte, wie diejenigen, die Gleim ihm über Ramler zuschieben wollte, als er dichtete:
Geßner an den Versificirer seiner Idyllen.
„Mein Ramler, mach' in meiner Prose
Das Veilchen nicht zur Rose;
Es will des Veilchens Freund, Apoll,
Daß, was ein Veilchen ward, ein Veilchen bleiben soll!"
Lit.: J. W. L. Gleim: Sämtliche Werke. Hrsg. v. W. Körte. 5. Band, Halberstadt 1812, S. 67.

Nr. 52

Anton Graff (1736–1813)

Der 1736 in Winterthur geborene Graff hatte in Augsburg die Kunst des Porträtierens gelernt, die er wie kaum ein zweiter Maler seiner Zeit beherrschen sollte. Bevor er an die von Ludwig von Hagedorn in Dresden gegründete Kunstakademie berufen wurde, weilte er 1764 einige Monate in Gessners Haus in Zürich und hat bei der Gelegenheit den Gastgeber und seine bezaubernde junge Frau Judith in Öl porträtiert (vgl. Nr. 2 dieses Katalogs). Gessner hielt diese Monate des Zusammenseins mit Graff für „die güldene Zeit meines Lebens" und er wisse „nichts, dessen Andenken ihm so viel Vergnügen" mache, bekennt er ihm in einem Brief nach Dresden. Dort wurde Adrian Zingg sein Freund, und sein Erfolg nahm stetig zu. Unter seinen zahlreichen Porträts ist nicht zuletzt auch dasjenige Lessings von 1771 bekannt. Mit der Tochter seines berühmten in Berlin wirkenden Landsmanns Johann Georg Sulzer vermählte sich Graff im Jahre 1771, und Gessner kommentierte: „Sie beide, Herr Sulzer und Sie, aus gleicher

Vaterstadt, beide von Verdienst, auf die Ihr Vaterland stolz ist, finden sich Ausland's und verbinden sich durch die feierlichsten Bande der Freundschaft". Erst 1781 konnte Graff wieder in die Heimat reisen und verlebte noch einmal glückliche Monate bei Gessner. „Überhaupt muß ich bekennen", schreibt Graff ihm nach seiner Rückkehr nach Dresden, „daß es mir angenehmer gewesen wäre, wenn mir die Schweiz weniger gefallen hätte", und Gessner antwortete: „kommen Sie wieder zu uns, wie ein Bruder zu seinen Geschwistern kommt; bei uns sind Sie zu Hause." Damals ist auch das eindrucksvolle Ölbild des 51jährigen Gessner entstanden, das Graff im folgenden Jahr in der Kunstakademie in Dresden zeigte, worauf er es Gessner schickte. In dessen Stube, „wo wir gewöhnlich frühstückten", erhielt es einen Ehrenplatz, er könne „das Vergnügen nicht ausdrücken, das Sie mir und den Meinigen allen machen, so oft wir dieses Denkmal Ihrer mir ewig schätzbaren Freundschaft sehen". Gessners künstlerisch begabter Sohn Conrad fand in den beiden Studienjahren in Dresden bei Graff die freundlichste Aufnahme, und sie kehrten dann zusammen, im Sommer 1786 in die Heimat zurück: im Sihlwald trafen sie den Dichter der Idylle. Wenige Monate vor seinem Tod faßt Gessner noch einmal die Essenz ihrer Freundschaft in Worte: „Wie öde und still war nach ihrer Abreise alles bei uns! Doch das sind so Epochen in unserm Leben; sie gehen immer zu schnell vorüber. Wir treten in unseren vorigen Zustand und zu unsern gewohnten Arbeiten zurück, beruhigen uns und sind vergnügt bei der Erinnerung oder bei der Hoffnung, das gleiche Vergnügen einst wieder zu genießen."

52 *Abbildung*

Anton Graff
Selbstbildnis
Radierung. Bez.: „A. Graff fec."
18,1 x 12,5 cm
HAB: Porträtstichsammlung

Am 12. Januar 1782 schrieb Anton Graff aus Dresden an Gessner: „Ihr Portrait und Hr. Bodmers sind fertig, ich behalte es aber noch so lange bis ich es werde bey nächster Gemälde Ausstellung ausgestellt haben, welches Sie mir nicht übel nehmen werden. Es geschieht aber mehr der personen wegen die es vorstellen, als meiner arbeit. Indessen nehme ich mir die Freyheit Ihnen durch die Post etwas von meiner arbeit zuzuschiken, das ich bitte gut aufzunehmen und zu meinem Andenken aufzubehalten." Aus dem Schreiben Graffs und der Antwort Gessners vom 22. Februar 1782 wird zwar nicht deutlich, mit welchem der etwa achtzig Selbstbildnisse Graff die Zürcher Familie erfreute; dafür wurde um so eindrucksvoller die geradezu überschwengliche Aufnahme des Geschenks bestätigt: „Theurester Freund. So unerwartet mir Ihr Geschenke war, so sehr hat es mich auch entzükt. Aber, mein bester Freund! Ihre Gütigkeit für mich sezt mich in Verlegenheit; was kan ich dargegen thun, das meine ganze Erkäntlichkeit werth wäre. Nichts in der Welt hätte mir schäzbarer seyn könen, als Ihr Bild von Ihrer Hand. Das schäzbarste Andenken unsrer Freundschaft, auch für meine Nachkomenden, wenn ich nicht mehr bin. Hätten Sie die algemeine Freude gesehen, da ichs aufrollte, es würde Ihnen Vergnügen gemacht haben; beym ersten Blik riefen meine Frau, meine Kinder, alle riefen: Herr Graf, Herr Graf! und meine beyden Jungens hüpften vor Freude wie unsinnig im Zimmer herum."

Lit.: Leemann S. 85–89; ders.: S. G.'s Freundschaft mit Anton Graff. Zürcher Taschenbuch auf das Jahr 1938. 186–211; Berckenhagen: Anton Graff. Berlin 1967. Nr. 473–553.

Der

Schweizerbund.

Zürich,

bey Orell, Geßner, Füßli und Compagnie.

1779.

Nr. 53

3. Die jüngere Generation

Johann Ludwig Ambühl (1750–1800)

Ambühl stammt aus dem Toggenburg und hat eine Anzahl vaterländischer Dramen und Schweizer Lieder verfaßt, die der Wirksamkeit der Helvetischen Gesellschaft und dem Zürcher Dichterkreis um Gessner verbunden sind.

53 *Abbildung*

[Ambühl, Johann Ludwig]
Der Schweizerbund.
Zürich, bey Orell, Geßner Füßli und Comp. 1779.
ZB: 3.382 (4)
L 382 T. Vign.: „Der kniende Tell umarmt sein Kind, das ihm den pfeildurchbohrten Apfel bringt."

Salomon Gessner hat verschiedene Dichtungen Ambühls verlegt und mit Titelvignetten verziert, darunter die Tellgeschichte *Der Schweizerbund,* die er neugefaßt 1792 unter dem Titel *Wilhelm Tell. Ein Schweizerisches Nationalschauspiel* aufführen und nochmals erscheinen ließ. Die Verbundenheit Ambühls zu Gessner drückt er in einem Gedicht auf dessen Denkmal aus:
Viele sangen deinen Tod,
Ich beweinte ihn...

54

[Ambühl, Johann Ludwig]
Die Mordnacht in Zürich.
Zürich, bey Orell, Geßner, Füßli und Compagnie. 1781.
ZB: 3.382 (6) Exemplar aus dem Besitz J. J. Bodmers)
L 438 T. Vign: „Putto mit Helm, Schwert, Stab mit Hut und Lorbeer, auf Waffen stehend."

Der Geist des schweizerischen Sturm und Drang offenbart sich auch in diesem vaterländischen Drama mit 17 verschiedenen Szenerien und einer großen Anzahl von Rollen. Ambühl eignet ein historischer Sinn und der Wille, „trokkene, robuste Gesellen, auch nach der sprachlichen Seite hin" zu zeigen. Er läßt die „Gestalten seiner Dichtung handeln und reden, wie sie nach seiner Meinung zu ihrer Zeit, in ihrem Umständen wirklich gehandelt und geredet haben konnten" (H. Schnorf, Sturm und Drang in der Schweiz. Zürich 1914, S. 259).

Johann Jakob Hottinger (1750–1819)

Der zum Theologiestudium bestimmte junge Hottinger war schon von Jugend auf der Literatur zugetan. Das zeigen seine literarischen Veröffentlichungen wie die *Briefe von Selkof an Welmar* (Kat. Nr. 104), die *Brelocken ans Allerley der Groß- und Kleinmänner* (1778), die Farce *Menschen, Thiere und Goethe,* viele vaterländische Dramen und Gedichte sowie Abhandlungen aller Art. Nach einem längeren Studienaufenthalt in Göttingen kehrte er 1774 nach Zürich zurück, um fortan am Carolinum Eloquentz, später Altphilologie zu unterrichten, wo ihm Steinbrüchel Vorbild und Freund war. In Gessners Haus ging er als gerngesehener Gast ein und aus; wir verdanken Hottinger die beste Biographie, somit das beständigste Denkmal Gessners.

55

Hottinger, Johann Jakob
Salomon Gessner.
Zürich, bey Gessner. 1796.
ZB: AX 6635; HAB: DB 1542

Hottingers gehaltvollen Nachruf auf Gessner veröffentlichte die *Berlinische Monatsschrift* (hrsg. v. F. Gedike und J. E. Biester) schon im 11. Band, 1788, S. 459–471. Hottinger schildert in einem Brief an Biester Gessners letzte Tage und seinen Tod. Als sich die Angehörigen ein letztes Mal in seinem Haus trafen, sprach man „weniger von der Betrübniß, ihn verloren, als von dem Glükke, ihn genossen zu haben..." Später schrieb die Kurfürstliche Deutsche Gesellschaft in Mannheim „auf Veranlaßung ihres beständigen Sekretärs, des Herrn von Klein, auf die beste Biographie von Salomon Geßner einen Preis aus." Hottinger, der den Preis gewann, setzte seinem Freund ein unvergleichbares Denkmal, wie es im übrigen auch alter Zürcher Tradition gemäß war. Viele Anekdoten aus Gessners Alltag, eine vortreffliche Charakterisierung seiner Persönlichkeit verdankt man ausschließlich Hottingers Aufzeichnungen.

Lit.: Eine ausführliche Besprechung der Biographie erschien 1812 unter dem Titel: Salomon Geßner als bildender Künstler betrachtet. In: Morgenblatt für gebildete Stände, Nr. 101–103, April 1812; ADB Bd. 13; Werkverzeichnis. In: H. Schollenberger: Grundriß zur Geschichte der deutsch-schweizerischen Dichtung. Dresden u. Bern 1919. S. 40–42; U. V. Kamber: J. J. Hottinger, Briefe von Selkof an Welmar. In: DVjs 47, 1973.

Franz Xaver Bronner (1758–1850)

Bronner stammt aus Süddeutschland und war Benediktinermönch in Donauwörth, bis er 1785 nach Zürich floh. Gessner hat ihn hier freundlich betreut. Bronners *Fischergedichte* und frühen Dichtungen stehen ganz unter seinem Einfluß. Gessner hat sie mit einem Vorwort versehen, in welchem er des Verfassers Talente, seine „schüchterne Bescheidenheit" und das „feinste Gefühl für alles Edle und Gute" gepriesen hat. Sechs Jahre nach Gessners Tod brachte sein Verlag Bronners *Schriften* heraus. Im Vorwort gedenkt der Verfasser seines „unvergesslichen Freundes und Wohlthäters S. Gessner", zu dessen Gedenken er *Klagen* verfaßt hatte. Er berichtet darin von Gessner, wie er ihm damals für die *Fischergedichte* „ein angemessenes Honorar" – acht blinkende Louis d'or – bezahlte. „Es war ein ganz besonderes Vergnügen, solch ein hübsches Sümmchen einstreichen zu können", schreibt Bronner. Er war zeitweise als Redaktor der *Neuen Zürcher Zeitung* tätig und lebte später vorwiegend in Aarau. 1796 veröffentlichte Bronner seine aufsehenerregende Lebensgeschichte.

56

Bronner, Franz Xaver
Fischergedichte und Erzählungen.
Zürich, bey Orell, Geßner, Füßli und Comp. 1787.
Z.B.: AX 6293; HAB: Lo 689
Lit.: L S. 175; Gessner: Gesamtausgabe, Bd. 3, S. [103–106].

57

Bronner, Franz Xaver
Leben, von ihm selbst beschrieben. Zweyter Band.
Zürich bey Orell, Geßner, Füßli und Comp. 1796.
ZB: Gal. Sp 428b; HAB: Töpfer 37

4. Johann Joachim Winckelmann

Winckelmann hörte erstmals von Gessner, als ihm 1756 ein Freund am Golf von Salerno Idyllen vortrug. Winckelmanns Zürcher Kontakte, angebahnt durch Johann Caspar Füssli d. Ä., wurden bald sehr herzlich: er plante sogar zeitweise, seine *Geschichte der Kunst des Altertums* in Gessners Verlag erscheinen zu lassen und sich später einmal in einem katholischen Kloster vor den Toren der Stadt zur Ruhe zu setzen. „Für Euch Zürcher will ich Schuhe und Strümpfe durchlaufen", meint er einmal. Einige junge Zürcher haben seine besondere Zuneigung gefunden und sind durch ihn sehr gefördert worden: Leonhard Usteri, der einige Monate bei ihm in Rom war, der spätere Verleger Hans Heinrich Füssli, den Winckelmann über alle andern schätzte und ihm ein Buch widmete; Füsslis Bericht über seine Römer Zeit findet sich in Voegelins Webb-Übersetzung. Dann Paul Usteri, der jüngere Bruder Leonhards, den Winckelmann scherzhaft „Milchlamm" nannte. Die Verbindung zwischen Rom und Zürich, zwischen Winckelmann und Gessner verstärke sich zunehmend; ein Werk von Winckelmanns hochgeschätztem Freund Mengs erschien in Zürich und ebenso Riedesels von Goethe so gelobtes Sizilienbuch.
Den „delphischen" Gessner bewunderte Winckelmann, sein Lob wirkte auf ihn „wie ein Morgentau dem dürren Lande." Umgekehrt schreibt Gessner einmal in einem Brief, er zähle die Stunden, die ihn „dem Frühling näher bringen, wie ein Karger sein Geld. . . weil wir für gewiß glauben, dann unsern Winckelmann hier zu sehen". – Die Nachricht von Winckelmanns tragischem Ende in Triest im Jahre 1768 machte manchen schönen Plan zunichte und hat auch bei seinen Zürcher Freunden große Erschütterung ausgelöst. Ein Denkmal seiner Freunde sind die 1778 bei Gessner erschienenen und von Leonhard Usteri herausgegebenen Briefe, die in der Zürcher Zentralbibliothek erhalten sind. Als der feurige und hochbegabte Maler-Dichter Füssli, Zürichs genialster Sohn, nach Rom kam, traf er Winckelmann nicht mehr unter den Lebenden.
Die Verbindungen zwischen Zürich und Rom brachen nicht ab. Bei Angelika Kauffmann finden wir neue Anknüpfungspunkte, sie schätzte Gessner hoch ein, und es kommt nicht von ungefähr, daß ihr hervorragendes Winckelmann-Porträt heute dem Zürcher Kunsthaus gehört. Gessners Sohn Conrad sollte endlich die Pläne des Vaters erfüllen und die Sehnsucht nach Italien stillen, das zu sehen Salomon Gessner nicht vergönnt war.

58

Johann Joachim Winckelmann. Gemälde von Angelika Kauffmann. 1764
Öl auf Leinwand
71 x 97 cm
Kunsthaus Zürich

Nach Winckelmanns Aussage wurde das Porträt 1764 auf Bestellung Johann Caspar Füsslis in Rom gemalt. Aus dem Besitz eines Enkels von Füssli gelangte es 1856 in das Zürcher Kunsthaus. – Winckelmann schrieb am 18. August 1764: „Mein Bildniß ist von einer seltnen Person, einer deutschen Mahlerinn, für einen Fremden gemacht. Sie ist sehr stark in Portraits in Öl, und das meinige kostet 30 Zechini, es ist eine halbe sitzende Figur. Sie hat dasselbe in Quarto geätzet, und ein anderer arbeitet es in schwarzer Kunst, um mir ein Geschenk mit der Kupferplatte zu machen. Das Mädgen, von welcher ich rede, ist zu Costnitz geboren, aber zeitig von ihrem Vater, der auch ein Mahler ist, nach Italien geführet worden, daher sie welsch so gut als deutsch spricht; sie spricht aber dieses, als wenn sie in Sachsen geboren wäre. Auch spricht sie fertig englisch und französisch, daher sie alle Engländer, welche hierher kommen, mahlet. Sie kann schön heißen, und singet um die Wette mit unsern besten Virtuosen. Ihr Name ist Angelica Kaufmannin."
Wir wissen nicht, wie das Porträt Füssli gefallen hat und ob er vielleicht auch daran die Kritik übte, die er an Angelika Kauffmanns Porträtkunst in seinem *Künstlerlexikon* von 1767 aussprach: „Sie verstand die Antiken, verrieth aber in männlichen Figuren zu viel von ihrem Geschlechte."
Lit.: Artur Schulz: Die Bildnisse Johann Joachim Winckelmanns. Jahresgabe der Winckelmann-Gesellschaft Stendal 1950/51. Berlin 1953. S. 56.

Angelica Kauffman dipin. e inc.
in Roma anno 1764.
IO. WINCKELMANN
Antiq. Pontif. et Prof. Graec. L. in Biblioth. Vatic.

Nr. 59

59 *Abbildung*

Johann Joachim Winckelmann. Radierung von Angelika Kauffmann. 1764

Radierung
19,3 x 15,4 cm
Bez. u. l.: „Angelica Kauffman dipin. e inc."; u. r.: „in Roma anno 1764"; darunter in der Mitte: „JO. WINCKELMANN Antiq. Pontif. et Prof. Graec. L. in Biblioth. Vatic."
HAB: Porträtstichsammlung

Winckelmann schrieb am 15. August 1766 an Stosch: „Von meinem Bildniß werde ich ehistens mehr Nachricht schreiben. Fueßli . . . ließ mich von der geschickten Hand eines Deutschen schönen Mädgens zu Rom, in Oel mahlen und in der Gestalt, welche Sie verlangen; die Mahlerinn ätzte daßelbe selbst in Scheidewaßer; aber es ist einer der ersten Versuche in dieser Art."
Zwei Zustände der Radierung sind bekannt: 1. vor dem Aquatintaton, 2. mit rötlichem Aquatintaton und Beschriftung. Die Platte wurde von Angelika Kauffmann nach England mitgenommen, dort verkauft und überarbeitet. Die in England hergestellten Abzüge tragen den Vermerk: „Published Oct. 1st 1780." – Nach Kauffmanns Porträt wurde eine Anzahl weiterer Stiche von anderen Künstlern hergestellt.
Lit.: A. Schulz: Die Bildnisse Winckelmanns, S. 60.

60

Bildnis Johann Joachim Winckelmanns

Rötel
26,7 x 19,8 cm auf Papier mit Wasserzeichen: C & I Honig (Zaandyk/Holland).
Bez. unter der Einfassung l.: Leip(zig), r.: A(K?) f. Bildunterschrift: IO. WINCKELMANN Antiq(uarius) Pontif(icis) et Prof(essor) Grae(ci et) L(atinae) in Biblioth(eca) / / Vatic(ana).
Am Unterrand von der Hand Carl Justis beschriftet: Geschenk Dr. Friedlaender 30/9 70
Privatbesitz Braunschweig

Die bisher unbekannte Bildniszeichnung, die nach der Bezeichnung links unter der Einfassung im Jahre 1775 in Leipzig entstanden ist, wiederholt mit Unterschrift die eigenhändige Radierung von Angelika Kauffmann aus dem Jahre 1764 (Andresen 3 I). Angelika Kauffmann hat in der Radierung ihr im gleichen Jahre in Rom für Johann Caspar Füssli gemaltes Bildnis wiederholt. Dieses zeigt Winckelmann als Antiquar und Gelehrten auf ein Buch gelehnt, das auf einem Relief (?) mit Darstellung der Drei Grazien liegt.
Die Datierung der vorliegenden Zeichnung in das Jahr 1775 erweist, daß sie zehn Jahre nach der Radierung von 1764, aber vor deren zweiter Auflage, London 1780, entstanden ist. Da Angelika Kauffmann von 1766 bis 1781 in London gelebt hat, kommt sie als Autorin der Zeichnung trotz des auf sie deutenden Monogramms nicht infrage.
Die Zeichnung ist, wie die eigenhändige Notiz besagt, dem Kunsthistoriker Karl Justi (1832–1912), Verfasser der dreibändigen Biographie über *Winckelmann und seine Zeitgenossen*

Winckelmanns
Briefe
an seine Freunde
in der
Schweiz.
Zürich.
Bey Orell, Geßner, Füeßlin u. Compagnie. 1778.

Nr. 61

(1866–1872), von seinem Freunde, dem Altphilologen Ludwig Friedlaender (1824–1909) noch während der Arbeit am Winckelmann-Werk am 30. September 1870 geschenkt worden.
(Beschreibung von Christian von Heusinger, Herzog Anton Ulrich-Museum Braunschweig)

61 *Abbildung*

Winckelmann, Johann Joachim
Briefe an seine Freunde in der Schweiz.

Zürich. Bey Orell, Geßner, Füeßlin u. Compagnie. 1778.
ZB: Sp 63 (3); HAB: P 1982 Helmst. (2)
L 376 T. Vign.: Antike Frauengestalt opfert auf bekränztem Altar, daneben Torsi von Skulpturen.

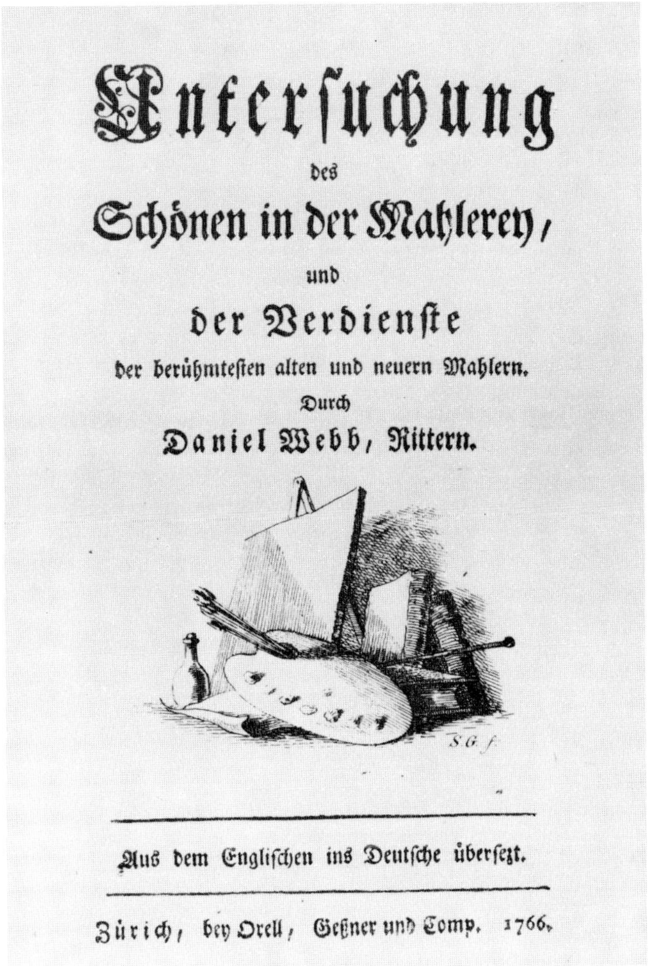
Untersuchung
des
Schönen in der Mahlerey,
und
der Verdienste
der berühmtesten alten und neuern Mahlern.
Durch
Daniel Webb, Rittern.

S.G.f.

Aus dem Englischen ins Deutsche übersezt.

Zürich, bey Orell, Geßner und Comp. 1766.

Nr. 63

Ein „ruhmvolles Denkmal der Achtung und Freundschaft zu stiften", das war die Absicht Leonhard Usteris, als er Winckelmanns Briefe 1778 in Gessners Verlag herausgab und dem Grafen Carl von Firmian, Winckelmanns Gönner, zueignete. Der Band enthält 83 seiner Briefe aus den Jahren 1758 – 1768, die gerichtet sind an Caspar und Heinrich Füssli, Salomon Gessner, Christian von Mechel in Basel, Leonhard und Paul Usteri. Über die Edition gibt eine gesonderte, bei „Joh. Caspar Fueßli, Sohn" 1778 erschienene Schrift Auskunft: *Geschichte von Winckelmanns Briefen an seine Freunde in der Schweiz.* Die originalen Briefe sind heute in einen stattlichen Sammelband gebunden und befinden sich im Besitz der Zürcher Zentralbibliothek. 1882 erschien eine erste wissenschaftliche Edition, deren Herausgeber bemerkt, daß „unter allen Briefen Winckelmanns die an die Schweizer entschieden die größte Beachtung" verdienen. „Das letzte Decennium seines reichen Lebens, die reifste Zeit seines Schaffens, tritt uns hier in geradezu plastischer Deutlichkeit entgegen. Denn so viel auch Winckelmann anderweitig correspondirte, so finden wir doch nirgends dies offene Sichgehenlassen, dies durchaus freimüthige Aussprechen aller seiner Gedanken und Empfindungen, wie eben im Verkehr mit den Schweizern".

Lit.: Hugo Blümner (Hrsg.): Winckelmanns Briefe an seine Züricher Freunde. Nach den auf der Züricher Stadtbibliothek aufbewahrten Originalen in vermehrter und verbesserter Gestalt neu herausgegeben. Freiburg i. Br. u. Tübingen 1882.

62

Brief Winckelmanns an Johann Heinrich Füssli in Genf.
Rom 29. Januar 1763
ZB: Autogr. Slg. Ott

Ein Beispiel aus dem Briefwechsel Winckelmanns mit seinen Zürcher Freunden. Füssli war im Begriff, nach Rom zu reisen: „Ihre Zuschrift hat den ersten Schritt zu der Freundschaft gemacht, die sich unser Usteri zwischen uns verspricht. . ." – Der Briefwechsel wurde erst Ende des 19. Jahrhunderts, anläßlich der Ausgabe Blümners in einen umfangreichen Band gebunden. Dieser Brief, dessen Original der Herausgeber der Brief-Gesamtausgabe für verschollen erachtet, findet sich in einer Sondersammlung der Handschriftenabteilung der Zürcher Zentralbibliothek. –
Zu den nicht lückenlos erhaltenen Briefen Winckelmanns an seine Zürcher Freunde könnte noch manches weitere Dokument interessante Nuancen ergeben. So zum Beispiel ein Brief Gessners vom 27. November 1760 an Leonhard Usteri in Rom (ZB: Autogr. Slg. Ott). Es geht Gessner darin um den Ausbau der Geschäftsbeziehungen und der Absatzmöglichkeiten für seine Sortimentsbuchhandlung, vor allem nach Italien. Den jungen Usteri bittet er nun um Dinge, die er Winckelmann nicht direkt schreiben will; „ich wollt es nicht selbst sagen, damit es nicht scheine, der Brief, den ich Ihnen beyzuschliessen die Freyheit brauche . . . sey zum Theil aus Eigennuz geschrieben." (Vgl. auch das Kapitel über den Verleger Gessner in diesem Katalog.)

Lit.: J. J. Winckelmann: Briefe, hrsg. v. W. Rehm. Bd. 2, Nr. 537, Berlin 1954.

63 *Abbildung*

Webb, Daniel
Untersuchung des Schönen in der Mahlerey, und der Verdienste der berühmtesten alten und neuern Mahlern. Aus dem Englischen ins Deutsche übersetzt [durch Hans Conrad Voegelin].
Zürich, bey Orell, Geßner und Comp. 1766.
ZB: IV N 1461; HAB: Ug 182
L 337 T. Vign.: „Palette mit Pinseln, Staffelei, Büchern usw."

Der Übersetzer, Landschreiber im untern Freiamt (1729–1791), widmet sein Werk Christian Ludwig von Hagedorn in Dresden, dem Bruder des Dichters und großen Kunstgelehrten, dem Verfasser der *Betrachtungen über die Mahlerey* (1762). Gessner schätzte Hagedorn hoch, er hatte ihn um Erlaubnis gebeten, daß Voegelin, „ein Mann von gro-

Reise

durch

Sicilien

und

Großgriechenland.

S. Geßner f.

Zürich,

bey Orell, Geßner, Füeßlin und Comp. 1771.

Nr. 64

ßen Einsichten", ihm „als dem Beförderer der Künste [in] ganz Deutschland" das Buch widme. Beigegeben ist ihm ein 88 Druckseiten umfassender Brief des 21jährigen Johann Heinrich Füssli (1745–1832) an den Übersetzer. Füssli, der spätere Nachfolger Bodmers als Professor für vaterländische Geschichte, bereits in jenen Jahren Teilhaber des Verlags „Orell, Geßner", kam soeben aus Rom zurück, wo er, nach Gessners Aussage, „der Liebling von Winckelmann" gewesen ist. Er „hat mit ihm die besten Werke der Künste gesehen und seinen vertrautesten Unterricht genossen. Er giebt darin Urtheile und Beschreibungen von den besten Werken der Alten und Neuern, die in Rom und anderwärts in Italien stehen."

64 *Abbildung*

[Riedesel, Johann Hermann Freiherr]
Reise durch Sicilien und Großgriechenland.
Zürich, bey Orell, Geßner, Füeßlin und Comp. 1771.
ZB: 13.267; HAB: Gh 608 (möglicherweise Lessings Handexemplar, da es 1855 aus dem Nachlaß von dessen Stiefsohn Vicarius Koenig in die Bibliothek kam).
L 353 T. Vign.: Zwei Putten betrachten den von Riedesel erstmals als Gestaltung des Phädra-Mythos gedeuteten Sarkophag in Agrigent.

Auf seiner Sizilien-Reise von 1787 spendet Goethe dem „Trefflichen Riedesel" höchstes Lob; sein Büchlein trage er „wie ein Brevier oder Talisman am Busen". Riedesel ist 1740 in Franken geboren, 1785 als Diplomat Friedrichs II. von Preußen bei einem Reitunfall ums Leben gekommen. In jungen Jahren hat er die Mittelmeerländer, insbesondere Italien, bereist, und er gewann in Rom Winckelmanns Freundschaft, dem er auch sein treffliches Buch widmet. Winckelmann hatte den entscheidenden Anteil an der Entstehung und Abfassung des Buches, und er hatte noch Riedesels Verbindung zu den Zürcher Verlegern hergestellt.
Lit.: Neuausgabe. Hrsg. von Arthur Schulz, Winckelmann-Gesellschaft Stendal, Jahresgabe 1964. Berlin 1965.

64a

Mengs, Anton Raffael
Gedanken über die Schönheit und über den Geschmack in der Malerey.
Zürich, bey Orell, Geßner, Füeßlin u. Comp. 1774.
ZB: 7.311 (3)
L: fehlt; T. Vign.: Zwei Putten mit Kugel, „S. G. f."

Der bedeutende frühklassizistische Maler Mengs, der seit 1740 in Rom lebte, zählte zu den vertrautesten Freunden Winckelmanns, dem auch die *Gedanken über die Schönheit* gewidmet sind, eine der Programmschriften des Klassizismus. Das Büchlein erschien, durch Winckelmanns Vermittlung und von Johann Caspar Füssli herausgegeben, 1762 in Zürich „bey Heidegger und Compagnie", in 2. Auflage, zwölf Jahre später, in Gessners Verlag. 1761 hatte ihm Winckelmann geschrieben, er hätte Mengs soeben die Hälfte der *Idyllen* vorgelesen, „und er freute sich, als ein eifriger Patriot unsers Volks, daß unter demselben Seelen, mit so mahlerischen, harmonischen, zärtlichen und tugendhaften Empfindungen gebohren, und denen der Himmel das Talent verliehen, dieselbe mit eben dem Gefühle auszudrücken, und in anderen zu erwecken." (L 36).

5. Freunde im Herzogtum Braunschweig

Im August 1749 war der 19jährige Gessner zur Lehre in die Spenersche Buchhandlung nach Berlin gereist. Das Unternehmen endete rasch mit einem Fiasko – sicher

ist, daß er sich weit lieber mit seinen Freunden und Landsleuten in dem faszinierenden Friederizianischen Berlin unterhalten hat, als einer spießbürgerlichen Arbeit nachzugehen. Die Eltern riefen ihn also bereits im Frühling des kommenden Jahres wieder nach Hause zurück und Gessner reiste mit drei Schweizer Freunden „von Berlin nach Hamburg", wie ein Biograph schreibt. Tatsächlich hat er sich aber einige Zeit in Niedersachsen aufgehalten, worüber er in einem Brief an seinen besten Jugendfreund, Wolfgang Dietrich Sulzer, im darauffolgenden Frühjahr erzählt: In Braunschweig „sah ich [Karl Christian] Gärtnern und [Friedrich Wilhelm] Zachariä, und tranck mit dem liebsten [Johann Arnold] Ebert, der Doctor [Hans Rudolf Lavater, sein Reisebegleiter] saß und tranck, wir truncken und spassten, ich war eine woche da, wir sahn uns alle tage, von da nach Hanover, da sahn wir einen König und Güldne Herren." Leider kennen wir noch keine weiteren Dokumente und Briefe Gessners, die seinen Kontakt mit diesen Braunschweiger Persönlichkeiten in späterer Zeit belegen. Unbekannt war bislang, daß Salomon Gessner Ende Mai 1750 der ehrwürdigen Herzog August Bibliothek in Wolfenbüttel einen Besuch abgestattet hat. Wichtigtuerisch schreibt er sich in fehlerhaftem Französisch ins Besucherbuch der Bibliothek ein: „Gueßner de Zuric dans la Suice". Daß er ähnlich wie 14 Jahre später der berüchtigte Casanova fleißig Handschriften und alte Drucke in Wolfenbüttel studiert hätte, ist weder belegbar noch wahrscheinlich. Der Besuch der berühmten von Leibniz konzipierten Rotunde bleibt also eine touristische Episode in Gessners Biographie.
Die Gattin des regierenden Herzogs von Braunschweig-Wolfenbüttel, Philippine Charlotte, Schwester König Friedrichs des Großen, ließ Gessner durch seinen Freund Johann Georg Zimmermann 1769 wissen, sie gebe ihm „unter allen deutschen Dichtern den Vorrang", denn er habe „zuerst der Welt gezeiget, daß die deutsche Sprache der feinsten Harmonie und des Ausdrucks der zärtlichsten Empfindungen fähig sey". Gessner trat mit der Herzogin in Briefwechsel und sandte ihr seine Schriften, eine unpublizierte Idylle sowie zwei seiner besten Gemälde. Sie hat sich durch Abt Jerusalem bei Gessner bedanken lassen. Lessing betreute damals in Wolfenbüttel den Bücherschatz des Herzogs, den er von seinen berühmten Vorfahren, August und Ferdinand Albrecht, ererbt hatte. Die Cousine des regierenden Herzogs, Charlotte Christine Sophie (1694–1715), war übrigens die berühmte „Prinzessin von Wolfenbüttel", deren Schicksal Zschokke in einem Roman gestaltet hat, der 16 Jahre nach Gessners Tod in seinem Verlag in Zürich erschienen ist. Nachfolger Lessings als Direktor der Herzog August Bibliothek wurde Ernst Theodor Langer, dem Gessner 1771 in Zürich einen lateinischen Merkspruch ins Stammbuch geschrieben hatte. In der herzoglichen Residenzstadt Braunschweig lebte Johann Joachim Eschenburg, und Gessner trat mit ihm in näheren Kontakt, als er Wielands Shakespeare-Übersetzung bearbeitete, die ab 1775 bei Gessner erschien. – In Hannover, der Residenz einer anderen Braunschweiger Herrscherlinie, die den englischen Thron bestiegen hatte, wußte Gessner seinen guten Freund und Ratgeber Zimmermann sowie später auch den tätigen Andreae, der ihm beim Vertrieb von Zürcher Graphik und Porzellan half. Gleichsam als Morgengabe überreichte Gessner 1762 der 18jährigen Sophia Charlotte, geb. Fürstin von Mecklenburg-Strelitz, Königin von England, die Ausgabe seiner Schriften mit einer ausführlichen Widmung. Ihr Mann, der junge König Georg III., war der dritte Braunschweiger auf dem englischen Königsthron. Das Fürstenlob hat der demokratischen Gesinnung des schweizerischen Patrioten offenbar keinen Abbruch getan.

65

Besucherbuch der Herzog August Bibliothek
Band 1726–1769.
HAB: Cod. Guelf. BA I, 152

Zwischen dem 25. Mai und dem 12. Juni 1750 trugen sich ins Besucherbuch der Bibliothek ein: „Hr. Rudolf Lavater Med. Doct. von Zürich aus der Schweitz " er lebte 1727–1784 und war mit Johann Caspar Lavater nicht nahe verwandt und „Gueßner de Zuric dans la Suice". Man war offenbar auf Empfehlung der Braunschweiger Freunde für einen Tagesausflug nach Wolfenbüttel herübergekommen, um das „Achte Weltwunder", die berühmte Büchersammlung Herzog Augusts, in der schönen von Leibniz entworfenen Rotunde zu bewundern. Daß die beiden jungen Leute zum Studium von alten Büchern und Manuskripten gekommen wären, läßt sich in den „Registraturbüchern" der Zeit natürlich nicht belegen; Direktor war damals der greise Jacob Burckhard, kein Landsmann von ihnen. Gessners andere beiden Freunde, mit denen er zusammen die Rückreise von Berlin angetreten hatten, langten am 3. Juli in Wolfenbüttel ein: Johann Heinrich Schultheß, der Theologe, und Johann Rudolf Steiner aus Winterthur.
Lit.: P. Leemann-van Elck: Unbekanntes von Salomon Gessner. In: Der Schweizer Sammler. 5. Jg. 1931 (Publikation von Gessners Brief an Wolfgang Dietrich Sulzer vom 27. 3. 1751).

66

Philippine Charlotte Herzogin von Braunschweig und Wolfenbüttel (1716–1801)
Öl auf Leinwand. Rosine de Gasc (unbez.)
52 x 40 cm
Brustbild halblinks, in höherem Alter, graue Frisur, weiße Seidenjacke mit Spitzenbesatz, Spitzenhaube.
HAB: Bildnisse, B 105

Philippine Charlotte, Schwester König Friedrichs II. (des Großen) von Preußen, war Gemahlin Herzog Karls I. von Braunschweig und Wolfenbüttel, dem Brotgeber und Dienstherrn Lessings. Man residierte in Braunschweig sowie auf dem Lustschloß Salzdahlum, das Karls Großonkel Anton Ulrich, der berühmte Romanschriftsteller und Politiker, hatte bauen lassen. Noch war hier eindeutig das literarische Erbe des Urgroßvaters lebendig: Herzog Augusts, des Fürsten, Gelehrten und unermüdlichen Büchersammlers.
Am 27. Juli 1769 war der königliche Leibarzt und Schriftsteller Zimmermann, aus Brugg in der Schweiz gebürtig, auf Schloß Salzdahlum geladen und hatte die Ehre, sich über eine Stunde mit der Herzogin „über das wichtigste in der neuen Litteratur zu unterhalten". Er berichtet seinem Freund Gessner nach Zürich: „Sie fragte mich gleich anfangs, ob ich Sie von Person kenne, ob Sie in ihrem Umgange eben so liebenswürdig seyen als in ihren Schriften, ob Sie in der Schweitz den hohen Grad von Achtung haben, den Sie wirklich in dem gantzen aufgeklärten Europa gefunden und bey der Nachwelt finden werden. Ich beantwortete alle diese Fragen zum größten Vergnügen der Herzoginn. Sie empfahl mir nach diesem auf das Nachdrücklichste daß ich an Sie in ihrem Namen schreibe, daß ich Sie ihrer gantz ausnehmenden Hochachtung versichere, daß ich Ihnen sage Sie gebe Ihnen unter allen deutschen Dichtern den Vorzug."
Gessner schickte hierauf ein Dankesschreiben samt einer noch unveröffentlichten Idylle an die Herzogin, die ihn hierfür ihrerseits mit einem Dankesschreiben belohnte, das Gessner eigenhändig abschrieb und Zimmermann schickte. Philippine Charlotte meinte: „die deutsche Nation hat Ursache Ihnen sehr zu danken, daß Sie in dieser Sprache so angenehm und in so reizenden Ausdrücken geschrieben haben. Da ich für die Talente eines so berühmten Autors so eingenommen bin, so wird es mir angenehm seyn, wenn sich eine Gelegenheit zeigte, worinn ich Ihnen die besondre Achtung persönlich beweisen könnte. . . " Wenig später hat Gessner der Herzogin seine *Neuen Idyllen* übermittelt, wofür ihm Abt Jerusalem den Dank im Namen der Herzogin mitteilte.

Lit.: Meier, P.J.: Die Bildnisse der Herzogin Philippine-Charlotte von Braunschweig, Schwester Friedrichs des Großen, insbesondere das Familienbild J. H. Tischbeins von 1762 auf Schloß Wilhelmshöhe. In: Hohenzollern-Jahrbuch, 13. Jg. 1909. S. 197–215 (darin abgebildet auf S. 207).

67

Almanach der deutschen Musen auf das Jahr 1771
ZB: 15.785 a; HAB: Zb 7

Zur Bezeugung seiner Verehrung der Herzogin Charlotte Philippine hatte Gessner auch eine Idylle verfaßt, die er, zusammen mit einem Brief für die Dame, die „dem König in Preußen an absicht auf Witz und Genie gantz vollkommen ähnlich" war, an Zimmermann in Hannover schickte, der die Dinge auf schnellstem Wege der Adressatin zukommen ließ. Gessners Geste hat ihre Wirkung nicht verfehlt: im *Musenalmanach* erschienen hierauf die *Zephyre* Gessners. Der Herausgeber schreibt im Inhaltsverzeichnis: „Die Zephyrs, Geßners neueste Idylle, die er einer Princeßin von Braunschweig zugleich mit der neuen Ausgabe seiner Werke überschickte; Empfindung, Bilder und Harmonie würden den Verfasser entdecken, wenn man ihn auch nicht wüßte. Von allen seinen Idyllen unterscheidet sich diese durch die originelle Idee eines Dialogs zwischen personificirten Wesen." Gleichzeitig wurde die Idylle auch im *Göttinger Musenalmanach auf 1771* veröffentlicht, bevor sie im folgenden Jahr, leicht verändert, in den *Neuen Idyllen* erschien. Am 9. April 1770 hatte er die *Zephyre* übrigens auch seinem Freund Ramler mitgeteilt: „ich möchte sehr gerne von ihnen wissen, ob ichs weiter wagen darf, oder ob ich. . . diesen Muthwill bleiben lassen soll." In der gedruckten Version fehlt jeder Hinweis auf die Widmung an die Herzogin. – Weit schöner als diese Geschenke waren aber noch zwei Federzeichnungen, die Gessner der Herzogin übermitteln ließ. Es sind die beiden einzigen Kompositionen nach Szenen aus den *Idyllen*, die keine Entwürfe oder Ausführungen der Druckgraphik sind. Während die beiden vorzüglichen Blätter (Kat. Nr. 145–146) im Herzog Anton Ulrich Museum Braunschweig erhalten sind, ließen sich Gessners Briefe an die Herzogin in ihrem Nachlaß im Staatsarchiv Wolfenbüttel so wenig wie ihre Antworten in der Zentralbibliothek Zürich finden, so daß auch nicht bekannt ist, wie die Herzogin ihre „Achtung persönlich bewiesen" hat.

68

Jerusalem, Johann Friedrich Wilhelm (1709–1789)
Brief an Salomon Gessner, Braunschweig 13. Mai 1773.
ZB: Ms V 521 a III 61

Abt Jerusalem von Riddagshausen bei Braunschweig, Verfasser der *Betrachtungen über die vornehmsten Wahrheiten in der Religion,* seit 1771 Vizepräsident des Konsistoriums in Wolfenbüttel, genoß weit über die Grenzen des Braunschweiger Herzogtums hinaus höchstes Ansehen. Zusätzliche, wenn auch traurige Berühmtheit gewann er durch das Schicksal seines Sohnes Karl Wilhelm, der sich als 25jähriger aus Liebeskummer am 29. Oktober 1772 in Wetzlar erschossen hatte: das Vorbild für Goethes Werther. Nur ein halbes Jahr nach dem traurigen Ereignis schreibt Jerusalem den einzigen erhaltenen Brief an Gessner; die vielen „allzu traurigen Zerstreuungen" hätten ihn bislang daran gehindert, ihm den Dank der Herzogin Philippine Charlotte für die *Neuen Idyllen* auszurichten. Sie habe das Buch unverzüglich gelesen und habe sich „eine jede Schönheit biß auf die feinsten Züge und Schattierungen darin bemerkt, nur bewundere auch Sie, das was alle dero Leser nicht genug bewundern können, wie Ihr Geist so unerschöpflich seyn könne. Immer gleich neu und schön wie die Natur selbst." Jerusalem schließt mit der Beteuerung, Gessners Schriften würden „mit Entzücken überall gelesen, aber beydes in keinem Hause mehr als in dem Meinigen".

Lit.: P. Leemann: Beziehungen. S. 39–40 (Veröffentlichung des Briefs Jerusalems).

69

Abbildung

Langer, Ernst Theodor (1743–1820)
Eintrag Salomon Gessners im Stammbuch von Langer, Zürich 21. September 1771.
HAB: Cod. Guelph. 267.3-4

Als der 28jährige Hofmeister Langer aus Breslau im September 1771 nach Zürich kam, fand er als Begleiter des Grafen von Lindenau sogleich Aufnahme bei den Notabilitäten der Stadt: Bodmer und Breitinger, Johannes Gessner, Hirzel, Heß, J. C. Füssli, J. M. und L. Usteri, Tobler und Steinbrüchel haben sich in sein Stammbuch eingetragen, zumeist mit freundlichen Worten und klugen Gedanken. Langers „Philoteca", dieser „gefällige Freundschaftsstempel", ist ein bezauberndes Denkmal für die deutsche Literatur: Die Größten der Zeit haben sich hier eingetragen, Goethe mit einem Sinnspruch und einer Zeichnung, Klopstock und Lessing, Hamann, Kant und Leonhard Euler, Haller und Wieland, um nur wenige zu nennen. Mit Goethe war Langer in der Leipziger Studienzeit befreundet, und er erinnert sich Langers als eines „bedeutenden Mannes" in *Dichtung und Wahrheit;* Goethes Briefe an ihn sind im Staatsarchiv Wolfenbüttel erhalten. Nach Braunschweig kam Langer im Jahre 1780 und wurde Gehilfe des kranken Lessing. Einem Zufall mag er die Berufung als dessen Nachfolger an der Herzog August Bibliothek zu verdanken haben. In der würdigen Tradition eines Leibniz und eines Lessing leitete er ihre Geschicke während vierzig Jahren. Sein jüngster Nachfolger, Paul Raabe, der das Stammbuch herausgegeben hat, sieht den Reiz von Langers „Philoteca" in der „Vorstellung der großen Geister des 18. Jahrhunderts, in der graphologischen und kalligraphischen Unmittelbarkeit, in der Verewigung deutscher Aufklärung im Moment ihres Aufbruchs in das Abenteuer des Irrationalismus".
Die Begegnung Langers mit Gessner mag flüchtig gewesen sein, aber er vertraut dem Stammbuch einen zentralen Gedanken seiner Haltung in Form einer lateinischen Ode von Horaz (2, 16) an: „Laetus in praesens animus, quod ultra est / Oderit curare, et amara laeto / Temperet risu. Nihil est ab omni / Parte beatum". – Neben Gessners Eintrag findet sich ein französisches Gedicht aus der Feder Jean-Albert Eulers, des Sohnes des großen Mathematikers Leonhard Euler in St. Petersburg.

Lit.: Ernst Theodor Langers Stammbuch. Aus dem Besitz der Herzog August Bibliothek Wolfenbüttel in Auswahl herausgegeben von Paul Raabe. Stuttgart 1970.

70

Andreae, Johann Gerhard Reinhard (1724–1793)
Brief an Salomon Gessner, Hannover 16. August 1771.
ZB: Ms V 521 III. 2

Im Jahre 1763 machte der Hofapotheker Andreae aus Hannover eine Schweizer Reise und traf Salomon Gessner am 6. September zum Mittagessen im Restaurant „Schwert". Er könne nach der einen Stunde der vergnügten Unterhaltung nur versichern, daß Gessner „ein angenehmer, aufgeweckter, liebenswürdiger, und sehr verbindlicher Mann sei", schreibt Andreae in seinen *Briefen aus der Schweiz nach Hannover geschrieben* (Zürich und Winterthur 1776). Später erinnert sich Gessner Andreaes in nicht ganz uneigennütziger Weise, wie er seinem Freund Zimmermann in Hannover gesteht: „Ich schreibe an den Herrn Andreae, der mit freundschaftlichem Eifer sich des Debits einer neuen Ausgabe von Kupferstichen von meiner Hand in Hannover angenommen hat; ich dank' ihm für diese Gefälligkeit, und mach es, wie mans gewöhnlich macht, ich ersuch ihn zugleich um eine andere". Es ging um den Verkauf und Absatz von Porzellan aus der Gessnerschen Manufaktur. Andreae aber meint im vorliegenden Brief dazu: „Ungern melde ich, daß zu Ihrem Porcellan unter vielen Liebhabern sich doch noch kein Käufer gefunden hat", während er zehn Exemplare der radierten Landschaften (L 1–32) verkauft habe, davon fünf an den Canonicus von Hildesheim. Er weiß von Zimmermann zu berichten sowie von Hallers verstorbenem Freund Werlhof. Er lädt Gessner herzlich zu einem Besuch Hannovers ein und dankt ihm für die Bemühungen um die Schweizer Ausgabe seiner *Briefe.* Andreaes Schreiben stellt ein nicht uninteressantes Beispiel kultureller Beziehungen zwischen Hannover und der Schweiz dar.

Lit.: P. Leemann: Beziehungen. S. 32–36 (Veröffentlichung des Briefs Andreaes).

71

Königin Charlotte von England (1744–1818)
Kupferstich von J. E. Nilson
Blattrand: 21,3 x 15 cm
HAB: Porträtstichsammlung

„Ich bin kein Schmeichler... aber mit Ehrfurcht hab ich immer die grossen Geister der Nation, yber die Sie izt Koenigin sind, bewundert" schreibt Gessner in der Widmung der 1762 in Zürich erschienenen *Schriften.* Königin Charlotte war eine geborene von Mecklenburg und hatte kurz zuvor König Georg III. geheiratet, den Enkel des Braunschweigers, der die Kurwürde und den englischen Thron erlangt hatte. Als dann wenige Monate später die Nachricht von der glücklichen Geburt eines englischen Thronfolgers nach Zürich gelangte, verfaßte Gessner ein hymnisches Prosagedicht auf den Anlaß – „mit Georg Friedrichs Jugendlicher Seele stieg künftiger Weltalter Segen und Glük vom Himmel herab..." dichtete er darin und ließ die Handschrift der Dichtung der königlichen Familie überreichen. Gessner beteuert zwar in einem Brief, daß seine Widmung „eines guten Schweizers würdig" sei, der „nur seine Hochachtung bezeugen und nicht kriechen und nicht betteln will". Und doch kann man sich fragen, was ihn dazu veranlaßt hat – Aussicht auf eine Auszeichnung, auf noch besseren Absatz seiner Schriften in England? Eindeutig feststellbar ist, daß seine Erwartungen in keiner Weise erfüllt wurden. Er hat die Widmung bereut, beinahe habe er sich „mit dem Teufel verschworen, wenn ich je mit Leuten vom ersten Rang mich wieder einzulaßen versuche". Er war „des Dings so müde und so voll Gift", wenn er nur daran dachte; Spott und Verwunderung seiner Freunde und Bekannten habe er empfinden müssen, Zimmermann scheint sich – als Untertan der Königin – für deren Gleichgültigkeit verantwortlich gefühlt zu haben; er versuchte die Enttäuschung Gessners wettzumachen, indem er die Verbindung zur Herzogin von Braunschweig-Wolfenbüttel herstellte.
Das Porträt der Königin, ein ovales Hüftbild, nach halbrechts gewendet, steht in einer für Nilson typischen Rokokokartusche. Über dem Oval steht auf einer Tafel die Inschrift „Tibi plaudit Apollo"(Dich preist Apollo). Unter dem Oval die englische Krone, darunter die Buchstaben G (= Georg III., ihr Gatte) und C (= Charlotte).

Die Familie Mozart in Zürich

Thomas Bürger

Am 6. Juni 1763 bestieg die Familie Mozart in Salzburg die Kutsche zu ihrer erfolgreichen, dreijährigen Konzertreise, die sie über Süddeutschland nach Frankreich, England, Holland und schließlich in die Schweiz führte. Nach ihrer Ankunft in Zürich ließ der Actuarius der Musikgesellschaft eine Einladung unter Gönnern und Liebhabern der Musik zirkulieren mit der Nachricht, daß der an den vornehmsten Höfen in Europa bekannt gewordene 10jährige Mozart am 7. und 9. Oktober 1766 im Musiksaal zu hören sei. Schon vor diesen Konzerten empfing Salomon Gessner Eltern und Kinder Mozart in seiner Stadtwohnung Münstergasse 9, zeichnete die musizierenden Kinder im Kreise eines aufmerksamen Publikums und überreichte der Familie ein Widmungsexemplar seiner Werke mit Worten der „Hochachtung und Liebe". Vater Leopold Mozart erinnerte sich in einem Münchener Brief an seinen Freund Hagenauer vom 10. November 1766 an diesen ‚angenehmen und freundschaftlichen' Aufenthalt bei Gessner, der schon bald nach Abreise der Künstlerfamilie in seinem Verlag einen Kupferstich als Erinnerung an diesen denkwürdigen Besuch feilbot.

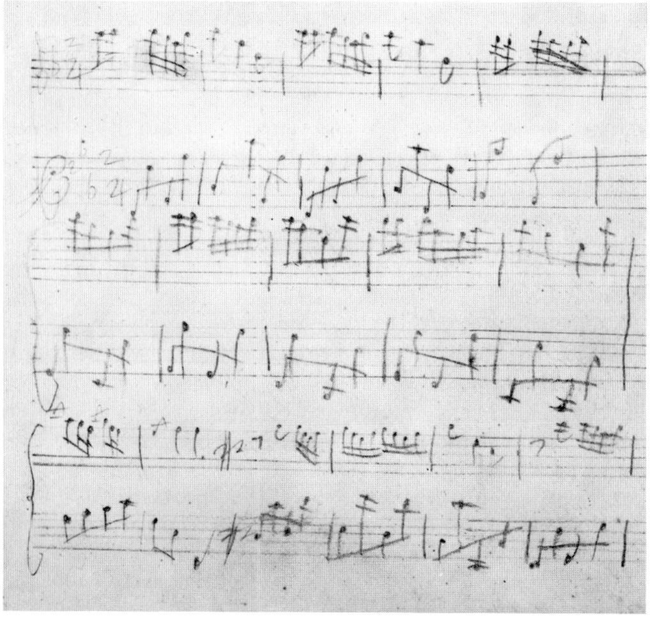

Nr. 72

Nr. 73

72 *Abbildung*

Werbezirkular für die Zürcher Mozart-Konzerte mit rückseitiger Kompositionsprobe Mozarts, 30. Sept. 1766.
ZB: MsZ XI 101

„Da vor ein paar Tagen der an den vornehmsten Höfen in Europa zu seinem Ruhm bekannt gewordene, und in verschiedenen Zeitungen und Journalen zur Verwunderung angepriesene junge Hr. Mozart, ein 9jähriger Virtuos in der Composition und auf dem Clavier, desgleichen seine 14jährige Jfr. Schwester, so auch das Clavier spielt, beide mit ihrem Herren Vater, dem Herren Capellmeister Mozart von Salzburg hier angekommen, so ist Ihnen auf Ihr Begehren und mitgebrachte gar gute Recomendationen hin von Einem Löbl. Collegio auf dem Music-Saal erlaubt worden, könfftigen Dienstag den 7. und Donstag den 9. Octobris sich auf gedachtem Music-Saal offentlich hören zulassen. Ein. Löbl. Collegium hat darbey der Anständigkeit und seiner Schuldigkeit gemäß zusein erachtet, diejenigen von Meinen Hochgeachteten und Hochgeehrten Herren, so etwan vormalen demselben als Gönnere und Liebhabere der Music bekannt gewesen, davon zubenachrichtigen, und Hochdenenselben überlassende, beliebigen Fahls das Collegium mit dero Gegenwart zubeehren. Weßnahen herren Stubenverwalter Meister aufgetragen ist, diese schriftliche Invitation Hoch-Ehrengedachten Herren Liebhabern der Music aus Ungnherren (= Unsern Gnädigen Herren) in geziemender Ehrerbiethung zu praesentieren.

Nr. 76

Actum Dienstag den 30. 7bris 1766. Prtbs (praesentibus) Herren Zunftmeister Werdmüller und übrigen Herren Collegianten auf dem Music-Saal.

Actuarius Ott."

Auf der gefalteten Rückseite dieses Werbezirkulars bzw. Kollegiumprotokolls hat der junge Mozart ein Contretanz-Fragment in zwei Teilen niedergeschrieben, dessen erster mit 16 2/4 Takten in F-dur abgebildet ist.

Lit.: L. Caflisch und M. Fehr: Der junge Mozart in Zürich. Ein Beitrag zur Mozart-Biographie auf Grund bisher unbekannter Dokumente. Zürich 1952 (= 140. Neujahrsblatt der Allgemeinen Musikgesellschaft Zürich auf das Jahr 1952); Abb. in: Musiker-Handschriften. Zeugnisse des Zürcher Musiklebens. Ausstellungskatalog Zürich 1969, S. 12 f.

73 *Abbildung*

Gessner, Salomon
Wolfgang Amadeus Mozart und seine Schwester Nannerl musizieren während ihres Zürcher Aufenthaltes, 1766.

Federzeichnung
17,5 x 13 cm.
Basel, Kunstmuseum, Kupferstichkabinett Inv. 1946.13

Vor einem aufmerksamen Publikum spielt der 10jährige Wolfgang die Violine, die 15jährige Schwester Nannerl ein Tasteninstrument. Die braune Federzeichnung ist eine im Herbst 1766 entstandene Zeichnung von Gessner oder eine Kopie nach Gessner; auf ihrer Rückseite ist ein Selbstbildnis eines Malers an der Staffelei dargestellt.

Lit.: Erstveröffentlichung in: Zürichs musikalische Vergangenheit im Bild, zusammengestellt von Max Fehr, Paul Sieber und Georg Walter. Zürich 1945 (= 133. und 134. Neujahrblatt der AMG Zürich auf die Jahre 1945 und 1946). Abb. 28; Musikhandschriften in Basel. Katalog des Kunstmuseums. Bearb. von Yvonne Boerlin-Brodbeck. Basel 1975. S. 3 f.

74

Gessner, Salomon
Eigenhändige Widmung an die Familie Mozart in der Ausgabe seiner ‚Schriften' von 1765.

Kopie des Originals im Mozarteum Salzburg

„Nehmen Sie, wertheste Freunde! diess Geschenk mit der Freundschaft auf, mit der ichs ihnen gebe; möcht es würdig seyn, mein Andenken beständig bey ihnen zuunterhalten! Genießen Sie, verehrungswürdige Eltern, noch lange die besten Früchte der Erziehung in dem Glücke ihrer Kinder: sie seyen so glücklich, so außerordentlich ihre Verdienste sind. In der zartesten Jugend sind sie die Ehre der Nation und die Bewunderung der Welt. Glückliche Eltern! Glückliche Kinder! Vergessen sie alle nie den Freund, dessen Hochachtung und Liebe für Euch, sein ganzes Leben durch so lebhaft seyn werden, wie heute.
Zürich den 3ten Weinm. 1766.

S. Geßner."

Der Neffe Mozarts, Leopold Heinrich v. Berchtold zu Sonnenburg, bestätigt in seiner „Anmerkung" die Echtheit der Widmung.

Mit Hoher Verwilligung
von Zürich auszugebende
Donnstags-Nachrichten.

No. XLI. Den 9. Weinmonat, 1766.

No. XLI. 1766.

Verschiedene Nachrichten!

1. Da die Herren Pfarrer E. E. Rheinthaler Capitals unterschiedenliche Ursach haben, mit dem bisherigen Zürich-Bott, von Bernegk gebürtig, unzufrieden zu seyn, so dienet hiermit zur Nachricht, daß dieselben zu einem neuen Botten angenommen haben, Johannes Broker, aus der Evangelischen Gemeinde Altstetten im Rheinthal, welcher zum ersten mal auf Donnstags, den 16. Weinmonat in Zürich ankommen, und Tags darauf um den Mittag wiederum abreisen, je zu 14. Tagen um nach Zürich geben, und seine Einkehr in dem Wirthshaus zum Storchen haben wird. Ein geehrtes Publicum wird ersucht, Briefe und Waaren in das Rheinthal, oder andere Orte, durch die er reisen muß, dem neuen Botten, für dessen Treu und Sorgfalt man zuverläßige Sicherheit hat, ins künftige zu übergeben.

2. Bey Herrn Orell, Geßner und Compagnie, unter der Schuhmacher-Zunft, sind zu haben: Ein Kupferstich, worinn die dermalen sich hier befindende berühmte Familie des Herrn Mozart vorgestellt ist. Herr Mozart, der Vater, steht an den Stuhl gelähnt, auf dem sein 9. jähriger Sohn beym Clavier sizt; neben ihm steht Mademoiselle Mozart, seine Schwester. Diese wolgeordnete Vorstellung ist von eben dem Künstler gezeichnet, der die Zeichnung von der Familie Calas gemacht hat. Gegen baare Bezahlung 30. kr.

Nr. 75

Lit.: Max Fehr: Die Familie Mozart in Zürich. 2. Aufl. Zürich und Leipzig 1942 (= 130. Neujahrsblatt der Allgemeinen Musikgesellschaft Zürich auf das Jahr 1942). bes. Abb. 3.

75 *Abbildung*

Zürcher Verkaufsanzeige des Mozart-Bildes von Carmontelle.

In: „Mit Hoher Verwilligung von Zürich auszugebende Donnstags[!] - Nachrichten. No. XLI. Den 9. Weinmonat, 1766."
ZB: WB 434

Drei Tage nach Abreise der Familie Mozart verkaufte „Orell, Geßner und Compagnie" einen nach dem Aquarell von L. Carrogis de Carmontelle 1763/64 ausgeführten Kupferstich des Christian von Mechel für 30 kr. Der Kupferstich wurde von Vater Leopold an jedem Konzertort angeboten oder in Kommission gegeben und von ihm am 1. April 1764 so beschrieben: „M: de Mechel ein Kupferstecher arbeitet über Hals und Kopf unsere Portraits die h: v Carmontel (ein Liebhaber) sehr gut gemahlt hat, zu stechen. der Wolfg: spiehlt Clavier, ich stehe hinter seinem seßl und spiele Violin, und die Nannerl lehnt sich auf das Claveçin mit einem Arm, mit der andern hält sie musicalien, als sänge sie."

Lit.: Abb. des Kupferstichs als Frontispiz in: Max Fehr: Die Familie Mozart in Zürich, 2. Aufl. Zürich und Leipzig 1942 (= 130. Neujahrsblatt der AMG); L. Caflisch und M. Fehr: Der junge Mozart in Zürich, Zürich 1952; Lukas Heinrich Wüthrich: Das Oeuvre des Kupferstechers Christian von Mechel. Basel und Stuttgart 1959. S. 24 f. (Nr. 60a).

76 *Abbildung*

Gessner überreicht Mozart seine Werke

Aquatintastich von Franz Hegi im 20. Neujahrsgeschenk an die Zürcherische Jugend von der allgemeinen Musik-Gesellschaft in Zürich auf das Jahr 1832.
Privatbesitz

In seiner Mozartbiographie des Neujahrsblatts 1832 berichtet Leonhard Ziegler von der Gastfreundschaft Gessners und seiner Einladung der Familie Mozart: „So wurden sie auch zu unserm unsterblichen Dichter Salomon Geßner geladen, dessen Haus damals und so lange dieser von allen Nationen gefeyerte Sänger der Natur, Liebe und Grazien lebte, der Mittelpunkt war, in dem sich alle Männer von Geist, Geschmack und Kenntnissen, die Zürich besaß, versammelten." (S. 7) Seiner Biographie ließ Ziegler eine stilisierte Illustration der Büchergabe Gessners an Mozart von Franz Hegi voranbinden. Von links nach rechts: Frau Mozart, Frau Gessner, Marianne Mozart, Salomon Gessner, Archidiakon Johannes Tobler, Wolfgang Amadeus Mozart, Stadtarzt Dr. Caspar Hirzel, Gessners Schwager Heidegger und Vater Leopold Mozart.

Lit.: Max Fehr: Die Familie Mozart in Zürich. 2. Aufl. Zürich und Leipzig 1942.

Salomon Gessner und die Helvetische Gesellschaft

Ulrich Im Hof

Salomon Gessner gehört zu den Gründern der Helvetischen Gesellschaft, jener Vereinigung der schweizerischen Elite, die zum Treffpunkt aller patriotischen und gemeinnützigen Bestrebungen der vorrevolutionären Epoche werden sollte.
Die Gründung geht zurück auf die Einladung, die der Basler Ratsschreiber Isaak Iselin Salomon Gessner und Salomon Hirzel, dem jungen Zürcher Politiker, für die Dreihundertjahrfeier der Universität Basel im April 1760 zukommen ließ. Gessner sollte durch sein Ansehen als Dichter und als Künstler diesem Anlaß einen überlokalen Anstrich verleihen. Beim Abschiedsessen im Hause Iselins wurde der Entschluß gefaßt, auf nächstes Frühjahr die Freunde aus der ganzen Schweiz zu einem gemeinsamen Treffen aufzubieten. [1] Gessner gehörte denn auch zu den sechs, die sich am 3. Mai 1761 von Zürich, bzw. Baden nach Schinznach aufmachten, um dort die Freunde aus Basel zu treffen. Iselin erwartete sie da „mit Ungeduld"... „Endlich erschienen H[err] Unterschreiber Hirzel, H[err] Schinz und die zwey Freiherren von Beroldingen ... Wir umarmten uns mit der lebhaftesten Freude und da eben unsre Umarmungen ein Ende hatten, zeigte sich auch von weitem, mit H[errn] Keller, H[err] Gessner, der mit langsamen und trägen Schritten heranahete. Er war ganz müde und konnte fast nicht mehr gehen. Es war in der That etwas stark. Der ehrliche Mann ... mußte in einer ziemlichen Hitze drei gute Stunden weit zu Fuß wandern". [2]
In Schinznach folgten nun vier Tage heiteren Zusammenseins. Am dritten Abend bot Gessner „einige ausnehmende Proben seiner Fertigkeit in Vorstellung possierlicher und ungereimter Personen." [3] Am 7. Mai trennten sich die letzten vier - Gessner, Hirzel, Keller und Iselin – nach einem Mittagessen in Baden: „Da wurde nochmals feyerlich der Entschluß, uns alle Jahre auf dise Weise zu versammeln, bestätigt." [4]
Salomon Gessner gehörte im übernächsten Jahr, 1763, wiederum zu der nun starken zürcherischen Gruppe, die in Schinznach anwesend war, wo 1762 die feste

Organisation einer Helvetischen Gesellschaft beschlossen worden war. Die Versammlung von 1763 erteilte Gessner den Auftrag, im Namen der Gesellschaft auf Franz Urs Balthasars „Letzte Wünsche eines Helvetischen Patrioten" zu antworten. Durch diesen Beitrag des berühmten Schriftstellers erhielt die erste Publikation der neuen Gesellschaft ein besonderes Gewicht. Gessner faßte in seiner Antwort an Balthasar [5] die helvetische Idee knapp und treffend zusammen: Der „Eidgnössische Bund, den wir unter einander beschworen haben" bestehe in der „allgemeinen Absicht, ein redlicher Mann und ein nützlicher Bürger unsers Vaterlandes zu seyn". Die Eidgenossen werden „einander nicht mehr fremde seyn, schüchternes Misstrauen und Vorurtheile gegen einander werden verschwinden" [6], alle würden zu „Theilhabern der gleichen Glückseligkeit." Nur diese Freundschaft werde vor auswärtigen Gefahren schützen und „unsern sämmtlichen und besondern Wohlstand immer mehr vervollkommnen." „Künste und Wissenschaften und alles, was in der menschlichen Gesellschaft schön und nützlich ist, wird wie ein Segenvoller Sommer-Tag über unsere Thäler und Berge sich ausbreiten." Nach einem hohen Lob der schweizerischen Freiheit, die unbesorgten Genuß der Früchte des Fleißes und Unabhängigkeit in Handel und Denken garantieren werde,endet Gessner diesen Passus mit dem Wort: „Eidsgenossen – es mögen Gebirge und Thäler und Flüsse, sonst ihre Wohn-Städte von einander entfernen – werden, wo sie sich finden als Brüder sich grüßen; denn jeder würde sein Leben in allgemeiner Noth für unser aller Glück hingeben und vielleicht hat sein Ahnherr und meiner ehdem auf dem gleichen Schlacht-Feld für unsre Freyheit gefochten, einer an des andern Seite sein Blut vergossen. So wird jeder komm er an die Limmat oder an den Rhein; so werd ich, komm ich zu ihnen oder zu den Schneebedeckten Alpen, unter den besten Freunden, und an jedem Ort der Schweitz zu Hause seyn" [7].

Gessner gibt hier genau das wieder, was Meinung der Versammlungen von 1762 und 1763 war: Aufbau eidgenössischer Freundschaft zwischen Bürgern aller Kantone in Wiederbelebung einstiger Bundestreue der heroischen Epoche. Außerdem betont Gessner noch ganz besonders die bürgerliche Überzeugung von der Freiheit und Unabhängigkeit des Einzelnen im gesellschaftlichen Kontext.

Schließlich weist Gessner darauf hin, daß die Helvetische Gesellschaft keine „von denen gelehrten Gesellschaften [sei], die sich mit Wissenschaften groß dünken, die die menschliche Gesellschaft nichts oder nur von fernen nützen". Die „Wissenschaften sollen nur in so ferne in unsrer Gesellschaft Aufmerksamkeit verdienen, in so ferne sie den moralischen und politischen Zustand der Menschen und besonders unsrer Mitbürger, betreffen" [8]. Mit diesen Ausführungen greift Gessner in die interne helvetische Diskussion dieser ersten Versammlungen ein. Denn eine Gruppe um Isaak Iselin und Daniel Fellenberg hoffte, die Gesellschaft zu einer mehr oder weniger akademischen und gemeinnützigen Sozietät umzufunktionieren. Gessner war, wie alle Zürcher Mitglieder, Anhänger der Beschränkung auf eine bloße freundschaftliche Tagung gegenseitigen Gesprächs. Sie wollten in einem gewissen Grade das auf die gesamte Schweiz transponieren, was sie selbst in Zürich in ihrer „Diensttagskompanie besaßen, in jenem geselligen Kreis, der die jüngere Generation Zürichs, die ehemaligen Schüler Bodmers, die Freunde Klopstocks und Wielands, umfaßte" [9].

Einen anderen Auftrag, den Gessner in der gleichen Versammlung von 1763 erhalten hatte, scheint er nicht ausgeführt zu haben. Ratsherr Glutz-Ruchti aus Solothurn hatte von Schultheiß Wengis tapferem Eintreten für die reformierte Minorität in Solothurn zur Zeit der Reformation erzählt. Im Protokoll heißt es: „ . . . ist Herrn Gessner aufgetragen, diese würdige That in eine Erzählung zu bringen" [10].

Aber Gessner, der immerhin Idee und Absicht der Gesellschaft in schöner und klarer Form zusammengefaßt hatte, wirkte in Schinznach außerdem auf seine eigene Weise, wohl bewußt des freundschaftlich-geselligen Charakters der neuen Gründung. 1763 tanzte er mit dem schon international bekannten Brugger Arzt Johann Georg Zimmermann ein komisches Menuett [11]. 1765 – an der stürmischen Versammlung, wo Gegner und Anhänger einer erweiterten Zweckbestimmung hart aufeinanderprallten – war es vor allem Gessner, der Ernst und Übereifer durch sein Auftreten einen Moment lang vergessen machte. Nachdem er zwar vorerst den Bitten des jungen Herzogs von Württemberg nicht hatte nachgeben wollen – denn er war nicht geneigt, einfach als Spaßmacher auf Bestellung zu fungieren – und der junge Graf Dohna mit einem „sehr possierlichen, pantomimischen Tanz" in die Lücke gesprungen war, hielt es ihn doch nicht mehr und er griff selber ein. Sogleich erschallte der Saal von einem homerischen „unauslöschlichen Gelächter", bis daß ein Teilnehmer, dem Ersticken nahe, am Boden lag [12].

Einige Jahre später hielt Gessner Schinznach mit seinem Stift fest. Dies geschah durch die Titelvignette zu Isaak Iselins *Schinznach oder die Anfänge der bürgerlichen Weisheit.* Die Zeichnung zeigt den klugen alten Mann im Gespräch mit dem Jüngling, während sich im Hintergrund spielende Kinder tummeln und – wohl am Flusse – abseits ein Flötenbläser auf seinem Intrumente spielt. Das Gespräch im „Wäldchen" ist hier antikisierende Schinznacher Wirklichkeit [13].

Gessner nahm noch an der durch Ratsherr Glutz-Ruchti präsidierten Versammlung von 1767 teil [14], dann hören seine Besuche bis 1775 auf. Es sind die Jahre, in denen die Gesellschaft in eine gewisse Krise geriet. So gehörte Gessner nicht zu den Mitgliedern, wie etwa Salomon Hirzel, Isaak Iselin und vor allem Niklaus Emanuel Tscharner, der Landvogt auf dem benachbarten Schlosse Wildenstein [15], die die Gesellschaft durch ihre Präsenz in Schinznach in die siebziger Jahre hinübergerettet haben. Doch fällt in jene Periode der Beginn der politischen Aktivität Gessners. 1765 war er in den Großen, 1767 schon in den Kleinen Rat gewählt worden. Im nächsten Jahr wurde er Obervogt von Erlenbach, 1776 zu Vier Wachten und schließlich 1781 Sihlherr.

In helvetischen Kreisen urteilte man über die politische Rolle des Künstlers etwa so: „H[err] Ratsherr Gessner ist für eine kurze Zeit, was tausend Kaufleute und Handwerker vor ihm gewesen sind und nach ihm sein werden" [16]. Daß aber Salomon Gessner sich politisch engagieren konnte, wenn er es für notwendig hielt, zeigt seine Haltung in der Affäre des Heinrich Meister, der 1769 wegen seiner Schrift *De l'origine des principes religieux* aus Zürich für eine zeitlang verbannt wurde. Da spaltete sich der bisher sehr kohärente Kreis der Zürcher Mitglieder der Helvetischen Gesellschaft. Ein Freund Meisters berichtet, die Schinznacher des Establishments, Salomon und Kaspar Hirzel, ersterer im Kleinen, letzterer im Großen Rat, Johann Rudolf Ulrich als Antistes und Leonhard Usteri als Professor, hätten die Sache der freien Denkart verraten. Einzig Professor und Großrat Bodmer und eben Ratsherr Gessner hätten Meister in den Räten verteidigt [17]. Gessner setzte sich also für die von ihm seinerzeit in der

Nr. 79

Helvetischen Gesellschaft postulierte Freiheit und Unabhängigkeit des Bürgers ein und dies gegen die überwiegende Mehrheit des offiziellen Zürich!

Wenn Gessner 1775 noch einmal nach Schinznach kam, so geschah dies wohl darum, weil im Gefolge des damaligen Präsidenten, Ratsherr Kilchspergers, an sich eine große Zahl von Zürchern, zwei Fünftel der Versammlung, aufrückte. „Hr. Ratsherr Gessner, von Zürich" wurde – was eine besondere Ehre bedeutete – in die Kommission der Gesellschaft gewählt, die für die Genehmigung von „Vorlesungen" und die Vorschläge für neu aufzunehmende Mitglieder zuständig war [18]. Am Wiederaufleben der Gesellschaft von dieser Zeit an hat Gessner jedoch keinen Anteil. Die vom Geniestil, den Lavater, Pfeffel und Sarasin in Schinznach einführten, geprägten folgenden Versammlungen hat er nicht mehr besucht. Ob er, der in den ersten Jahren so sehr zu den „Ergötzlichkeiten" beigetragen hatte, daran besonderen Gefallen gefunden hätte, wissen wir nicht. Ältere Mitglieder – Gessner zählte nun 45 Jahre – kamen nur noch selten zu den Versammlungen. Die Gesellschaft verjüngte sich stetig und konnte so neue Gesellschaftsformen und Inhalte entwickeln, ohne an sich von den Zielen der Gründer abzugehen. Die seit 1780 nach Olten verlegten Versammlungen wurden dort zu einer hohen patriotischen Feier, zu einer festen Institution der Schweiz.

Als erster der Gründer war Isaak Iselin 1782 gestorben. Ihm folgte 1788 Salomon Gessner. Der Präsident dieses Jahres, Georg Friedrich Im Thurn – ein persönlicher Freund Gessners – gedachte denn auch in seiner Präsidialrede des Verstorbenen, den schon zwei Jahre vorher Daniel Fellenberg als „schweitzerischen Theocrit" erwähnt hatte [19]. Im Thurn hatte als Thema seiner Rede das Reisen in der Schweiz gewählt. In diesem Zusammenhang kam er auch auf die Rolle der Schweiz in der Naturdichtung zu sprechen. Natürlich wies er auf Albrecht von Haller hin, der im Alpengedicht Reichtum und Geheimnis der schweizerischen Natur dargestellt habe. Aber Hallers „großem Gemählde" fehlte noch „Leben und Bewegung". Es fehlte das Hirtenvolk „idealisiert unter denen herrlichen Scenen" – „Die Natur wollte ihr Bild nicht unvollendet lassen, sie selbst schuff den Dichter, der ihr den Spiegel vorhalten sollte" [20]. Und dann fährt Im Thurn fort: „Gessner wurde gebohren. – Und Gessner starb, antwortet mir Euer gesenkte Blick, und die Thräne, die in Euerm Auge zittert..." In kurzen, treffenden Worten skizziert Im Thurn die Bedeutung Gessners. Er klagt um den Liebling der Musen und der Grazien, um den Freund der Menschen und seines Vaterlandes, um den Dichter und Künstler, dessen Werke „ein eben so reizendes Ideal moralischer als physischer Schönheit darstellen und Menschen bilden helfen, deren Umgang eine Wüste zum Paradies machen würde". Im Thurn schließt mit dem Ausruf: „Klaget um Ihn, denn er war der Stolz nicht nur Deutschlands, nicht nur Helvetiens, sondern auch dieser Gesellschaft, die er selbst mitstiften half, der Freund jedes ihrer Glieder..." [21]

Ein Jahr darauf, als der einstige Präsident von 1765 – jener Versammlung, an der Gessner alle zum Lachen gebracht hatte –, Ratsherr Valentin Meyer von Luzern, ein zweites Mal präsidierte, trug der junge Theologe Peter Petersen von Basel der Gesellschaft ein längeres Gedicht vor, das beschreibt, wie „Daphne und ihre Freundin" das in Arlesheim errichtete Denkmal Gessners besuchen und um den verstorbenen „Abels Sänger" klagen [22]. Es ist die Klage um den Dichter und Maler der idyllischen Natur. Die zwei letzten Strophen aber weisen auf dessen helvetische Rolle hin:

„Hier strahlt des Dichters reiche Tugend,
Und ruft im goldnen Sternenschein:
‚Geniess in Unschuld deiner Jugend
So wird dein Glück unsterblich seyn!'
Ja, Seel'ger, dieser weisen Lehre
Schwört der Helvetier ew'ge Treu:
Dass er wie Gessner sie verehre,
Und so der Gottheit Liebling sey!" [23]

---

1 Ulrich Im Hof: Isaak Iselin, sein Leben und die Entwicklung seines Denkens bis zur Abfassung der „Geschichte der Menschheit" von 1764. Basel 1947. S. 245.

2 Isaak Iselin: Lustreise nach Schinznach, Sonntag [3. Mai 1760]. In: Isaak Iselin Archiv, 8. Bd., S. 442 f. Staatsarchiv Basel-Stadt. „Gessner, der des Gehens nicht gewohnt war, ward so müde, dass er nahe bey Schinznach bezeugte, wann der verwünschte Ort nicht bald da wäre, so läge er mitten in die Strasse und wollte sich nicht regen, wenn auch ein Wagen über ihn wegführe". In: Salomon Hirzel: Geschichte der ersten fünf Jahre der Helvetischen Gesellschaft, Verhandlungen der Helvetischen Gesellschaft in Olten, 1784. S. 35 f.

3 Iselin: Lustreise nach Schinznach (wie Anm. 2), S. 450 (Dienstag, 5. Mai).

4 ibid. S. 452.

5 Antwort auf die letzten Wünsche eines Helvetischen Patrioten. Verhandlungen der Helvetischen Gesellschaft in Schinznach. 1763. S. 45–54.

6 ibid. S. 50.

7 ibid. S. 51 f.

8 ibid. S. 52.

9 Robert Fäsi: Die Dienstags-Companie, eine unbekannte literarische Gesellschaft aus Bodmers Kreis. Zürich 1918.

10 Verhandlungen der Helvetischen Gesellschaft in Schinznach. 1763. S. 25.

11 Johann Georg Zimmermann: Ueber die Einsamkeit. 3. Teil. Karlsruhe 1785. S. 377 (Anmerkung). Zimmermann spricht von der ersten Versammlung im Jahre 1762. Das Menuett muß 1763 getanzt worden sein, nicht nur weil Gessner 1762 nicht da war, sondern auch darum, weil 1763 als erste offizielle Versammlung bezeichnet werden kann.

12 Johann Jakob Hottinger: Salomon Gessner. Zürich 1796. S. 203 f.

13 Isaak Iselins vermischte Schriften. Zürich bei Orell, Gessner, Füessli u. Co.. 1. Band. 1770. Die Verhandlungen der Helvetischen Gesellchaft erschienen im gleichen Verlag.

14 Es war die Versammlung, an welcher zum ersten Mal die „Schweizerlieder" Lavaters gesungen wurden.

15 N. E. Tscharner sagt von Gessner: „. . . die Geschäfte foltern ihn nicht, hingegen liebkosen ihn die Musen, er ist gesund und heiter wie seine Schäffer". (an I. Iselin, 6. August 1769; zit. bei: K. F. Wälchli: Niklaus Emanuel Tscharner. In: Archiv des Historischen Vereins des Kantons Bern. Bd. 48. 1964).

16 I. Iselin an S. Hirzel, 27. März 1767. (Iselin-Archiv, wie Anm. 2, Bd. 60. S. 274).

17 Kaspar Escher (1744–1829), 1772 Mitglied der Helvetischen Gesellschaft, an Heinrich Meister, 10. Mai 1769 (Zentralbibliothek Zürich, Familienarchiv Escher v. Glas 152. 302). Escher nennt „les Ulrich, Hirzel, Usteri, Steinbrüchel" (Professor Steinbrüchel war nicht Mitglied der Helvetischen Gesellschaft). Man darf annehmen, daß es sich bei den drei erstgenannten um die im Text erwähnten Persönlichkeiten handelt.
Vgl. Paul Wernle: Der schweizerische Protestantismus im XVIII. Jahrhundert. 2. Bd.. Tübingen 1924. S. 127 f.

18 Verhandlungen der Helvetischen Gesellschaft. 1775. S. 7.

19 ibid., 1786. S. 14.

20 ibid., 1788. S. 25. Georg Friedrich Im Thurn (1747–1799), Grundbesitzer und Schaffhauser Magistrat, war ein feinsinniger Kopf im Schaffhauser Kreis der Helvetischen Gesellschaft.

21 Im Thurn fährt fort: „und – wie glücklich fühle ich mich hinzusetzen zu dürfen! – auch mein Freund. Klaget um Ihn und einer sage zu dem andern:
Lasset uns Daphnis erheben! auch uns hat Daphnis geliebet (Virgilii Ecloga V)." (Verhandlungen 1788, S. 26)

22 Gessners Denkmal bey Arlesheim. Ein Gedicht von Herrn Candidat Petersen von Basel mit einer Anrede an die Gesellschaft (*Verhandlungen* der Helvetischen Gesellschaft, 1789. S. 49–60). Der Vortrag des Gedichts wird im Protokoll vermerkt mit den Worten „Vorlesung eines Gedichts auf unsern verewigten Gesner" (ibid. S. 4). Das Denkmal in Arlesheim ziert als Titelvignette die Verhandlungen von 1789. Peter Petersen (1762–1820), Sohn eines in Basel tätigen Dänen und einer Baslerin, seit 1764 Bürger von Basel, studierte in Basel Theologie und wurde 1789 Pfarrer und Lehrer der Physik in Straßburg.

23 Verhandlungen der Helvetischen Gesellschaft. 1789. S. 59 f.

77

Verhandlungen der Helvetischen Gesellschaft in Schinznach, im Jahr 1763
ZB: 7.282

Der Luzerner Politiker Franz Urs Balthasar (1689–1763) hatte maßgeblich zur Gründung der Helvetischen Gesellschaft beigetragen. An der Sitzung des Jahres 1763 trug sein Sohn die „Letzten Wünsche eines Helvetischen Patrioten" des verstorbenen Vaters vor. Darauf hielt Gessner seine „Antwort auf die Letzten Wünsche eines Helvetischen Patrioten". Am 1. Oktober 1763 schrieb er an J. R. Frey in Basel: „Mein Brief an den Seligen Balthasar hat ihren Beyfall, das ist mir sehr schmeichelhaft, und ich wünsche nichts so sehr als der Erwartung und den Absichten der Gesellschaft entsprochen zu haben; noch liegt ein langwieriger Winter zwischen iezt und den gläklichen Tagen, die ich wieder in Schinznach in der besten Gesellschaft zubringe".
Lit.: Gessner: Gesamtausgabe. Bd. 3. S. [63] – [90].

78

Ansicht von Bad Schinznach
Kupferstich von Em. Büchel, 1763, gestochen von Wachsmuth. „Vue du Bain de Habsbourg, surnommé Bain de Schinznach, du côté du nord".
14,9 x 22,7 cm
ZB: Graphische Sammlung

79 *Abbildung*

„Der Sillwald im Canton Zürich"
Kolorierte Radierung von Johann Jakob Aschmann (1747–1809), nach eigener Zeichnung, erschienen als Einzelblatt Nr. 20 beim Künstler in Thalwil vom 1785.
15,6 x 22,5 cm
ZB: Graphische Sammlung

Das 1733 erbaute Forsthaus war Sommersitz des Sihlherrn Gessner in den Jahren 1781–1787.

Nr. 109

Der Dichter

Zürichs „Goldenes Zeitalter"

Max Wehrli

Nr. 89

Ende des Jahres 1752 entstand und erschien Gessners erste selbständige Publikation: *Die Nacht* – ein paar Seiten, die bereits den vollen Klang jenes Idyllentons bringen, der, nur wenig mehr verändert und eher gemildert als gesteigert, ganz Europa eine zeitlang über alles entzückte. Ja vielleicht ist dieses Nachtstück sein ursprünglichstes Prosagebilde: „Stille Nacht! Wie lieblich überfällst du mich hier! Hier am bemossten Stein" – ein so gelöster Tonfall war neu. Später nennt Gessner das Werklein „une carricature composée dans une heure de folie ou d'ivresse"; und es war tatsächlich in dem noch kaum aufgelockerten puritanischen Zürich ein zauberhaft verrücktes Unternehmen, trotz der langen Vorgeschichte der Bukolik in Theorie und Praxis.
Eine Art Selbstgespräch, das mitten in die Szenerie versetzt: der Sprecher war eingeschlafen und sieht sich nun, in sanftem Taumel, von Nachtigall, Waldgott oder Nymphe geweckt, in der Magie nächtlicher Landschaft: Blättergewölb, Gras, rieselnder und rauschender Bach, Helldunkel überall, Luna fährt in ihrem Wagen über die glänzenden Gipfel der Bäume hin; dann – es vermischen sich erinnertes und gegenwärtiges Erzählgeschehen – die schmachtend singende Schäferin am blumichten Ufer, die ganze Natur hört zu, der Erzähler wagt „verräthrische Spiele" mit dem nur wie mit Mondgewölk bekleideten Mädchen, aber läßt, zitternd und blöde, den „schwellenden Busen und den winkenden Sieg". Irrlichter erscheinen, die keusche Luna verbirgt sich, der Erzähler geht hinauf zu der aussichtsreichen Rebenlaube, wo er mit heiligem Erstaunen Lichter sieht, die zechenden Brüder findet und mit ihnen nun in die horchende Landschaft hinaus Lieder singt. Der aufsteigende Phöbus freut sich mit, aber „dann zieht er Wolken zusammen, und es regnet einen traur'gen Tag durch."
Die gesamte anakreontische und pastorale Motivik, Empfindsamkeit und Frivolität und allerlei mythologisches Personal sind hier versammelt – aber wie nie zuvor intim und zugleich entrückt in der nächtlichen Zauberlandschaft, in Traum und Erinnerung, empfindsam und übermütig in unerhörter Dichte der Stimmung, die alle Sinne beschäftigt: spielende Lichter, Düfte, melodische Töne, Atmen und Windhauch. Die

Zeit scheint aufgehoben, der Raum verliert sich in Weite und Tiefe. Am Schluß wird, betont knapp und hart, alles beiseite gewischt: ein langweiliger Zürcher Regentag, für den Dichter aber ein eleganter Abgang. Alles aber ist nur möglich geworden in der ganz neuen Prosa, die anstelle der faden anakreontischen Liedverse (die auch der junge Gessner pflegte) oder anderseits der gewalttätig-pathetischen Hexameter und Odenverse getreten ist. Vieles in Thematik und Wortschatz (Freundschaft, Mädchen und Mondschein) ist nicht denkbar ohne Klopstocks neue Lyrik, doch hat Gessner die Befreiung vom leer gelaufenen Reimvers auch über die antikische Metrik hinausgetrieben und nur, fast neckisch, in seinen dem bloßen Wohllaut gehorchenden Satzverläufen rhythmische Verselemente anklingen lassen. Hier ist auf erstaunliche Weise der bisher herrschende Zwang zur rationalen Konstruktion, zur syntaktischen Kompliziertheit und zur intellektuellen Pointe von der Prosa abgestreift und sie scheint sich im spontanen Nacheinander der Gedanken und Gefühle, in natürlichem Wechsel von Beschreibung, Frage und Ausruf und nicht selten durch Wiederaufnahme von Wörtern zu genügen. Es ist eine Sprache, die nichts anderes als ruhig, zwanglos und unschuldig dem Ablauf schlichter Empfindungen und Wahrnehmungen folgen will – Sprache der Natur, des Goldenen Zeitalters, eines anspruchslosen Glücks, einer spielerischen Utopie, die den Zeitgenossen auf der Höhe des Jahrhunderts nun möglich und wirklich geworden schien.
So einfach ist es nun aber eben nicht. Unter die Wohllaute der Nachtigall mischt sich der „heischre Gesang" von Fröschen, und der Dichter kommentiert: „so lächelt ein elender Dichter zufrieden bei seinem Fröschen-Gesang". Die im Dunkeln unsichtbaren Blumen veranlassen ihn zu einem Ausfall gegen die „witzlosen Mädchens", die in ihrem Alter einst geruchlosen Tulpen bei finsterer Nacht gleichen werden. Zephyre und Liebesgötter tragen die noch ungeborenen Seelen künftiger Trinker auf die Trauben und Rebenblätter: diese krause Vorstellung konnte die Forschung (Bergemann) als eine parodistische Entlehnung aus J. J. Bodmers *Syndtfluth*-Epos (1751) erweisen, wo sich Bodmer seinerseits damit über eine Ode J. A. Schlegels an Klopstock und eine leibnizische Theorie von vorgeburtlichen Seelenzuständen lustig gemacht hatte. Und schließlich bringt der für die gesammelten *Schriften* (1762) überarbeitete Text noch eine „geschmacklose" (J. Baechtold) Erweiterung: die Geschichte vom Glühwürmchen. Dieses die Nacht wie ein Lämpchen belebende Wesen ist danach entstanden aus der Metamorphose eines von Zeus geliebten Mädchens, das von der rachsüchtigen Juno in einen Wurm mit schmachvoll leuchtendem Unterleib verwandelt wurde.
Man sieht: das goldene Zeitalter der Idylle ist das Ergebnis recht widersprüchlicher Strebungen: die Unschuldsmiene des Dichters verdeckt nur schlecht die galanten Süchte des Rokoko und enthüllt plötzlich scherzhafte, ja satirische Züge. Und das wird ja auch bestätigt durch die verschiedenen Nachrichten über Gessners zu allen Späßen aufgelegten Charakter und seine Gabe komischer Mimik. Naiv und unschuldig ist die Idyllendichtung nicht. Gessner besaß die Heiterkeit und verschmitzte Bescheidenheit, mit welchen er seine schulische Unbegabtheit unversehens zur liebenswürdigsten und epochemachenden künstlerischen Liebhaberei entfaltete, und er wurde das Musterbeispiel jener „lustigen und witzigen Schelme", als die Ewald von Kleist die Zürcher insgesamt bezeichnete. Im engeren Sinn traf dies aber nur für eine Gruppe zu. Zu ihr gehören Gessners etwas älterer Jugendfreund Johann Kaspar Hirzel, der bewegliche Popularisator der Zürcher Aufklärung, Schinznacher Patriot und Schöpfer des moralisch wie ökonomisch vorbildlichen ‚Socrate rustique' Kleinjogg; dann der gesetztere Johann Georg Schulthess, mit dem Gessner in Berlin zusammen war, Verbindungsmann Bodmers zu Klopstock und Hagedorn, Empfänger von Briefen Gessners, in denen viel von „Mädgen" die Rede ist; unter den jüngeren sind Salomon Landolt oder, mindestens dem Geiste nach, Leonhard Meister, und nicht zuletzt auch Bodmers Gast Wieland, der sich soeben anschickte, sich von moralischer Empfindung zu witziger Sinnenfreude zu wandeln; und nicht zu vergessen schließlich J. J. Hottinger, der immer noch maßgebende Biograph Gessners, mehr als ein halbes Jahrhundert jünger als Bodmer, Satiriker, Gelehrter und streitbarer Vertreter eines munteren Rationalismus zürcherischer Prägung, nicht zuletzt gegen Goethe und Lavater.

Bodmer, Gessner, Lavater – die drei größten Namen des Zürcher 18. Jahrhunderts (wenn wir Pestalozzi ausklammern) bezeichnen damit eine recht komplizierte Konstellation. Bodmer-Schüler sind letzten Endes alle literarischen oder gelehrten Zürcher des 18. Jahrhunderts, doch ist Gessner derjenige, der das ganze Phänomen dieses Limmat-Athen auf einfachste Weise und mit weitester Wirkung zum Strahlen brachte; die Idyllen wirkten und wirken noch heute wie eine Selbstverklärung dieses Geistes auf der Höhe des Jahrhunderts. Gessner selbst konnte dies leisten, indem er zunächst zu Bodmer auf Distanz ging und dann doch bereit war, mit ihm sich zu verbünden. Es ist bekannt und begreiflich, daß Bodmer wenig erbaut war von Gessners ersten Produktionen und gerade auch noch von der *Nacht*. Er empfand diese als Parodie seiner eigenen epischen Ideale und Entwürfe. „Die geweytesten Ausdrücke der

STille Nacht! Wie lieblich überfällst du mich hier! hier am bemoßten Stein. Ich sah noch den Phœbus, wie er hinter den Stuffen jener Berge sich verlohr, er lachte das lezte mahl zurück, durch den leichten Nebel, der wie ein göldner Flohr, entfernte Weinberge, Haine und Fluhren glänzend umschlich, die ganze Natur feyerte im sanften Wiederschein des Purpurs, der auf streifichten Wolken flammte, seinen Abzug, die Vögel sangen ihm das lezte Lied, und suchten gepaart die sichern Nester,

)(2 der

Nr. 80

‚Messiade' " seien hier „auf die profansten Sujets applicirt", schrieb er pikiert an J. G. Sulzer. Bodmer mißtraute wohl immer einem so unpathetischen Liebhaber der Künste und einem unernsten oder gar bequemen Patrioten, den er im Rate sah, aber nicht hörte. Anderseits war Bodmer zu sehr der Inhaber einer Zürcher Hausmacht, um nicht innerhalb der städtischen Mauern auf einen Burgfrieden, ja eine Integration bedacht zu sein. Und Gessner tat ihm wirklich bis zu einem gewissen Grad den Gefallen. Was die späteren Werke Gessners von der *Nacht* unterscheidet, das ist, auf einfache Formel gebracht, wohl nichts anderes als eine Anpassung an den Horizont Bodmers (der übrigens auch sein Verlagsautor war). Der Entdecker Miltons und Dantes, der schon früh nach einem großen deutschen Epiker gerufen und damit auch den jüngeren Klopstock angeregt hatte, ging dann, von den messiadischen Hexametern seines Schützlings überwältigt, an seine eigenen biblischen Epen: die Patriarchaden von Noah, der Sündflut, Jakob und Joseph – und so weiter. Das waren, der Idee nach, Weltgedichte aus heilsgeschichtlichem Zusammenhang, von Schöpfung und Fall, vom Überleben der Menschheit und, vorwegnehmend, von ihrer ganzen künftigen Geschichte. Biblisch-homerische Urzeit und mit ihr der Naturstand des Menschen sollte beschworen werden. Friedlich-unschuldige Idyllik hatte auch hier – vor Gessner! – ihren Platz, aber stand doch im Rahmen eines von gewalttätiger Phantasie beflügelten Kampfes um das Paradies, um das Menschenschicksal überhaupt. Noch während der Arbeit am *Noah* war der erste *Discours* Rousseaus erschienen. Und Rousseaus demagogische Naturlehre sollte nun immer radikaler Bodmers geschichtliche Studien und seine ganze Schriftstellerei simplifizierend bestimmen: die Rückkehr zum goldenen Zeitalter wurde zu einer kulturkritischen und nationalpädagogischen Aufgabe. Die Patriarchaden, die Urwelt Homers und der Naturzustand wurden immer mehr in eins gesehen.

Gessner hat nun seinerseits versucht, seiner Idyllik etwas mehr Substanz und Verbindlichkeit zu geben. Seine *Idyllen* (1756) sind eindeutiger auf Natur, Einfalt, Unschuld, patriarchalischen Geist und klassisches Kolorit gerichtet. In seinem *Daphnis* hatte er, angeregt durch den Schäferroman des Longos, die anspruchsvollere Form eines kleinen Romans gewagt. Im *Tod Abels* begab er sich selbst in die biblische Prähistorie, mit dem zweiten Teil von *Inkel und Yariko* setzte er unmittelbar ein Werk Bodmers fort. Überall aber geschah es in der neuen Form seiner Prosa, ohne den heroischen und pathetischen Anspruch des Hexameters und insofern behutsam und stilrein.

Trotz biblischem Thema und puritanischem Erbe war Bodmer ein durchaus pädagogischer und politischer Geist und kein Homo religiosus, so wenig wie Gessner und seine munteren aufgeklärten Freunde. Das letzte Drittel des zürcherischen Jahrhunderts aber stand nun im Zeichen eines mächtigen religiösen Geistes: Johann Kaspar Lavater. Und hier mußte sich nun eine schärfere Front abzeichnen. Hier steht der behagliche, aufgeklärte Gessner zusammen mit Bodmer gegen die neue vom Sturm und Drang bewegte Generation. Nachdem der Jugendfreund Heinrich Füssli nach Rom und England gegangen war, stand Lavater mit den Seinen noch einmal da im Versuch, das zürcherische Gemeinwesen von Grund auf zu durchdringen und zu erneuern, radikaler als die Patrioten vorher und in weiterem Rahmen. Es war der Versuch, in radikalem Ernstnehmen des Christusglaubens und damit der himmlischen Bestimmung des Menschen nicht ein irdisches goldenes Zeitalter oder einen patriarchalischen Naturstand zu repristinieren, vielmehr – beflügelt durch eine leidenschaftliche Zuversicht monistischer Prägung – die erlöste Menschheit zu umarmen und ihrer verklärten Existenz entgegenzuführen. So wagte er, *Aussichten in die Ewigkeit* (1768) zu eröffnen. Eine derartige Verlegung des goldenen Zeitalters in den Himmel war für Bodmer und erst recht für Gessner eitel „Schwärmerey" und närrische Überspanntheit. Erst recht galt dies für Lavaters spätere Werke, vor allem die sensationell inszenierte Physiognomik, die ja nichts anderes wollte, als in der individuellen Vielheit der menschlichen Gesichter das Antlitz des Gottmenschen Christus, das göttliche Urbild wiederzuentdecken. In dem von Hottinger vom Zaun gerissenen „Sendschreibenstreit" (1775 ff.) und der sich anschließenden Flut von Satiren gegen Lavater fand die Einheit der zürcherischen Aufklärung ihr Ende. Auf der Strecke blieb die fragwürdige Genialität des Propheten, aber auch die Selbstüberschätzung der Idylliker und poetischen Noahs.

Man zerfleischte sich in Zürich zwar ungern auf offener Szene, aber weihte doch gern und gezielt die auswärtigen Korrespondenten in seine Meinungen und den Lokalklatsch ein. Auch Gessner tat dies und ließ vor allem den einschlägigen antigoetheschen und -lavaterschen Satiriker Friedrich Nicolai in Berlin nicht im unklaren, was er vom „dermaligen Unsinn" der „Phantasten und Narren" hielt (1777) und brauchte 1787 noch kräftigere Worte über Lavater wie z. B. kindisch, eitel und intolerant. Der sonst so publizitätsfreudige Lavater selbst blieb, genau wie in seinem Verhalten gegenüber Goethes schnöden Attacken, nobel und wehrte sich nicht. In der Physiognomik hatte er von Gessner als dem „schwebenden Schauer" (Beobachter) und „Verschönerer der Natur" gesprochen, und am Begräbnistag schrieb er ein Gedicht, wo er Gessner würdigt als „der Musen Schoss-Sohn und des Glücks" und dessen „planlos friedlich der Kunst und der Natur geweytes Leben" feiert. Die Reserve ist spürbar – ungerecht ist sie nicht.

Nr. 141g

Gessner und die Wölfe. Zum Verhältnis von Idylle und Aggression

Renate Böschenstein-Schäfer

Der Besucher des Musée Jenisch in Vevey erstaunt, wenn er plötzlich vor einem mit Gessners Namen signierten Blatt steht, dessen Sujet ganz ungessnerisch wirkt: kämpfende Tiere. Sind es Wölfe, sind es Schäferhunde? Kämpfen sie im Ernst oder im Spiel? Die Darstellungsweise spricht für das Letztere. Im Vordergrund hat zwar ein Tier ein anderes niedergeworfen und beißt es; im verschwimmenden Waldhintergrund packt der Sieger den Besiegten – aber die Anmut der Bewegungen, das Fehlen aller Wut in Blick und Gebärden der Tiere, Details wie das stärkere Gebiß, das der Unterlegene im Vordergrund dem Überlegenen entgegenreckt – alles das scheint auf das Raufen junger Wölfe oder Hunde zu weisen. Scheinbare Klarheit entsteht, wenn das Thema der Federzeichnung genauer bekannt wird: sie gehört in eine Reihe von Illustrationen zu Lafontaines Fabeln. Was Gessner hier visualisiert hat – wohl in Anlehnung an französische Vorlagen –, ist eine Doktrin, die seinem eigenen Weltbild strikt widerspricht. Lafontaine beschreibt in der 13. Fabel des 3. Buches das traurige Ende des Friedensvertrags zwischen Schäfern und Wölfen: die als Bürgschaft den Hirten übergebenen jungen Wölfe richten unter den Schafen ein Blutbad an; die Schäferhunde werden im Schlaf erwürgt. „La paix est fort bonne de soi: / J'en conviens; mais de quoi sert-elle / Avec des ennemis sans foi?"

Thema und Stil der Zeichnung waren Gessner von außen vorgegeben – dennoch charakterisiert es ihn, daß die Darstellung blutigen Kampfes auf Leben und Tod – „Tout fut mis en morceaux" – bei ihm ihren fraglosen Ernst verliert. Damit ist ein zentrales Problem Gessners wie auch der Idylle als Kunstform angerührt. Bild oder Text – sie stellt sich dar als ein Raum, in dem Aggression ausgespart oder weitgehend eingeschränkt ist. Ob es aber grundsätzlich möglich ist, eine menschliche Lebensform, die keine Aggression kennt, als Realität vorzustellen, ist eine Frage von höchster Bedeutung nicht nur für die ästhetische Beurteilung der Idylle – jener Mangel an „etwas Wolf", der ihr im 19. Jahrhundert vorgeworfen wurde, hat ihr heute ihre Geltung als moralisches Postulat verschafft –, sondern vor allem für ihren anthropologischen Erkenntnisgehalt. Denn sollte Aggression als unvermeidliche Verhaltensweise regelmäßig auch dort sich einstellen, wo sie verbannt werden soll, so „erlischt der utopische Glanz über der

Gattung der Idylle" (K. Garber). Nur eine umfassende Untersuchung der Idyllengeschichte unter diesem Gesichtspunkt könnte Antwort auf diese Frage geben. Gessners Kunst aber lädt ein zu einigen „unvorgreiflichen Gedanken" zum Thema, da er unter den Idyllendichtern vielleicht derjenige ist, der mit der größten Entschiedenheit allen Formen von Aggression den Einlaß in seine Idyllenwelt verwehrt hat. Von seinen Interpreten hat insbesondere E. Th. Voss Gessners grundsätzliches Bekenntnis zum Frieden betont, wie es sich in seiner Verachtung des militärischen Ruhms äußert – einer Verachtung, die in der Epoche Friedrichs II. durchaus ihren politischen Stellenwert hatte. Mehrfach hat Gessner das Motiv des einsam zerfallenden Denkmals beschäftigt, in dem der Ruhm des Fürsten oder Feldherrn in Sumpf oder Dornen zugrunde geht. Positive Gegenbilder sind der Ruhm des Dichters als des Tugendlehrers und der fortwirkende Segen dessen, der das Land fruchtbar macht. Innerhalb der Idyllenwelt aber tritt ganz zurück, was beispielsweise Vergils Eklogen noch als selbstverständlich kennen: erotische Eifersucht – bei Gessner erweist sie sich rasch als unbegründet –; kleine Diebereien wie unberechtigtes Melken; der Schatten des Schrecklichen, den in eingelegten Gesängen die mythischen Greueltaten werfen. Unter Gessners Hirten herrschen Brüderlichkeit, Hilfsbereitschaft, Liebe zu Gatten und Kindern. Indes macht die ausdrückliche Abwehr der Aggression schon eine gewisse Form der Einbeziehung nötig: es wird angedeutet, daß es außerhalb der Idyllenwelt Eroberungslust und Herrschsucht gibt, die als „wütende Wölfe" potentiell die Idylle bedrohen. Einmal konkretisiert sich diese Drohung historisch: in der Idylle vom „hölzernen Bein", wo der Autor sich gezwungen sieht, bei aller friedfertigen Gesinnung doch den Verteidigungskrieg zu rechtfertigen. Die Verlagerung der Aggression in eine bedrohliche Außenzone findet sich schon in den antiken Modellen und kann als eine Konstituente der Idylle angesprochen werden. Wie steht es aber – und darin divergieren die einzelnen Autoren –, wenn ein besonderes Thema es nötig macht, Aggression auch *innerhalb* der Idyllenwelt anzuerkennen und zu gestalten?

Gessner hat den *Tod Abels,* der seinen europäischen Ruhm begründete, bekanntlich nicht aus eigenem Impuls geschrieben, sondern um den Erwartungen Bodmers zu entsprechen. Nichtsdestoweniger stand er, nachdem er sich einmal zu diesem Sujet entschlossen hatte, vor der Aufgabe, gerade das Modell menschlicher Aggression *innerhalb* einer idyllischen Welt zu schildern: denn die „Geschichte der Patriarchen" ist ihm ja Bürgschaft für die einstige Existenz des idealischen Hirtenlandes, und den Idyllencharakter der frisch erschaffenen Erde auch nach dem Sündenfall betont die Möglichkeit, daß die ersten Menschen sich einen „Schatten des Paradieses" als Wohnsitz erschaffen, dessen Naturnähe auch den „Gefallenen" noch genug Anlaß zum Lob des Schöpfers gibt.

Die historische Situation, in der das kleine – heute selbst bei Gessners Apologeten wenig Freude erregende – Werk verfaßt ist, bedingt schon seine Doppelstruktur: dem mythischen Schema von Fall und Fluch steht gegenüber der zögernde Ansatz zu psychologisch-genetischer Erklärung des Bösen. Dieser situiert sich in einem für die Epoche sehr aktuellen Feld: der Problematik der modernen Familienstruktur. Im gleichen Jahr wie der *Tod Abels* (1758) erschien Diderots einflußreicher *Père de famille.* Die Urfamilie war das ideale Medium, um jene Spannungen ans Licht zu bringen, welche die neue Betonung der affektiven Beziehungen zwischen den Familienmitgliedern nach sich zieht. So erscheint bei Gessner die Schuld Kains im Zusammenhang mit seinem ebenso intensiven wie gebrochenen Verhältnis zum Vater Adam. Gessner macht den Leser mit einer Familie bekannt, deren Glieder – der Vater, die Mutter, die Töchter, die zugleich Gattinnen der Söhne sind, der jüngere Sohn – zärtlich aneinander hängen. Schwermut und Sorge erregt allein Kains „ungestümes und rohes Gemüthe", das ohne weitere Herleitung als gegebenes vorgestellt wird. Es wird indes im Lauf der Erzählung mehrfach motiviert durch die Eifersucht, die Abels Anmut und vor allem sein Talent als Sänger in Kain erregen: seine harte Arbeit kann ihm niemals die gleiche Liebe bei den Eltern, insbesondere beim Vater, eintragen, wie jenem die natur- oder gottgegebene Grazie. Mit großer Feinheit arbeitet Gessner heraus, was Kains zornige Selbstverachtung steigern muß: Adams wenig überzeugende Bemühungen, ihn, den Erstgeborenen, seiner Liebe zu versichern; die Rührung seiner Gattin Mehala, als Kain mit Abel Frieden geschlossen hat, ihr Kummer um seine neuerliche Verdüsterung. Gerade die liebevollen Bemühungen zeigen ihm, für welches Ungeheuer man ihn hält. Die Lieheswillkür, die Adams Reden über Vernunft und Tugend nicht verbergen können, manifestiert sich vollends im Verhalten eines Gottes, der als nichts anderes erscheint denn als die losgelöste, potenzierte Grausamkeit des Vaters. Nur zu Abel sendet er Engel, die ihn Gesang lehren und ihm zeigen, wie er Adams tödliche Krankheit mit Hilfe von Kräutern heilen kann. Als Kain sich trotz der Enttäuschung, daß nicht er den Vater retten durfte, doch zum Opfer durchgerungen hat – es ist im übrigen Gott, der durch die Forderung nach einem Schlachtopfer Adam zur ersten widerwilligen Aggression gegen ein Tier gezwungen hat –, nimmt dieser Gott es nicht an, sondern läßt nur eine „schrekliche Stimme" Adams moralische Ermahnungen in rigoroserem Vokabular wiederholen. Die größte psychologische Einsicht aber zeigt Gessner da, wo er den Grund für Kains Verhalten in Abels Charakter sucht. Man kann von der Urfamilie nicht eigentlich sagen, daß sie die Schuld, die zu ihrer Existenz gehört, verdränge: in einer großen Rückschau schildern die Eltern den Kindern die Geschichte ihrer Austreibung aus dem Paradies; Eva klagt sich mehrfach an, Aggression und Tod in die Welt gebracht zu haben. Aber es wird doch etwas verschwiegen, *eine* Ursache des „Falls", die über das mythische Schema hinausgeht. Nur zögernd wagt Kain sie dem moralisierenden Vater anzudeuten: es ist jene Empfindsamkeit, die Abel gerade der Familie so teuer macht: „... die den Fluch über uns alle brachte, da du im Paradiese durch ein paar Thränen zu leicht erweicht...". Aus diesem dunklen Bewußtsein von der Gefahr der Gefühlsseligkeit heraus schrickt Kain vor ihr zurück. Dieser Einblick in das Gefährliche gerade jener Eigenschaft, die dem Vater-Gott die willkommenste scheint, steigert sich zu einer Wahrnehmung, welche eine spätere kulturelle Entwicklung aufs erstaunlichste antizipiert. Im Traum erblickt Kain den Zusammenhang von Ästhetizismus und Barbarei. Er sieht die Zukunft des Menschengeschlechts, das sich in zwei Teile spaltet: in Abels Nachkommen, eine adlige Rasse, die in arkadischer Natur der Kunst und dem Genuß lebt, und in Kains Söhne und Enkel, die auf Dornenfeldern fronen. Niemand unter den Idyllenautoren als gerade der aggressionslose Gessner hat ein so grausam pervertiertes Arkadien zu entwerfen gewagt: ein Jüngling, der schon dem letzten fin-de-siècle anzugehören scheint mit der gänzlichen Absenz moralischer Bedenken, beruft sich geradezu auf den Schutzengel als Urheber seines Gedankens, die Sippe der Ackerleute zu versklaven und so den Arkadiern ein vollkommen harmonisches Dasein zu verschaffen. Es ist die Vision seiner gefesselten Nachkommen, die Kain zum Mord treibt, und noch im Feuer seiner Reue rechtfertigt er sich: „Ach! ich wollte diese winselnden Kinder vor einer Zukunft voll Elend retten...". Vor dieser seiner großartigen Intuition der Barbarei am Grunde der Kultur aber schrickt der Autor zurück. Sie wird relativiert als trügerischer Traum, der zudem noch von einem Teufel eingegeben ist. Hier wird die Fragilität des Werkes deutlich. Ihre Ursache ist nicht etwa die Spannung zwischen mythischem und psychologischem Modell als solche, die so oft poetisch fruchtbar geworden ist. Brüchig wird dies Gedicht einer Übergangszeit vielmehr dadurch, daß der Erzähler, vor seiner Einsicht tief erschrocken, sich angstvoll auf die Seite des Vater-Gottes stellt und dessen Willkür in moderne Tugendrhetorik übersetzt. Nirgendwo gibt er seinem Abel einen Beiklang von Hochmut oder Narzißmus, welcher jene Ahnung Kains rechtfertigte; er stilisiert ihn zu einer so makellosen Gestalt, wie es sie nicht mehr geben darf, wo komplexe psychologische Zusammenhänge wie die Verkettung von Verworfenwerden und Aggression dem schreibenden Bewußtsein schon deutlich sind. Gerade der Einblick in diese Verkettung hätte ja einen überzeugenderen Weg zur Vernichtung oder Einschränkung der Aggression, zu einer humanen Position ihr gegenüber eröffnet. Das ist nicht als Vorwurf an Gessner gemeint, der, eingeschnürt zwischen die mythischen Bilder und den unzulänglichen Begriffsapparat der „Vernunftnatur", in dieser kühnen Vision die ungewöhnliche Spannweite seiner Sensibilität bezeugt hat.

Daß sich aber in der Kunst die Verdrängung einmal eröffneter Möglichkeiten objektiv straft, zeigen die äußerst sonderbaren Vignetten, die Gessner den ersten beiden Ausgaben seines Gedichts beigegeben hat. Rundliche Putten, wie sie sonst in der Idyllenwelt flöten oder spielen, wiederholen hier in grotesker Verkleinerung die Geschichte der ersten tödlichen Aggression. Der Putto Kain erschrickt vor dem Rauch, der von seinem verschmähten Opfer her auf ihn zutreibt; die Vignette zum fünften Gesang macht selbst Adam und Eva zu Putten, die angesichts eines rundbäuchigen toten Abel weiche Kinderarme in die Luft strecken. In den *Schriften* von 1762 sind diese Vignetten durch abstraktere – Altar und Urne –, in der Ausgabe von 1764 durch Pflanzengewinde ersetzt. Wie sollen wir uns das Groteske dieser Putten erklären, das allem, was wir an Gessner lieben, seiner Zartheit und seinem Takt, Hohn zu sprechen scheint? Wollte er sich durch eine Parodie von dem ihm aufgezwungenen Thema distanzieren? Eher scheint es, daß wir hier die elementare Reaktion des Kindes vor uns haben, das sich vor dem Schrecken ins Lachen rettet. Der Schrecken aber gilt nicht nur der Aggression als solcher: er gilt auch der Ahnung, daß eben jene seelische Verfeinerung, die der Text bezeugt, unversehens das Barbarische zeitigen kann.

„Nachgenuß der Schöpfung." Über die Wahrheit des Gesellschaftsentwurfs Gessnerscher Idyllendichtung

Gotthardt Frühsorge

Ein junger Mann, auf dem Weg zu sich selbst, kehrt aus der Stadt in das Dorf zurück, aus dem seine Vorfahren stammen. Er besucht die Häuser seiner Verwandtschaft, und in dem einen, das in seiner „Verschmelzung von Pfarrei, Bauernhof, Villa und Jägerhaus", wohin man blicken mag, „Schönheit und Poesie" entdecken läßt, findet der Gast in abgelegten Kunstmappen Radierungen, in alten Buchbeständen Dichtungen Salomon Gessners. [1]

Der Grüne Heinrich, von dem die Rede ist, vertieft sich in beides, begeistert sich für Maler und Autor und liest schließlich die Biographie des einstmal so berühmten Zürcher Künstlers wie eine Realprophetie seines eigenen Lebens: War jener nicht auch ein „hoffnungsloser Schüler" gewesen, hatte er nicht auch „künstlerischen Beschäftigungen" nachgehangen – „auf eigene Faust" – und war doch zu Ruhm und bürgerlichem Ansehen gekommen? [2] Im Zeichen Gessners läßt Gottfried Keller seinen Helden zur Selbstgewißheit kommen: „Ja, ich möchte ein Maler werden!" [3] Und da der Grüne Heinrich glaubt, die Einsicht in die Bedingungen des künstlerischen Genies, den „berückenden Trank" des Einverständnisses mit dieser Profession, aus „einer bescheidenen lieblichen Hirtenschale" Gessnerscher Provenienz schöpfen zu können [4], gerät sein Bekenntnis für die Kunst zur Apotheose der Landschaftsmalerei: „so dünkt mich diese Kunst eine Art wahren Nachgenusses der Schöpfung zu sein. Da lässet man die Bäume in den Himmel wachsen und darüber die schönsten Wolken ziehen und beides sich in klaren Gewässern spiegeln! Man spricht: es werde Licht! und streut den Sonnenschein beliebig über Kräuter und Steine und läßt ihn unter schattigen Bäumen erlöschen. (...) Und dies alles, ohne sich mit schlechten Menschen vertragen zu müssen; es ist kein Mißton im ganzen Tun!" [5]

Kein Mißton? Der harmonische Ausgleich von Kunst und Leben, der dem Grünen Heinrich im Lebenswerk Gessners [6] so erstrebenswert vor Augen getreten sein mag, gelingt dem Kunstschüler Kellers nicht mehr. Die Geschichte Heinrich Lees zeigt, daß seine Hoffnung auf die nachahmende Teilhabe an der Schöpfung im Medium einer Kunst, die die „unschuldigen Bilder" [7] der Natur zu Bildern der Unschuld zu stilisieren vermag, ein Traum bleibt.

Der von Kellerscher ‚Grundtrauer' durchzogene Roman vom Grünen Heinrich darf aber nicht allein als die Geschichte eines individuellen Scheiterns gelesen werden. Es hängt unmittelbar mit der Historizität der Rede vom „Nachgenuß der Schöpfung" zusammen, daß Keller das Versagen Heinrichs in Zeichen darstellt, die auf Brechungen der objektiven Welt verweisen. So ist das Haus, in dem Gessners Kunstprodukte ausgegraben werden, in jener „Verschmelzung" von sozialen Lebensmöglichkeiten schon uneindeutig geworden, abgelöst von einer Lebenspraxis, die es einmal ermöglicht hatte, „unschuldige Bilder" der Natur mit der ihnen gemäßen Unschuld der Augen – wie Keller sie verstand – zu sehen. So wird im Zusammenhang der Beschreibung der Gessnerschen Landschaftskunst ein „Junker Felix" eingeführt, dessen Biographie ebenso traurig ist, wie die Heinrichs sein wird. Vor allem aber wird eine Szene von symbolischer Bedeutung für die Verschränkung von individuellem und historischem Schicksal vorgestellt. Der Schulmeister, dem Heinrichs begeisterte Rede vom ‚Nachgenuß' durch Landschaftsmalerei gilt, führt unabsichtlich den jungen Mann zu einem Höhepunkt seines „inneren Glücks". An der Hausorgel, die Flügeltüren des Instruments öffnend, welche „das gemalte Paradies ... mit Adam und Eva, Blumen und Tieren" zeigen [8], spielt der Schulmeister, und das Echo von Spiel und Gesang der Hausgäste, durch die offenen Fenster von See und Wald wiederkehrend, läßt Heinrich die Harmonie von Kunstübung und Dasein in einem „wunderbaren Tone" erfahren. Dieses Glück kehrt für Heinrich nie wieder. Nur wenig später wird der Schulmeister an dieser Orgel spielen, um den Schmerz über den Tod seiner Tochter Anna ersticken zu suchen, die jetzt noch singend neben Heinrich sitzt, ihm heimlich zugewandt. Mit dem Tod Annas endet des Grünen Heinrich ‚Jugendgeschichte', die so betont in Bildern des Paradiestopos, im Bewußtsein verlorener Unschuld, erzählt wird.

In Kellers Roman, dessen erste Fassung ziemlich genau hundert Jahre nach dem ersten Idyllenband Gessners erscheint, wird die Wirkungsgeschichte des Idyllikers zum Medium des Krisenbewußtseins in der Tradition vom Kunstgesetz der Naturnachahmung. Dieser ‚Nachgenuß der Schöpfung' wurde schal, das ihm zugehörige Produktionspostulat potenzierte geradezu den Gegenstand, aus dem es gewonnen worden war: den schönen Schein der Idylle.

Man kann sich fragen, ob dieses Ergebnis darin begründet ist, daß die Gattung an sich in eine historische Situation geraten war, die sie objektiv erledigen mußte, oder ob dieses Ergebnis die historische Konsequenz der spezifischen Form der Gessnerschen Idylle war. Bleiben wir bei der eben genannten Frage. Zu den oft erwähnten Merkmalen der Gessnerschen Idyllendichtung gehört ohne Zweifel auch dieses, daß die Menschen in den wie abgeschlossen wirkenden Landschaftsräumen ohne Geschichte sind. Was bei Vergil (noch) als Spannung gestaltet wird, das Verhältnis von Arkadien und Geschichte, versinkt bei Gessner in der Tiefe der ruhenden Zeit. Auch die Familie als angeblich dem Gessnerschen Gesellschaftsmodell zugrunde liegende Idealform – wir werden noch darauf zurückkommen müssen – wäre hier ohne ihre Geschichte, ohne Herkommen. Die sich einander in Zuneigung ergebenden Menschen tun dies aus keiner anderen Verhaltenssteuerung als der ihrer Natur. Daß diese je als schattenlose Emanation einer in Landschaftsbildern vorgeführten Schöpfungswelt erscheint, ist der wichtigste Grund dafür, daß Gessners Idyllen schon früh als ein Neubeginn der alten Gattungsgeschichte bewertet wurden. Bukolik und Georgik fallen in diesen „Gemählde(n) von stiller Ruhe und sanftem ungestöhrtem Glük" [9] zu etwas Anderem, Neuen zusammen, dessen Reiz unabhängig davon zu wirken vermochte, ob diese ‚Gemälde' nun ‚realistisch' oder ‚idealistisch' zu verstehen seien. Gessner wollte ja, ganz auf den Bahnen Bodmers, wie die Leseanweisung zur ersten Sammlung von 1756 sagt, „Wahrscheinlichkeit", aber keine Wahrheit im Sinne der Auffindbarkeit realer Verhältnisse in der Darstellung seiner Hirtengesellschaft. [10] In fast wörtlichen Anlehnungen an Passagen Gottscheds über den Realitätsgehalt des Personals in „Schäfergedichten" [11] meint Gessner, daß der Landmann, wie die drückenden Verhältnisse der Zeit ihn hervorbringen, kein Gegenstand der Idylle sein könne. [12] Der in diesem Zusammenhang gern zitierte Brief Gessners an Gleim, in dem der Autor die Vermutung ausspricht, daß sich in der Schweiz auf Grund ihrer gegenüber den Fürstenstaaten soviel größeren gesellschaftlichen Freiheit doch noch Hirten wie zu Theokrits Zeiten, den er sich erklärtermaßen zum Vorbild nahm, fänden, taugt auch nicht als Beweis für einen verifizierbaren Realitätsgehalt dieser Dichtungen. [13]

Aber auch mit der vom Dichter geforderten Wahrscheinlichkeit hatten – unabhängig von der damit verbundenen dichtungstheoretischen Problematik – schon die Zeitgenossen ihre Schwierigkeiten. Goethes Gessners-Rezension von 1772 vermißt bei Gessner das entscheidende Kriterium von Erkennbarkeit der Wahrscheinlichkeit dichterischer Gegenstände, das wirkungsästhetische: „Wir kennen die Empfindungen, die aus der bürgerlichen Gesellschaft in die Einsamkeit führen, aufs Land, wo wir dann nur zum Besuch sind, nur bey einer Visite die schöne Seite der Wohnung sehen, und ach! nur sehn, der geringste Antheil, den wir an einer Sache nehmen können! Und so ist es Gessnern gegangen." [14] Im ersten Viertel des 19. Jahrhunderts stellt sich dem Kritiker angesichts der Gessnerschen Idyllen nicht einmal mehr die nur schöne Seite der Wohnung dargestellter Welt dar: man ist dort gar nicht mehr zu Haus. „Die geßnerschen Schriften z. B. werden wenig mehr gelesen, und liest man sie, so kann man nicht darin zu Hause seyn. Denn eine in dieser Weise beschränkte Lebensart setzt auch einen Mangel der Entwicklung des Geistes voraus. Der Mensch darf nicht in solcher idyllischen Geistesarmuth hinleben, sondern er muß arbeiten." [15]

Daß in den Gessnerschen Idyllen nicht gearbeitet wird und damit keine, weder die Wahrheit noch die Wahrscheinlichkeit von Lebenspraxis deckende dichterische Reproduktion der Realität erkennbar ist, war schon zu Gessners Zeit nicht unbemerkt geblieben. Nicolais Rezension zum fünften, 1772 nachgelieferten Band der Ausgaben von Gessners *Schriften* von 1765 stellt in einer im übrigen sehr positiven Kritik heraus, daß für die bei Gessner dargestellte Gesellschaft „freylich ihre Arbeit gemäßiget ist." [16] Im Hegelschen Verdikt aber wächst sich diese schon kritisch zu lesende Einschränkung zum Ausdruck absoluter Wertlosigkeit aus: der Mensch, der der Arbeit – die bürgerliche Tugend par excellence – entbehrt, ist als gesellschaftliches Wesen obsolet geworden. Literatur, die solche Zustände feiert, ist nicht wert gelesen zu werden. In der Tat hat dies das bürgerliche Zeitalter mit Gessners Schriften zunehmend so gehalten.

Wenn dennoch der Bürgersohn Heinrich Lee – dreißig Jahre nach Hegel– Gessner in einem Intensitätsgrad für sich wiederentdeckt, der den Vorgänger zum „Propheten" [17] für das eigene Leben erklärt, dann ist diese Aneignung nicht nur als ästhetisches Phänomen zu werten, sondern auch als Versuch, eine reale Lebensmöglichkeit auszufüllen. Daß es ein – trauriger – Versuch blieb, davon wurde gesprochen. Daß dieser Versuch aber offensichtlich als historische Möglichkeit bürgerlichen Bewußtseins verstanden wurde, ist die Erklärung dafür, daß eine gegenwärtige, auf Rekonstruktion von Ideologiegeschichte des Bürgertums ausgerichtete Literaturkritik Gessner zum frühen und maßgebenden Repräsentanten spezifisch bürgerlicher Idyllik in Deutschland erkoren hat. „Die im engeren Sinn bürgerliche Idyllik schloß sehr genau an das in der Hirtenidylle entworfene poetische Modell an, welches bereits Gessner mit bürgerlichen Gehalten aufgeladen

150 IDYLLEN.

DER WUNSCH.

Dürft' ich vom Schikſal die Erfüllung mei-
nes einigen Wunſches hoffen; denn ſonſt
ſind meine Wünſche Träume, ich wache
auf, und weiſs nicht, daſs ich geträumt
habe, es ſey denn ein Wunſch für andrer
Glück; dürft' ich vom Schikſal dieſes hof-
fen, dann wünſcht' ich mir nicht Ueberfluſs,
auch nicht über Brüder zu herrſchen, nicht
daſs entfernte Länder meinen Namen nennen.
O könnt' ich unbekannt und ſtill, fern vom
Getümmel der Stadt, wo dem Redlichen un-
ausweichliche Fall-Strike gewebt ſind, wo
Sitten und Verhältniſſe tauſend Thorheiten
adeln, könnt' ich in einſamer Gegend mein
Leben ruhig wandeln, im kleinen Land-
Haus, beym ländlichen Garten, unbeneidet
und unbemerkt!

Im grünen Schatten wölbender Nuſs-Bäu-
me ſtünde dann mein einſames Haus, vor

IDYLLEN. 151

deſſen Fenſtern kühle Winde und Schatten,
und ſanfte Ruhe unter dem grünen Gewölbe
der Bäume wohnen; vor dem friedlichen
Eingang einen kleinen Plaz eingezäunt, in
dem eine kühle Brunn-quelle unter dem
Trauben-Geländer rauſchet, an deren ab-
flieſſendem Waſſer die Ente mit ihren Jun-
gen ſpielte, oder die ſanften Tauben vom
beſchatteten Dach herunter flögen, und ni-
kend im Graſe wandelten, indeſs daſs der
majeſtätiſche Hahn ſeine gluchzenden Hennen
im Hof umher führt; ſie würden dann auf
mein bekanntes Loken herbey flattern ans
Fenſter, und mit ſchmeichelndem Gewim-
mel Speiſe von ihrem Herrn fodern.

Auf den nahen ſchattenreichen Bäumen wür-
den die Vögel in ungeſtörter Freyheit woh-
nen, und von einem Baum zum andern nach-
barlich ſich zurufen und ſingen. In der ei-
nen Eke des kleinen Hofes ſollen dann die

152 IDYLLEN.

geflochtenen Hütten der Bienen ſtehn, denn
ihr nüzlicher Staat iſt ein liebliches Schau-
ſpiel. Gerne würden ſie in meinem Anger
wohnen, wenn wahr iſt, was der Landmann
ſagt, daſs ſie nur da wohnen, wo Fried und
Ruhe in der Wirthſchaft herrſchet. Hinten
am Hauſe ſey mein geraumer Garten, wo
einfältige Kunſt den angenehmen Phantaſien
der Natur mit gehorſamer Hülfe beyſteht,
nicht aufrühriſch ſie zum dienſtbaren Stoff
ſich machet, in groteske Bilder ſie zu ſchaf-
fen. Wände von Nuſs-Strauch umzäunen
ihn, und in jeder Eke ſteht eine grüne Hütte
von wilden Roſinen; dahin würd' ich oft den
Stralen der Sonn' entweichen, oder ſehen,
wie der braune Gärtner die Beeten umgräbt,
um ſchmakhafte Garten-Gewächſe zu ſäen;
oft würd' ich die Schaufel aus der Hand ihm
nehmen, durch ſeinen Fleiſs znr Arbeit ge-
lokt, um ſelbſt umzugraben, indeſs daſs er

IDYLLEN. 155

leidliche Geſellſchaft für dich; vielleicht ent-
wiſcht dir ein ſchauernder Blick in dich ſelbſt.
Aber nein, gepeinigte Pferde bringen dir
ſchnaubend ihre unwürdigen Laſten, ſie ſprin-
gen fluchend von dem unſchuldigen Thier;
Tumult und Unſinn nnd raſender Witz be-
gleiten die Geſellſchaft zur Tafel, und ein
ohnmächtiger Rauſch endet die tobende Sce-
ne. Noch weiter von dir, hagrer Harpax!
deſſen Thüre hagre Hunde bewachen, die
hungernd dem ungeſtüm abgewieſenen Ar-
men das bethränte Brod rauben. Weit um-
her iſt der arme Landmann dein gepeinigter
Schuldner; nur ſelten ſteigt der dünne
Rauch von deinem umgeſtürzten Schornſtein
auf; denn ſollteſt du nicht hungern, da du
deinen Reichthum dem weinenden Armen
raubeſt!

Aber wohin reiſst mich ungeſtümer Ver-
druſs? Kommt zurük, angenehme Bilder,

156 IDYLLEN.

kommt zurük, und heitert mein Gemüth
auf! Führet mich wieder dahin, wo mein
kleines Landhaus ſteht! Der fromme Land-
mann ſey mein Nachbar in ſeiner braunen
beſchatteten Hütte! Liebreiche Hülfe und
freundſchaftlicher Rath machen dann einen
dem andern zum freundlich lächelnden Nach-
bar; denn was iſt ſeliger, als geliebet zu
ſeyn, als der frohe Gruſs des Manns, dem
wir Gutes gethan?

Wenn den, der in der Stadt wohnet, un-
ruhiges Getümmel aus dem Schlummer wekt,
wenn die nachbarliche Mauer der Morgen-
Sonne liebliche Blike verwehrt, und die
ſchöne Scene des Morgens ſeinem eingeker-
kerten Auge nicht vergönnt iſt, dann würd'
eine ſanfte Morgen-Luft mich weken, und
die frohen Concerte der Vögel. Dann flög'
ich aus meiner Ruhe, und gieng' Auroren
entgegen auf blumichte Wieſen oder auf die

IDYLLEN. 157

nahen Hügel, und ſäng' entzükt frohe Lie-
der vom Hügel herunter. Denn was entzü-
ket mehr, als die ſchöne Natur, wenn ſie
in harmoniſcher Unordnung ihre unendlich
mannigfaltigen Schönheiten verwindet? zu
kühner Menſch! Was unterwindeſt du dich,
die Natur durch weither nachahmende Kün-
ſte zu ſchmüken? Baue Labyrinthe von grü-
nen Wänden, und laſs den geſpizten Taxus
in abgemeſſener Weite empor ſtehn; die
Gänge ſeyn reiner Sand, daſs kein Geſträuch-
gen den wandelnden Fuſstritt verwirre; mir
gefällt die ländliche Wieſe und der verwil-
derte Hain; ihre Mannigfaltigkeit und Ver-
wirrung hat die Natur nach geheimern Re-
geln der Harmonie und der Schönheit ge-
ordnet, die unſere Seele voll ſanften Entzü-
kens empfindt.

Auch würd' ich in einſame Gegenden ir-
ren, im Labyrinte des Geſträuches, am ver-

158 IDYLLEN.

führenden Ufer eines Baches. Da würde
ein dunkler Schatte zur Ruhe mich loken,
dort ein rauſchender Waſſerfall, von jedem
Fuſsſteig fern. O wie iſt es lieblich! wenn,
fern von allem Getümmel, kein ander Ge-
räuſch um uns her tönt, als ein naher Bach,
oder das Sumſen der Biene, oder das Rau-
ſchen der Eidexe, die durch das Gras wiſcht.
Wenn unter dem einſamen Laub-Dach Schat-
ten und ſeltenes Licht auf dem Dichtriſchen
Blatt auf meiner Schoos ſpielen, und nichts
mich ſtört, als wenns ein ſanfter Wind über-
wälzt, oder die kleine Heuſchreke mit ver
irretem Sprung auf ſelbigem ſich hinſezt, ſich
wundert, und ſchnell wieder abſpringt.

Oft würd' ich bey ſanftem Mond-Schein
bis zur Mitternacht wandeln, in einſamen
frohen Betrachtungen über den harmoniſchen
Welt-Bau, wenn unzählbare Welten und
Sonnen über mir leuchten.

IDYLLEN. 161

Wenn aber trübe Tage mit froſtigem Re-
gen, oder der herbe Winter, oder die ſchwü-
le Hize des Sommers den Spaziergang mir ver-
böten, dann würd' ich ins einſame Zimmer mich
ſchlieſſen; mich unterhielte da die edelſte Ge-
ſellſchaft, der Stolz und die Ehr' eines jeden
Jahrhunderts; die groſſen Geiſter, die ihre
Weisheit in lehrende Bücher ausgegoſſen ha-
ben; edle Geſellſchaft, die unſre Seele zu ihrer
Würd' erhebt! Der lehrt mich die Sitten ferner
Nationen und die Wunder der Natur in fernen
Welt-Theilen. Der dekt mir die Geheim-
niſſe der Natur auf, und führt mich in ihre
geheime Werk-Statt; der würde mich die
Oeconomie ganzer Nationen lehren, und ihre
Geſchichte, die Schand und die Ehre des
Menſchen-Geſchlechts. Der lehrt mich die
Gröſſe und die Beſtimmung unſrer Seele! und
die Reiz-volle Tugend; um mich her ſtün-
den die Weiſen und die Sänger des Alterthums;

(*III. Th.*) L

162 IDYLLEN.

ihr Pfad iſt der Pfad znm wahren Schönen,
aber nur wenige wagen ſich hin, das blöde
Haupt macht tauſende ſchwindlicht zurük-
gehn, auf eine leichtere Bahn voll Flitter-Gold
und Geruch-loſer Blumen. Soll'ich die wenigen
nennen? Du ſchöpfriſcher Klopſtok! und du
Bodmer! der du mit Breitingern die Fakel
der Critik aufgeſteket haſt, denen Irr-Lich-
tern entgegen, die in Sümpfe oder dürre Ein-
öden verführen. Und du Wieland! (oft
beſucht deine Muſe ihre Schweſter, die ern-
ſte Welt-Weisheit, und holt erhabenen
Stoff aus ihren geheimeſten Kammern, und
bildet ihn zu reizenden Gratien,) oft ſollen
eure Lieder in heiliges Entzüken mich hin-
reiſſen. Auch du mahleriſcher von Kleiſt!
ſanft entzükt mich dein Lied, wie ein helles
Abend-Roth; zufrieden iſt dann mein Herz,
und ſtill, wie die Gegend beym Schimmer
des Monds. Auch du Gleim! wenn du die

IDYLLEN. 163

lächelnden Empfindungen unſers Herzens ſin-
geſt, und unſchuldigen Scherz, --- Doch
ſollt' ich euch alle nennen, ihr wenigen?
Euch zu verkennen iſt Schande; der ſpäteſte
Enkel wird eure Namen mit Ehrfurcht nennen.

Auch ich ſchreibe dann oft die Lieder hin,
die ich auf einſamen Spazier-Gängen ge-
dacht, im dunkeln Hain, oder beym rau-
ſchenden Waſſer-Fall, oder im Trauben-
Geländer beym Schimmer des Monds. Oder,
ich ſähe im kupfer-Stich, wie groſſe Künſt-
ler die Natur nachgeahmet haben, oder ich
verſucht' es ſelbſt, ihre ſchönen Auftritte
auf dem geſpanneten Tuch nachzuſchatten.

Oft würd' ein lautes Klopfen vor meiner
Thüre mich ſtören. Wie entzükt wär' ich,
wenn dann beym eröffnen ein Freund in die
offenen Arme mir eilte! Oft fänd' ich ſie
auch, wenn ich vom Spazier-Gang zurük
der einſamen Hütte mich näherte, einzeln

164 IDYLLEN.

oder in Truppen mir entgegengrüſſen. Ge-
ſellſchaftlich würden wir dann die ſchönſten
Gegenden durchirren, unter mannigfaltigen
Geſprächen, oft ernſthafter, oft froher, mit
freundſchaftlichem Entzüken und munterm
Scherzen vermiſchet, würden die Stunden
uns zu ſchnell vorbey hüpfen. Hunger wür-
de die Koſt uns würzen, die mein Garten
mir gäbe, und der Teich und mein belebter
Hof. Wir fänden ſie bey der Rükkunft un-
ter einem Trauben-Geländer, oder in der
ſchattichten Hütte im Garten aufgetiſchet.
Oft auch ſäſſen wir beym Mond-ſchein in
der Laube, beym beſcheidenen Kelch-Glas,
bey frohen Liedern und munterm Scherz; es
wäre denn, daſs der Nachtigall melancholi-
ſches Lied uns aufmerken hieſſe.

Aber, was träum' ich? Zu lang, zu lang
ſchon hat meine Phantaſie dich verfolget,
dich, eiteln Traum! Eiteler Wunſch! Nie

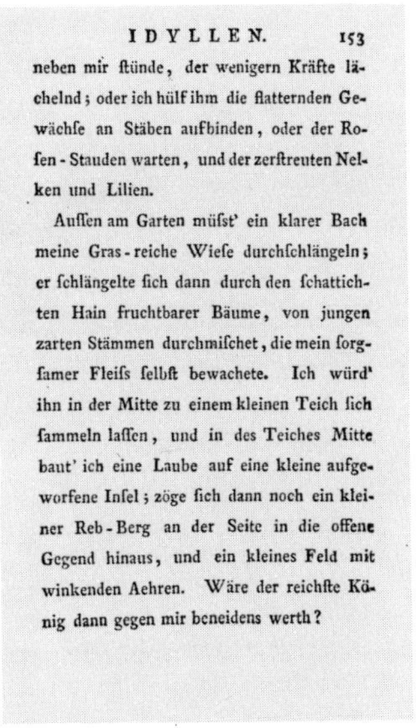
IDYLLEN. 153

neben mir ſtünde, der wenigern Kräfte lächelnd; oder ich hülf ihm die flatternden Gewächſe an Stäben aufbinden, oder der Roſen-Stauden warten, und der zerſtreuten Nelken und Lilien.

Auſſen am Garten müſst' ein klarer Bach meine Gras-reiche Wieſe durchſchlängeln; er ſchlängelte ſich dann durch den ſchattichten Hain fruchtbarer Bäume, von jungen zarten Stämmen durchmiſchet, die mein ſorgſamer Fleiſs ſelbſt bewachete. Ich würd' ihn in der Mitte zu einem kleinen Teich ſich ſammeln laſſen, und in des Teiches Mitte baut' ich eine Laube auf eine kleine aufgeworfene Inſel; zöge ſich dann noch ein kleiner Reb-Berg an der Seite in die offene Gegend hinaus, und ein kleines Feld mit winkenden Aehren. Wäre der reichſte König dann gegen mir beneidens werth?

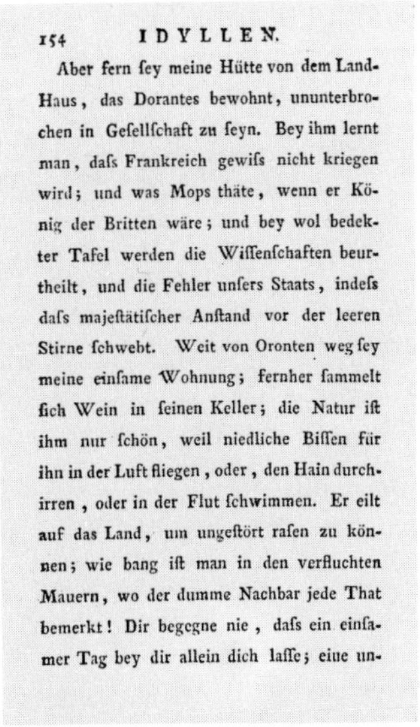
154 IDYLLEN.

Aber fern ſey meine Hütte von dem Land-Haus, das Dorantes bewohnt, ununterbrochen in Geſellſchaft zu ſeyn. Bey ihm lernt man, daſs Frankreich gewiſs nicht kriegen wird; und was Mops thäte, wenn er König der Britten wäre; und bey wol bedekter Tafel werden die Wiſſenſchaften beurtheilt, und die Fehler unſers Staats, indeſs daſs majeſtätiſcher Anſtand vor der leeren Stirne ſchwebt. Weit von Oronten weg ſey meine einſame Wohnung; fernher ſammelt ſich Wein in ſeinen Keller; die Natur iſt ihm nur ſchön, weil niedliche Biſſen für ihn in der Luft fliegen, oder, den Hain durchirren, oder in der Flut ſchwimmen. Er eilt auf das Land, um ungeſtört raſen zu können; wie bang iſt man in den verfluchten Mauern, wo der dumme Nachbar jede That bemerkt! Dir begegne nie, daſs ein einſamer Tag bey dir allein dich laſſe; eine un-

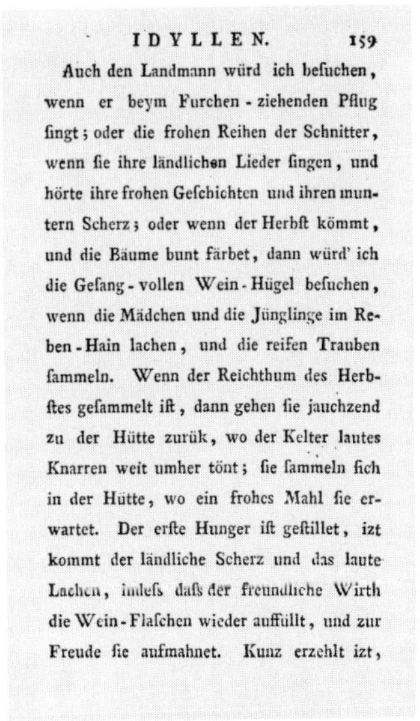
IDYLLEN. 159

Auch den Landmann würd ich beſuchen, wenn er beym Furchen-ziehenden Pflug ſingt; oder die frohen Reihen der Schnitter, wenn ſie ihre ländlichen Lieder ſingen, und hörte ihre frohen Geſchichten und ihren muntern Scherz; oder wenn der Herbſt kömmt, und die Bäume bunt färbet, dann würd' ich die Geſang-vollen Wein-Hügel beſuchen, wenn die Mädchen und die Jünglinge im Reben-Hain lachen, und die reifen Trauben ſammeln. Wenn der Reichthum des Herbſtes geſammelt iſt, dann gehen ſie jauchzend zu der Hütte zurük, wo der Kelter lautes Knarren weit umher tönt; ſie ſammeln ſich in der Hütte, wo ein frohes Mahl ſie erwartet. Der erſte Hunger iſt geſtillet, izt kommt der ländliche Scherz und das laute Lachen, indeſs daſs der freundliche Wirth die Wein-Flaſchen wieder auffüllt, und zur Freude ſie aufmahnet. Kunz erzehlt izt,

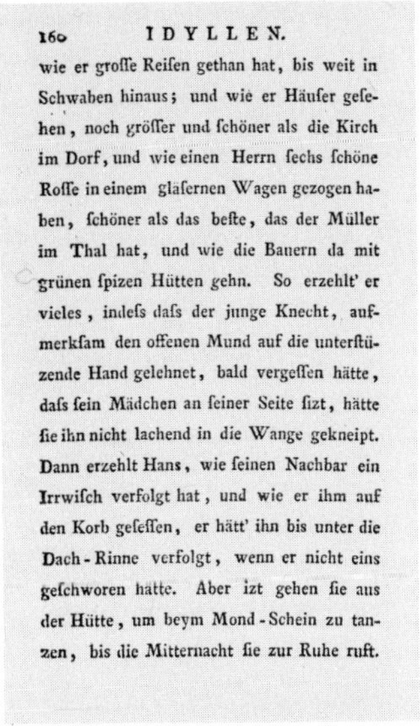
160 IDYLLEN.

wie er groſſe Reiſen gethan hat, bis weit in Schwaben hinaus; und wie er Häuſer geſehen, noch gröſſer und ſchöner als die Kirch im Dorf, und wie einen Herrn ſechs ſchöne Roſſe in einem glaſernen Wagen gezogen haben, ſchöner als das beſte, das der Müller im Thal hat, und wie die Bauern da mit grünen ſpizen Hütten gehn. So erzehlt' er vieles, indeſs daſs der junge Knecht, aufmerkſam den offenen Mund auf die unterſtüzende Hand gelehnet, bald vergeſſen hätte, daſs ſein Mädchen an ſeiner Seite ſizt, hätte ſie ihn nicht lachend in die Wange gekneipt. Dann erzehlt Hans, wie ſeinen Nachbar ein Irrwiſch verfolgt hat, und wie er ihm auf den Korb geſeſſen, er hätt' ihn bis unter die Dach-Rinne verfolgt, wenn er nicht eins geſchworen hätte. Aber izt gehen ſie aus der Hütte, um beym Mond-Schein zu tanzen, bis die Mitternacht ſie zur Ruhe ruft.

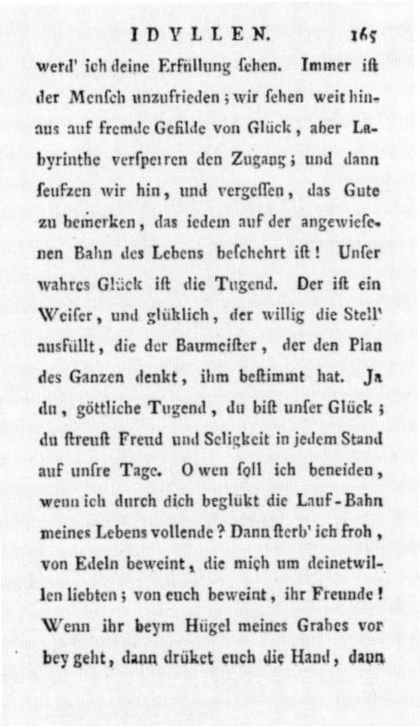
IDYLLEN. 165

werd' ich deine Erfüllung ſehen. Immer iſt der Menſch unzufrieden; wir ſehen weit hinaus auf fremde Gefilde von Glück, aber Labyrinthe verſperren den Zugang; und dann ſeufzen wir hin, und vergeſſen, das Gute zu bemerken, das iedem auf der angewieſenen Bahn des Lebens beſchehrt iſt! Unſer wahres Glück iſt die Tugend. Der iſt ein Weiſer, und glüklich, der willig die Stell' ausfüllt, die der Baumeiſter, der den Plan des Ganzen denkt, ihm beſtimmt hat. Ja du, göttliche Tugend, du biſt unſer Glück; du ſtreuſt Freud und Seligkeit in jedem Stand auf unſre Tage. O wen ſoll ich beneiden, wenn ich durch dich beglükt die Lauf-Bahn meines Lebens vollende? Dann ſterb' ich froh, von Edeln beweint, die mich um deinetwillen liebten; von euch beweint, ihr Freunde! Wenn ihr beym Hügel meines Grabes vorbey geht, dann drüket euch die Hand, dann

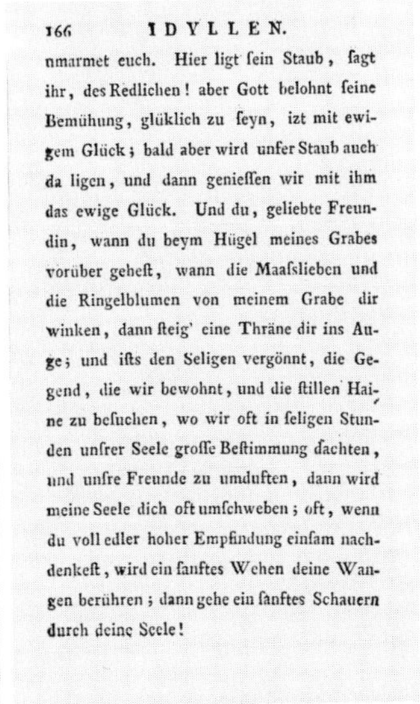
166 IDYLLEN.

umarmet euch. Hier ligt ſein Staub, ſagt ihr, des Redlichen! aber Gott belohnt ſeine Bemühung, glüklich zu ſeyn, izt mit ewigem Glück; bald aber wird unſer Staub auch da ligen, und dann genieſſen wir mit ihm das ewige Glück. Und du, geliebte Freundin, wann du beym Hügel meines Grabes vorüber geheſt, wann die Maaſslieben und die Ringelblumen von meinem Grabe dir winken, dann ſteig' eine Thräne dir ins Auge; und iſts den Seligen vergönnt, die Gegend, die wir bewohnt, und die ſtillen Haine zu beſuchen, wo wir oft in ſeligen Stunden unſrer Seele groſſe Beſtimmung dachten, und unſre Freunde zu umduften, dann wird meine Seele dich oft umſchweben; oft, wenn du voll edler hoher Empfindung einſam nachdenkeſt, wird ein ſanftes Wehen deine Wangen berühren; dann gehe ein ſanftes Schauern durch deine Seele!

hatte."[18] Was H. J. Schneider im Blick auf Voss, Maler Müller und schließlich auf Goethes *Hermann und Dorothea* das neue poetische Material „für den heimisch(en) Glücksentwurf" nennt, sei gerade aus der sanften Abstraktheit, dem eudämonistischen Fehlen von Arbeitszwang der ‚kleinen Gesellschaften' Gessners herausgewachsen. Daß eine – mit Hegel – erst durch Arbeit zu sich selbst kommende bürgerliche Gesellschaft sich gerade in jener schönen Welt glücklicher Hüttenbewohner aufgehoben sehen sollte, setzt ein dialektisches Erklärungsmuster von Geschichte voraus, das auch für das Verständnis Gessnerscher Dichtung in Anspruch genommen wird. Im Anschluß an die Interpretation der programmatischen Idylle *Der Wunsch,* die die erste Idyllensammlung abschließt, meint Heidemarie Kesselmann, „daß die Idylle als ontologisches Modell der Überwindung der gesellschaftlichen Disharmonie im Grunde die als ontologisch ausgegebene, aber sehr wohl historisch begrenzte und erklärbare Widerspiegelung der Ideen, Bedürfnisse und Seelenlage der gehobenen Bürgerschicht ist, die der Dichter in *Der Wunsch* offenkundig repräsentiert."[19] Diese Bedürfnisse seien in Hoffnungen auf ein in der Hirtenwelt zeichenhaft verbildlichtes egalitäres, sozusagen unentfremdetes Dasein zu erkennen.

Für das Gesellschaftsmodell, auf das solche Bedürfnisse projiziert bleiben und das damit den „Prozeß der Begegnung von Idylle und Geschichte"[20] ermöglicht, wird die Sozialform der Familie in Anspruch genommen und zwar in einer gewissermaßen vorhistorischen Grundstruktur patriarchalischer Ordnung. „Von der ersten bis hin zur zweiten Idyllenausgabe entwickelt sich verstärkt prozeßhaft die Absicht, die Menschen nicht mehr willkürlich im Raum, sondern in einer Hütte anzusiedeln, sie als Mitglieder einer patriarchalischen Familie zu kennzeichnen. Die Familie ist die adäquate und optimale kollektive Absicherung für das individuelle Glücksbedürfnis."[21] So verstanden, soll die Familie für die schon früh beobachtete Eigentümlichkeit Gessnerscher Geselligkeitsformen stehen, für die in der zitierten Nicolaischen Rezension beschriebenen „kleinen Gesellschaften", die sich darin von den „größern Gesellschaften, worinn wir leben", unterscheiden, daß zu den „natürlichen" oder „kleinen Gesellschaften" „verwickelte Verhältnisse, Bedürfnisse Leidenschaften" hinzugekommen sind, die es im Zustand „ursprünglicher Neigungen" noch nicht gegeben hat.[22] Dieses ‚Noch nicht' als ‚Nicht mehr' stellen Gessnersche Schäfer vor: „das, war wir selbst entweder sind, oder gewesen sind, er (= Gessner) führt uns in die süßesten Augenblicke unsers Lebens wieder zurück"[23]. Der ‚süße Augenblick' gegenwärtigen Lebens des Lesers soll aus jenen „vergnügtesten Stunden" des Dichters hervorgehen, als deren Produkt die *Idyllen* präsentiert werden. [24] Die wirkungsästhetische Absicht der Dichtung macht einen Grad der Identifikation von Leser und Dichter möglich, die – der Aura gesteigerter Sentimentalität im literarischen Umfeld Gessners zugehörig – durch den Rückgriff auf den Zustand der Unschuld in der menschlichen Gesellschaft im Medium der Kunst erlebt werden kann. Die Vermittlung dieses, mit Gessner als „goldnes Zeitalter, das gewiß einmal dagewesen ist" [25], begriffenen Zustands mit einer historischen Familienform, einer societas minor des vormodernen Ständestaats, der sich aus der Summe der im ‚Haus' inkorporierten Großfamilien zusammensetzt, kann dann nur in der Berufung auf die „Geschichte der Patriarchen", in der sich Mythos und Geschichte begegnen, gedacht werden. [26]

Es ist deutlich, daß dieser Vermittlungsversuch imaginär bleiben mußte und sollte. So kommt es denn, daß die Gessnerschen Idyllen einen so hohen Abstraktionsgrad in der Beschreibung sozialer Beziehungen aufweisen, ein wiederkehrendes Muster von verweisungskräftigen Zeichen – die Hütte, der Hain, der Schlummer der Liebenden, der Gesang als Stimme des Einverständnisses u. a. –, das so gearbeitet ist, daß durch dieses Muster historisch Wahrscheinliches aufscheinen kann, weil der Leser mühelos in diesen Zeichen Grundbedürfnisse zu artikulieren vermag. Der spezifische Ton der Gessnerschen poetischen Gemälde erklärt sich aus diesem Schwebezustand imaginativer Vermittlung von individuellem Glücksverlangen und der Historizität ‚kleiner Gesellschaften'. Daß man aus diesem Muster den Appell des Autors an ein entwickeltes Bürgertum glaubte herauslesen zu können, den Rückzug aus der Gesellschaft im Rückgriff auf einen als autonom gedachten, von den vielfältigen sozialen und ökonomischen Abhängigkeiten der Gesellschaft unabhängigen Familienverband anzutreten, erklärt sich zudem aus der Gattungsgeschichte dieser Dichtung.

Gessners Hirten-Gemälde sind Darstellungen von Landleben. Das bedeutet: sie bleiben eingelassen im zeitgenössischen Verständnis von Land, das Agrararbeit nicht nur als immer noch wichtigste Basis der sozialen Ordnung begriff, sondern auch als moralischen Faktor wertete. Die Rolle Rousseaus ist bekannt genug, um die dafür typische Verbindung von Ästhetisierung der landwirtschaftlichen Praxis und Kulturkritik näher beschreiben zu müssen. Im Fall Gessners aber lieferte ein anderer Autor das entscheidende Interpretationsmuster für die Aufdeckung prätendierter Zusammenhänge von Landleben und Patriarchalität. Hans Casper Hirzels 1761 in den *Abhandlungen der Naturforschenden Gesellschaft* in Zürich veröffentlichter Bericht über *Die Wirthschaft eines Philosophischen Bauers,* durch Jean Rodolphe Freys französische Übersetzung als *Socrate rustique* zur europäischen Berühmtheit geworden, lieferte das Vorbild für die erfolgreiche Propagierung sittenverbessernder Kraft aufgeklärter Landwirtschaft: „Wir sehen demnach", schreibt Hirzel „daß man die Verbesserung der Wirthschaft unsers Landes von der sittlichen Verbesserung seiner Einwohner anfangen müsse." [27] Der von den Zeitgenossen gleichsam zum Mythos gesteigerte Ruhm des ‚philosophischen Bauern' Kleinjogg als Haupt einer familiären Korporation, die im Bewußtsein dieser ihrer Verfassung ebenso glücklich wie erfolgreich arbeitet, wird zur Folie, vor der die Zeichen der idealen Gesellschaftswelt Gessners eine ganz bestimmte Bedeutung erhalten: erfüllte Glückserwartung in der Beschränkung einer Arbeits- und Lebensordnung, die in der Wohlfahrt aller Familienmitglieder ihren Sinn hat.

So einleuchtend die Rückbeziehung des Hirzelschen Traktats auf Gessners Kunstgebilde als historische Erklärung für die Idealisierung ‚kleiner Gesellschaften' als Ordnungsmuster zunächst erscheinen mag, so problematisch bleibt dieser Ansatz in der Sache doch. Hirzels an der Praxis orientierter Bericht ist Teil der in diesen Jahren zu außerordentlicher Blüte gelangenden Ökonomieliteratur, in der die Familie als sozialgeschichtlich genau zu beschreibender Sozialverband eine wichtige Rolle spielt. Bei Gessner hingegen findet sich von solchen oder auch nur vergleichbaren Strukturen so gut wie gar nichts. Von einem irgendwie definierbaren Familienverband kann keine Rede sein. Die angezogene Patriarchalität, so vage sie – historisch gesehen – überhaupt ist, ließe sich, auch unter Berücksichtigung des auf Zeichen reduzierten Modellcharakters des Textes, nur in gewissen puer-senex-Beziehungen zeigen, die generativ unbestimmt bleiben.

Dennoch ist der interpretatorische Hinweis auf die bekanntlich so dichten biographischen Verbindungen zwischen Hirzel und Gessner fruchtbar. Der Ansatz, der Wahrheit des Gessnerschen Gesellschaftsentwurfs näher zu kommen, ist, so scheint mir, in Wendungen zu suchen, mit denen Moses Mendelssohn im *86. Literaturbrief* vom Wesen der „Landgedichte" spricht: „Der allgemeinste Gegenstand der Landgedichte, so wol als der Idylle sind also, die kleineren menschlichen Gesellschaften, ungefähr wie sie der Weltweise in der Oeconomik moralisch betrachtet." [28]

Ökonomik moralisch zu betrachten, ist das zentrale Anliegen Hirzels, und er tut es, indem er die im wahrsten Sinne des Wortes im Kleinjogg als einer moralischen Institution inkorporierte Familie transzendiert auf die Figur des Weltweisen schlechthin: auf Sokrates. Sokrates, über den ständig zitierten Xenophon literarisch eingeführt, wird zur Hintergrundsfigur, aus der heraus die im Bauern Kleinjogg verkörperten Tugenden begrifflich entwickelt werden können. Kleinjogg wird so in einer bestimmten historischen Situation zur Postfiguration jenes Weisen, der gerade im 18. Jahrhundert zum Lieblingsphilosophen der systemfreien Denker wurde. Das mit der Sokrates-Figur gekoppelte Signal für ein vorbildgebendes Verständnis von Lebenspraxis wurde sofort und begeistert aufgenommen. Hirzelsche Leitsätze, wie solche: „Bey ihm sind denken, reden und handeln immer in größter Harmonie" [29] animierten beipielsweise Lavater, den – mit Hirzel – apostrophierten „Statthalter der schöpfenden Gottheit" als Ideal des im glücklichen Rythmus von „Arbeit und Ruhe" handelnden Menschen vorzustellen. [30] Voraussetzung dieser Vollkommenheit des allein aus dem Herzen gelenkten, unablenkbaren, ganzheitlich handelnden Menschen ist der eigene Kreis (= „so immer in seinem Kreise") [31], die landwirtschaftliche Arbeit. So kann denn auch, um nur ein Beispiel aus der Erfolgsgeschichte des ‚Socrate rustique' zu nennen, Johann Georg Schlosser, der Lavater begeistert auf dessen physiognomischen Bericht über Kleinjogg schreibt, einen ländlichen Sokrates als Lehrer für ein den natürlichen Ursprüngen nicht entfremdetes Leben vorführen. [32]

Die Existenz des unabgelenkten Menschen, die in der Einbindung in den durch Tätigkeit nur mäßig bewegten Landschaftsraum zur Daseinsweise wird, gibt der Hirtengesellschaft Gessners soziale Kontur. Durch diese Kontur und nicht durch die vermeintliche Reduktion auf familiäre Ordnungsmuster erhält seine Gesellschaft Entwurfscharaker. Jeder Bezug auf konkrete Familiarität hätte in der historischen Situation Gessners nur noch eine konservative Funktion. Gessners Menschen werden als solche vorgestellt, die in der ‚Harmonie von denken, reden und handeln' allein aus der Mitte ihres Selbst heraus sein sollen, jenseits tradierter Sozialordnungen. Das ist im übrigen auch der Grund dafür, daß die Besucher Gessners darüber enttäuscht waren, eine so große Diskrepanz von Gessners Lebensrealität und dargestellter Idylle konstatieren zu müssen. [33] Für Gessners Menschen ist die Hütte nicht mehr das Haus der ökonomischen Geschichte. Was sie repräsentieren, ist Einschränkung, an deren Rändern schon die Bedrohung jener Harmonie lauert, virulent zu werden, wenn die Einfriedung des Kunstbezirks überschritten wird. An manchen Stellen – etwa im *Wunsch* – geschieht dies, wenn die wirklichen Landhäuser von 1756 in den Blick kommen. Und eben dann artikuliert sich das Bewußtsein von den Brechungen, die resignative Erkenntnis über den wahren Zustand der Welt. Gessners Menschen sind somit Vorläufer eines Werther, der in das Leiden gerät, weil das von Arbeitszwang freie Dasein der Einschränkung, das bei Gessner noch als Glück vorgestellt wird, im Prozeß wachsender gesellschaftlicher Entfremdung nicht einmal mehr als temporärer Fluchtort hält.

Kellers Grüner Heinrich hat auch diese Erfahrung schon hinter sich. So ist es nur konsequent, daß seine Wiederbegegnung mit dem Land im Zeichen seiner ersten, ihn ergreifenden Begegnung mit der Kunst steht. Was an Lebenswirklichkeit des alten Zürcher Kunstgenossen aus den Mappen und Büchern an ihn herankommt, wird im Ton der Trauer berichtet, der unüberhörbar das begeisterte Bekenntnis für das unerhörte Vermögen des Künstlers färbt, den Schöpfungsakt nachzuvollziehen. Trauer muß es schon sein: Das nachahmende Licht, das sich von der Dunkelheit scheidet, bewirkt nichts anderes mehr als den Genuß darnach.

---

1 Gottfried Kellers „Grüner Heinrich" wird zitiert in der Erstfassung nach der Ausgabe „Exempla classica". Bd. 39. Hrsg. v. Arthur Henkel. (= Die Fischer Bibliothek der hundert Bücher. Hrsg. v. Walther Killy) Frankfurt/M. 1961. S. 146.
2 A. a. O. S. 151.
3 A. a. O. S. 160.
4 A. a. O. S. 152.
5 A. a. O. S. 162.
6 Zur Wirkungsgeschichte Gessners, insbesondere zu Zeugnissen über das von den Zeitgenossen gerühmte Glück des bürgerlichen, ins Biedere gewendeten Lebens vgl. Martin Bircher: Nachwort. In: Salomon Gessner: Sämtliche Schriften. Hrsg. v. Martin Bircher. Bd. III. Zürich 1974. S. 109 ff, hier S. 112.
7 „Grüner Heinrich". A. a. O. S. 162.
8 A. a. O. S. 163.
9 S. Gessner „An den Leser". In: „Idyllen von dem Verfasser des Daphnis". Zit. nach der Ausg. „Idyllen. Kritische Ausgabe." Hrsg. v. E. Th. Voss. Stuttgart 1973. S. 15.
10 Ebd.
11 Vgl. „Versuch einer Critischen Dichtkunst." 1. Aufl. 1730. S. 382.
12 S. Gessner: „An den Leser". A. a. O. S. 16.
13 „... und ich getraute mir, auf unsern Alpen Hirten zu finden, wie Theokrit zu seiner Zeit, denen man wenig nehmen und wenig leihen durfte, um sie zur Ekloge zu bilden" (Gessner an Gleim, Zürich, den 29. Nov. 1754. In: Briefe der Schweizer Bodmer, Sulzer, Gessner. Aus Gleims litterarischem Nachlasse. Hrsg. v. W. Körte. Zürich 1804. S. 218).
14 (J. W. Goethe) „Zürich/Moralische Erzählungen und Idyllen von Diderot u. S. Gessner. 1772." (= Beiträge zu den Frankfurter Gelehrten Anzeigen). Zit. nach: Der junge Goethe. Neu bearb. Ausg. in fünf Bänden. Hrsg. v. H. Fischer-Lamberg. Bd. II. Berlin 1963. S. 271.
15 G. W. F. Hegel: Vorlesungen über die Aesthetik. Bd. I. 3. Aufl. (= Sämtliche Werke. Jubiläumsausgabe. Hrsg. v. H. Glockner. Bd. 12) Stuttgart 1953. Th I, 3. Kap., S. 349/350.
16 Neue Bibliothek der schönen Wissenschaften und der freyen Künste. 14. Bd. 1. St. Leipzig 1773. S. 96.
17 „Grüner Heinrich". A. a. O. S. 151.
18 Helmut J. Schneider: Idyllen der Deutschen. Glück, Revolution, Nation. In: Idyllen der Deutschen. Hrsg. v. H. J. Schneider. Frankfurt/M. 1978. S. 359.

19 Heidemarie Kesselmann: Die Idyllen Salomon Gessners im Beziehungsfeld von Ästhetik und Geschichte im 18. Jahrhundert. Ein Beitrag zur Gattungsgeschichte der Idylle. Kronberg/Ts. 1976. S. 85.
20 Dies. a. a. O. S. 102.
21 Dies. a. a. O. S. 57.
22 Nicolai a. a. O. S. 94.
23 Nicolai a. a. O. S. 96.
24 S. Gessner „An den Leser". A. a. O. S. 15.
25 Ebd.
26 Ebd.
27 Hans Caspar Hirzel: Die Wirthschaft eines Philosophischen Bauers. In: Abhandlungen der Naturforschenden Gesellschaft in Zürich. Bd. I. Zürich 1761. S. 440.
28 Briefe, die Neueste Litteratur betreffend. V.Theil. Berlin 1762. S. 123/124.
29 H. C. Hirzel a. a. O. S. 484,
30 J. C. Lavater: Physiognomische Fragmente zur Beförderung der Menschenkenntnis und Menschenliebe. 1. Versuch. Leipzig/Winterthur 1775. XVII. Fragment S. 236.
31 Ebd.
32 J. G. Schlosser: Katechismus der Sittenlehre für das Landvolk. 2. Aufl. (Erstaufl. 1771) Frankfurt/M. 1772. S. 7 ff.
33 Vgl. Martin Bircher: Nachwort. A. a. O. S. 109 ff.

Nr. 156

Gessner und Haller

Karl S. Guthke

Je länger man Gessners Gouache von Albrecht von Hallers Grabmal (vgl. Farbtafel, Nr. 155) betrachtet, desto mehr wird einem zur Gewißheit, daß der Zürcher entscheidende Züge der geistigen Gestalt des um eine Generation älteren Berners in künstlerischer Intuition erfaßt hat. Die Welt, die das Bild präsentiert, ist das Ambiente des *Versuchs schweizerischer Gedichten:* das Lapidar-Einfache der wuchtigen Inschrift, die Ahnung des Klassisch-Antiken in dem Bruchstück der dorischen Säule und in der Lyra, die nicht etwa auf einen zu glatter Vollendung gemeißelten Sockel, sondern auf einen rauhen Felsbrocken geritzt ist, die Szenerie schließlich, die, zwar nicht hochalpin, doch Hallers bevorzugtem, eher hügelig gemildertem Landschaftstypus entspricht, wie er ihn etwa im Auftakt von *Über den Ursprung des Übels* und *Über die Ewigkeit* und schon in dem frühen Gedicht *Sehnsucht nach dem Vaterlande* entworfen hat, changierend zwischen anheimelnder Lieblichkeit und nicht ganz unangenehmem „Schauer".
Je länger man sich in die Gouache vertieft, desto augenfälliger wird auch, wie sehr Gessner hier zugleich seine eigene geistige Welt beschreibt: die rustikale Einfachheit seiner Idyllen, die klassischen Reminiszenzen, die sich in den literarischen Werken in Namen, in Zephirn, Dryaden und Nymphen, in Pan und den Faunen, in den dazugehörigen Radierungen in den griechischen Säulen, Amphoren und Hirtenflöten unaufdringlich geltend machen; und wer dächte beim Anblick der beiden Figuren im linken Vordergrund, deren eine ein Schäfer zu sein scheint, während die andere sich durch ihre Kleidung als Städter ausweist, nicht an das Vorwort zu den *Idyllen:* „Oft reiß ich mich aus der Stadt los, und fliehe in einsame Gegenden; dann entreißt die Schönheit der Natur mein Gemyth allem dem Ekel und allen den wiedrigen Eindryken, die mich aus der Stadt verfolgt haben; ganz entzykt, ganz Empfindung yber ihre Schönheit, bin ich dann glyklich wie ein Hirt im goldnen Welt-Alter, und reicher als ein König."
Damit ist die friedlich-freundliche, aber im Grunde auch nicht unpolemische Entgegensetzung von Natur und Kultur angerührt, die die geheime Mitte von Gessners Oeuvre bezeichnet – und die seinerzeit in der Schweiz schon eine stattliche vor-rousseauistische literarische Tradition besaß. Diese reicht von Johann

Nr. 155 Grabdenkmal für Albrecht von Haller

Jakob Scheuchzers *Naturgeschichte des Schweizerlandes* über Beat Ludwig von Muralts *Lettres sur les anglais et les français* bis hin zu Hallers *Alpen,* die in den gleichen Zusammenhang der europäischen Empfindsamkeit gehören wie die *Idyllen* seines Landsmanns auch.

Gessner und Haller – ob sie sich je persönlich gekannt haben, der gemütliche Pfeifenraucher, zu dessen Lieblingsadjektiven „lächelnd" gehört, und der verdrießliche Teetrinker, der meinte, er habe „die lächelnde Freude nie gefühlt"; ob sie, die mit Abstand berühmtesten Schweizer Dichter ihrer Zeit, die ironischerweise erst eigentlich berühmt wurden, als sie, in relativ jungen Jahren, ihre literarische Tätigkeit bereits aufgegeben und sich ganz anderen Beschäftigungen zugewandt hatten, und dann, nach Triumphen europäischen Ausmaßes, beide gleicherweise dem Unverständnis der jungen Generation der siebziger Jahre zum Opfer fielen – ob sie je auch nur ein Wort miteinander gewechselt haben: wir wissen es nicht, und es ist unwahrscheinlich. Das Zwiegespräch, zu dem es kam, war einsam, ein Miteinander aus der Ferne, aber darum nicht weniger sympathetisch. Die Burgerbibliothek in Bern bewahrt einen Brief Gessners an Haller vom 10. Juni 1760 auf, der eine nicht näher bezeichnete Buchsendung begleitet. Gessner ergreift in diesem Schreiben „die erwünschte Gelegenheit", Haller seine „ergebenste Hochachtung zu bezeugen": „So außerordentlichen und so manigfaltigen Verdiensten ist man seine Bewundrung schuldig, alein, wenn jeder ihrer Verehrer ihnen dieselbe sagen wolte! Zwar hab ich vielleicht durch meine Versuche in der Dichtkunst mir etwas von ihrer Aufmerksamkeit und Gewogenheit erworben, und diese Hoffnung, ihnen nicht gäntzlich unbekant zu seyn, macht mich kühn, ihnen zu sagen, daß ich als Compatriote auf ihren Ruhm u. ihre Verdienste stoltz bin, und daß für mich nichts erwünschter seyn könte, als die Gewogenheit und der Beyfall eines Mannes, der die Ehre Seines Vaterlandes ist, und der schon die besten Meisterstücke in der Dicht-Kunst geliefert hat, da die schönen Wißenschaften in Deutschland noch in ihrer Kindheit waren, deßen Schönheiten auch die Besten, die bisher ihren Pfaden haben folgen wollen, nur schwach erreicht haben."

Was Gessner nicht ahnt in dieser Kontaktnahme, ist, daß Haller den Dialog bereits längst eröffnet hatte. Ihm, der sein Leben lang keine einzige Buchbesprechung geschrieben hat, war verborgen geblieben, daß Haller, dem das Rezensieren eine Gewohnheit war wie das Essen und Trinken, bereits 1756 die *Idyllen*, 1757 den *Daphnis* und 1758 den *Tod Abels* in seiner Hauszeitschrift, den *Göttingischen gelehrten Anzeigen*, in den höchsten Tönen dem deutschen Lesepublikum empfohlen hatte, und zwar mit besonderem Hinweis darauf, daß Gessner an Sittlichkeit und Anstand sein – doch eher zur banalen Realistik neigendes – Vorbild Theokrit weit hinter sich lasse. Gessner kann das nur Musik in den Ohren gewesen sein; auch ihn störte bekanntlich an Theokrit bei aller Hochachtung der gelegentliche Lapsus in die Allzualltäglichkeit des Käses und der Nüsse, die Teniersche Manier. Haller schreibt über die poetische Prosa der *Idyllen*:

„Idyllen von dem Verfasser des Daphnis ist eine Sammlung kleiner Gedichte in ungebundner Rede, die a. 1756. auf 134. klein Octavseiten herausgekommen ist. Man weiß vielleicht schon, daß Hr. S. Geßner zugleich der Verfasser, der Verleger, und der Drucker dieser Gedichte ist, und zum Ueberfluß die artigen Zieraten selber geezt hat. In der Vorrede versichert er, Theokrit seye sein Muster, und hält ihn für den volkommensten unter den Hirtendichtern. Uns dünkt hingegen, Hr. Geßner seye unendlich zierlicher, moralischer, und ungeachtet seiner bezeugten Abneigung, auch wiziger, als der alte Sänger aus Sicilien. Solte dieser gesagt haben »der Beyfall lächle«, »unser Erstaunen stamlen», »die Herden brüllen ihre Freude«, »entzückt in die Zukunft hinaus sehen«, »ein heiliges Entzüken, das durch die Brust bebt«, u. s. f. Er hat zwar den Reim und selbst das sichtbare Silbenmaß vermieden, aber wenn man seine Idyllen ein wenig sorgfältig ließt, so sind sie alle scandirt, und Reyhen Jambischer und Dactylischer Verse. Hier ist ein Muster, und so sind sie fast alle.

O wenn die frohen Lieder dir gefielen,
die meine Muse oft den Hirten abhorcht,
auch oft belauschet sie in dichten Haynen,
der Bäume Nymphen und den Ziegenfüßgen Waldgott,
und schilfbekränzte Nymphen in den Grotten
und oft besucht sie bemoßte Hütten,
um die der Landmann stille Schatten pflanzet,
und bringt Geschichten her von Großmuht und von Tugend,
und von der immer frohen Unschuld.

Doch neben der angenehmen Mahlerey der Natur werden dem Hrn. G. ohne Zweifel die durch und durch herrschenden Triebe zur Menschenliebe, zur kindlichen Dankbarkeit, und zur Ehrfurcht gegen die Gottheit zahlreiche und tugendhafte Bewunderer gewinnen." (1756, S. 1231–2)

Ähnlich der Schlußsatz der Rezension von *Der Tod Abels:* „Die grossen Regungen der Tugend und Gottesfurcht machen /. . ./ dieses Gedicht unschuldig und nüzlich" (1758, S. 1422). 1763 faßt Haller in seiner Anzeige von Gessners *Schriften* zusammen:

„Zwar rühmt Hr. G. in der Vorrede den Theokrit, und versichert, er habe ihn zum Muster genommen. Es mag in Ansehung der poetischen Mahlerey seyn, deren Reiz die Franzosen erst jetzt zu fühlen anfangen, obwohl auch sonst ihre Sprache und ihre Sprödigkeit in Verwerfung unschuldiger Werkzeuge und anderer zum Landleben nöthiger Dinge diese Art der Dichterey für sie schwerer macht. Denn sonst müssen wir beym Theokrit, wie beym Homer unterscheiden, was zu seiner Zeit schön war und was zur unsrigen schön ist. Die elende Sittenlehre der damaligen Welt dähnt ihre Folgen auf alle Charakteren und Handlungen der Menschen aus, und giebt zu solchen Ausdrücken, Reden und Thaten Anlaß, die uns nunmehr unerträglich sind, aber zu ihrer Zeit in der Natur waren. Wir können auch hierüber die Entschuldigung nicht annehmen, noch heut zu Tage seyn die Menschen nicht besser. Sie sind es nicht alle, aber doch etliche, und ein geschickter Mahler soll uns die edle und nicht die niederträchtige Natur abmahlen. Wir verehren den Raphael, und sehen die auf Bierschenken angewandte Arbeit des Teniers mit Mitleiden an. Nach dieser Einschränkung können wir mit Hrn. G. über seine Verehrung des Theokrits einstimmen, glauben aber weder, daß Hr. G. in dessen Geschmacke rede und denke, noch daß er gefallen würde, wenn er seine Personen wie Theokrit reden und handeln liesse. Seine Idyllen sind übrigens Schildereyen des so angenehmen Schäferlebens, wie wir es uns in einem freyen, mit keinen Auflagen beschwerten, fruchtbaren und seine Einwohner leicht nährenden südlichen Lande vorstellen können, und wie Arcadien seyn könte, wenn es unter dem milden Zepter einer gütigen Republik stünde. Hr. G. hat zwar mehrentheils die Liebe beyder Geschlechter gegen einander, doch auch zuweilen die edlere Liebe der Kinder und Eltern, dabey auch den Wein, und hin und wieder einige Satiren und Scherze zum Vorwurfe. Seine eigene Manier ist die ausführliche Schilderung natürlicher Dinge nach ihren Eigenschaften und äusseren Anblicken, wobey eine gewisse Harmonie und ausgedähnte Einfalt im Ausdrucke, in den Gefühlen der Redenden aber eine rührende Zärtlichkeit ihm eigen ist. In einer eignen Stelle S. 167. steht ein Glaubensbekenntniß in Ansehung der Dichter, die er verehrt. Diese sind theils vom Mahlerischen Geschmacke wie Bodmer, Wieland und Kleist, theils vom Scherzhaften wie Gleim." (1763, S. 622–3)

Haller gehört mit diesen Urteilen zu den nachdrücklichsten und wohl auch wirkungsvollsten Lobrednern und Schrittmachern Gessners. Daß er damit zugleich dem eigenen, empfindsam „herzrührenden", wenn auch nicht schäferischen Dichtungstypus die Wege ebnete, ist selbstverständlich. Zugleich aber dürfte in seinem ungewöhnlich wohlwollenden Eintreten für Gessner auch ein patriotisches Moment ein Rolle gespielt haben, das selten fehlt in der Literaturkritik dessen, der selbst einmal, ganz ohne Koketterie, im Hinblick auf seine eigene Lyrik bekannte, die deutsche Sprache sei ihm, dem Schweizer, „fremd" – und der zuzeiten keinen höheren Ehrgeiz kannte, als von den Deutschen, selbst von Gottsched und seinem Kreis, gelesen zu werden.

„Es war eine Zeit, da ein *schweitzerischer Dichter* ein Widerspruch zu seyn schien," schrieb der junge Lessing 1751 in der *Berlinischen privilegirten Zeitung*, und fügte hinzu: „Der einzige Haller hob ihn." Um 1750 traf das zu. Um 1760 mußte Haller sich den „Ruhm", von dem Lessing spricht, schon mit Gessner teilen (und sonst keinem). Daß er es gern getan hat, bezeugen seine Besprechungen. Daß Gessner seinerseits sich nicht als Rivalen empfunden hat, bekundet sein menschlich gediegener Brief an Haller, in dem er vielleicht nicht zufällig den Gedanken des – gemeinsamen – schweizerischen Beitrags zur deutschen Weltliteratur des Grand Siècle in den Vordergrund spielt.

Ob Lessing, der arbiter elegantiarum in litteris, dieser Verbindung der Namen Gessner und Haller zugestimmt hätte? Man möchte es glauben. Im 14. *Literaturbrief* schreibt er über Gessner ähnliches wie 1751 über Haller: „Geßner und Zimmermann unter andern, schreiben ungemein schön und richtig. Man merkt ihnen den Schweitzer zwar noch an; aber doch nicht mehr, als man andern, den Meißner oder Niedersachsen anmerkt" – also nicht, oder doch nicht auf störende, nur noch auf charakterisierende Weise: Gessner, der in Lessings Augen Theokrit überflügelt hat (7. Literaturbrief), ist in die Weltliteratur deutscher Sprache aufgenommen wie Haller einige Jahre zuvor, und mit ihnen die schweizerische Dichtung. Und die Meinung der *Literaturbriefe* war nicht die irgendeines der hunderte von kritischen Journalen des 18. Jahrhunderts, sondern des einzigen, das bis heute urteilsbildend gewirkt hat – zu unrecht in manchen Fällen, wie wir heute erkennen; zu recht aber im Falle dessen, der aus dem Abstand der 250 Jahre seit seiner Geburt eher größer als kleiner geworden ist, nämlich liebenswert in seiner Freundlichkeit, die immer noch zu den unterschätzten Tugenden gehört.

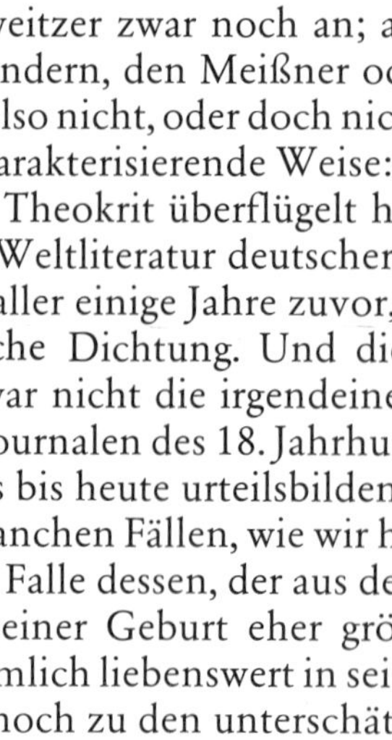

Nr. 27

Die Werke: Zürcher Ausgaben, Übersetzungen

Martin Bircher

Zürcher Erstausgaben

Einmalig ist bei Salomon Gessner die Vereinigung von Autor, Illustrator und Buchkünstler sowie Verleger in einer Person. Seine zahlreichen Zürcher Ausgaben zeugen alle von höchster Buchkunst – Bibliophilie im besten Sinne des Worts. Einmalig war aber auch Gessners Erfolg in der Schweiz, im deutschen Sprachbereich, in Europa – hierin tut es ihm keiner gleich. Nicht weniger als neun Gesamtausgaben – nebst zahlreichen Einzelausgaben – hat Gessner selber verlegt und betreut, jedesmal textlich leicht überarbeitet und zumeist mit neuen Illustrationen versehen.

Schriften. Zürich 1762.

80 *Abbildung*

Die Nacht.
1753
ZB: III. 399 (2)
L 501

Erste im Selbstverlag veröffentlichte kleine Schrift des 23jährigen Gessner.

81

Daphnis.
[lat. Motto]
Zürich, Bey Gessner, 1754.
ZB: SV 349
L 502

Ein Schäferroman in 3 Gesängen.
Während der Drucklegung des harmlosen Buches schritt die Zürcher Zensurbehörde ein und verlangte, daß das Motto aus Properz weggelassen und der Druckvermerk verschwiegen werde. Einige Exemplare der Erstausgabe haben demnach den veränderten Text (vgl. Nr. 82).

82

Der Daphnis.
1754.
Privatbesitz Zürich
(L unbekannt)

83

Der Tod Abels. In fünf Gesängen. von Gessner.
Zürich bey Gessner, 1758.
ZB: Sv 348
L 511

Ein Prosa-Epos über einen biblischen Stoff, ganz nach dem Geschmack Bodmers.

Nr. 84

Nr. 85

84 *Abbildung*

Idyllen von dem Verfasser des Daphnis.
Zürich bei Gessner. 1756.
ZB: 7. 287
L 507

„Diese 23 Idyllen gründeten Gessners Weltruhm und gehören zum Wertvollsten seines dichterischen Schaffens" (Leemann).

85 *Abbildung*

Gedichte von S. Gessner.
Zürich bey Orell Gessner und Comp. 1762.
ZB: AX 640
L 521

Enthält zwei kleine Dramen, *Evander und Alcimna* sowie *Erast,* nebst einigen Prosastücken, darunter *Der Erste Schiffer,* den Gessner als sein bestes Stück bezeichnet hat.

86

Moralische Erzaehlungen und Idyllen von Diderot und S. Gessner.
Zürich, bei Orell, Gessner, Füesslin u. Comp. 1772.
ZB: ZF 1767
L 523

16 Jahre nach dem Erstdruck seiner erfolgreichen *Idyllen* verfaßte Gessner 22 neue Proben dieses Genres; er veröffentlichte sie zusammen mit seiner Übersetzung zweier Erzählungen des ihm befreundeten Denis Diderot, noch bevor die originale französische Version erschienen war (vgl. Nr. 87).

Zürcher Quartausgaben

Die Glanzleistung Gessners als Buchkünstler ist die Quartausgabe seiner Schriften von 1777. Konzipiert war sie auf vier Bände, mit seinem gesamten schriftstellerischen OEuvre, wovon indessen nur zwei Bände ausgeführt wurden. Gleichzeitig ließ er auch seine Schriften in der französischen Übersetzung seines Freundes Michael Huber erscheinen, mit geringfügig verändertem Inhalt und z. T. anderen Illustrationen. Die französische Quartausgabe enthält zwei Erzählungen des mit ihm befreundeten Schriftstellers Denis Diderot, die Gessner vier Jahre zuvor erstmals herausgegeben hatte.

87 *Abbildung*

Contes Moraux et Nouvelles Idylles de D[enis Diderot] et Salomon Gessner.
A Zuric chez l'auteur. 1773. 4°
ZB: WD 6
L 526

Dieser Quartband enthält die erste französische Übersetzung der Idyllen (vgl. Nr. 86) und die Erstausgabe von Diderots beiden Erzählungen. – Prachtexemplar, auf blauem Papier gedruckt.

CONTES MORAUX
ET
NOUVELLES IDYLLES
DE
D... ET SALOMON GESSNER

A ZURIC CHEZ L'AUTEUR.
M.DCC.LXXIII.

Nr. 87

88 *Abbildung*

Salomon Gessners Schriften I r [und II r] Band.
Zürich Beÿm Verfasser. 1777. 4°
ZB: WD 4.5; HAB: Töpfer 96
L 539

Die siebte Zürcher Gesamtausgabe unterscheidet sich von der französischen Quartausgabe dadurch, daß sie die Erzählungen Diderots nicht enthält, dafür *Evander und Alcimna* und das Gedicht *An den Wasserfall.* Gessners Absicht, die fehlenden Werke *(Der Tod Abels, Daphnis, Die Nacht, Erast, Ein Gemähld aus der Sündfluth)* ebenfalls in dieser Quartausgabe zu veröffentlichen, wurde nicht realisiert.

89 *Abbildung*

OEuvres de Salomon Gessner traduits de l'allemand Tome I [Tome II].
A Zuric chez l'auteur. 1777. 4°
ZB: AX 207–08; HAB: Schulenburg Ld 24 2°
L 538

Der erste Band identisch mit Nr. 83. Aus der Subskriptionsliste geht hervor, daß 325 Personen (einschließlich einiger Buchhandlungen) insgesamt rund 550 Exemplare subskribierten. Man findet darunter Prinzen von Anhalt, den Kurfürsten von Bayern, den Markgrafen von Baden, den Geheimrat der Zarin von Rußland (zwölf Exemplare), den polnischen Fürsten Czartoryiski, die Landgrafen von Hessen, Prinzen von Oranien und Nassau, Sachsen, Thurn und Taxis, Voltaire und Wieland. Zehn Exemplare subskribiert eine Buchhandlung in Straßburg, sechs eine in Amsterdam und in Hamburg, 20 in Leipzig, 100 übernimmt die eigene Buchhandlung in Zürich. Der Preis betrug 2 ½ Louis d'or.

90 *Abbildung*

OEuvre de Salomon Gessner
A Zuric. 1802.
ZB: Apz. 3; HAB: Wa 2° 60

Eine Gesamtausgabe von Gessners graphischem OEuvre, kurz nach seinem Tod, von den originalen Druckplatten erstellt. Die erste Auflage, von der angeblich nur 25 Exemplare hergestellt wurden (eines in der ZB, ein weiteres im Nachlaß Leemanns) enthält 395 Kupferstiche, somit der Hauptteil seines graphischen Werks (alle bei L verzeichnet). Wenige Jahre später, 1802, veranstaltete Heinrich Gessner eine neue Auflage, vermutlich von mehreren hundert Exemplaren, deren Restbestände unter dem Titel *Sämmtliche radierte Blätter von Salomon Gessner* 1835 vom Verlag J. J. Siegfried vertrieben wurden. Diese Auflage enthält 336 Radierungen.

Lit.: L S. 307–08; B. Weber, Gessner illustriert Gessner, Anm. 7.

Gessner in Übersetzungen am Beispiel französischer Prachtausgaben

Kaum ein anderer Dichter deutscher Sprache im 18. Jahrhundert hat bereits zu seinen Lebzeiten einen ähnlichen Erfolg wie Salomon Gessner gehabt: in rund 500 Auflagen wurden seine Schriften in über zwanzig Sprachen übersetzt. Die *Idyllen* und den *Tod Abels* las man von St. Petersburg bis Lissabon, von Schottland bis Sizilien, von Amerika bis in den Kaukasus. Man kennt über 90 Ausgaben in englischer und über 60 in italienischer Sprache. In schwedischen und hebräischen, armenischen und russischen Übersetzungen wurde die Hirtenwelt des Zürchers gelesen, begeistert waren die Polen, und die Ungaren huldigten ihm gleich einem der Ihren.

Es würde sich lohnen, eine eigene Ausstellung dem Phänomen der Verbreitung eines Erfolgsautors des 18. Jahrhunderts zu widmen. Als ein kleiner Teil für das Ganze sollen hier, bedingt durch den geringen Raum der Ausstellungsfläche, lediglich zwei der schönsten Ausgaben in französischer Sprache dargestellt werden. Nirgends ist Gessner so freudig wie in Frankreich begrüßt worden; er pflegte Kontakte mit manchem guten Freund in Paris. Allein vom *Tod Abels* erschienen in der Übersetzung Michael Hubers (1727–1804) über fünfzig Auflagen. Le Barbier hat Gessners Schriften in drei Bänden mit virtuosen Illustrationen und Vignetten versehen, das prächtigste Buch-Denkmal, das er erhalten hat. Ein künstlerisch ebenfalls hervorragendes Werk ist *La mort d'Abel* (Paris 1793) mit Illustrationen M. Monsiaus, die nicht handkoloriert, sondern bereits in einem technisch einwandfreien, äußerst komplizierten Fünffarbendruck ausgeführt wurden.

91 *Abbildung*

OEuvres de Salomon Gessner.
Tome Premier. (Tome II, Tome III).
A Paris / ches l'Auteur des Estampes rue Bergére Veuve Hérissot à Notre-Dame Barrois L'ainé quai des Augustins (1786–93).
ZB: Res. 317–319
L 691

Nach Leemann „eine der schönsten französischen Prachtausgaben des 18. Jahrhunderts, mit schönen Stichen und entzükkenden Vignetten reich geschmückt". Le Barbiers Briefe an Gessner drücken seine höchste Bewunderung aus und sind in der Zentralbibliothek erhalten; Gessners Antworten sind im 3. Band der Ausgabe abgedruckt.

92

Mort d'Abel, Poeme de Gessner, Traduit par Hubert Edition orné d'Estampes imprimées en couleur, d'après les Dessins de M. Monsiau, Peintre de l'Académie.
A Paris, Chez Defer de Maisonneuve, rue du Foin S. Jacques. 1793
ZB: KK 244; HAB: Wa 4° 433
L 699.

Enthält 6 Farbstiche nach Monsiau, gest. von Colibert, Clément und Casenave. Exemplar auf „grand papier vélin" mit den Farbstichen „Vor der Schrift".

Der Verleger

Der redlichste Buchhändler seit Adams Zeiten

Thomas Bürger

Nr. 119

Goethes Urteil in den *Frankfurter Gelehrten Anzeigen* von 1772 über die Verlagsbuchhandlung „Orell, Geßner, Füssli und Comp.", „die durch ihre gute(n) und vortrefliche(n) Verlagsartickel bisher der wahren Literatur mehr Dienste gethan hat, als der halbe Buchhandel Deutschlands", mag hier als Zeugnis dienen, daß sich zur wachsenden Orientierung der deutschen Literatur an der schweizerischen Literatur und Literaturkritik eine breite Anerkennung der Zürcher Verlagsproduktion im 18. Jahrhundert gesellte. Johann Jakob Bodmer, der „Vater der Jünglinge", wie ihn Wieland nannte, hatte seiner literaturpolitischen Führungsrolle und erfolgreich behaupteten Gegenposition zur Leipziger Literaturschule um Gottsched durch Mitbegründung einer Offizin 1731 publizistisches Gewicht verliehen. 1735 bis 1761 übernahm dann Bodmers Neffe Conrad Orell das Unternehmen, das unter dem Namen „Orell und Comp." fast alle programmatischen Schriften Bodmers und Breitingers druckte. Salomon Gessner stieg im Jahre 1761 in das laufende Verlagsunternehmen ein. Die nüchterne Jugendzeit des Buchdrucker- und Verlegersohnes („Die besten Jahre giengen so dahin") war vielleicht nicht so leidvoll, wie es seine frühen Biographen sehen mochten. Salomon Gessner erfuhr, und das war besonders im gebildeten Zürich die Ausnahme von der Regel, keine theologische Ausbildung und konnte deshalb der Interessenverschiebung vom theologisch-dogmatischen zum literarisch-moralischen Schrifttum vergleichsweise unverbildet gegenüberstehen. Seine ersten kaufmännischen Erfahrungen hatte er 1749 in Berlin bei der Spenerschen Verlagsbuchhandlung gesammelt, war dann 1750 in das Geschäft des Vaters Hans Conrad Gessner zurückgekehrt, um dessen eher antiquarisch interessierten Verlag „David Geßner Gebrüder" in schöngeistiger Richtung zu modernisieren; der *Noah* Bodmers erscheint 1752 mit der ersten Vignette Gessners, es folgen seine eigene Schriften, beginnend mit der *Nacht* 1753, schließlich die wegweisenden Werke E. v. Kleists, Klopstocks, Wielands, Thomsons u. a. Er besorgte den Druck der *Poetischen*

Blicke in das Landleben (1752) des E. v. Gemmingen und der *Einsamkeiten* (1758) des Freiherrn von Cronegk: im ersteren lesen wir die – in ihrer Kulturkritik den *Idyllen* Gessners vergleichbaren – Anfangsverse:

Freund, die Dichtkunst flieht das Gewyhl der myhsamen Staedte,
Die der Thron des herrschenden Lasters mit Sclaven bevoelkert

und im letzteren finden wir in der Vorrede Gessners die tendenziell gemeinsamen Erwartungen und Hoffnungen des Dichters *und* Verlegers formuliert: „Die Zeiten, da Freyheit und Sclaverey um die Oberhand streiten, versprechen etwas ungemeines von Werken des Geistes; die Verwirrungen, die so häufigen Gefahren, die grossen Scenen, die man vor Augen hat, die uns so nahe angehen, setzen das ganze Herz in Bewegung und geben ihm alle möglichen Gestalten. Wenn man diese moralischen Fassungen wohl überlegt, so müssen sie jedem glücklichen Genie vortrefliche Werke verfertigen helfen. In solchen Zeiten liegen die Winkel und Krümmen des menschlichen Herzens offen, indem die Gesetze schweigen und dem Menschen erlauben, sich ohne Verstellung zu zeigen. Man kömmt aus dem Verborgnen hervor, und versteckt sich nicht länger vor dem Angesichte der Natur." (7 f.) Die in diesem Sinne moralkritischen, die Sprache der Empfindsamkeit nutzenden und dem Aufklärungsprozeß dienenden Werke zu schreiben, durch Vor- oder Nachworte und Bildschmuck inhaltlich und buchkünstlerisch zu befördern, schließlich und vor allem sie zu drucken und zu verkaufen – dies alles war vorzüglich Salomon Gessner möglich, dem Dichter, Künstler und Verleger in einer Person. Zur Edition der Bücher seiner Freunde gesellte sich die der englischen und griechischen Literatur. Diese – wohl literarisch motivierte – verlegerische Praxis erinnert an die gleichzeitige dramaturgische Favorisierung des englischen Theaters durch Lessing unter legitimistischer Berufung auf die Autorität der Antike. Gessner eröffnete sein optimistisches Vorhaben einer ganzen Serie von Übersetzungen griechischer Texte durch seinen Freund Johann Jakob Steinbrüchel 1759 mit einer Erläuterung seiner Idee: „bey einer Nation, deren Geschmack man bilden will, (sei) nichts so nützlich, als wenn man sie mit den Meisterstücken der Alten bekant macht. Woraus anders hat man eben diese Regeln vom Schönen abgezogen, als aus ihnen, und wo findt man sie besser angewandt? Wir sind verschiedenen fürtrefflichen Männern sehr viel Dank schuldig, die sich bemühet haben, die Meisterstücke der Engelländer uns zu liefern, wie sehr nützlich wird es seyn, wenn man uns auch mit denjenigen allgemeiner bekant macht, nach denen jene sich gebildet haben?" (5) Das anspruchsvolle Editionsprojekt „bey Geßner" wurde jedoch 1760 abgebrochen und unter neuer Flagge 1763 „bey Orell, Geßner und Comp." fortgesetzt – der Verlagswechsel hatte persönliche Gründe.

Salomon Gessner heiratete 1761 Judith Heidegger, die Tochter des Buchdruckers und väterlichen Konkurrenten Hans Heinrich Heidegger. Der Vater trennte sich daraufhin von seinem Sohne; der Schwiegervater aber machte den nun Dreißigjährigen zum Teilhaber der jetzt umbenannten Firma „Orell, Geßner und Comp." Entgegen bisherigen Darstellungen ist Gessner bereits im Jahre 1760 „Orell und Comp." assoziiert. Dies geht aus einem Zürcher Brief vom 27. Dezember 1760 an Leonhard Usteri in Rom hervor, in dem Gessner als neuer Teilhaber für seine Verlagsbuchhandlung wirbt: „Erlauben Sie indeß, daß ich bey ihrem Aufenthalt in Italien Sie für eine Gefälligkeit ersuche, die mir von Wichtigkeit seyn kann; ich kenne ihre freündschaftlichen Gesinnungen gegen mich, und darf es mit aller Zuversicht thun. Sie wißen, daß ich izt mit Herren Orell u. Comp. aßociert bin und wir wollen unsre Buchhandlung so weit als möglich ist extendieren, besonders wünschen wir in Italien bekant zuwerden. Haben Sie die Gewogenheit unsre Handlung den dortigen Gelehrten, Bibliothecairen und Buchhändlern, die Sie sonst besuchen, bekant zumachen und ihnen zusagen, daß wir ihnen alles liefern könen, was in ganz Deutschland herauskömt, und zum Theil in Frankreich. Besonders belieben Sie das dem Herren Winkelmann zusagen; ich wollt es nicht selbst sagen, damit es nicht scheine, der Brief, den ich ihnen beyzuschließen die Freyheit brauche, und zu dem mich alein Freündschaft und Hochachtung veranlaßet haben, sey zum Theil aus Eigennuz geschrieben." Schon aus diesem frühen Brief spricht die Verbindung von kaufmännischem Engagement und persönlich-freundlicher Zurückhaltung, wie sie auch für die späteren Briefe typisch zu werden beginnt. Gessners Initiative ist durch den Verlagswechsel ungebrochen, ja geradezu aktiviert; eben zwei Monate verheiratet und im Geschäft offenbar schon zuhause, schreibt er mit bemerkenswertem Selbstbewußtsein am 22. Mai 1761 seinem Freunde Zimmermann: „Was wäret Ihr Herren Verfasser ohne uns Buchhändler, wir nehmen Eure Lieder mit Sorgfalt auf, und zerstreuen Eure Ehre durch die ganze Welt, daß der süße Rosengeruch des Ruhmes aus allen Enden Euch entgegen dünstet, aber das rechnet Ihr, als hätten wir nichts gethan, und laßt Euch so gottlos bezahlen. Doch, das soll keine Hinderung sein, und ich lade alle Herren Verfaßer ein, sich an uns zu adreßiren, denn wir, Orell Geßner und Comp. sind, in allem Ernst geredet, die ehrlichsten Buchhändler des ganzen bewohnten Erdbodens." In diesem Brief ist der geschäftskundige und nun auch durch seine *Idyllen* weithin bekannte

Der Jüngling und die Jungfrau.
Der Tugend und Wissenschaft liebenden Jugend gewiedmet, von der
Stadt-Bibliothek in Zürich, am Neujahrs-Tage. 1760.

Nr. 108

Gessner ganz in seinem Metier: er ist der freundlich-geistreiche Korrespondent im neuen Verlag, der in und mit seinem literarischen Freundeskreis das im Geiste Bodmers verwaltete Unternehmen zu beleben versucht. Die Briefe von und an ihn sind deshalb die aufschlußreichsten, heute noch immer zu wenig erschlossenen Quellen zu Gessners verlegerischer Arbeit. Sie zeigen, daß er mit allen Freuden und Leiden eines Buchhändlers gesegnet war: das Autorenhonorar mußte gekürzt, die Zensur betrogen, der Nachdrucker beschimpft, Verzögerungen und Druckfehler entschuldigt, schließlich der Lehrlingsnachwuchs erzogen werden. Da bittet der Philosoph Isaak Iselin seinen Freund Gessner, ihm „das honorarium in Geld zu bestimmen" mit dem Hinweis, daß sieben Kinder zuhause auf den Vater rechnen. Oder der Arzt und Philosoph Johann Georg Zimmermann bietet dem Verlag „Orell, Geßner & Co." die vierte Auflage seines Erfolgsbuches *Vom Nationalstolze* mit präzisen Honorarvorstellungen zum Druck an; Gessner muß antworten und gibt sich diplomatisch: „Bey diesem Artikel hat die löbliche Societät sich hintern Ohren gekratzt. Im Ernst, mein liebster Freund! Wir gestehen, daß mit 8 Louis d'or und 50 Exemplaren der innere Werth Ihres Werkes nicht kan bezahlt werden. Allein wir müßen die Umstände in Deutschland darbey zu Rathe ziehen." In Deutschland, analysiert Gessner, hätten die Buchhändler kein Geld und nur einen „Quark von Waare"; zudem bestehe dort alle Augenblicke die „Gefahr des Nachdruckes, wogegen die Privilegia aller Potentaten nicht helfen". Angesichts dieses verlegerischen Risikos müsse Zimmermann seine Honorarforderungen überdenken. Und die nüchterne Kalkulation beschließt er mit einer freundschaftlichen Geste: „Das war izt als Buchhändler. Ich bin müde. Von der Seite haben Sie mich noch nie gesehen, sagen Sie mir, obs mir nicht gut steht."

Tatsächlich war das Verhältnis von persönlicher Dichterfreundschaft und sachlicher Geschäftspartnerschaft schweren Belastungen ausgesetzt; dies illustriert besonders deutlich der Briefwechsel mit Christoph Martin Wieland. Am 15. Oktober 1762 hatte ihm der Zürcher Verlag einen Vertrag über die erste, auf acht Bände berechnete Shakespeare-Übersetzung offeriert. Eine Woche später billigte Wieland das für die Geschichte der deutschen Literatur wichtigste Projekt des Verlages, jedoch nicht ohne einen Tag zuvor dem Consortium noch einmal Schimpf und Schande nachzurufen: „Ich bin dem publico nun einmal eine Übersetzung des Sh. schuldig, und Sie sind die Verleger davon. Ich arbeite also an meiner Übersetzung, ich sende ihnen mein Manuscript, Sie lassen es auf ihre Kosten drucken, und Hr. Samuel Wolf sorgt dafür, daß man an der Menge und Abentheurlichkeit der Druckfehler sehen könne, daß er Corrector dabey gewesen, oder, mit ihm selbst zu reden, daß er Zerstreuungen und ein blödes Gesicht hat. Sie drucken also meine Übersetzung, so oft und viel sie wollen, und machen sich dieselbe, nach dem HauptGrundsaz des Rechts der Natur, so gut zu nutz als möglich ist. Was Sie mir davor geben sollen, als der doch weiter nichts zur Sache beygetragen, als die Übersetzung zu machen, das überlaße ich Ihnen; Sie können mir gar nichts geben, wenn Sie es billig oder sonst thunlich finden; ich werde mich nicht beklagen, und ich wollte, (mit dem König Lear zu reden) lieber ein Sclave und Karrengaul von Hrn. Samuel Wolfen seyn, ehe ich jemals in meinem Leben wieder einen Interesse-Streit mit Ihnen haben wollte. Kurz und gut, ich gebe Ihnen hierüber Carte blanche, machen Sie es mit Ihrem Diener wie es ihnen gefällt, und seyen Sie versichert daß Sie nichts dabey risquiren. Wenn Ihnen der Ton meines Briefs mißklingt, so lesen Sie den Ihrigen. Belieben Sie zu merken daß ich nicht als ein elender Canzleydirector des Städtchens Biberach mit Ihnen, als Männern von Nahmen, Ansehen und Würde in einer respectabeln Republik rede; wir sind izt nicht in diesem Verhältniß. Ich habe alle ersinnliche Hochachtung für Sie in so fern Sie nicht Buchhändler sind, einen unter Ihnen, den die Natur und seine Verdienste in eigentlicherm Verstand, zu meines Gleichen gemacht hat, liebe und schätze ich so sehr als man jemand außer sich lieben kan. Allein das thut hier nichts zur Sache. Orell, Gessner und Compagnie ist dißmal in meinen Augen ein bloßes Abstractum und ich nehme bloß die Freyheit zu reden, wie Wieland mit seinen Verlegern zu reden von Ihnen selbst berechtiget worden. Noch eines, und ich bin fertig. Wenn Sie jemals wieder an mich zu schreiben haben, so verschonen sie mich mit der impertinenten Prose des Hrn. Wolfen." Im postscriptum dieses Briefes vom 20. Oktober 1762 nimmt Wieland vieles von der Schärfe und Bitterkeit des Schreibens zurück, das – mehr Pasquill als Geschäftsbrief – den Interessenkonflikt zwischen Autor und Verlag selbstredend dokumentiert. Die Freundschaft mit Gessner, die Wieland ausdrücklich hervorhebt, scheint niemals gelitten zu haben, aber angesichts der existentiellen Sorgen Wielands vielleicht nur deshalb, weil dieser immer „den Freund von dem Buchhändler" zu „distinguiren" suchte (20./21. Okt. 1763). Als der Autor des *Agathon* schließlich 1771 den Verlag wechseln will, kommt ihm Gessner freundlich und hilfreich entgegen: „Wir werden uns immer glücklich schäzen, ihre Freündschaft und Gewogenheit zuhaben, und wenn auch ihr beßerer Vortheil sie von uns trennt."
(30. Dez. 1771)

Mochten sich Autoren und Verleger auch über Honorarfragen zerstreiten, im Kampf gegen die „löbl. Cen-

sur" bildeten sie eine gemeinsame Front. Die gestrenge Zürcher Zensur setzte sich aus einem Stadtpfarrer, dem Antistes, der Pfarrer am Großmünster war, und aus je einem Mitglied des Kleinen und Großen Rats zusammen. Der von den vielfältigen Schikanen mitbetroffene Bodmer fragte mit einem patriarchalisch gebremsten Sarkasmus am 30. August 1765 Johann Heinrich Schinz: „Wenn wir konsequent handeln wollen, müssen wir nicht aus unsern Bibliotheken einen großen Brand machen, der zum wenigsten dazu dienen wird, den Holzmangel zu erleichtern?" Salomon Gessner mochte in dieser Situation zurecht seinen Berliner Verlegerfreund Friedrich Nicolai beneiden, der angesichts der preußischen Publikationsfreiheit unter Friedrich II. sich kein rechtes Bild vom Zürcher Zensurdilemma machen konnte. Erst das Wöllnersche Zensuredikt vom 19. Dezember 1788 schuf in Berlin die unerträgliche Repression, die die Zürcher schon zu umgehen gelernt hatten. „Wir stehen hier unter einem Censur-Gericht", schreibt Gessner am 4. April 1766 an Nicolai, „wovon die, so die meiste Gewalt haben, Theologen von der alten, strengen Orthodoxie sind. Wir haben sie schon gewaltig geärgert u böse gemacht; aber, der Händel müde, spazieren wir zuweilen neben ihnen vorbey."
Die Not machte die so unter Druck gesetzten Verleger erfinderisch. „Den Herrn Censor wollen wir so gut möglich zum Narren haben", verspricht Gessner am 23. Februar 1768 seinem Freunde Zimmermann und beschreibt ihm auch die Strategie: „Es hat seine großen Gefahren, die Censur oft zu hintergehen. Man muß die mehreren Mahle ganz ehrlich thun, um Verdacht auszuweichen, damit man sie bey einem Haupt-Anlas mit Sicherheit und nach Herzens-Lust hintergehen könne. Wenn man dem Censor sagt, das sey eine neue Edition von dem Werk, das schon drey Mahl gedruckt sey, so wird es leicht zu machen seyn, daß er das Manuscript nicht einmahl liest, da Lesen seine Lieblingssache ohnedas nicht ist, und wir versparen so die Sache auf einen gefährlicheren Anlas." Um den regelmäßigen Ärgernissen mit der Zensur vorzubeugen, fingierte der Zürcher Verlag gelegentlich den Druckort „Hamburg und Leipzig". Vor der Edition der englischen Satire *Hudibras* des Samuel Butler etwa sicherte sich „Orell, Geßner & Comp." gleich doppelt ab; man bat den Übersetzer Johann Heinrich Waser wegen der Zensurbedenken um eine Stellungnahme und druckte schließlich in „Hamburg und Leipzig". Friedrich Nicolai vergaß die Notwendigkeit dieses Versteckspiels, als er durch „Unachtsamkeit" und „Nachlässigkeit" in einer Berliner Verkaufsanzeige den richtigen Ort und Verlag nannte; in einem freundschaftlichen Brief entschuldigte er sich bei Gessner für die daraus entstandenen Unannehmlichkeiten (Kat. Nr. 118).
Die Korrespondenz zwischen Nicolai und Gessner bezeugt in ihrer persönlichen Offenheit und sachlichen Vielseitigkeit eine gegenseitige Hochachtung zweier Persönlichkeiten, die als Verleger, Herausgeber, Publizisten und Schriftsteller unter verschiedenen Bedingungen vor und hinter den Kulissen der Öffentlichkeit Vergleichbares geleistet haben. Beide unterwarfen ihr selbstverständliches kommerzielles Interesse erheblichen ideellen Anstrengungen. Nicolai hat das am 8. November 1769 Lessing gegenüber sehr einfach ausgedrückt: „Ich sehe die Notwendigkeit ein, wenn ich die Unternehmungen meiner Handlung im Ganzen überlege, streng als Kaufmann zu denken; aber es wäre für meinen Verstand und mein Herz ein großes Unglück, wenn ich immer als Kaufmann denken wollte." Gessners Freundschaft zu Wieland und Nicolais Freundschaft zu Lessing scheint diese Sentenz als ihrer beider Maxime zu bestätigen.
In seinen Briefen an Lessing weist sich Nicolai ferner als bester Kenner des deutschen Buchmarktes aus. Er weiß um die latente Gefahr des Nachdrucks oder Raubdrucks in den verschiedenen deutschen Territorien, die auch dem Zürcher Verlag die Kalkulation erschwerte. Mit „schwehren Klagen" suchte Gessner bei einem (nicht genannten) Freunde Rat gegen einen unrechtmäßigen Karlsruher Nachdruck von Wielands und seinen eigenen Schriften (Kat. Nr. 100). „Diese Leüthe, die ihr Glük blos auf die Beraubung andrer bauen, machens die Zeit her gar zuungebunden", resümierte er und erweiterte damit einen Chor von Stimmen, die das verbreitetste Verlegerärgernis im 18. Jahrhundert beklagen. Die noch ausstehende Erforschung der Verlagsproduktion von „Orell, Geßner, Füeßli und Comp." würde vermutlich auch zeigen, daß der Zürcher Verlag seinerseits nicht unbescholten blieb, etwa als er 1785 einen nicht-autorisierten Erstdruck von Schubarts *Gedichten aus dem Kerker* edierte. Als der württembergische Dichterrebell im gleichen Jahre mit fürstlicher Erlaubnis selbst seine Gedichte herausgeben durfte, mußte er zunächst die Zürcher Ausgabe verreißen, die „mit sinnlosen Druckfehlern" eine Zusammenstellung von echten und unechten Gedichten enthielt (Kat. Nr. 101).
In diesem Jahre 1785 hatte sich Gessner schon weitgehend von der verlegerischen Arbeit zurückgezogen. Die Aufbauleistung der 60er Jahre war abgeschlossen, und in Johann Heinrich Füssli hatte der Verlag seit 1770 einen fähigen Mitarbeiter hinzugewonnen. Die in den Meßkatalogen zwischen 1772 und 1792 angekündigten 224 Verlagsartikel (nach Goldfriedrich) und das dreibändige Verzeichnis lieferbarer Bücher mit seinen ca. 17.000 Titeln (Kat. Nr. 96) zeigen an, welchen quantitativen Aufschwung die Verlagsbuchhandlung genommen hatte. Auch die qualitative Leistung ließ

Verzeichniß
aller
Bücher
welche bey
Orell, Geßner, Füeßlin und Compagnie
in Zürich
um beygesetzte Preise zu haben sind.

M D C C L X X I I I.

Nr. 96

sich messen. In den fünfziger Jahren noch hatte der jugendliche Gessner in zwei Briefen an Gleim und Kleist voller Euphorie versprochen, die Zürcher wollten der deutschen Nation die unterlassene Arbeit, welche keine Nation von Geschmack unterlassen dürfe, geben, bis auch in Deutschland die schöne Wissenschaft eine herrschende Wissenschaft sei. Mit den Editionen der griechischen und englischen, aber auch der schweizerischen und deutschen Literatur hat Gessners Verlag zur Beförderung der schönen Wissenschaften beigetragen, und Goethe hatte diesen Beitrag zur „wahren Literatur" anerkannt.

Auch ein publizistisches Ereignis des Jahres 1780 verdankte sich der Initiative Gessners. Seit seiner Aussöhnung mit dem Vater 1772 hatte er die in der Gessnerschen Buchdruckerei erscheinende *Montags-Zeitung* redigiert (Kat. Nr. 111), die er durch einen Privilegienvertrag in eine zweimal wöchentlich erscheinende politische Zeitung verwandeln konnte: am 12. Januar 1780 erschien die Erstausgabe der *Zürcher Zeitung* (Kat. Nr. 112) mit einer Vorrede der Herausgeber „Orell, Geßner, Füeßli und Compagnie": „Es wird uns zwar, so wie andern Zeitungs-Schreibern, nicht möglich seyn, die Weltbegebenheiten früher anzuzeigen, als sie geschehen sind; oder, als sie auswärtige Zeitungen der Welt berichten. Aber doch haben wir Anstalten getroffen, vermittelst der besten Französischen, Englischen, Italiänischen, Holändisch- und Deutschen Zeitungen, und auch durch zuverlässige Privat-Correspondenz die Nachrichten immer so bald zu erhalten, und in unsere Zeitungen einzurücken, als es andre von unsern Nachbarn thun können. Wer nun die Preiße aller dieser Hülfsmittel weiß, und dieselben mit dem Kosten dieser unsrer Zeitung vergleicht, wird uns die Gerechtigkeit wiederfahren lassen: Daß wir in diesem Fall, mit unserm Nutzen, auch den Nutzen des Publikums verbinden." Die ersten beiden Ausgaben der am Mittwoch und am Samstag erscheinenden Zeitung hat Salomon Gessner redigiert, indem er, wie damals üblich, Meldungen anderer Zeitungen zu einem neuen Blatt zusammenfügte. Die dritte Nummer der heute 200jährigen *Neuen Zürcher Zeitung* verantwortete ihr erster Berufsredaktor Johann Kaspar Risbek. (Die Erstausgabe der *Zürcher Zeitung* ist als Faksimiledruck diesem Katalog beigebunden.)

Salomon Gessner erhielt 1781 die Stelle eines Oberaufsehers über den stadteigenen Sihlwald bei Zürich und zog sich nun mit Vorliebe als Künstler in die landschaftliche Idylle zurück. Seine verlegerische Arbeit beschränkte er auf die Redaktion des seit 1780 jährlich erscheinenden *Helvetischen Calenders;* für die acht Bändchen bis zum Jahre 1788 radierte er 53 schweizerische Landschaftsansichten (Kat. Nr. 109 f.) Diese Illustrationen haben wesentlich zum Erfolg des zierlichen Almanachs beigetragen, wie überhaupt der Erfolg des Verlegers Gessner von seinem buchkünstlerischen Engagement nicht zu trennen ist. Die liebevolle Ausstattung der von ihm betreuten Bücher, vorzüglich seiner eigenen Werke, fand den Beifall der Zeitgenossen, und Gleims Ausruf beim Tode des besten deutschen Buchkünstlers ließe sich auf Gessner übertragen:

Chodowiecki war!
War! Wär er nicht gewesen,
So blieb wohl eine Schar
Von unsern Büchern ungelesen.

Eine bessere Lesbarkeit der Bücher insbesondere für die ausländischen Leser wollte Gessner mit der Ablösung der deutschen oder gotischen Drucktype durch die runden oder lateinischen Buchstaben erreichen (Kat. Nr.

97 f.). Wie schwer dieses Vorhaben durchzusetzen war, zeigt der erfolgreiche Widerstand der deutschen Leserschaft gegen die Antiqua zugunsten der Frakturschrift. Goethes Mutter beispielsweise bedankte sich bei ihrem Sohne für den *Reinecke Fuchs* im Juni 1794 so: „Meinen besten Danck vor Reinecke den ertz Schelm – es soll mir aufs neue eine köstliche Weide seyn! ... froh bin ich über allen Ausdruck, daß deine Schrieften alte und neue nicht mit den mir so fatalen Lateinischen Lettern das Licht der Welt erblickt haben – beym Römischen Carneval da mags noch hingehen – aber sonst im übrigen bitte ich dich bleibe deutsch auch in den Buchstaben – Auf Gevatter Wielands Wercke hätte ich prenumorirt aber vor der neuen Mode erschrack ich – und ließe es bleiben." Nach Gessners Willen hätte diese „neue Mode" bereits zu einem anerkannten Mittel der Buchgestaltung werden müssen. Er selbst hatte bei der Mehrzahl seiner eigenen Werke mit der Wahl der Antiquatype, der Bestimmung des Zeilenabstandes und der Zuordnung des Vignettenschmucks jede Seite nach ästhetischen Gesichtspunkten harmonisiert; nur bei den preiswerten Volksausgaben entsprach er dem verbreiteten Wunsch nach der gewohnten Fraktur. Allein dieses gewählte Beispiel der Drucktypenbestimmung mag andeuten, wie stark das kaufmännische Interesse des Verlegers von dem ausgebildeten Geschmack des Buchkünstlers und Graphikers mitbestimmt wurde.

Salomon Gessner als Verleger zu würdigen und seinen Anteil an der Verlagsbuchhandlung „Orell, Geßner, Füssli und Comp." überzeugend zu bestimmen, ist ohne eine fundierte Studie über die Verlagsproduktion nicht möglich; diese allein dürfte auch über Gessners stattliches Eigenlob befinden, „daß seit Adams Zeiten, keine redlicheren und geradern Buchhändler in der Welt gewesen sind, als Orell, Geßner und Comp." (an Zimmermann, 23. Februar 1768). Die bisherigen Beiträge von Max Rychner und Leo Weisz blieben ohne Quellenangaben unkritisch und bestenfalls deskriptiv. Die vorliegende Skizze nutzte vorrangig einige von Paul Leemann-van Elck verstreut publizierte sowie drei ungedruckte Briefe; ohne Anmerkungsapparat versteht sie sich als Vorarbeit zu einer dringlich erwünschten Erforschung der Verlegertätigkeit Gessners, die allerdings eine möglichst vollständige Quellenerschließung und Briefdokumentation voraussetzt. Richtungsweisend für eine solche Arbeit könnte die Dissertation von Wolfgang von Ungern-Sternberg über *Chr. M. Wieland und das Verlagswesen seiner Zeit* sein; schließlich sei ausdrücklich auf den überaus anregenden Katalog des Düsseldorfer Goethe-Museums verwiesen, der im Zeitkontext von *Lesewuth, Raubdruck und Bücherluxus* das Buch in der Goethezeit untersucht.

Empfindungen und Gebete der Christlichen Rechtschaffenheit, samt Fest = Andachten. 8. 1763. 12 gr.
Geßners (Salomon) Tod Abels. Mit Vignettes. 8. 1764. 16 gr.
= = sämtliche Werke; durchaus mit Vignettes geziert. 4. Theile. 8. 1769. 2. Rthlr. 16. gr.
= = eben dieselben mit deutschen Littern, ohne Vignettes. 2. Theile. 8. 1767. 1. Rthlr. 4. gr.
Gronau (Joh. Hermann) Predigten über den 25. Psalm Davids. Zweyte Auflage. 1767. 10 gr.
Hügens (Chr.) Welt = Beschauer; oder vernünftige Muthmassungen, daß die Planeten nicht weniger geschmükt und bewohnt seyn, als unsere Erde. Aus dem Lateinischen übersezt. Mit Anmerkungen von Verschiedenen, und Kupfern. 8. 1767. 10 gr.
Opiz (Martin) von Boberfeld Lobgedichte. Von J. J. B. und J. J. B. besorgt. 8. 1755. 1 Rthlr.
Reflexionen eines Italiäners über die Kirche überhaupt, über die regulare und seculare Geistlichkeit, über die Bischöffe und Römischen Päbste, und über die Kirchlichen Rechtsamen der Fürsten, Aus dem Italiänischen übersezt. 8. 1768. 22. gr.

Nr. 42 Verlagsanzeige aus Teil 2, 1769.

Statt einer abschließenden Würdigung Salomon Gessners sei deshalb abschließend Salomon Gessners Würdigung seiner Zunft zitiert. Sie ist in einem Brief an den Basler Freund Johann Rudolf Frey enthalten, in dem Gessner einige Voraussetzungen und Möglichkeiten der Lehrlingsausbildung aufzählt: „Sie denken ihren Vetter, für den Sie so edel und so großmüthig sorgen, der Buchhandlung zu widmen, und sie haben das Zutrauen, daß er in unsrer Handlung und unter meiner Aufsicht für diese ihre Absichten wohl versorgt seyn werde. Ich habe die Bewilligung meiner Mitaßocierten erhalten, und die Conditionen die ich ihnen vorzulegen habe sind nur wenige. Der junge Mensch wird, um in allen theilen der Handlung genungsam Übung zu bekommen, ohngefähr 5. Jahre in unsrer Handlung bleiben müßen. Man wird ihm in allem getreüen freündschaftlichen unterricht geben; darfür verlangen wir nichts, nur muß er hier durch die Seinigen unterhalten werden, und wir würden trachten, bey rechtschaffenen Leüthen und zugleich so gut und doch so wenig kostbar als möglich ihn zuversorgen. Er soll nebst meiner u meiner Associerten sorgfältiger Aufsicht, der Sorgfalt u dem Unterricht eines Mannes übergeben seyn, der in unsrer Handlung steht, der so wohl einen guten Moralischen Charakter, als auch große Einsicht in die Handlungsgeschäfte hat. Wenn er liebhaber von den Wißenschaften ist, so werden ihm immer Stunden übrig bleiben, die er denselben wiedmen kan, und wir werden ihm nur dasjenige zulesen rathen, was ihn mit nüzlichen Einsichten versehen und edle Gesinnungen in ihm erweken kan."

Lit.: S. G. an Leonhard Usteri, Zürich 27. Dez. 1760. ZB Zürich, Autographensammlung Ott-Usteri; S. G. an Unbekannt o. D.. Nationale Forschungs- und Gedenkstätten der klass. dt. Lit. in Weimar. Abt. II, Nr. 853; S. G. an Johann Rudolf Frey, Zürich 1. Okt. 1763. Staatsarchiv Basel. Privatarchiv 485, B6h; [J. W. Goethe]: Rezension der Lobrede auf den Meßias von Christian Bachholm. In: Frankfurter Gelehrte Anzeigen vom Jahr 1772. Hg. von Bernhard Seuffert. Heilbronn 1883, 505 [= Dt. Litteraturdenkmale d. 18. Jhdts 7/8]; G. E. Lessings Briefwechsel mit Ramler, Eschenburg und Nicolai. Berlin und Stettin 1794. Bes. 289; Briefe der Schweizer Bodmer, Sulzer, Geßner. Hg. von Wilhelm Körte. Zürich 1804; Briefe von S. G. an J. G. Zimmermann. Zürcher Taschenbuch auf das Jahr 1862. Hg. von Salomon Vögelin. 3. Jg. Zürich 1862; Adam Jacob: Zur Geschichte der Zensur im alten Zürich. Zürcher Taschenbuch auf das Jahr 1907. NF 30. Jg. Zürich 1907. 229–242; Johann Goldfriedrich: Geschichte d. Dt. Buchhandels vom Beginn der klass. Litteraturperiode bis zum Beginn der Feudalherrschaft (1740–1804). Leipzig 1909. 514; Isaak Iselin an S. G.. Basel 23. April 1769. In: S. G.'s Beziehungen zu Zeitgenossen. Mit 28 ungedruckten Briefen an S. G.. Hg. von Paul Leemann-van Elck. Zürcher Taschenbuch für das Jahr 1931. Separatdruck Zürich 1930. 7 ff.; S. G.'s Briefe an Friedrich Nicolai. Hg. von P. Leemann-von Elck. Zürcher Taschenbuch für das Jahr 1934. Separatdruck Zürich 1933; Ludwig Hirzel (Hg.): Ungedruckte Briefe von Wieland (aus dem Nachlass S. G.'s). In: Archiv für Litteraturgeschichte VII. 2. 1878. 489–518; Ungedruckte Briefe von Wieland an G. und Orell, Geßner & Cie.. Hg. von P. Leemann-van Elck. Sonderdruck aus der Zürcher Monats-Chronik 1934. Nr. 7; Wielands Briefwechsel. Hg. von der Dt. Akademie der Wissenschaften zu Berlin. Bde I–IV. Hg. von Hans Werner Seiffert. Berlin 1963–79. Bes. III, 123 ff. und IV, 443; Max Rychner: Rückblick auf vier Jahrhunderte. Entwicklung des Art. Institut Orell Füssli in Zürich. Zürich 1925; ders.: S. G. als Verleger. In: S. G. – Gedenkbuch zum 200. Geburtstag. Zürich 1930. 127–35; Leo Weisz: S. G. als Verlagsbuchhändler. Orell, Füssli Almanach Zürich/Leipzig 1931. 11–26; P. Leemann-van Elck: Druck Verlag Buchhandel im Kanton Zürich von den Anfängen bis um 1850. Zürich 1950. 62 f.; ders.: Die zürcherische Buchillustration von den Anfängen bis um 1850. Privatdruck Zürich 1952; Leo Weisz: Die Redaktoren der Neuen Zürcher Zeitung bis zur Gründung des Bundesstaates 1780–1848. Zürich 1961. 25–33; Martin Salzmann: Orell Füssli 1519–1969. 450 Jahre Zürcher Druck- und Verlagsgeschichte. Begleitheft zur Ausstellung Zürich 1969; Wolfgang von Ungern-Sternberg: Chr. M. Wieland und das Verlagswesen seiner Zeit. Studien zur Entstehung des freien Schriftstellertums in Deutschland. In: Archiv für Geschichte des Buchwesens ‚AGB'. Bd. XIV (1974). 1211–1534; Horst Möller: Aufklärung in Preussen. Der Verleger, Publizist und Geschichtsschreiber Friedrich Nicolai. Berlin 1974; Jörn Göres (Hg.): Lesewuth, Raubdruck und Bücherluxus. Das Buch in der Goethe-Zeit. Goethe-Museum Düsseldorf 1977; E. Theodor Voss: Zur Beziehung von Klopstock und Gessner, anläßlich zweier unveröffentlicher Briefe aus dem Jahre 1760. In: ZfdPh 97. 1978. 534–561 (mit einem Brief des Buchhändlers 550 ff.).

Herꝛn Heinrich Vogels,
gewesenen Ingenieurs Lobl. Cantons Zürich,
Inspectors des Collegii der Constablern und Feuer-Werkern daselbst,
Kurzer Unterricht
in der
ARTILLERIE-
Wissenschaft,
Zu
Ernst- und Lust-Feuer-Werken.

Dritte und vermehrte Auflage.

Zürich, bey David Geßner, 1756.

Nr. 102

Die Verlagsproduktion in Beispielen

93

Die CL. Psalmen Davids, Durch D. Ambros. Lobwasser in Deutsche Reimen gebracht. Samt anderen auserleßnen Psalmen, Fest- Kirchen- und Lob-Gesängen/ der lieben Kirchen Gottes zu Gutem, mit allem Ernst und Fleisse zu vier Stimmen heraus gefertiget.
Zürich, Gedruckt bey David Geßner, An. 1750.
ZB: ZB 1209 (3)

Der Vater Hans Conrad Gessner druckte in seinem Verlag „David Geßner" bis zur tätigen Mitarbeit seines Sohnes Salomon seit 1750 vorrangig Schul- und Bibeldrucke. Die vorliegende Psalmenausgabe von 1750 erscheint mit der typographischen Gestaltung des Titelblatts und der Frontispizillustration noch im alten Gewande einer Tradition, die der Sohn als Verleger dann buchkünstlerisch neu inspirierte.

94

Sophokles
Electra. Ein Trauerspiel Des Sophokles. Nebst Pindars erster Ode. Aus dem Griechischen.
Zürich, bey Geßner, 1759.
ZB: RR 1123 (1)
L 269–271; S. 175

Mit dieser Übersetzung seines Freundes Johann Jakob Steinbrüchel beginnt Gessner seine Nation „mit den Meisterstükken der Alten" bekannt zu machen; ein Vorhaben, dessen Realisierung er schon früher kaum erwarten konnte (Brief an Gleim, 2. Okt. 1755): „Ich wünsche recht sehr, daß die besten Köpfe in Deutschland, etliche Alte in guten Übersetzungen liefern möchten. Man hat in Deutschland noch Achtung genug für die Alten, und die Bekanntmachung derselben ist noch bei den besten Nationen für ein Mittel gehalten worden, den Geschmack zu bessern, mit dem sich die grössesten Genies beschäftigt haben." Die beste Beförderung des Projekts war Gessners verlegerische Initiative, die er schließlich in seiner Vorrede zur *Electra* so begründete: „Man muß gar nichts von den Engelländern gelesen haben, wenn man nicht bemerkt hat, mit was für Hochachtung sie immer diese Muster anpreisen, und daß sie dieselben zu Ausbildung eines Genie für unentbehrlich halten. Sie sind uns das, was die Überbleibsel der Griechischen Bildhauer dem Maler sind. Bey diesen erlangt er die sublimsten Begriffe vom Schönen, und lernt, was man der Natur leihen müsse, um der Nachahmung Anstand und Würde zu geben." Bis zum Ausscheiden Salomons aus dem väterlichen Verlag folgten mit Vignettenschmuck die Übersetzungen des *Oedipus* (1759), des *Philoctetes* und der *Antigone* (beide 1760).

95

Sophokles
Antigone. Ein Trauerspiel Des Sophokles. Nebst Pindars vierter und fünfter Ode. Aus dem Griechischen, von dem Uebersetzer des Oedipus.
Zürich, bey Geßner, 1760.
ZB: Dr M 1011
L 280–81

Das ausgestellte Exemplar enthält zahlreiche handschriftliche Einträge und Korrekturen des Übersetzers Johann Jakob Steinbrüchel.

96 *Abbildung*

Verzeichnis aller Bücher welche bey Orell, Geßner, Füeßlin und Compagnie in Zürich um beygesetzte Preise zu haben sind.
[3 Bde] Zürich 1773–74.
ZB: Res 1405 c-d.

Das dreibändige Bücherverzeichnis bietet auf 434 (1. Bd.), 295 (2. Bd.) und 262 Seiten (3. Bd.) in alphabetischer Ordnung nach Autoren etwa 17.000 Buchtitel zum Verkaufe an. Seine eigenen Schriften unterscheidet Gessner nach deutschen oder lateinischen Lettern und verweist auf eventuellen Buchschmuck („ganz neue allegorische Vignetten von dem Verfasser"). Bücheranzeigen sind zudem vielen Verlagsprodukten zur Werbung angehängt.

97

Gessner, Salomon
Schriften. Erster Theil: Der Tod Abels.
Zürich, bey Orell, Geßner, Füeßlin und Comp. 1770.
ZB: AX 6061
L 535

Gessner kündigte in dem *Verzeichniß aller Bücher welche bey Orell, Geßner, Füeßlin und Compagnie in Zürich ... zu haben sind seine Schriften mit deutschen Lettern. Drey Bände. Zürich 1770 und 1771* an. Aufgeschlagen ist *Der Tod Abels. Fünfter Gesang* als Probe für die deutschen oder gotischen Lettern.

98

Gessner, Salomon
Der Tod Abels.
Mit königlichen Pohln. Churfürstl. Sächsischen allergn. Privilegio. Leipzig, bey Johann George Löwen. 1778.
ZB: AK 690
L 579

Als wichtige buchkünstlerische Neuerung sah Gessner den Wechsel von der deutschen zur lateinischen Drucktype an. Diese Neuerung wird in der Vorrede zu Ewald von Kleists *Der Frühling* (1754) so gerechtfertigt: „Helfen sie mir bey unsern Landsleuten die Neuerung entschuldigen, mit welcher ich nach dem Verfasser dieses Gedichts die runden latei-

nischen Buchstaben zu einem deutschen Werk gebraucht habe. Eine Neuerung mag noch so wohl gerathen seyn, so hat sie eine Entschuldigung vonnöthen. Die Franzosen warfen mir oft, wenn wir etwan über den Vorzug der Nationen stritten, denn man begehet doch diese Thorheit öfters, unsern Gebrauch der Gothischen Buchstaben vor, und dieses hielten sie für einen starken Beweis unserer Barbarei; Ich musste auch nicht ohne Verdruß mir heimlich bekennen, dass sie in diesem Stük nicht unrecht hätten. Leibniz hat schon gewünscht, dass die lateinischen Buchstaben eingeführt werden, und das Urtheil dieses grossen Mannes ist mehr als genug, eine solche Neuerung zu rechtfertigen."
Die im Verlagsverzeichnis (Kat. Nr. 96) angebotene Ausgabe *Der Tod Abels. In lateinischen Lettern. Zürich 1770* ist offenbar äußerst selten. Deshalb ist hier als Probe für die lateinischen Buchstaben der Anfang des fünften Gesangs aus dem *Tod Abels* in einem Leipziger Nachdruck ausgestellt, dessen lieblose Ausstattung mit teilweise schlechten Vignetten zugleich die fahrlässige Herstellung eines Raubdrucks demonstriert.

99

Meyer, Rudolf und Conrad
Die menschliche Sterblichkeit unter dem Titel Todten-Tanz, in LXI. Original-Kupfer... abermal herausgegeben; nebst neuen, dazu dienenden, moralischen Versen und Ueberschriften.
Hamburg und Leipzig. 1759.
ZB: 7.135

Unter der fingierten Bezeichnung „Hamburg und Leipzig" erschien in Gessners Verlag manches Buch, sei es aus Gründen der Zensur, sei es, was wahrscheinlicher ist, um ihm in Deutschland einen besseren Absatz zu sichern, wo ja mancherorts der Name Zürichs für Freunde Gottscheds gleichsam als rotes Tuch wirken mußte. – In den *Monatlichen Nachrichten*, die 1760 in Zürich erschienen, stand jedenfalls mit aller wünschenswerten Deutlichkeit zu lesen, daß „In dem Orellischen Buchladen unter den Schuhmachern" der Totentanz der beiden Brüder Meyer neu zu haben sei. Erstmals war das Buch im Jahre 1650 in der Bodmerschen Druckerei erschienen. Aus der Stammtafel der heutigen Art. Institut Orell Füssli AG ist die lückenlose Genealogie des von Christoph Froschauer 1519 gegründeten Verlags zu entnehmen, wonach der *Sterbensspiegel* in der dritten, seine Neuauflage in der achten „Generation" erschienen ist. Die originalen Kupferplatten, die Gessner 1759 zweifellos eingehend studiert hat, haben sich über die Jahrhunderte hinweg bis zum heutigen Tag im selben Verlag erhalten. Erst 1978 ist noch einmal eine Neuauflage in 100 Exemplaren von ihnen hergestellt worden. Als Orell und Gessner sich entschlossen, den Neudruck zu riskieren, fanden Sie es jedenfalls gut, ihren langjährigen Registrator und Verlagsangestellten Samuel Wolff mit einer totalen Revision der Texte zu beauftragen; die früheren aus dem Zeitalter des Barock hielt man für hoffnungslos veraltet und überholt. Wolffs Handexemplar hat sich übrigens in der Bibliothek der Eidgenössischen Technischen Hochschule in Zürich erhalten. Samuel Wolff fungierte auch als Faktotum und Korrektor des Verlags, über den sich Wieland bei der Drucklegung seiner Shakespeare-Übersetzung schrecklich erzürnte und beschwerte. Wolffs „impertinente" Briefe verbitte er sich fortan, „Alles meine Herren, nur keinen Brief von Hrn. Samuel Wolfen mehr; ich bin küzlicht und habe eine abscheuliche Antipathie gegen Flohstiche."

100

Gessner, Salomon
Salomon Geßners sämmtliche Schriften.
Sammlung der besten deutschen prosaischen Schriftsteller und Dichter, Neunzehnter bis Ein und zwanzigster Theil. Mit allerhöchst-gnädigst Kayserlichem Privilegio. Carlsruhe bey Christian Schmieder 1775.
ZB: AX 6084
L 576

Die Karlsruher Ausgabe von Gessners Schriften in drei Bänden mit Vignetten-Imitationen des Kupferstechers G. S. Facius hat den Verleger Gessner ungemein verärgert. „Ich kome bey ihnen mit schwehren Klagen ein," heißt es in einem undatierten Brief an Unbekannt (unveröffentlichter Brief in den Nationalen Forschungs- und Gedenkstätten der klassischen deutschen Literatur in Weimar, Abtlg. II. Nr. 853), „und muß sie um Rath und freündschaftlichen Beystand bitten. Meine Buchhandlungs-Societet hat ein gedruktes Verzeichniß erhalten, von allen Werken, die Schmieder in Carlsruhe nachgedrukt hat, und nachdruken will, und da zeigt sichs, daß es darbey nicht wenig auf unsern Schaden vorgeht, indem darunter meine Schriften und Wielands Prosaische Schriften begriffen sind. Diese Leüthe, die ihr Glük blos auf die Beraubung andrer bauen, manchens die Zeit her gar zuungebunden, und kein ehrlicher Mann kan mit Sicherheit etwas auf ein Werk wagen, das einiges Aufsehen verdient. Die Nachdruker haben sonst freylich sich hinter den Grund verstekt, man müße das Publicum erleichtern, indem man jezt für die Bücher unerträgliche Preise fordert. Diese Entschuldigung kan Schmieder gegen uns nicht brauchen, indem neben der Edition von meinen Schriften, die 8°. mit Lat. Lettern, und mit Vignetten gedruckt wird, schon seit verschiedenen Jahren eine Edition heraus gegeben wird, 8°. mit deütscher Schrifft, die in dem billigsten Preis verkauft wird..."

101

Schubart, Christian Friedrich Daniel
Gedichte aus dem Kerker.
Zürich, bey Orell, Geßner, Füßli und Comp. 1785.
ZB: Sp 319; HAB: Lo 7021

Daß die Ausgabe der Gedichte des erst 1787 aus zehnjähriger Haft entlassenen württembergischen Rebellen „ohne Wissen des Verfassers gemacht werden mußte, wenn sie je gemacht werden sollte", behauptet der Ulmer Herausgeber ostentativ: „Traurig genug für die sogenannte Freyheit der Deutschen, daß man, um der Launen ihrer Beherrscher willen, von einem Mann diese Versicherung geben muß, der der erste war, der es wagte, mit der Fackel des gesunden Menschenverstandes einen grossen, vorher finstern Landstrich zu erleuchten..."

N°. 1. 1780.

Zürcher Zeitung.

Mittwoche, den 12. Jenner.

Nachricht.

Schon einige Jahre hatten wir das Vorhaben, allhier eine politische Zeitung herauszugeben. Verschiedene Zwischenbegegnisse machten es uns unmöglich. Itzt aber haben wir den vesten Entschluß genommen, damit den Anfang zu machen. Alle Mittwochen und Samstage, auf den Mittag, soll davon ein halber Bogen herauskommen, und man bezahlt uns für den vollständigen Jahrgang **Ein Gulden und dreyssig Kreuzer**, Zürich-Valuta, gegen Empfangschein zum voraus.

Es wird uns zwar, so wie andern Zeitungs-Schreibern, nicht möglich seyn, die Weltbegebenheiten früher anzuzeigen, als sie geschehen sind; oder, als sie auswärtige Zeitungen der Welt berichten. Aber doch haben wir Anstalten getroffen, vermittelst der besten Französischen, Englischen, Italiänischen, Holändisch- und Deutschen Zeitungen, und auch durch zuverlässige Privat-Correspondenz die Nachrichten immer so bald zu erhalten, und in unsere Zeitungen einzurücken, als es andre von unsern Nachbarn thun können. Wer nun die Preiße aller dieser Hülfsmittel weiß, und dieselben mit dem Kosten dieser unsrer Zeitung vergleicht, wird uns die Gerechigkeit wiederfahren lassen: Daß wir in diesem Fall, mit unserm Nutzen, auch den Nutzen des Publikums verbinden.

Die Beschleunigung der Pränumeration wird uns eine wichtige Aufmunterung seyn, für die Sache selbst; und wenn wir anfänglich eben nicht das leisten, was wir gerne leisten wollten, so bitten wir zu bedenken: Daß alle Anfänge schwer seyen, und daß wir von einer Woche bis zur andern unsre Einrichtung verbessern, und der Zeitung selbst dadurch, mehr Interesse geben werden. Das erste Stück soll den 1 Jenner erscheinen.

Wir bitten uns Briefe und Vorschuß-Geld franco aus.

Orell, Geßner, Füeßli und Compagnie.

Kurze Nachricht von dem Seezuge des Grafen von Estaing, seit seiner Abreise von Martinique, so wie selbige zu Nantes gedruckt, und daselbst den 14. December ausgegeben worden.

Den 4ten Julii 1779. eroberte der Graf von Estaing Grenada; zwey Tage nachher fiel die Seeschlacht vor. Den 10ten gieng er zu einer Expedition auf St. Christoph ab, wo er den 31sten ankam; doch ohne etwas auszuführen, gieng er den 15ten August wieder nach St Domingo. Von hier segelte er sogleich nach Savannah, und kam daselbst den 30sten an. Den 16ten September landete er auf der Küste von Georgien, und nahm sein Lager zu Minghauzen, 3 Meilen von Savannah.

Der Herr von Estaing war von St. Domingo mit 20 Kriegs-Schiffen, 10 Fregatten, einigen Transport-Schiffen und 3000. Mann Truppen abgesegelt. Als er an der Mündung des Savannah-Flusses gekommen war, warf e die Anker; da er aber Schwierigkeiten fand, den Fluß bis zu dem Platze mit kleinen Fahrzeugen hinaufzukommen, und die Ausschiffung an der Mündung des Ossabow viel geruhiger geschehen konnte, so ward solche auch bey dem Dorfe Bucley bewerkstelliget. Nachdem 2400. Mann ans Land gesezt waren, wurden die übrigen, nachdem es Zeit und Gelegenheit zuließen, auch ausgeschifft. Den 16ten campirte die ganze Macht zu Ringhauzen, einen Canonenschuß weit von dem Platze.

Den 22sten ward die Belagerung von Savannah angefangen. Dieser Ort ist von Natur fest, und mit dem Flusse dieses Namens, oder vielmehr mit einem Morast, den er macht, mehrentheils umgeben. Den übrigen Theil der Stadt deckt ein starkes Retranschement, und 4. mit allem Nöthigen versehene Redouten. In der Nacht vom 24sten zum 25sten September wurden die Laufgräben eröfnet, und es wurden 27. Canonen von 12. und 8. Pfund mit 9. Mörsern aus den Schiffen auf die angelegten Batterien gebracht.

Den Morgen nach der Eröffnung der Laufgräben thaten die Feinde einen Ausfall mit 300. Mann; doch wurden selbige tapfer in die Retranschements zurück getrieben. Sobald als sie hinein waren, ward aus den Redouten mit Cartetschen auf die unsrigen geschossen, wodurch wir bey dem Abzug 60. Todte und Verwundete bekamen. Die Feinde legten hierauf verschiedene Batterien von Canonen und Mörsern an, um dadurch unser Feuer zu vernichten, und es gelang ihnen darin so gut, daß wir den 8ten October nicht mehr als 3. Canonen gebrauchen konnten.

Da die Belagerung indessen viel länger dauerte, als sich der Herr von Estaing nach dem Berichte der Americaner, die 1800. an der Zahl von Charlestown zu Lande zu ihm gestossen waren, vorgestellt hatte, fieng der Vorrath an kleiner zu werden; und da die Jahrszeit da war, welche diese Küste gefährlich macht, so beschloß der Herr von Estaing, ehe er von hier gieng, einen starken Angriff zu wagen. Zu dem Ende stellte er sich selbst an die Spitze der Grenadiers; er ward aber, des tapfern Anfalls der Unsrigen ungeachtet, so empfangen, daß er, nach mannigfaltigen Bemühungen, mit einem Verluste von 500. Todten und Verwundeten, sich retiriren mußte. Der Graf selbst erhielte 2 Schußwunden; die eine gleich zu Anfange des Angriffs, weshalb er aber seinen Posten nicht verließ; die zweyte erhielt er bey dem Rückzug, und diese dürfte ihm ein steifes Bein zuwege bringen.

Da dieser Angriff nicht geglückt war, so mußte die Belagerung nothwendig aufgehoben werden, und dieses sowohl, als der Abzug bis zum Einschiffungs-Platz, geschahe unter dem Commando des Grafen von Dillon in der grösten Ordnung, ohne daß es der Feind zu verhindern suchte. Der Verlust vor diesem Platze besteht in 5 bis 600 Todten und Verwundeten. Unter den ersten zählt man 10. und unter den letzten 30 Officiers. Der Herr von Sancé, Capitain von Corps Royal, der die Artillerie commandirte, ward den ersten Tag der Belagerung durch eine Canonen-Kugel getödtet.

Indem man mit der Belagerung beschäftiget war, ward dem Herrn von Estaing durch einen Deserteur bekannt gemacht, daß man zu Savannah eine Convoy mit Lebensmitteln, unter Escorte eines Schiffes von 50, und einer Fregatte von 26 Canonen, erwarte. Sogleich wurden verschiedene Schiffe und Fregatten abgesandt, auf selbige zu kreuzen, die auch das Glück hatten, das Kriegs-Schiff und die Fregatte, nebst noch 8 andern Schiffen von der Flotte zu nehmen. Sie hatten 150000 Livres zur Bezahlung der Garnison, Kleider für die Truppen, und vielen andern Vorrath am Bord, der unserer Flotte sehr zu statten kam. Das Englische Kriegs-Schiff, Experiment, ist durch den Saggittaire, den der Herr von Rion commandirt, und die Fregatte Ariel, von der Fregatte Amazone, unter dem Befehl des Herrn von Perouse, genommen worden. Die Englische Fregatte, la Rose, von 26. Canonen, nebst einigen auf dem Savannah liegenden Kauffahrtey-Schiffen, wurden bey unserer Ankunft von den Engländern theils verbrannt, theils versenkt.

Den 22sten October war alles wieder zu Schiffe, und der Herr von Estaing gab dem Herrn von Grasse Befehl, sich mit 6 Schiffen nach St. Domingo zu begeben, während daß Herr de la Mothe Piquet mit 4 Schiffen nach Martinique gehen sollte.

Der Herr von Estaing wollte zuletzt mit 12. Schiffen und der Englischen Prise nach Europa absegeln; allein, in dem Augenblick, da er unter Segel gehen wollte, entstand ein heftiger Sturm, der die Schiffe nöthigte, die Anker zu kappen, worauf sie alle zerstreut wurden. Das Schiff des Herrn d'Estaing, der Languedoc, hat sehr durch den Sturm gelitten; hat auf der Reise viel Wasser geholt, und viel Volk durch Krankheiten und Ungemach verlohren: indessen kam es den 7ten December zu Brest an. Denselben Abend kam noch das Schiff Provence, und den andern Tag die Schiffe, Cesar und Fantasque, an.

London, vom 21. Dec.

Abschrift der zwischen John Lutterell und

William Dalrymple, Esq. abseiten Sr. Großbrittannischen Majestät; und Don Simon Desneaux und Don Juan Dastiex, abseiten Sr. Katholischen Majestät für die Officiers und Garnison der Vestung Omoa den 24sten Oct. geschlossenen Convention.

Don Simon Desneaux, Oberstlieutenant der Infanterie, Ingenieur en second Sr. Katholischen Majestät, vorhin Commandant der Vestung Omoa; und Don Juan Dastiex, Ingenieur, Commandant und Capitain der Infanterie, haben inständig die Befehlshaber der See- und Land-Macht Ihro Großbritannischen Majestät, nämlich die Herren John Lutterul und William Dalrymple, Esq. gebeten, eine Uebereinkunft wegen Auswechselung der Spanischen Besatzung von Omoa zu treffen, da dann folgende Artikel und Bedingnisse festgesetzet worden.

Erster Artickel. Alle Spanische, mit Commißion von Sr. Katholischen Majestät versehene Officiers, sollen Kriegsgefangene und auf ihre gegebene Parole admittirt seyn, weder directe noch indirecte gegen Se. Großbritannische Majestät, Dero Unterthanen und Bundesgenossen, während des gegenwärtigen Kriegs zu dienen, es sey denn, daß sie vor dem Frieden ausgewechselt werden.

Zweyter Artickel. Es soll besagten Officiers erlaubt seyn, den Ort ihres Aufenthalts zu wählen, doch muß derselbe 60, auch nach Befund 40 Meilen von Omoa entfernt seyn, bis sie auf nachgesetzte Weise werden ausgewechselt werden.

Dritter Artickel. Alle Mulatres, es seyn Manns- oder Frauens-Personen, so wie die Handwerksleute, haben Erlaubniß sich zu den ihrigen zu begeben, mit der Bedingung, daß keiner von ihnen, die Waffen gegen den König von Großbritannien, seine Unterthanen oder Alliirte ergreife, oder sich 30 Meilen diesseits Omoa betreten lasse, bis die gegenwärtige Convention vollkommen zur Erfüllung gediehen.

Vierter Artickel. Obenbenannte Don Simon Desneaux und Don Juan Dastiex verpflichten sich wegen das Gouvernement von Merida, in dem Falle, wo die in der Handurasbucht zu Gefangenen gemachte Engländer, sich in dem diesseits beregten Gouvernement befänden, und in dem gegenseitigen Falle für den Gouverneur in dessen andern Spanischen Bezirke erwehnte Gefangene seyn würden, eine gleiche Anzahl Mulaters, wie die zu Omoa in Freyheit gesetzten loszugeben, und unter dieser Zahl sollen diejenige, welche von den Spaniern in der Handuras-Bucht zu Kriegsgefangenen gemacht worden sind, den Vorzug haben. Weiters ist unter den abschliessenden Theilen festgesetzt worden, daß alle Großbittannische in der Handuras-Bucht zu Kriegsgefangenen gemachte, dermalen sich wirklich in dem Gouvernement von Merida befindliche Unterthanen, Schwarze gegen Schwarze, Mann für Mann, Frau für Frau, Kind für Kind, sollen ausgewechselt werden; die Auswechslung soll Statt haben, sobald der Gouverneur von Merida von gegenwärtiger Uebereinkunft wird Wissenschaft erlangt haben, doch soll auf allen Fall keine längere Frist, als drey Wochen Platz greifen.

Fünfter Artikel. Die Sergeanten und Soldaten der regulirten Truppen sollen gegen eine gleiche Anzahl Englischer Sergeanten und Soldaten ausgewechselt werden, und wenn der Catholische König deren keine in seiner Gewalt hat, so sollen die Seinige gegen die vornehmsten Negotianten und Handelsleute, deren man sich in dem See-Damme von St. Georg in der Handuras-Bucht bemächtiget hat, ausgewechselt werden, welches aber keineswegs statt haben soll, wenn man nicht auch von Omoa eine hinlängliche Anzahl weisser Einwohner zum Austausch besagter Negotianten und Handelsleuthe abschicken könnte. Der Englische Commissair wird einen Empfang-Schein über die Anzahl Mannschaft von sich geben, welche durch die Spanier in der Handuras-Bucht gefangen worden, der die Zahl der zu Gefangenen gemachten und zu Omoa wieder gegebenen übersteigen wird; gleichermassen wird der Spanische Commissair einen Empfang-Schein des Ueberschusses von sich ausstellen, wenn die gezogene Berechnung sich zu Gunsten Englands befindet. Die Spanis. Matrosen werden gleichfalls gegen Englis. Matrosen ausgewechselt werden, so wie dieses von den Partheyen in Ansehung der Sergeanten und Soldaten stipuliret worden.

Sechster Artikel John Lutterell und William Dalrymple Esq. können geschehen lassen, daß die Spanische Besatzung zu Omoa innerhalb drey Tagen an Bord schicklich versehener Schiffe gebracht, und sonder Zeitverlust nach dem Schlosse St. Philipp in dem Meerbusen von Dulce oder einen nahegelegnen Spanischen Posten escortiret werde, und das allein auf Kosten Sr. Großbrittannischen Majestät; erwehnte Don Simon Desneaux und Don Juan Dastiex stimen damit überein, daß die Officiers, Soldaten, Handelsleuthe, Arbeiter, Leute von weisser oder vermischter Farbe, Brittische Unterthanen, welche, seit Anfang des wirklichen Krieges mit Spanien in der Handuras-Bucht gefangen worden, innerhalb 3. Monaten eingeschiffet werden sollen, von dem Tage an gerechnet, wo benannte Don Simon Desneaux und Don Juan Dastiex in dem Meerbusen von Dulce werden ausgeschiffet, und nach Amoa oder das nächste Englische Etablissement auf alleinige Kosten des Königs von Spanien, gebracht worden seyn, und das in dem Fall, wo besagte Englische Kriegsgefangene oder ein Theil derselben, sich in der Gerichtsbarkeit des Befehlshabers von Merida vorfinden würden; wenn sie aber schon nach der Havannah gebracht wären, alsdenn sind Don Simon Desneaux und Don Juan Dastiex einverstanden, daß der Gouverneur von Havannah solche auf alleinige Kosten des Katholischen Königs in Zeit 6 Monat, vom Tage gegenwärtig unterzeichneter Convention, nach Jamaica einschiffen und dahin überbringen lassen wird.

Alles wohl verstanden, daß wenn der Spanische Hof nicht alle Artickel dieser Convention genau erfüllte, wir Don Simon Desneaux und Don Juan d'Astiex vollkommen gehalten sind, sowohl für uns selbst, als für alle Spanische Officiers, der Besatzung, uns sonder Verweilen und auf die geschwindeste Weise wiederum nach Omoa oder an das nächste Englische Etablissement zu begeben, um daselbst als Kriegsgefangene zu verbleiben, und zu desto größerer Sicherheit, liefern besagte Don Simon Desneaux und Don Juah d'Astiex den Obersten Antonio Fernandetz, Befehlhaber en second der Garnison, den Ehren Blasius Merceranio, Caplan des Register-Schiffs St. Joseph und den Pater Antonio Mercurdetio, vorhin Caplan zu Omoa, als Geiseln aus, welchen wir versprechen die Kirchen-Zierrathen, für welche wir keine Ranzion verlangen, wieder zu geben, mit der Bedingniß, daß alle Theile dieser Ueberein-kunft durch den Spanischen Hof, auf eben bemeldte Zeit und Art erfüllt werden, als bis auf welche Zeit sie in Englischen Händen verbleiben werden.

Unterzeichnet abseiten Sr. Großbritannischen Majestät zu Omoa den 24ten Oct. 1779.

John Luttrell. William Dalrymple.

Unterzeichnet abseiten Sr. Katholischen Majestät zu Omoa den 24. Oct. 1779.

Don Simon Desneaux. Don Juan d'Astiex.

Wir unterschriebene genehmigen und bekräftigen gegenwärtige Convention in allen ihren Theilen, und sehen uns als gehalten an, davon die Vollstreckung zu garantiren. Unterzeichnet zu Omoa, den 24. Oct. 1779.

(Unterzeichnet) Jos. de Cucilar; Jos. Eusubio Menandos; Pedro Tolle; Manuel de Clistac.

Getödtete oder verwundete Officiers: der Herr Lloyd, Volontaire, so am Bord des Lewestoffe diente, getödtet; der Herr Wightmann, Lieutenant en second, von der Division der See-Truppen des Chathams, bleßirt.

Amsterdam, vom 30ten December.

Die nach dem mittelländischen Meer bestimmte Convoy, ist vorgestern aus dem Texel unter Segel gegangen, und bestehet aus folgenden Kriegs-Schiffen: Die königliche Prinzeßin unter den Befehlen des Chefs d'Escadre Grafen von Byland; dem Argus und dem Falken, commandirt durch die Capitains Kingsbergen und Wilhelm Sylvester. Das nach Ostindien bestimmte Schiff ist gleichfalls nämlichen Tages in See gegangen, unter der Escorte der Kriegs-Schiffe Zwieten, Allarm und Beverwyk, unter den Befehlen der Capitains Naumann, Mulder und J. Bout. Diese beyden Convoys sollen den nach Surinam, Curacao, St. Eustache, Barbice, Essequebo, Lissabon, den Spannischen, Französischen, Englischen Häven ausgerüsteten Kauffarthey-Schiffen zur beschützenden Begleitung dienen. Man vernimmt auch, daß das Schiff, die Allianz, commandirt durch den so bekannten Paul Jones, gleichermassen besagten Tages in See gestochen.

Die Kriegs-Schiffe, welche sich zu Helvoetslouis befinden, und welche den Kauffarthey-Schiffen dieser Republik zur Bedeckung dienen sollen, haben auch den 26sten dieses die Anker gelichtet, nämlich der Jason nach St. Eustache; die Prinzeßin Caroline nach Zeeland; der Adler nach Surinam; der Castor nach Algier; die Bellona nach Ferrol; und die Brielle nach der mittelländischen See.

Diesen Morgen sind die französischen Kriegs-Schiffe, der Serapis, Capitain Cotineau; die Gräfin von Scarborough, Capitain Somiguer; und die Pallas, Lieutenant Nikolaus de Lurgie, auch aus dem Texel ausgelaufen.

Warschau, vom 22. December.

Der Rußische Ambassadeur hat dem Conseil permanent eine Note wegen einiger gegen Rußische Unterthanen ausgeübte Beleidigungen übergeben.

Ueber die

Abschaffung

der

Tortur.

Von

J. v. Sonnenfels.

K. K. N. Oe. Regierungsrath und öffentlichen
Lehrer der politischen Wissenschaften.

Zürich, bey Orell, Geßner, Füeßlin und Compagnie.
1775.

Nr. 103

Herrn Alexander Volta

Patrizius und des Raths zu Como, Königl. Professor der Experimental-Physik, und Aufseher der öffentlichen Schulen daselbst, auch Mitglied der Naturforschenden Gesellschaft in Zurich, und der Königl. der Wissenschaften zu Mantua.

Briefe

über die

entzündbare Luft

die aus

den Sümpfen entstehet.

Erster Abschnitt.

Aus dem Italiänischen übersetzt.

Zürich, bey Orell, Geßner, Füeßlin, und Compag.
1778.

Nr. 105

So halbbrichtig die politische, so falsch ist hier die verlegerische Situation dargestellt. Mehr als 3000 Subskribenten stürtzten sich auf die in Stuttgart 1785/86 von Schubart selbst herausgegebenen Gedichte in zwei Bänden, in deren Vorbericht Schubart die Zürcher Edition verreißt: er habe nie ein Gedicht ausdrücklich für den Druck bestimmt. „Ich machte sie meist für meine Freunde, meine Schüler und Schülerinnen, und ließ sie damit als ihrem Eigenthume hausen. Daraus entstanden einzelne Abdrücke und endlich die kürzlich herausgekommene Schweizersamlung, die alle mit sinnlosen Druckfehlern veranstaltet seyn mußten, weil man mich nicht dabei zu Rath zog, und oft die abgesudeltsten Handschriften gebrauchte. Und auch hier hätt' ich noch stille geschwiegen, wenn mir nicht leztere Ausgabe, wovon manche Gedichte nicht einmal die meinigen sind, Verantwortung zugezogen hätte. Ich mußte vom Strohsessel einmal aufstehen und mir endlich, von Seiten meines gnädigsten Gebieters die Erlaubnis zu erflehen suchen, eine eigene Ausgabe meiner Gedichte und prosaischen Werke zur Rettung meiner Ehre und zum Besten meiner Familie besorgen zu dürfen. Ich erhielt diese Erlaubnis, und lege hiermit meine Gedichte den Augen des Publikums dar – mit einer Empfindung, der ich keinen Namen zu geben weiß." Die Zusicherung des Herausgebers der Zürcher Ausgabe, das „beträchtliche Honorarium" ganz der Familie des gefangenen Dichters zukommen zu lassen, fällt, ob glaubhaft oder nicht, angesichts dieser schweren Vorwürfe des Autors kaum mehr ins Gewicht.

102 *Abbildung*

Vogel, Heinrich
Kurzer Unterricht in der Artillerie-Wissenschaft, Zu Ernst- und Lust-Feuer-Werken.

Dritte und vermehrte Auflage. Zürich, bey David Geßner / 1756.
ZB: VII 101
L 253–55

Briefe
von
Selkof
an
Welmar.
Herausgegeben
von
Welmar.
Zürich, bey Orell, Geßner, Füeßlin und Comp.
1777.

Nr. 104

Das „bequeme Vade mecum und Artillerische Sack-Buch" gibt im ersten Teil mit präzisen Berechnungen ballistische Informationen und widmet sich im zweiten Teil den Lust-Feuer-Werken: „Lust-Feuer-Werk ist dasjenige Feuer-Werk, welches von grossen Herren zur Lust, bey Geburts-Crönungs- und andern solennen Tagen, auch wol bey wieder hergestellten Frieden etc. zu Wasser und Land angezündet wird." (246) Geßner steuerte drei Illustrationen bei: einen Feuerwerker als Vignette des Titelblatts, Beobachtung des Schlachtfeldes und Feuerwerksilluminationen an der Limmat in Zürich als Einstimmungen in den ersten und zweiten Teil.

103 *Abbildung*

Sonnenfels, Joseph von
Ueber die Abschaffung der Tortur.

Zürich, bey Orell, Geßner, Füeßlin und Compagnie. 1775.
ZB: 16.412
L 358

Mit einem nicht zur Veröffentlichung bestimmten Votum separatum suchte der österreichische Staatswissenschaftler in Opposition zur Niederösterreichischen Regierung, die Rechtfertigung der Tortur in der *Constitutio criminalis Theresiana* von 1768 juristisch zu bekämpfen. Der folgenden Anordnung Maria Theresias, die peinliche Frage und Todesstrafe nicht mehr zu berühren, begegnete Sonnenfels mit der Logik eines Aufklärers und gleichzeitigen Diplomatie eines abhängigen Politikwissenschaftlers: er forderte eine Untersuchung, die 1776 zum Erfolg führte. Ein Schweizer Schüler des Wiener Juristen ließ die Abhandlung samt Rechtfertigung mit deutschem Titel in Zürich drucken; Salomon Gessner schuf die Titelblattvignette, auf der Justitia die Personifikation der Folter von sich weist.

104 *Abbildung*

[Hottinger, Johann Jakob]
Briefe von Selkof an Welmar. Herausgegeben von Welmar.

Zürich, bey Orell, Geßner, Füeßlin und Comp. 1777.
ZB: Gal VII 342
L 373–74

Der Briefroman stammt aus der Feder des vor allem als Gessner – Biograph bekannten Zürcher Schriftstellers Johann Jakob Hottinger und ist unbeschadet seiner literarischen Eigenständigkeit von Form und Gehalt zugleich eine *Werther*-Parodie mit biographischen und literarischen Anspielungen. Der überlauten Gessner-Verehrung entspricht beispielsweise eine leise Verspottung des den Mond beguckenden Lavater, den Hottinger schon früher satirisch attakiert hatte. In seinen Briefen berichtet der junge Selkof seinem älteren philosophischen Freunde Welmar Gesellschaftserlebnisse und Naturempfindungen in und um Zürich und beichtet seine (letztlich unglückliche) Liebe. „Der Reiz von Hottingers Roman liegt im halb ironisch, halb ernst sich gebenden, belehrenden Spiel mit der Versuchung, in welche die Vernunft durch die Leidenschaft geführt wird." (Kamber) Das von Salomon Gessner gestochene Frontispiz illustriert eine Darstellung aus dem zweiten Brief: Selkof hat fluchtartig Zürich verlassen, um an der Sihl sich der freien Natur zu erfreuen. „Als ich ungefehr eine Stunde lang die kleine Schachtel von Gottes herrlichem Naturalienkabinet, worinn ich saß, nach Wolgefallen durchwühlt hatte, hörte ich etwas durchs Gebüsch herbeyschleichen. Ich sah auf, und entdeckte zuerst einen ansehnlichen Kopf unter einer nicht weniger ansehnlichen Perrücke; bald darauf die ganze übrige Figur, brandschwarz. Während daß sie sich mir näherte, verzog sich allmählich der gesetzte Ernst ihrer Amtsmine in muntres, schalkhaftes Lächeln. Als ich nach dem Hut griff, um zu grüssen, fand ich ihn ringsum mit Stechpalmen besetzt." (26 f.) Kamber glaubt hier Selkof mit Hottinger identisch, der von dem Spaziergänger Gessner überrascht wird. Demnach wäre die Darstellung des brandschwarzen

Herrn mit Perücke ein Selbstbildnis Gessners. Ein unbekannter Leser des ausliegenden Exemplars hat durch handschriftliche Anmerkungen sogar jede der fiktiven Figuren des Briefromans identifizieren zu können geglaubt.
Lit.: Kamber, U. V.: J. J. Hottinger: Briefe von Selkof an Welmar. In: DVjs 47. 1973.

105 *Abbildung*

Volta, Alessandro
Briefe über die entzündbare Luft die aus den Sümpfen entstehet.
Erster Abschnitt. Aus dem Italiänischen übersetzt. Zürich, bey Orell, Geßner, Füeßlin, und Compag. 1778.
ZB: WM 496
L 380–81

Die Edition der Briefe des italienischen Physikers und Mitglieds der Naturforschenden Gesellschaft in Zürich, Alessandro Volta, zierte Gessner mit zwei Vignetten als Illustrationen: drei Kinder fangen aus niedrigem Gewässer entströmende Gase in Phiolen auf und bringen diese in Verbindung mit atmosphärischer Luft zur Entzündung. An den bedeutenden Naturwissenschaftler erinnert heute die Bezeichnung „Volt" als Einheit der elektromotorischen Kraft.

106

Sonnerat, Pierre
Reise nach Ostindien und China, auf Befehl des Königs unternommen vom Jahr 1774 bis 1781.
Erster [Zweyter] Band. Mit Kupfern.
Zürich, bey Orell, Geßner, Füßli und Kompagnie. 1783.
ZB: Gal T 61; HAB: Gv 4° 48
L 448–49

Der französische Naturforscher legte mit seinem zweibändigen Reisebericht eine hervorragende historisch-geographische Studie über Indien und China vor, zu deren Illustrierung er 140 eigene Zeichnungen in Kupfer stechen ließ. Im Unterschied zur vorrangig kuriosen Relation des 17. Jahrhunderts ist die vorliegende zugleich auch eine kritische: „Nachdem ich", schreibt der Verfasser in seiner Vorrede, „den Karakter der Indier geschildert, unternehme ich die genauere Zergliederung ihrer Religion, und zeige, wie der Aberglaube unter das Joch der Pfaffen Millionen Menschen gekrümmt hat, die man ehedem für die Weisesten des Erdbodens hielt, und zu denen alle andre Nationen kamen, Unterricht und Kenntniße zu holen." (IV) Die von Gessner signierte Titelvignette zum ersten Band zeigt ein lorbeerbekränztes weibliches Wesen mit Posaune (Fama) und Buch (Wissenschaft). Die großartigen Illustrationen wurden vom ursprünglichen Pariser Verleger in Lizenz in die Zürcher Ausgabe übernommen.

107

Journal für das Frauenzimmer. Herausgegeben von Herrn Abbt Ricciard. Aus dem Italiänischen übersetzt.
Erstes [und Zweytes] Bändchen.
Zürich, bey Orell, Geßner und Comp. 1769 [und 1771].
Privatbesitz Zürich

Nr. 104

Moralische Wochenschriften, Zeitungen und Journale verkünden im Zeitalter der Aufklärung die Botschaft der Tugend. Ein kleiner Teil der belehrenden und unterhaltenden Zeitschriften in Deutschland sind Frauen- und Modezeitschriften, die erfolgreichste das *Journal des Luxus und der Moden.* Bedenken gegen gelehrte und unweibliche Beschäftigungen prägen offenbar auch das *Journal für das Frauenzimmer,* das seine neugierigen Leserinnen mit dem moralischen Zeigefinger in die erbauliche Prosa des Ehebruchs begleitet. – Beiden Bänden sind Verlagsanzeigen zur Werbung angebunden.

108 *Abbildung*

Die vier Stufen des menschlichen Alters
Privatbesitz Zürich

Im Jahre 1753 veröffentlichte Hans Rudolf Werdmüller (1724–1779) ohne Nennung seines Namens die *Vier Stufen des menschlichen Alters.* Wieland fand, sie seien „sehr schön und so rührend, daß man sie ohne Thränen nicht lesen kann". Baldassare Oltrocchi in Italien übersetzte das Werklein bald in lateinische Verse und Zachariä erfand ein Gegenstück: *Die vier Stufen des weiblichen Alters,* die er 1757 in Rostock veröffentlichte. Werdmüllers rührseliger Ton entzückte wohl die einen, erregte aber auch den Spott der andern, so zum Beispiel Johann Heinrich Wasers, der eine böse Parodie auf den tugendhaften Knaben, Jüngling, Mann und Greis veröffentlichte: *Die verdorbnen Sitten. An den Verfasser der vier Stufen des menschlichen Alters.*
Salomon Gessner, inspiriert durch die kleine Dichtung seines Freundes Werdmüller, der auch Klopstocks Zuneigung gefunden hatte, gab in den Jahren 1759–62 vier Neujahrsblätter heraus, „Der Tugend und Wissenschaft liebenden Jugend gewidmet, von der Stadt-bibliothek In Zürich". Seit beinahe hundert Jahren war es schon Sitte, den Zürcher Schulkindern zum Neujahr ein kleines Heft zu schenken, in dem über einen denkwürdigen Bürger der Stadt oder über ein anderes lesenswürdiges Thema gehandelt wurde. – Es sind vier der reizvollsten, ganzseitigen Kupferstiche Gessners (L 274–77); zwei originale Kupferplatten haben sich noch immer im Besitz der Zentralbibliothek erhalten.
Lit.: Die vier Stufen des menschlichen Alters [hrsg. von Martin Bircher]. (Enthält alle vier Versionen). Zürich 1968.

109 *Abbildung*

Helvetischer Calender fürs Jahr 1780.
Zürich bey Geßner.
ZB: Res 1107
L 385–87

Das erste Bändchen des kleinformatigen Almanachs wurde ein Erfolgswerk des Verlags Gessner. Mit politischen, historischen, religiösen, astronomischen Daten und Informationen sowie Reise-, Kunst- und Kulturnotizen war das Büchlein ein nützlicher Begleiter durch die schweizerischen Kantone. Beigebunden sind Berichte und Erzählungen, 1780 beispielsweise ein *Beytrag zur Geschichte der weiblichen Sitten, Lebensart und Kleidertracht in Helvetien.* Lieder mit Noten und drei schweizerische Landschaftsansichten, von Salomon Gessner gestochen, rundeten den ersten Band ab, dem auch eine Preisliste der Porzellan-Manufaktur in Schooren eingebunden wurde.

110

Helvetischer Calender fürs Jahr 1788.
Zürich bey Geßner.
ZB: Res 1115
L 432–37

Der mit Goldschnitt besonders kostbar ausgestattete Kalender aus Gessners Todesjahr 1788 enthält noch sechs Landschaftskupfer von seiner Hand, von denen das erste einen Hirten vor der „Rhein-Brüke, nahe bey St. Roch, im Medelser Thal in Bünten" zeigt. Für die Almanach-Jahrgänge 1781–1788 hat Gessner jeweils 6 bis 9 Ansichten in Kupfer gestochen (L 388–431).

111

Montags-Zeitung. 1779.
ZB: Rn 120 a

Seit 1672 verlegte der Buchdrucker David Gessner die *Montags-Zeitung,* neben der *Freitags-Zeitung* der Bürklischen Buchhandlung lange Zeit das einzige Nachrichtenblatt in Zürich. Nach seiner Lehre in Berlin half Salomon Gessner seinem Vater bei der Redaktion, unterbrach diese Arbeit nach ihrer Entzweiung 1761 und nahm sie 1772 wieder auf. Seine Idee einer zweimal wöchentlich erscheinenden politischen Zeitung verwirklichte Gessner durch eine kluge Privilegientransaktion; durch eine Anzeige in den letzten Dezember-Nummern der *Montags-Zeitung* von 1779 suchte er dafür die Unterstützung der Leser: „Schon einige Jahre hatten wir das Vorhaben, allhier eine politische Zeitung herauszugeben. Verschiedene Zwischenbegegnisse machten es uns unmöglich. Itzt aber haben wir den vesten Entschluß genommen, damit den Anfang zu machen. Alle Mittwochen und Samstage, auf den Mittag, soll davon ein halber Bogen herauskommen, und man bezahlt uns für den vollständigen Jahrgang Ein Gulden und dreyssig Kreuzer, Zürich-Valuta, gegen Empfangschein zum voraus." Aus der *Montags-Zeitung* entwickelte sich mit großem Erfolg die *Zürcher Zeitung* – ihre erste Nummer erschien am Mittwoch, den 12. Jenner 1780.

112 *Faksimile-Beilage*

Zürcher Zeitung. No. 1. 1780.
ZB: UZ 3 (1780)

Am 12. Januar 1980 gedachte die *Neue Zürcher Zeitung* mit einer Jubiläumsausgabe ihres 200. Geburtstags. Ihr Pate ist Salomon Gessner. Die *Zürcher Zeitung* erschien, mit einem Postreiter als Titelvignette, mittwochs und samstags. Ohne Vignette und mit dem Namen *Neue Zürcher Zeitung* wurde sie seit dem 2. Juli 1821 wöchentlich dreimal verlegt. Die Kontinuität ihres Erscheinens hat Leo Weisz für die Zeit von 1780 bis 1885 in einer dreibändigen Studie umfassend dokumentiert. – Das neue Blatt wurde bei „Orell, Geßner, Füeßli und Compagnie" im Haus zum Elsässer an der Münstergasse gedruckt; ihre beiden ersten Nummern redigierte der Ratsherr Salomon Gessner. Die dritte Nummer zeigte einen veränderten Postillon: „ein in der Folge konsequent angewandtes Symbol des Redaktionswechsels" (Weisz). Johann Kaspar Risbeck wurde der erste Berufsredaktor der *Zürcher Zeitung.*

Englische Literatur in Gessners Verlag

Dank des unermüdlichen Einsatzes von Johann Jakob Bodmer für die englische Literatur, die er – entgegen dem französisch orientierten Geschmack der Leipziger um Gottsched – recht eigentlich entdeckte und propagierte (Milton und Shakespeare), sind in Zürich eine große Anzahl wichtiger Werke übersetzt und viele bei Gessner verlegt worden. Neben Milton und Shakespeare stehen Butler, Pope, Swift, Thomson, Young und viele andere Autoren; auch kunsttheoretische Abhandlungen fehlen nicht. Die Bedeutung dieser Propagierung der englischen Literatur und die darauf erfolgende Rezeption im deutschen Sprachbereich kann nicht genug hoch veranschlagt werden. Gessner gesteht zwar einmal in einem Brief, er verstehe kein Englisch und kenne „die Engelländer nur aus Übersetzungen", aber er versichert in der Widmung seiner *Schriften* der Königin von England, er habe „immer die grossen Geister der Nation, yber die Sie izt Koenigin sind, bewundert, in denen der Geist der Freyheit so grosse Gesinnungen wirkt". M. B.

113

Milton, John
Verlohrnes Paradies. Verbesserte Übersetzung (von Johann Jakob Bodmer).
Zürich, bey Orell, Geßner, u. Comp. 1769.
ZB: 3.304 g

L 345 „T. Vign.: Adam und Eva werden von einem Engel mit Schwert weggewiesen, in runder Kartusche".
Die Erstausgabe von Bodmers Übersetzung erschien 1732; bis 1780 erschienen weitere 5 Auflagen, von denen nur die beiden letzten mit einer Vignette Gessners geschmückt und in seinem Verlag erschienen sind. Miltons Dichtung, das wichtigste Exempel für das „Erhabene" in der Dichtkunst, hatte sich nunmehr, trotz aller Einwendungen Gottscheds, voll im deutschen Sprachbereich durchgesetzt. Sie habe „in Deutschland so fühlende Leser gefunden als in irgend einem [anderen] Königreiche", meldet der Übersetzer stolz in der neuen Vorrede des bearbeiteten, nunmehr voll etablierten Texts.

114

Thomson, James
Thomsons Frühling. Aus dem Englischen.
Zürich, bey Gessner, 1757.
ZB: AX 6121 (1)

Nr. 115

L 265, T.-Vign.: „Zwei Engelchen mit Blumen schweben im Lichtkranz."
Der Übersetzer Johann Tobler (1732–1808) zählt zu den Freunden des jungen Klopstock in Zürich und ist Schüler Bodmers, unter dessen Einfluß er Thomson übersetzt. Eine Gesamtausgabe erschien in 5 Teilen 1765/66 in Gessners Verlag. – 1774 wurden die *Jahreszeiten* nochmals aufgelegt.

115 *Abbildung*

Swift, Jonathan
Satyrische und ernsthafte Schriften. Fünfter Band
– [Des Captain Lemuel Güllivers Reisen.]
Hamburg und Leipzig [= Zürich, Orell, Gessner und Comp.] 1761
ZB: Gal VII. 292

L 256–262; Nr. 257: Rad. zum 5. Bd., S. 12: „Durch die gespreizten Beine Gullivers zieht die lilliputanische Reiterei, umgeben von lilliputanischen Hof und Volk."
Johann Heinrich Waser ist auch der Übersetzer von Swifts Werken, die in acht Bänden 1756/66 erschienen. Der Zürcher Verlag hat auch hier den fingierten Druckort „Hamburg und Leipzig" angegeben. Gessner hat zum 5. Band fünf Illustrationen und zum 6. und 7. Band je eine Illustration beigesteuert. *Guillivers Reisen* wurden noch zweimal neu aufgelegt.

116 *Abbildung*

Butler, Samuel
Hudibras, ein satyrisches Gedicht wider die Schwermer und Independenten zur Zeit Carls des Ersten, in neun Gesängen. Aus dem Englischen übersezt [von Johann Heinrich Waser]. Mit historischen Anmerkungen und Kupfern versehen.
Hamburg und Leipzig [= Zürich] 1765.
ZB: 7.185; HAB: Lq 129

L 328–336. Neben Titel: Rad. zum 9. Gesang: Hudibras' Konsultation mit einem Rechtsgelehrten.
J. J. Bodmer hatte ein Exemplar des englischen *Hudibras* bereits 1724 erhalten, er schätzte die Satire hoch und hat Stellen daraus selber übersetzt. Erst sein Schüler, der Diakon Johann Heinrich Waser (1714–1777) hat den *Hudibras* erstmals komplett übersetzt und herausgebracht. Zur Täuschung der Zensur schrieb der Verlag Orell Gessner und Füssli „Hamburg und Leipzig" auf das Titelblatt des in Zürich erschienenen Buches. Gessner hat die Illustrationen selber entworfen und radiert, bei einigen ließ er sich von Hogarth inspirieren, den er sehr verehrte.

117

Acht Kupfer-Radierplatten von Salomon Gessner zu Butlers „Hudibras", 1765
17,5 x 10,8 cm
Privatbesitz Zürich.
L 328–336

118

Waser, Johann Heinrich
Brief an Orell/Gessner wegen der Zensurbedenken gegen die deutsche Übersetzung des *Hudibras*
Winterthur, 23.2.1765.
ZB: Ms T 447 a & b

Zwischen 1663 und 1678 erschien der *Hudibras* Samuel Butlers in drei Teilen zu je drei Gesängen in London. Eine Übersetzung dieser englischen Verssatire des 17. Jahrhunderts im Zürich des 18. Jahrhunderts neu zu drucken, war ein von Gessner kalkuliertes Wagnis. Er bat den Übersetzer Johann Heinrich Waser um eine Stellungnahme zu den Zensurbedenken des Verlags. Waser antwortete gelassen mit der Berufung auf die Autorität Johann Jakob Bodmers, der eine Teiledition mit dem Einverständnis der „Löbl. Censur" 1765 drucken ließ, und dem Hinweis auf eine französische Ausgabe in der Heideggerschen Buchhandlung: was französisch ohne Anstoß in Zürich gelesen werden könne, ließe sich auch deutsch ohne Anstoß lesen. Gessner fürchtete dennoch, daß trotz der historischen Erläuterungen in der Vorrede die Verspottung von Puritanern und Republikanern in dieser – mit ihren Figuren dem *Don Quijote* nachgebildeten – Burleske der Cromwellzeit eine willkommene Beute der Zürcher Zensur werden könnte und fingierte deshalb den Druckort „Hamburg und Leipzig". Diese Tarnung hatte der Berliner Verleger Friedrich Nicolai in einer Anzeige durch Unachtsamkeit preisgegeben, für die er sich am 9. Januar 1767 entschuldigte: „Ich möchte aus der Haut fahren, daß ich bey der Nachricht von dem deutschen *Hudibras,* nicht Ihren Namen ausgestrichen habe. Ich habe es bloß übersehen, eine gleiche Unachtsamkeit soll mir nicht wieder entfahren. Ich ärgere mich über diese Nachlässigkeit um soviel mehr, da man mir hat sagen wollen, daß Sie dieserhalb Verdruß gehabt hätten und daher den Bogen oder das Blatt hätten umdrucken lassen." In der Vorrede zur Zürcher Ausgabe von 1765 schließlich ist der Kommentar zu dieser Szene schon enthalten: „Ich seze voraus, meine Leser wissen was Ironie, was Satyre sey, oder können sich die wahren Begriffe hievon anderswoher erwerben; man wird müde, gewissen Leuten eine und dieselbe Sache immer wieder zu sagen, weil es das Ansehen hat, man werde gewisse Absichten bey ihnen niemals erreichen."

Shakespeare in Gessners Verlag

Für die Verbreitung Shakespeares im deutschen Sprachgebiet kommt Johann Jakob Bodmer das erste und entscheidende Verdienst zu. In Salomon Gessners Verlag, mit hervorragendem Buchschmuck versehen, erschien Wielands Shakespeare-Übersetzung, die als „eines der unterirdisch einflußreichsten Werke der deutschen Literatur" bezeichnet worden ist. Die Klassiker, Goethe und Schiller, kannten Shakespeare in Wielands Version. Später hat Eschenburg in Braunschweig die Übersetzung verbessert und komplettiert, erneut von Gessner liebevoll betreut und illustriert. M. B.

119 *Abbildung*

Shakespear Theatralische Werke. Aus dem Englischen übersezt von Herrn Wieland. (8 Bände)
Zürich, bey Orell, Geßner und Comp. 1762–1766.
HAB: Cod. Guelf. 718–739 Novi.
L291–313

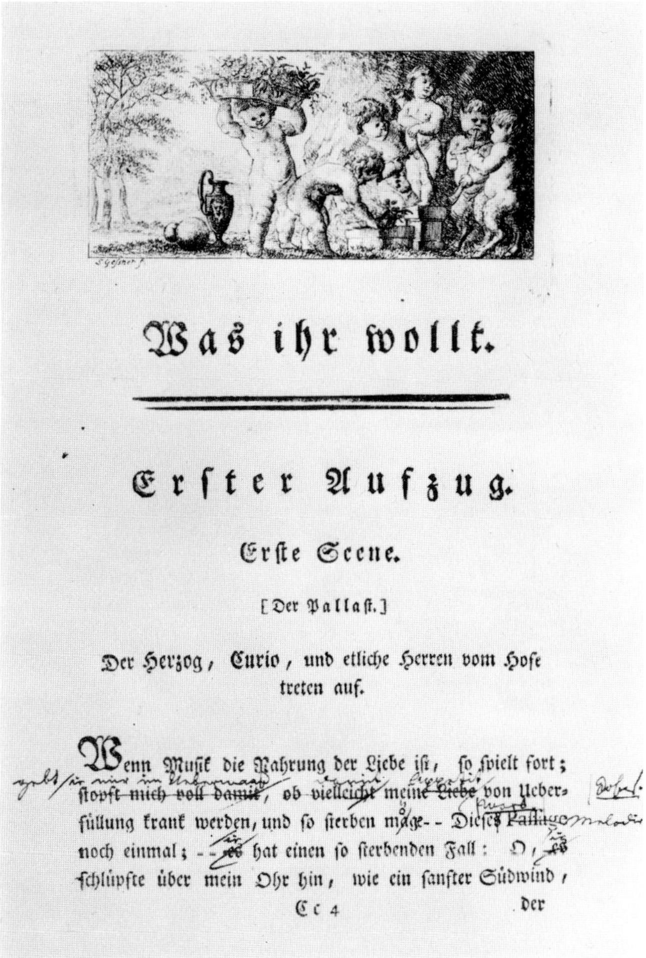

Was ihr wollt.

Erster Aufzug.

Erste Scene.

[Der Pallast.]

Der Herzog, Curio, und etliche Herren vom Hofe treten auf.

Wenn Musik die Nahrung der Liebe ist, so spielt fort; stopft mich voll damit, ob vielleicht meine Liebe von Ueberfüllung krank werden, und so sterben möge. - - Dieses Passage noch einmal; - - es hat einen so sterbenden Fall: O, es schlüpfte über mein Ohr hin, wie ein sanfter Südwind,

Cc 4 der

Nr. 119

Das Handexemplar Eschenburgs von Wielands Shakespeare-Übersetzung ist mit weißem Papier durchschossen, worauf er alle seine Korrekturen und Verbesserungen eingetragen hat. Wieland hatte, als Kind seiner Zeit, immer wieder an den „Fehlern" Shakespeares Anstoß genommen (vorab an den Verstößen gegen die von Aristoteles geforderte Einheit von Ort, Zeit und Handlung) und deshalb verschiedene Partien nicht übersetzt oder geringfügig verbessert. Eschenburg bemühte sich nunmehr um eine philologisch zuverlässige Ausgabe bzw. Übersetzung.

Lit.: M. Bircher u. H. Straumann: Shakespeare und die deutsche Schweiz. Bern u. München 1971. Darin erstmalige Identifizierung und Beschreibung von Gessners Shakespeare-Illustrationen für die Ausgabe von Wieland und Eschenburg (S. 96–98).

120

Vertrag zwischen Orell, Gessner und Compagnie und C. M. Wieland.
ZB: Ms V 518.18

Am 15. Oktober 1762 schloß der Verlag „Orell, Geßner und Compagnie" den Vertrag mit dem „Canzley-Director" Wieland in Biberach über die erste, auf acht Bände berechnete deutsche Shakespeare-Übersetzung. Der Verlag offerierte „pro Honorario für jeglichen Theil, den Theil zu 3 Stücken gerechnet, 10 Exemplar, und 12 Louisd'or neufs en especes richtig zu bezahlen und einzuhändigen". Wieland unterschrieb den Vertrag am 21. Oktober, allerdings „unter den conditionen, daß ... statt der benamsten 10 Exemplare, 15 ... geschikt werden sollen".

Lit.: Abgebildet in: M. Bircher: Shakespeare im Zürich des 18. Jhs.. S. 78–81; Ausst. Zürich Orell Füssli 1969, Kat. Nr. 202

121

William Shakespear's Schauspiele. Neue Ausgabe. Von Joh. Joach. Eschenburg, Professor am Collegio Carolino in Braunschweig. 13 Bände.
Zürich, bey Orell, Gessner, Füesslin und Compagnie. 1775–82.
ZB: 15.231 & a–g; HAB: Töpfer 868

L 359–372
Zu jedem der 13 Bände radierte Gessner eine Titel-Vignette zumeist mit der Darstellung einer markanten Szene aus einem der in dem Band enthaltenen Stücke. Von dieser Ausgabe veranstaltete eine „Vereinigung von Gelehrten" in Mannheim einen Raubdruck, wogegen der Verlag mit einer Broschüre lauthals protestierte (*Briefwechsel über den Nachdruck von Shakespears Theater. Herausgegeben von Orell, Geßner, Füeßlin und Compagnie,* 1778.) Da dies alles nichts nützte, rächte sich der Verlag seinerseits mit einem Raubdruck einer 1781 in Mannheim erschienenen und von der Deutschen Gesellschaft preisgekrönten Übersetzung von Tassos *Befreytem Jerusalem.* Dennoch konnte wenige Jahre später, allerdings bereits nach Gessners Tod, eine rechtmäßige Neuauflage von Eschenburgs Übersetzung erscheinen.

122

William Shakespeare's Schauspiele. Neue ganz umgearbeitete Ausgabe von Johann Joachim Eschenburg.
Zürich, bei Orell, Geßner, Füßli und Compagnie. 12 Bde, 1798–1806.
ZB: BB 605–616; HAB: Lq 912

Obwohl Eschenburg sich für diese Ausgabe die größte Mühe gegeben und die alte einer totalen Revision unterzogen hatte (der Briefwechsel mit dem Verlag ist in der HAB erhalten), stand sie unter keinem guten Stern. Bereits 1797 hatte August Wilhelm Schlegel seine klassisch gewordene Shakespeare-Übersetzung zu edieren begonnen. Er stand mit Eschenburg in freundlichem Verkehr; der Zürcher Verlag hatte sich sehr dafür interessiert, fand dann aber die Forderung von Schlegel von 150 Talern für jedes Schauspiel „enorm".

Salomon Gessners Kupferplatten zu Butlers „Hudibras"

Lucas Wüthrich

Salomon Gessner fing erst im Alter von 22 Jahren an, in Kupfer zu radieren. Seine erste druckgraphische Arbeit findet man als Kopf-Vignette in Johann Jakob Bodmers *Noah,* erschienen im Verlag von David Gessner 1752. Es scheint, daß ihn sein Vater Hans Conrad Gessner, seit 1735 alleiniger Inhaber der Firma David Gessner, ermuntert habe, dichterische Verlagswerke mit Vignetten zu schmücken. Während der ersten Jahre seiner künstlerischen Aktivität schuf Salomon Gessner Illustrationen zu Broschüren und Büchern, die entweder unter der Adresse von „David Gessner" oder – neutral gefaßt – „bei Gessner" an Tag kamen. Nach des Vaters Tod (1775) übernahm er die Gessnersche Druckerei in eigener Regie.

Das radierte Werk setzt zugleich mit den dichterischen Produktionen des Idyllendichters ein. Es ergibt sich bei ihm – auch zeitlich gesehen – eine bemerkenswerte Übereinstimmung des künstlerischen Wollens in Wort und Bild. Nachdem der radierende und malende Poet sich mit Conrad Orell & Comp. verbunden hatte, ließ er auch in Publikationen dieses Verlags regelmäßig Radierungen seiner Hand einfließen. Mit der Firma Orell, Gessner & Comp. liierte sich 1770 noch die Druckerei von Füssli & Comp. Dem Unternehmen mit nunmehr drei Namen lieh Gessner seine künstlerische Kraft bis zu seinem Tod. Die letzte datierte Radierung erschien 1778 im zweiten Band der eigenen Schriften. Während der letzten zehn Lebensjahre schuf er nur noch wenig. Als in Thema und Qualität abweichende Spätlinge muß man die Landschaften in den *Helvetischen Kalendern* betrachten (1780–1788). Einige wenige Stücke kamen erst postum in Druckwerken zur Verwendung (z. B. L. 451 von 1794).

Das von Paul Leemann-van Elck 1930 zusammengestellte druckgraphische Oeuvre von Salomon Gessner umfaßt 470 Nummern, in der Hauptsache kleine Textillustrationen oder Vignetten. Das Verzeichnis hat

Nr. 116

seine Gültigkeit behalten und ist bis heute nicht ergänzt worden.

Die Kupferplatten bewahrte Gessner sorgfältig auf, und der Bestand ging weitgehend intakt und fast vollständig auf seinen Sohn über. Um 1796 veranlaßte dieser bei Orell, Gessner, Füssli & Comp. Neuabzüge, die er unter dem Titel *Oeuvre de Salomon Gessner* in Buchform ohne Text herausgab. Die Sammlung erstreckte sich damals noch über 395 Platten (vgl. L., S. 307). Es fehlen darin die frühsten Kupfer aus den Jahren 1752–1756 und – verständlicherweise – die des Eigenwerts entbehrenden Titelblätter (L. 219–247), ferner die vier Neujahrsstücke der Stadtbibliothek Zürich (L. 274–277), die

Nr. 116

fünf Platten zu Thomson's Gedichten (L. 323–327) und – auffallend zahlreiche Platten zu Werken von Wieland, und mehrere zu dessen Shakespeare-Übersetzung. Ob die bekannten Differenzen Wielands zur Gessnerschen Druckerei hierzu den Grund gebildet haben?
Nachdem sich Heinrich Gessner 1798 von Orell und Füssli gelöst hatte, ließ er die väterliche Plattensammlung 1802 nochmals – diesmal um 59 Platten verringert – in Zürich und Bern unter seinem eigenen Namen publizieren (vgl. L., S. 308). Nach seinem 1813 erfolgten Tod lagen diese Platten längere Zeit brach, bis sie 1834 (im gleichen Umfang wie 1802) im Besitz des sonst kaum bekannten Zürcher Verlegers J. J. Siegfried wieder auftauchen. Dieser legte die Sammlung 1835 in zwei Folianten aufgeteilt nochmals auf unter dem neu formulierten Titel *Sämmtliche radierte Blätter von Salomon Gessner.* Die Siegfriedsche Ausgabe ist nicht selten, und man darf annehmen, daß der größere Teil der nicht mit literarischen Produktionen zusammen gedruckten Radierungen sich von dieser letzten Ausgabe herleitet. Vermutlich besorgte Siegfried das Gessnersche Radierwerk auch noch nach 1835 mehrmals in gleicher Aufmachung.
Es stellt sich die Frage, wohin die Platten aus Siegfrieds Besitz gelangt sind. Der überwiegende Teil ist heute verschollen. Abgesehen von zwei Neujahrsblättern der Stadtbibliothek zu Zürich (L. 275 und 276), die seit ihrer originalen Verwendung im Besitz dieses Instituts (heute Zentralbibliothek Zürich) geblieben sind, sind nur noch rund 20 Platten aus dem Nachlaß nachzuweisen. Nur die letzte Strecke des Wegs, den diese Platten genommen haben, läßt sich verfolgen. Über den Verbleib der vielen übrigen weiß man nichts. Es ist zu hoffen, daß wenigstens ein Teil davon bei Gelegenheit zum Vorschein kommt. Das heutige Verlagshaus Orell Füssli (bez.: Orell Füssli Graphische Betriebe AG) besitzt keine Platten, und auch der Biograph P. Leemann-van Elck hat keine besessen. Dasselbe gilt für die Kupferstichkabinette des Kunstmuseums Basel, des Kunsthauses und der Eidgenössischen Technischen Hochschule in Zürich.
Die erhaltene Gruppe von rund 20 Platten kam nach dem zweiten Weltkrieg aus Mitteldeutschland nach Westdeutschland und erst kürzlich in Schweizer Privatbesitz. Zwei Platten davon sind vom Schweizerischen Landesmuseum (indirekt) erworben worden. Die eine von ihnen (L. 36) erscheint erstmals in den französischen Schriften von 1773, beide zusammen (L. 36 und L. 54) in den deutschen Schriften von 1778. Auf der Platte L. 54 („Alcimna und ihre Aufwärterin bei der Toilette") ist die Pagination „103." oben links noch vorhanden, die Zustandsmerkmale von L. 36 („Damon zeigt Climène den Altar Amors") sind durch Punzung von hinten und Auspolierung vorne gelöscht (ehemals oben Mitte „4." und oben links „P. 14", vgl. L., S. 269 und 270). In schweizerischem Privatbesitz liegen acht Platten der deutschen Ausgabe von Samuel Butlers *Hudibras* in dem von P. Leemann-van Elck vermerkten Zustand (L. 328–335, leider fehlt die neunte Platte dieser Folge L. 336), ferner L. 45–52.
Man weiß, daß Salomon Gessner längst nicht alle seine Radierungen aus eigener Invention geschaffen hat. Die Vorlagen im einzelnen zu bestimmen, stellt eine noch zu leistende Aufgabe dar. So hielt sich Gessner 1765 beim *Hudibras* an Vorlagen von William Hogarth (1697–1764). Von diesem berühmten Stecher, der sich

auf dem Feld der satirischen Sittenschilderung überaus glücklich betätigte, kennt man zwei verschiedene Folgen von Illustrationen zum *Hudibras.* 16 Blätter, einige davon gefaltet, erschienen mit dem Invenit und Sculpsit von Hogarth (was ihre Echtheit zu garantieren scheint) in einer Kleinoktavausgabe in London 1726 (B* 80–95); Kopiestiche danach gibt es von J. Mynde in einer zweibändigen Oktavausgabe Cambridge/London 1744. Diese kleinen Stiche lehnen sich nach J. Burke (S. 32) „in freier Gestaltung an die Abbildungen eines bis dato unbekannten Künstlers an, die eigentlich für eine bereits 1710 entstandene Ausgabe des Hudibras bestimmt waren". Die bekanntere Folge von Hogarth besteht aus 11 Blättern (nicht gerechnet das Titelblatt) im Format von 25 x 34 oder 25 x 50 cm und erschien ebenfalls 1726 (B. 98–108). Von der Oktavausgabe unterscheidet sie sich – abgesehen vom Format – durch den größeren Figurenreichtum und eine Mäßigung im satirischen Ausdruck. Gessner muß beide Folgen gekannt haben, denn er übernahm wenigstens eine Radierung von der Oktavausgabe (Hudibras verkehrt auf dem Gaul sitzend, B. 85). Maßgebend waren ihm aber hauptsächlich die großen Stiche Hogarths. Er wiederholte sie keineswegs sklavisch, sondern nahm sich große Freiheiten. Schon das einheitliche Oktavformat, das ihm die Übersetzung von Diakon Johann Heinrich Waser (1713–1777) aufzwang, forderte von ihm eine starke Vereinfachung des Szenarios. Der wesentliche Unterschied liegt aber im Temperament. Hogarths Stiche sind großzügig konzipiert und unzimperlich in der Aussage, die erste kleinere Folge wirkt sogar ausgesprochen deftig. Das verkrüppelte Aussehen, die eingefleischte Hartnäckigkeit und den kampflustigen Fanatismus des Eiferers Hudibras versteht Hogarth perfekt ins Bild zu setzen. Gessner dagegen idyllisiert und vermenschlicht die von Butler persiflierte Gestalt. Er wandelt Spott und Satire ins Tragische und verleiht damit dem Helden menschliche Würde. Ein Wandel in dieser Richtung ist schon zwischen der Oktavausgabe und der großen Sequenz von Hogarth andeutungsweise festzustellen, was ebenfalls zur Annahme verleitet, daß sich Hogarth bei der Oktavausgabe wohl von einer dritten Hand hat leiten lassen. Die Ausführung von Gessners Blättern in Form von feingliedrigen und ebenmäßig ausgeführten Radierungen trägt zur Milderung des Eindrucks bei. Das Dramatische in Butlers Reimgedicht von 9 Gesängen, wie es bei Hogarth übrigens weit mehr als im Text erlebbar wird, wandelt sich bei Gessner in eine von Akzenten weitgehend befreite Erzählung, der die gebotene Schärfe völlig abgeht. Als maßvoll gestimmter Klassizist ist Gessner barocker Emotion abhold; er versucht, den Betrachter für und nicht wider seinen Helden einzunehmen. So unzweckmäßig diese Verhaltensweise in bezug auf den literarischen Stoff des *Hudibras* erscheint, so zeigt sie doch, daß der Künstler auch in der Abhängigkeit von fremden Vorlagen – und nicht nur in der Form – sich selbst zur Geltung bringt und eigenständig bleibt.

Die aus dem Nachlaß erhaltenen Platten von Salomon Gessner befinden sich alle in vorzüglichem Zustand und sind noch vollkommen druckfähig.

* B = Burke, Joseph: William Hogarth – Das graphische Werk. Wien/München 1968.

Nr. 90

Der Künstler

Gessner illustriert Gessner

Bruno Weber

Nr. 87; s. S. 114

Unter den doppelbegabten Malerdichtern deutscher Zunge repräsentiert Salomon Gessner als erster den Künstler, der die Bilder seiner gestaltenden Phantasie in zwei verschiedenen Medien mit gleicher Intensität zum Ausdruck bringt. Oft reift der bildende Künstler vor dem Dichter, wie Goethe, der die Praxis des Zeichnens lebenslang beibehält, und Keller, der das Malen als Hauptberuf mit 24 Jahren aufgibt; oder Stifter, der immer auf dem Nebengeleise schreibt, und Busch, der im Alter nur noch malt; oder Füssli, der nur als Stürmer und Dränger dichtet, und Kubin, der sich einmal vom Zugriff des Unbewußten befreit, indem er einen phantastischen Roman ersinnt. Gessner beginnt mit 17 Jahren, um 1747 in Berg am Irchel, mit dem Wort in gereimten Versen [1]. Der Dichter und der bildende Künstler treten jedoch in der Folge als gleichgewichtige Erscheinungen derselben schöpferischen Persönlichkeit auf, wenngleich der Zenit ihrer jeweiligen Produktion in verschiedenen Perioden liegt. 1753–1762, vom 23. bis ins 32. Lebensjahr, komponiert Gessner die einzigartigen Gebilde in rhythmischer und melodischer Prosa, welche ihm europäischen Ruhm eintragen, und an denen er für die späteren Ausgaben bis in die Orthographie minutiös herumfeilt. Am 10. Januar 1770 datiert er den einflußreichen, erstmals von Johann Caspar Füssli abgedruckten *Brief über die Landschaftsmalerei* [30], 1770/71 verfaßt er mit 41 Jahren die letzten, 1772 publizierten *Idyllen,* mit welchen sein dichterisches Werk schließt.

1749 setzt Gessner in Berlin seinen raschen Entschluß, Maler zu werden, einige Wochen lang in die Tat um [2]. 1752 verfertigt er „erste Küpfergen vor meine Lieder"[3] und bemalt seine Stube im Haus zum Schwanen (Münstergasse 9) mit Ideallandschaften in Grisaillemalerei [4], welche später die Wände im Landhaus der Dienstags-Gesellschaft im Sihlhölzli zierten [5]. Der Radierer begleitet den Textverfasser Gessner seit 1753 bis zu den Quartausgaben 1778 und dient dem Verleger Gessner seit 1752 bis ans Lebensende 1788. Der Maler von Ideallandschaften entwickelt sich parallel zum Idyllendichter und beginnt mit der neuen Häuslichkeit nach der Heirat 1761 entschiedener zu formulieren, entfaltet sich aber erst seit der Arbeit an den ganzseitigen Illu-

strationen zur deutschen, unvollendet gebliebenen Quartausgabe 1777/78, im letzten Lebensjahrzehnt, zur Meisterschaft und historischen Bedeutung. Immer ist vor einer Bewertung des bildenden Künstlers jene Aussage im Auge zu behalten, welche Hans Heinrich Füssli (1745–1832) seinem Verlagspartner 1770 in den Mund legt: „Wenn aber meine Zeichnungen meinen Gedichten gleichen, so kommt es ohne Zweifel daher, weil beide aus derselben Quelle geschöpft sind." [6]
Gessner illustriert Gessner. Überblickt man sein druckgraphisches Werk, welches 461 Radierungen umfasst [7], erweist sich dessen größerer und für die Beurteilung maßgebender Teil mit 233 Blättern aus den für die Graphik wichtigsten Jahren 1753–1778 als Begleitmusik zur eigenen dichterischen Produktion: 24 Titelblätter und Titelbilder (1754–1778) [8] sowie 157 Vignetten (1753–1778) [9], 20 ganzseitige Illustrationen zu den drei Quartausgaben (1773, 1777, 1777/78) [10], außerdem drei druckgraphische Folgen von Ideallandschaften, nämlich 10 Claude-Henri Watelet gewidmete Blätter (1764) [11], 12 Blätter mit Hirtenszenen (1769) [12] und 10 Blätter mit mythologischen Figuren (1771) [13]. Der andere Werkteil mit 228 Blättern betrifft 209 hier nicht weiter besprochene Radierungen zu Werken anderer Verfasser (1752–1788) [14], worunter 24 und 14 Vignetten zu Wielands und Eschenburgs Shakespeare-Übersetzungen (1762–1766 bzw. 1775–1788) hervorragen [15] sowie 53 kleinformatige Landschaften zu den *Helvetischen Calendern* für die Jahre 1780–1788 eine besondere Gruppe bilden [16]; ferner 19 Vignetten, deren Verwendung unbestimmt ist [17]. Auch diese Bereicherung fremder Texte durch den Radierer dient dem Verleger. So gilt die kurzgeformte Feststellung im doppelten Sinn: Gessner illustriert Gessner. Im folgenden sei jedoch nur vom Bezug des Radierers auf den Dichter die Rede.
Der Autor Gessner ist von der ersten Veröffentlichung an sein eigener Buchgestalter. Für wie bedeutend er überhaupt die ganze ästhetische Erscheinung seiner Werke hält, bezeugt die denkwürdig beharrliche Verwendung der Antiqua für diese deutschsprachigen Drucke. Nach der Bibliographie von Leemann-van Elck 1930 [7] (L 501–541, ohne 520) sind von allen 40 zu Lebzeiten des Dichters publizierten Ausgaben seiner Schriften deren 30, sämtliche Erstausgaben und alle wichtigen späteren Auflagen, in klassischen, formal von Garamond hergeleiteten Antiquatypen mit weitem Durchschuß gesetzt; die gewöhnliche Fraktur wird nur für zehn Volksausgaben benutzt. Man weiß, daß lateinische Lettern (wie die Antiqua damals genannt wurde) im deutschen Sprachbereich bis weit ins 19. Jahrhundert nur für fremdsprachige Drucke in Gebrauch war; zu diesen zählte man auch mittelhochdeutsche Texte, wie die von Bodmer und Breitinger herausgegebenen *Proben der alten schwäbischen Poesie des Dreyzehnten Jahrhunderts, aus der Manessischen Sammlung*, welche in Zürich von Heidegger & Comp. 1748 in Antiqua gedruckt worden sind. Die tiefere Ursache von Gessners Praxis der lateinischen Lettern war jedoch ein zündender Funke im brieflichen Gedankenaustausch der Dichter Karl Wilhelm Ramler (1725–1798) in Berlin, Johann Wilhelm Ludwig Gleim (1719–1803) in Halberstadt und Ewald Christian von Kleist (1715–1759) in Potsdam. Als Ergebnis erschienen im April 1749 Gleims *Lieder* in zwei ungleichen Teilen, einer Fraktur-Ausgabe von 64 S. mit Angabe des Druckorts Amsterdam und, als „Spielwerk" oder „Thorheit" (wie Gleim kokett formuliert), einer Antiqua-Ausgabe von 16 S. mit Angabe des Druckorts Zürich, beide Oktavbändchen in Halberstadt bei Friderich gedruckt; dieser folgte im Januar 1750, anonym in Berlin gedruckt, die epochemachende Erstausgabe von Kleists *Der Frühling* in Antiquakursive klein Quart [18]. Gessner befand sich eben damals, von August 1749 bis Mai 1750, in Berlin, wo er sich Ramlers Zutrauen und Freundschaft erwarb und wohl auch dessen Begeisterung für die Antiqua schon in sich aufnahm.
Wenig später veranstaltete Kleists Freund Hans Caspar Hirzel (1725–1803), der bekannte Organisator der Lustfahrt mit Klopstock auf die Ufenau (30. Juli 1750) und künftige rastlos aufklärerische Politiker, in Zürich bei Heidegger & Comp. einen prächtigeren Antiquadruck des Gedichts in groß Quart, der auf Ostern 1750 erschienen ist. In seiner vom 24. März datierten Vorrede zu diesem Zürcher *Frühling* des Antiquadrucks erklärt Hirzel die Einführung der „runden lateinischen Buchstaben zu einem deutschen Werk" gegen den üblichen Gebrauch der „Gothischen Buchstaben" mit dem bedeutsamen Hinweis auf eine geistige Autorität ersten Rangs: „Leibnitz hat schon gewünscht, daß die lateinischen Buchstaben eingeführt werden, und das Urtheil dieses großen Mannes ist mehr als genung, eine solche Neuerung zu rechtfertigen." [19] Dieser erste Versuch veranlaßt in Zürich, wo Bodmer herrscht, sogleich Nachahmung. Man fand einige Jahre lang Gefallen an ähnlich stilisierten, sehr modern anmutenden Quartausgaben, zumal von Versepen Bodmers wie *Die Synd-Flut* (1751) und *Der Parcival* (1753), bei Heidegger & Comp. gedruckt, *Jacob und Joseph* (1751), *Jacob und Rachel* (1752), *Jacobs Wiederkunft von Haran* (1753), *Der erkannte Joseph und der keusche Joseph* (1754), *Inkel und Yariko* (1756), alle bei Orell & Comp. gedruckt. Auch die Werke von Bodmers neuem Jüngling Christoph Martin Wieland (1733–1813), vor allem die homerische Patriarchade *Der geprüfte Abraham* (1753), erscheinen in solchem Gewand. In einer vom Januar

Nr. 90 Titelblatt der ersten Folge von Ideallandschaften, Zürich 1764, gewidmet Claude-Henri Watelet (L 1)

Nr. 90 Blatt 5 aus der ersten Folge von Ideallandschaften, Zürich 1764 (I 5)

1754 datierten Vorrede zur zweiten erweiterten Ausgabe von *Jacob und Joseph* rechtfertigt Bodmers Verleger und Neffe Hans Conrad von Orell (1714–1785) die nun modische Druckweise mit entschiedenem Ton und selbstbewußter Geste, in Kleinschreibung: Die Fraktur ist ein alter Rock, den andere Nationen längst abgelegt haben; nur in Deutschland ist man noch nicht zur Einsicht gelangt, daß „die ausgerundeten buchstaben angenehmer ins auge fallen". In ihnen entdeckt er „mehr harmonie und mehr schoenheit", wogegen die deutschen Typen „haeslich à pure perte" sind. Infolgedessen hat er „einen grossen versuch gethan, die sprache von den ekigten buchstaben zu erledigen", indem er die oben genannten Werke Bodmers und Wielands mit Kühnheit so und nicht anders zutage förderte: „Nach meiner denkart ist es nichts geringes daß man in den geschichten der gelehrsamkeit von mir lesen wird: ORELL hat zuerst die vielzakigten buchstaben aus der sprache vveggeschaffet, und das erste epische gedicht, das im homerischen geschmake geschrieben ist, mit den schoenen runden buchstaben druken lassen. [. . .] Ist es stolz oder gute gesinnung daß ich es vor eine meiner bestimmungen halte, daß meine presse helfen soll die alte poetische denkart und die unschuldigen sitten zuryk zu fyhren? [. . .] Dieser buchstaben, der hexameter und die homerische Poesie seyn das merkmal, an vvelchem man meinen geschmak und verlag erkennen und beurtheilen moege." [19a]

In diesem nicht nur typographisch, vielmehr kulturpolitisch revolutionären Klima, das freilich im sechsten Jahrzehnt sich wieder zur Fraktur hin verändert, findet auch Gessner 1753 mit seinem ersten Druck, *Die Nacht*, das richtige Element für alle Zeit. Nach dem Eintritt in die Geschäftsleitung von Orell & Comp. 1761 und nach der Fusion von Orell, Gessner & Comp. mit Füssli & Comp. (seit 1766 Nachfolger von Heidegger & Comp.) 1770 verteidigt Gessner, wohl mit stiller Duldung seiner Teilhaber Hans Conrad von Orell, Johann Heinrich Heidegger und Hans Heinrich Füssli, als einziger Zürcher Verleger und nur für sich selbst bis zuletzt die Ästhetik der Antiqua. Wie der Stadtbibliothekar Leonhard Usteri 1778 überliefert, ersucht er 1761, im Hinblick auf die erste Gesamtausgabe seiner *Schriften* (1762), den maßgebenden Kenner antiker Kunst, Johann Joachim Winckelmann, um den Gefallen, „ihm seine Gedanken über den Gebrauch der lateinischen Lettern in deutschen Schriften, anstatt der alten, gothischen, in einem Schreiben mitzutheilen, welches Herr Gessner im Sinn hatte, seinen Werken vorzusetzen"; der Plan, blieb zu Winckelmanns eigenem Bedauern, unausgeführt [20]. Doch verrät diese Absicht, wie der seines wählerischen Geschmacks erstaunlich sichere Buchgestalter alles in seinen Werken bis in die Einzelheiten von Orthographie und Schriftgrad, Proportion und Papierqualität allein ordnet und bestimmt, wie vor ihm kein Illustrator im deutschsprachigen Raum seit Albrecht Dürer, und nach ihm als Dichter nur Stefan George. Die Texte, deren Reihenfolge immer neu durchdacht und mehrmals verändert wird, sollen in reiner Klarheit auf den Leser wirken; Inhaltsverzeichnisse fehlen in allen Originalausgaben seiner Schriften. Der sich selbst illustrierende und verlegende Autor gestaltet seit den Anfängen auch als Buchkünstler Titelblätter und Vignetten; sie dienen ihm nicht als bloßer Schmuck, sondern sind feste Bestandteile der genau überlegten, von einer bestimmten Schönheitsidee geprägten Satzeinrichtung. Mit Kupfertiteln und Vignetten setzt er bestimmte Akzente, formuliert anschauliche Zeichen für das Thema, den Ton und die Tendenz des jeweiligen Werks.

Als Anfänger orientiert sich Gessner an der einzig vorbildlichen französischen Buchkunst in der ersten Hälfte seines Jahrhunderts. Deren formbewußter Charakter, gelöster Stil und schwungvolle Eleganz bestimmen seine Wahl der Typen, die typographische mise en page und die gegenständlich bereicherte Komposition der Kupfertitel. Die sechsbändige, von François Boucher illustrierte Großquartausgabe von Molières Werken (1734), ein bahnbrechendes Monument des frühen Rokoko, dürfte ihm bekannt gewesen sein [21]; man erkennt das hier mustergültig vorgestellte Zusammenwirken von ganzseitigen Hauptillustrationen mit bildhaft ausgeführten Kopf- und Schlußvignetten im Aufbau der eigenen, schlichter instrumentierten Quartausgaben wieder. Aus der vierbändigen Folioausgabe der Fabeln von La Fontaine (1755-1759) mit den Illustrationen von Jean-Baptiste Oudry hat Gessner nachweislich 1764/65 kopiert [22]. Welche Pariser Publikationen sonst auf ihn gewirkt haben, ist schwerlich ohne mühsame Nachforschungen auszumachen, da keinerlei Nachrichten von seiner Privatbibliothek überliefert sind [23]. Ihr Einfluß beschränkt sich freilich auf die formale Buchgestaltung. Denn die eigenständige Phantasiewelt seiner Schriften und Bilder ist vom höfischen Glanz der zeitgenössischen Weltstadt weit entfernt, ein ins Zeitlose schweifender Blick zurück, das verlorene Paradies mit der Seele suchend: „With Gessner, the atmosphere was pagan, and not what it habitually was with the French, tirelessly gallant." [24]

Durch ernsthaftes Studium findet er schon vor 1756 Zugang in den Tempel der antiken Mythenwelt; das erste Kompendium, aus dem er abzeichnet, scheint Sandrarts *Teutsche Academie* gewesen zu sein [41]. Vermutlich bei Hans Heinrich Füssli kopiert er aus den Gemmenfolianten von Gori [25], vielleicht ebenda oder beim Schwiegervater Hans Heinrich Heidegger [32] [33] aus dem

Öllampenbuch und anderen Reproduktionswerken von Bartoli [26] [56], in der Stadtbibliothek besonders exakt aus Lipperts kostbarer Sammlung von Gemmenabgüssen [27], wie Füssli 1770 als erster überliefert [28], und aus dem *Speculum* von Lafreri [47]. Auch andere, noch nicht ermittelte Kupferstichwerke zur griechisch-römischen Monumental- und Kleinkunst mögen ihm Vorbilder geboten haben. Diese betreffen indessen nur den figürlichen Teil seiner Bildinhalte, die echt oder vermeintlich aus dem Altertum überlieferten Merkmale der naturdämonischen Götter und Heroen, Mischwesen und Jungfrauen von schönem Wuchs, Eroten und Putten. Die oft mit naivem Behagen an ihrer Bildrealität gekennzeichneten mythischen Gestalten sind ganz der Erde verhaftet, Bestandteile üppiger Fruchtbarkeit, als Verkörperungen eines bestimmten Landschaftstyps die Schutzgeister der jeweiligen Örtlichkeit. Reichbewässerte Gegenden mit starkem Baumwuchs, feuchtdunkle Pflanzenwildnis in freundlich anmutenden Gefilden ohne Fernblick [29], von lichtem Gewölk überzogen, „wo die Natur nicht wild, aber groß in ihrer Mannigfaltigkeit ist, und wo unter dem glücklichen Clima jedes Gewächse seine gesundeste Vollkommenheit erreicht" [30], wo Menschen und Tiere selbstgenügsam und friedlich, heroisch und idyllisch zugleich leben: Dies ist Gessners Uridee seiner Ideallandschaften, wie sie 1773 durch die programmatische Kopfvignette zum *Brief über die Landschaftsmalerei* an Johann Caspar Füssli [30] bildhaften Ausdruck findet [31].

Naturwahre Bilder solcher Gegenden treten dem Dichter um 1760 in der Kunstsammlung des Zunftmeisters und Ratsherrn Hans Heinrich Heidegger (1711-1763) [32], der 1761 sein Schwiegervater wird, als vorgeprägte Sehweise durch glücklichen Zufall entgegen. Denn „sein Cabinet ist eins der besten in unsrer Vaterstadt", bekräftigt Füssli 1770, „und enthält vornehmlich die besten Stiche nach der Niederländischen Schule; und eine vollständige Sammlung der ersten Drücke des Freyischen Werks, welches die erhabenen Werke der Römischen Schule am würdigsten geliefert hat. Auch ist es wegen einer starken Sammlung von Handzeichnungen merkwürdig, und wird jetzt durch seinen Sohn mit Einsicht und Wahl immer vermehrt" [33]. Durch die Gemälde- und Freskenreproduktionen des berühmten, in Rom tätigen Luzerner Kupferstechers Jakob Frey (1681-1752) lernt also Gessner auch den pathetischen Figurenstil in den Hauptwerken der italienischen Hochrenaissance kennen. Was ihn aber besonders berührt sind die malerisch durchgeführten, zum Teil kunstvoll komponierten Landschaftsradierungen meist holländischer Künstler des 17. Jahrhunderts, die er sich laut seinem Schreiben an Johann Caspar Füssli 1770 [30], S. XLIII–XLVIII systematisch zum Vorbild nimmt. Indem er „mehr flüchtige als genaue Copien von ihren Landschaften" anfertigt, forscht er nach dem Geheimnis ihrer Wirkungen. Für Bäume und Laubmassen wählt er die trostlos nüchternen, scheinbar nachlässig entworfenen Waldpartien von Anthonie Waterloo (1609-1690), seinem Hauptlehrmeister; für Felsen die heiteren südlichen Hirtenszenerien von Nicolaes Berchem (1620-1683) sowie Zeichnungen von Felix Meyer, Johann Franz Ermels und Jan Hackaert (gewiß lauter komponierte Ideallandschaften); für „das einfältige Ländliche" die nordischen Landschaften von Allaert van Everdingen (1621-1675); für die Komposition die formbewußte Kulissenmanier von Herman van Swanevelt (um 1600-1655) und den kühnen Schwung des Neapolitaners Salvatore Rosa (1615-1663), von dem er die geschlossene Räumlichkeit mit den gesperrten Hintergründen übernimmt. Sodann studiert er für Mittelgründe „die sanft hintereinander wegfließenden Hügel" von Philips Wouverman (1619-1668), vermutlich in den von Jean Moyreau (1650-1762) nach dessen Werk seit den 1730er Jahren verfertigten Blättern, und Reproduktionsstiche von Landschaften des urwüchsigen Peter Paul Rubens (1577-1640); endlich das graphische Werk des virtuosen zeitgenössischen Aneigners Christian Wilhelm Ernst Dietrich (1712–1774), der verschiedene Darstellungsweisen von Meistern des 17. Jahrhunderts interpretierend zusammenfaßt und Gessner daher als „das größte Exempel, wie man nachahmen soll", erscheint.

Doch er erkennt außerdem die monumentale Würde der Klassik, „vorzüglich die wahre Größe", in den durchdachten Kompositionen der französischen Maler in Rom, Nicolas Poussin (1594-1665), dessen Schwager Gaspard Dughet (1613–1675) und Claude Gelée genannt Lorrain (1600–1682): „Es ist nicht blos Nachahmung der Natur, wie man sie leicht findt; es ist die Wahl des Schönsten", mithin die durch schöpferische Einbildungskraft hervorgebrachte Anschauung eines goldenen Zeitalters, die er an ihren Gemälden entdeckt und in sich aufnimmt. Durch diese erlebnisreiche Schule des Sehens wird der Künstler befähigt, selbst „die Natur wie ein Gemählde zu betrachten" und überall das Bedeutende im Aufbau zum Gleichgewicht, in der Beleuchtung zur Stimmung klarsichtig wahrzunehmen: „Sein Auge wird so gewöhnt seyn, in der Natur das zu bemerken, was mahlerisch schön ist, daß kein Spaziergang zu jeder Jahrs- und Tags-Zeit für ihn ohne Nutzen ist. [...] Ich habe auf den gleichen Spaziergängen mit Erstaunen Situationen in Poussins Geschmack gefunden, wo ich vorher nur mittelmäßige und kleinlichte Sächelgen sah." [34] Was auch immer Gessners erkennenden, überall das Wunderbare suchenden Blick fesselt, berührt seine schöpferische

Nr. 193 Die Waldquelle

Einbildungskraft im Hinblick auf „ein goldenes Weltalter, das gewiß einmal da gewesen ist", wie schon die Vorrede zu den *Idyllen* (1756) versichert, und wird auch der Uridee seiner in Bildern redenden Kunstweise anverwandelt, einverleibt: die begeisterte Ruhe oder beseelte Gelassenheit im Einssein von Natur und Mensch wiederzugeben. Als vierte Wurzel des Könnens nach der französischen Buchästhetik, den antiken Formen mythischer Figuren, der Sehweise niederländischer und römischer Landschafter wäre dann die Gegenständlichkeit seines unmittelbaren Naturstudiums ins Auge zu fassen, welches ihm die wuchernde Vegetation der botanisch bestimmbaren Vordergründe liefert [34]. Im *Brief über die Landschaftsmalerei* erinnert „vielleicht der beste heutige Landschaft-Zeichner", wie Füssli annimmt, an die Gedichte des Hamburgers Barthold Heinrich Brockes (1680–1747), dessen *Irdisches Vergnügen in Gott* (1721–1748) ihn schon früh (in Berg am Irchel um 1747) durch „eine ganz eigene Dichtart" sinnlich wahrgenommener Naturbilder faszinierte und zur genauen Beobachtung in der Umwelt anregte: „ein Gräsgen mit Thautropfen an der Sonne hat ihn begeistert". So habe er selbst sich allmählich „zur Regel gemacht, immer mit dem versehen zu seyn, was zum Zeichnen nöthig ist, ich mag seyn. wo ich will, nicht allein auf Reisen und Spatziergängen, sondern auch zu Haus und in der Stadt" [36]. Ein wohl nur geringer Rest von Gessners bei Gelegenheit entstandenen Studien ist durch die Sorgfalt von Johann Heinrich Heidegger erhalten geblieben [4] und zeugt eindringlich von der unbefangenen Schärfe und Beharrlichkeit seines Nahblicks in die Natur, wo er sich ihr ganz zuwandte.

Betrachtet man Gessners Titelblätter chronologisch, zeigt sich in der rund 20jährigen Produktion ein überraschend deutlicher Wandel von der linear beschwingten zur strengen, kompakten Form. Diese im dritten Jahrhundertviertel vollzogene Entwicklung nimmt einen im vierten allgemein europäischen Stilwechsel vorweg: vom spielerisch verschnörkelten Rokoko zum ernsten, schlichten Klassizismus [37]. Der zierliche Rahmen im frühen Titelblatt zu Kleists *Frühling* 1754 (Kat. Nr. 28) [38], dessen durchaus französische Provenienz bezeichnend ist [39], umschließt ein traditionelles Landschäftchen, das technisch auf den schnellzeichnenden Daniel Düringer (1720–1786) hindeutet, was ein Indiz für Gessners Anfänge als Radierer darstellt [40]. Mit dem Titelblatt zu den *Idyllen* 1756 (Kat. Nr. 84) [41] kommt man schon näher an die Thematik des Dichters; doch schwebt hier wie dort und noch in jenem der *Gedichte* 1762 (Kat. Nr. 85) [42] die Schrift ohne Bezug zum Bild im Leerraum. Diese erscheint im Titelbild zu *Daphnis* 1754 (Kat. Nr. 82) [43] erstmals in einem ausgespannten Tuch vergegenständlicht, was wiederum auf französische Vorbilder hinweist [44]. Mit den *Schriften* 1762 wagt Gessner einen weiten Sprung und erreicht Neuland, wo der Titel bildhaft wird; die Darstellung ist monumental verfestigt und die Schrift sinnvoll integriert. Vor dem 1. Teil erweckt eine wie in Stein gehauene Platte die gebotene Distanz zum biblischen Gegenstand *(Der Tod Abels)* [45]; vor dem 2. Teil deutet die graziös auf Zehenspitzen posierende Statue des geflügelten Liebesgotts in einer durch Rokoko-Zierat verfremdeten Renaissance-Nische zum ausgespannten Titeltuch, womit *Daphnis* gemeint ist [46]; vor dem 3. Teil wirft eine Ziege ihren unschuldigen Schatten auf das leicht verwitterte Denkmal Theokrits, das kolossal in einer Waldlichtung aufgerichtet Idyllen bedeutet [47]; vor dem 4. Teil steht wie ein geschlossenes Tor die von Wölfflin gewürdigte Laube mit dem Hochrelief der drei nackten Chariten oder Grazien, ursprünglich Fruchtbarkeitsgöttinnen, welche hier wohl an Melida in *Der erste Schiffer* zu erinnern haben [48]. In diesen vier Titelblättern herrscht lineare Bestimmtheit und starke Plastizität; das Spiel mit Zitaten, die Intention zum Bild im Bild ist deutlich ausgeprägt. Das Monument mit der Schrifttafel erscheint dann in den *Schriften* 1762 und 1770 geistvoll und motivisch immer bedeutsam variiert; der Gebildete merkt, daß ein Kenner antiker Form und Sinngebung am Werk ist. Mit dem Titelblatt zu den *Contes moraux et nouvelles idylles* 1773 (Kat. Nr. 87) [49] findet Gessner die endgültige Lösung für den stilreinen Eingang in seine Quartausgaben: eine lapidare Schrifttafel mit Antiqua in den Formen der Capitalis monumentalis, karg und würdevoll auf marmorweißer Fläche, was wie die Inschrift eines Denkmals anmutet.

Dieselbe Verfestigung vom ornamentierenden Duktus der freizeichnenden Hand zum formstrengen, aphoristisch verdichteten Ausdruck zeigt sich in der Abfolge seiner Vignetten, von der skizzenhaften Luna mit dem Drachenwagen zu *Die Nacht* 1753 (Kat. Nr. 80) [50] bis zu den reifen, abgerundeten Meisterwerken in den Quartausgaben 1773–1778. Vignetten erfüllen den Zweck, ein Charakteristikum des jeweiligen Werks oder Textteils als bildhaftes Zeichen vorzustellen. Die Kopfvignette der Luna könnte kaum den stillen Nachtzauber angemessen so veranschaulichen, wie ihn der Dichter gestaltet: „Dort hinter der Wiese hebt sich der strauchichte Hügel sanft empor, wo unter schlanken Eichen das Mondlicht und dunkle Schatten durch einander hüpfen, dort eilt der rieselnde Bach, ich hör, ich höre sein Rauschen, er stürzt an mossichte Steine, und trängt sich schäumend durch enge Wege." [51] Die Vignette findet den zweckmäßigen Ausdruck durch ein Figurenmotiv, weshalb ihr der Künstler die entsprechende Personifikation des Mondlichts zugrundelegt: „Luna befahl ihren Drachen, nicht mit Flügeln zu rau-

Nr. 90 Titelblatt der zweiten Folge von 12 Blättern mit Hirtenszenen, Zürich 1769 (L 11); s. S. 116

schen, aufmerksam lehnt sie sich über die Seite des silbernen Wagens, und seufzt, die keusche Göttin!" Gessner zeigt die Bändigung der Drachen in der wellenförmigen Bewegung, das Hinüberlehnen und Seufzen durch die Schräge im Sichelkreis und die Pose der Göttin: einfache formale Mittel, die genau illustrieren. In dieser Frühproduktion paraphrasiert der Buchkünstler; in der Spätzeit findet er eigenbedeutsame Lösungen, die den Text erhellen und auslegen, ihm somit gleichwertig gegenüberstehen. Die majestätische Schlußvignette zu *Daphnis und Micon* (1772) in den *Contes moraux et nouvelles idylles* 1773 (Kat. Nr. 87) [52] vergegenwärtigt Überreste vom Grabmal eines antiken Gewaltherrschers; vom Text abweichend zeigt Gessner anstelle der zerbrochenen Aschenurne mit einem Frosch und einer Schnecke die schilfüberwachsene Relieftafel eines Reiterkampfs, was unmittelbar sowohl die Untaten des Unmenschen als auch die Vergänglichkeit seines Nachruhms vor Augen führt. Vom geborstenen Denkmal im Sumpf geht noch die Erinnerung aus an den Zerstörer, „der fruchtbare Felder verwüstet, und freye Menschen zu Sclaven gemacht"; zugleich enthält es die Botschaft, daß nur Wachsendes, zukunftweisende Taten und die fortwirkenden Werke das wahre, unzerstörbare Denkmal des Redlichen sind, was Alexander Trippel 1789 für Gessners eigenes Denkmal in Marmor meißeln sollte [61]. Die formvollendete Schlußvignette des tanzenden Satyrs mit dem Ziegenbock, zu *Die übel belohnte Liebe* (1762) in den *Oeuvres* 1777 (Kat. Nr. 89) [53], bringt die erlösende Anweisung eines Fauns (des Hirtengottes Pan) in geraffter Weise witzig zur Darstellung. Der immer erregte Walddämon soll nun die Nymphen in Ruhe lassen und seiner Lust im Tanz frönen; und weil Satyr zu Dionysos, dem Gott des

Nr. 90 Blatt 4 der dritten Folge von 10 Blättern mit mythologischen Figuren, Zürich 1771 (L 26); s. S. 116

Weins gehört, interpoliert der Künstler den komischen Zweitanz als Reliefmedaillon auf dem Bauch einer mächtigen, rebenumrankten Amphore, wie ein Bild im Bild. Dem Lüsternen ist Liebe versagt, aber der Gott lenkt seine wilde Potenz zu rauschhaftem Tanz, was Gessner über den Text hinaus erfinderisch andeutet. Solche Meistervignetten sind von einer bestimmten Stelle aus wirkungsvoll gestaltet, illustrieren aber nicht wörtlich. Sie sind mehr als schöne Dekoration und leichtes Ornament, indem sie den vorgegebenen Text als Konzentrat einer inhaltlichen Aussage auf neue, vom Dichter autorisierte Weise interpretieren.

Betrachtet man die drei in den künstlerischen Aufbaujahren 1764–1771 herausgegebenen Folgen von insgesamt 22 radierten Ideallandschaften [11-13], meint man verfolgen zu können, wie es dem nun berühmten Idyllendichter im allgemeinen darauf ankommt, seine arkadische Welt der Sehnsucht in die Frühzeit natürlicher und greifbarer in Bildern wiederzugeben. Jedenfalls haben die zeitgenössischen Rezensenten diese hypothetische Absicht so begriffen [54]. Freilich mögen sowohl das Stimmungsmäßige wie das Figürliche nicht gleichermaßen dicht und selbstverständlich gelingen, doch erscheint der künstlerische Wille unverkennbar, das Feine, Liebliche mit dem Drängenden, Urtümlichen harmonisch zu verbinden. Von Düringers kratzender Manier und Bullingers harter Zeichnung ausgehend, entwickelt Gessner seine persönliche, dem Illusionismus der Malerei angenäherte Radiertechnik, den kontrastreich flächenfüllenden Stil einer die Körperformen um starke Schlaglichter zart rundmodellierenden, kleinkritzelnden Radiernadel, welche mit fortschreitender Übung das ganze Bild wie einen Teppich von Halbtönen ohne luftperspektivische

Abstufung immer stärker sättigend durchzieht, damit der Glanz der nackten, glatten, warmbesonnten Plastizität im räumlichen Dunkel der Laub- oder Felsenkulissen umso heftiger scheine. Dagegen kühl und im Erdreich verborgen, nicht glatt und fest, sondern ungreifbar und unergründlich ist das Wasser, dessen Andeutung als Rinnsal, stürzender Wildbach oder stehendes Gewässer fast in keiner der 22 Radierungen fehlt. Denn das immerzu sichtbar glitzernde und rauschende, rieselnde, befeuchtende Element ist die Lebenskraft in Gessners Landschaften. Frisch und saftig ruhen diese mit ihrem aufschießenden Pflanzenwuchs im Sonnenlicht; schattig und fruchtbar sind die Vordergründe.

Darum erscheint auf dem anspruchsvollen ersten, aus verschiedenen Architekturelementen komponierten Blatt der ersten Folge 1764 [55] ein prächtiger Brunnen mit einer Naiade, aus deren Krug der Wasserstrahl als Lebensquell in eine halbrunde Schale fällt, dann tiefer in das weitere Becken zur Erde plätschert. Ein antikisierendes Relief, auf dem eine Priesterin das Opfer ins heilige Feuer schüttet [56], besetzt die besonnte Schaufront des mächtigen Brunnenstocks, dessen beschattete, dem Betrachter zugewendete Seite auf unscheinbare, aber beziehungsreiche Weise den Werktitel als Inschrift trägt. Gessner entwarf dieses erste Blatt als Widmungsbild für Claude-Henri Watelet (1718–1786), einen reichen Pariser Kunstkenner, Dichter und Malerradierer, der ihn im Oktober 1763 besucht hatte [57]. Dieser geschätzte Verfasser des Reimtraktats *L'art de peindre* in vier Gesängen (1760) radierte für Michael Hubers erfolgreiche Übersetzung der *Idyllen* (1762) und, zusammen mit seiner Schülerin Marguerite Le Comte, für dessen Übersetzung von *Daphnis* und *Der erste Schiffer* (1764) zeitgemäß niedliche Vignetten [58]. So hatte Gessner Grund genug, dem naturbegeisterten Besitzer und Gestalter von „Moulin Joli", dem berühmten, eine Stunde nordwestlich von Paris an der Seine gelegenen Landgut, seine Dankbarkeit mit einem besonderen Einfall zu bezeugen: Er verwandelt den von Jean-Baptiste Oudry heterogen gestalteten Rokoko-Brunnen zur 11. Fabel von La Fontaine (1755) [59], die unzweifelhafte Vorlage, in eine denkmalhafte Huldigung an den gleichgestimmten Liebhaber beschaulichen Landlebens. Watelet wird das Zitat goutiert haben, wenngleich er dies in seinem Dankschreiben nicht zur Sprache bringt [60]. Gessners Brunnen ist aber zugleich der bildhauerisch vorgeformte Entwurf jenes Denkmals, das der Dichter dem Redlichen, der ödes Land bewässert und bebaut hat, mit der späteren Idylle *Daphnis und Micon* (1772) errichten wird. Diese wählte dann, wie erwähnt, Alexander Trippel 1789 zum Gegenstand seines Reliefs für Gessners Denkmal; außerdem erscheint bemerkenswert, daß der Bildhauer seiner Marmortafel nicht nur den genannten Text zugrundelegt, sondern mit vielleicht unbewußt richtigem Rückgriff in der formalen Gestaltung deutlich auf das antikisierende Relief [56] dieses Brunnens anspielt, wodurch er dem ganzen Salomon Gessner, dem Dichter und dem bildenden Künstler zugleich Ehre erweist [61]. Der das beschauliche Bild überwölbende Laubengang ist übrigens heimischen Ursprungs; das Original findet sich in einer Zeichnung, die Gessner einmal vom reblaubengeschmückten Gartenhäuschen im Landgut der Dienstags-Gesellschaft im Sihlhölzli aufgenommen hat [62].

Im fünften Blatt [63] der ersten Folge steht hochaufragend eine Herme des Hirtengotts Pan in lichtem Eichengehölz, beim Sumpf wo der Schilf wächst; ein Ziegenbock erweist dem Kultmal seine animalische Reverenz. Der Dichter berührt den Gegenstand mehrmals, im 3. Buch *Daphnis* 1754 („in den nahen Hain hatt' er das Bildnis des Pan unter die hoheste Eiche gestellt"), in *Daphnis und Micon* 1772 („hier an dem mit Hopfen behangenen Gränzgott vorbey"), vor allem in *Daphnis, Chloe* 1772 („sie giengen zu der Säule des Pans, die nicht weit unter Fichten auf einem Hügel stund"). Der Künstler überträgt den offenkundigen Symbolwert Pans überdimensional ins Bild; der naturdämonische Charakter des Beschützers der Herden erscheint ihm bedeutend genug, daß er dessen Herme als Verkörperung des Arkadischen überhaupt eigens porträthaft würdigt.

Der zweiten Folge wird mit dem ersten Blatt 1767/68 wiederum ein Brunnen vorgesetzt, ein großartiger ländlicher am Waldrand, mit panköpfigem Ausguß am trogbreiten Stock, der als Volutengiebel eine mächtige Urne trägt [64]. Um den Brunnquell scharen sich Bäume, Tiere, Menschen in glücklicher Zuständlichkeit. Dem sitzenden Hirten mit der Leier sind die gebogenen Kopfweiden an den Bildrändern zugeordnet; dem stehend an den Brunnen gelehnten, aufmerksam lauschenden Mädchen entsprechen die gleichartig in die Höhe gerichteten Stämme. Im vierten, 1770 datierten Blatt [65] der dritten Folge erscheint diese Szene ins Mythologische gewandelt; groß und sanft in edler Gelöstheit verkörpern drei Quellnymphen oder die Chariten, anmutige Göttinnen der Fruchtbarkeit, ihre ernste Hingabe an das Flötenspiel der Eroten. Die Natur feiert ihr Frühlingsfest, der eilige Brunnen rauscht, die Sonne strahlt ihr blankes Licht und in den Laubkronen raschelt und raunt es von den unsichtbaren Dryaden. Mit den schöngeformten Figuren aus dem fernen Altertum bringt Gessner den pantheistischen Sinn der stummen, üppig wuchernden Pflanzenwelt mühelos zur Anschauung. Das zehnte, 1771 datierte Blatt [66] der zweiten Folge illustriert in diesem heidnischen Geist Theokrits 13. Idylle: Die Quellnymphen Malis, Eunika und Nycheia ergreifen beim Wasserfall in düsterer Baumlandschaft am Gestade von Chios den schönen Hylas, Begleiter und Liebling des Herakles auf dem Argonautenzug. Hylas kam, an ihrem stillen Quell Wasser für Herakles zu schöpfen, und beim Anblick seiner Gestalt in Liebe entbrannt, zogen die schlaflosen Nymphen den Heros mit unwiderstehlicher Macht in die Tiefe; vergeblich suchte ihn Herakles, die ganze Nacht hallte in den mysischen Wäldern der Klageschrei des rasenden Halbgotts. Gessner wurde zu seiner Bilderfindung vielleicht erst 1770 durch einen Vierzeiler des Rezensenten in Augsburg, Hieronymus Andreas Mertens, angeregt [67]. Die Figurengruppe der selten dargestellten Szene [68] ist von einem um 1630 entstandenen sentimentalen, laut Baldinucci bewundernswürdigen Gemälde des Florentiner Barockmalers Francesco Furini (1603–1646) abgeleitet [69]. Wie Gessner dieses vor Augen gekommen ist, scheint unklar [70]; am Kausalzusammenhang ist aber nicht zu zweifeln [71]. Der Radierer vertieft sein Vorbild in bedeutender Weise, veranschaulicht das Unheimliche am lichten Tag und das Gefährliche der sinnlichen Schönheit, das Numinose im Theokrit. Oben steht bildbeherrschend die übermächtige Laubkronenkulisse, nur in Wipfeln besonnt, vor dem undurchdringlichen Walddunkel; unten erscheint der blanke Knäuel von Leibern und Gliedern, das Weh und die Wollust ineinander, wie die Verkörperung kühlflutenden Wassers. Naturgewalten und göttliche Mächte sind eins.

Mit einem in sieben Jahren entwickelten Sinn für Komposition und erprobten technischen Können unternimmt Gessner ab 1771 in weiteren sieben Jahren das für ihn unumgängliche Abenteuer, seine Wortschöpfungen für die Quartausgaben in ganzseitigen Bildern zu interpretieren. Interessant und wichtig zum Verständnis der angestrebten Texterläuterung ist die Frage nach den ausgesuchten Stellen. Man würde erwarten, der Landschafter sei nun in der Lage, die hinreißenden landschaftlichen Streiflichter in den Schriften des Dichters zu Bildern auszumalen, etwa den morgenklaren Ausblick vom Hügel im 2. Buch *Daphnis* (1754), den Wintermorgen in der Idylle *Daphnis* (1756), den Sternenhimmel in *Mirtil, Thyrsis* (1756), den *Herbstmorgen* (1772), den sengenden Mittag in *Mycon* (1772) [72]. Nichts von alledem gibt der Künstler zu sehen; der Epiker hat hier schon genug getan. Gessner will jetzt seine Figuren plastisch vergegenwärtigen, seine antikischen Gestalten in geschlossenen Binnenräumen handeln lassen, welche eine Deutung ihres jeweiligen Wesens zulassen und als geraffter, unmittelbarer Ausdruck des in der Erzählung fortschreitenden Geschehens erscheinen.

So benutzt er im 1771 datierten Bild zu *Daphne, Chloe* (1772) [73] drei Stellen am Anfang der Idylle: „Sieh, schon steigt der Mond hinter dem schwarzen Berg hinauf, schon glänzt er durch die obersten Bäume. [...] Sieh, da an der Seite des Felsens, das ist der Garten des jungen Alexis. Komm, lass uns über den Zaun sehn. [...] Dort rieselt das Wasser vom Fels; sieh wie es, ein Bächgen, durch die Schatten des Gartens fliesst. Sieh, auf dem Felsen, wo die Quelle sich stürzt, hat er von Geissblatt eine Laube gepflanzt; da muß man wol ganz die weite schöne Gegend sehn." Der Zaun ist ein vielfach verwendetes dekoratives Element, das den Blick in die luftperspektivisch nicht anders als Vordergrund behandelte Ferne springen läßt. Auf dem schwarzen Berg steht anstelle der Laube ein fast durchsichtiger Monopteros als pflanzlicher Gartentempel, durch den das Mondlicht sichtbar flutet. In diesem vertikal aufgebauten, in Helldunkel gebadeten sanften Raum schweben mondhell die drei fühlenden, im Einklang bewegten Gestalten, Daphne, Chloe und Alexis im zartesten Augenblick, auf den es Gessner am Schluß der Idylle ankommt: „Schüchtern trat er hin, aber sein Entzükken kann nicht sagen, als Daphne, schamhaft an Chloens Busen geschmiegt, ihm gestund, dass sie ihn liebe."

Im Bild zu *Erythia* (1772) [74] überträgt der Künstler die vom Dichter dramatisch dargestellte Ausweglosigkeit, die zur Verwandlung führt, ins Räumliche. Alles ist wie gesperrt, hinter der Fliehenden drängt panischer Schrecken, droht nackte Wand, nur vorn ist offen der Abgrund, und Erythia, erschlaffend, zerfließt aus ihrer Form zum blendend hellen Fleck, der schon als Quelle über die Böschung rinnt: „Am äußersten Rand eines Felsen stund sie, bebte zurück, und sah erblassend ins tiefe Thal. Dann rief sie mit ängstlichem Geschrey: O Diana! Schützerin der Keuschheit, o rette, rette mich, dass kein unkeuscher Arm meine Hüften umschlinge! Rette, o rette, Diana, Schützerin der Keuschheit! Aber der Gott war an ihrer Ferse schon; schon fühlt sie seinen Athem, und jtzt seinen umschlingenden Arm. Doch die der Liebe ungewogene Göttin hört' ihr angstvolles Flehn; Wasser trieft von seinen umschlingenden Armen, und die an sie gedrückte Brust herunter; sie zerschmilzt in seiner Umarmung zur Quelle; schmilzt, wie Frühlingsschnee an einem braunen Felsen; schmilzt, trieft von seinen Armen, rieselt sein Knie herunter, rieselt durchs Gras, stürzt von der Felsenwand, und rieselt schon unten im Thal. Und so entstund Erythia, die reine Quelle."

Im 1775 datierten Bild zu *Phillis, Chloe* (1756) [75], dessen Jungfrauen sehr genau den Beginn des Dialogs mimen, sieht man links für einmal in den entfernten Mittelgrund einer Baumlandschaft. In diesem ist der Schluß

Nr. 88 (L 35); s. S. 117

Nr. 88 (L 42); s. S. 117

der Idylle verborgen, der Hinweis auf Amyntas, von dessen Körbchen immer die Rede ist: „Dort hinter jenen Hügel treibt er seine Heerde, ich will bey ihm vorbeygehn; sieh, will ich sagen, sieh, Amyntas! ich habe dein Körbchen am Arm." So bleibt der Hirt in der Ferne auch im Bild stets gegenwärtig, Das Bild veranschaulicht simultan Anfang und Ende des Wortkunstwerks (vgl. Kat. Nr. 146, 153, 154). Die ähnlich komponierte Illustration zu *Die übel belohnte Liebe* (1762) [76] ist als Wesensdeutung der dialogisierenden Figuren ausgearbeitet. Zwei männliche Körper leuchten in heiliger Nacktheit, der herbeigesprungene prächtige Faun und ein vom nächtlichen Abenteuer gekrümmter Satyr, sein schmerzendes Bein in der Hand; drei mächtige moosbewachsene, pilzbefallene Stämme rahmen das erbauliche Zwiegespräch. Ringsum entdeckt man fette Sumpfpflanzen und schwere Stauden im fahlen Frühlicht; kaum ein Bildfeld ist nicht botanisch durchzeichnet. Die Naturgeister sind ohne Ausblick ganz in ihrer Elementarkraft befangen, vom Urwald ihrer Triebhaftigkeit umfangen.

Zu fünf Ausgaben der 1761 entstandenen erzählenden Prosadichtung *Der erste Schiffer*, für die Gessner aus persönlichen Gründen „immer eine besondre Vorliebe" äußerte [77], radierte er in den Jahren 1762–1776 11 dekorative und 2 bildmäßige Vignetten sowie 2 ganzseitige Illustrationen. Spielerisch erprobt er die Variationen, welche ihm seine Robinsonade bietet, um zuletzt im Aufschwung zur Bedeutsamkeit der Quartausgaben endgültige bildkünstlerische Formulierungen zu finden. Der Text handelt vom Ursprung der Liebe auf der Insel Kythera, wo Aphrodite, die Schaumgeborene, erstmals ans Land gestiegen war. Dort lebt Melida allein mit ihrer Mutter Semira, ohne Kenntnis anderer Menschen von unerklärlicher Sehnsucht ergriffen. Drüben auf dem Festland träumt ein namenloser Jüngling von diesem Mädchen; durch Eros beflügelt, betritt er als der erste Schiffer die wunderbare Insel, wo er endlich mit Melida sich vermählt und vermehrt. Der Erstdruck im 4. Teil der *Schriften* 1762 enthält zwei ansehnliche, leitmotivisch kontrastierende Kopfvignetten, Melida in klassischer Pose unterm Gesträuch am Strand der Insel [78] und den von zwei Eroten ans Land gelotsten ersten Schiffer, wie im Fischergränsli auf dem Zürichsee rudernd, von Tritonen und Nereiden geleitet [79]; dazwischen als allegorische Schlußvignette die Meeresgöttin Thetis auf Meerpferden reitend, nach einer griechisch-römischen Gemme [80]. Für die wenig später gedruckten

Nr. 88 (L 49); s. S. 118

Nr. 90 (L 32); s. S. 117

Gedichte 1762 (Nr. 85) entwirft Gessner leichtere Kopfvignetten in seinem persönlichen, schelmisch antikisierenden Rokokostil: fünf Putten und Tritonenkinder im Schilf, mit einem Meerungeheuer spielend [81], und drei Putten im Schilf, auf einem schwimmenden Baumstamm rudernd [82]. Im 4. Teil der *Schriften* 1765 erscheinen als Kopfvignetten zwei Reproduktionen von griechisch-römischen Gemmen, wiederum allegorische Bilder von Liebeslust, Meeresstille und glücklicher Fahrt: ein muschelblasender Triton mit einer Nereide hinter dem Rücken [83] und zwei Eroten im Nachen, von vier Delphinen gezogen [84]. Für den 4. Teil der *Schriften* 1770 verwendet der Künstler seine Kopfvignetten des Erstdrucks zu akribisch ausgeführten Bildchen, mit feinen Veränderungen, welche ikonographisch die künftigen letzten Illustrationen vorbereiten: Melida sitzt unter Weiden sinnend am Strand der Insel mit ruhenden Lämmern, wovon eines als Rückenfigur ihre Sehnsucht in die Ferne leitet [85]; der erste Schiffer zeigt Melida den Nachen mit Amors Stab und Blumenkranz, worin die Winde wehten, die ihn übers Meer schoben [86].

Jene Vignette wird im 2. Band der *Oeuvres* 1777 (Kat. Nr. 89) zur ganzseitigen Illustration vor dem ersten Gesang ausgeformt. Melida, sinnlichkeusch an eine überwachsene Felswand gelehnt, scheint wie ein Schilfrohr im Wind ganz dem unergründlichen Verlangen hingegeben, derweil eines ihrer erdverhafteten Lämmer wiederum als Rückenfigur diese Sehnsucht in die Öffnung zum fernen Meerhorizont hinausträgt [87]: „Oft sah ich tief nachdenkend über das weite Meer hin. [...] Verlasst mich, ausschweifende Gedanken, ihr macht mich nur trostlos." Mit der zugehörigen Kopfvignette erscheint der erste Schiffer am Festland, in schwüler Stimmung auf seinem Nachen brütend, aber zugleich von einem Eroten inspiriert, der ihm die Schwäne zeigt, welche ihn lehren das Ruder zu brauchen [88]: „Wie wenn ich Füsse von Holz mir machte, breit wie die Füsse des Schwans, wo sie in die Flut sich tauchen, und ich regierte sie mit jeder Hand einen auf beyden Seiten des gehöhlten Stammes!" In der Schlußvignette freuen sich zwei Tritonenkinder über diesen Gedanken, indem sie im Schilf nach einer fliegenden Ente haschen [89]. Die ganzseitige Illustration vor dem zweiten Gesang vergegenwärtigt den pathetischen Augenblick des Erkennens, der die drei Gestalten für immer verbindet [90]: „Plötzlich fuhr Melida zurück. Götter (so rief sie) was seh ich! und stand wie eine Bildsäule da; der

Jüngling war vor der Schwelle der Hütte, eben so bestürzt; Götter! sie ists, rief er, sie ists, die ich im Traume sah." Der Handlungsraum ist karg, nur das Notwendigste sieht man: Körbe, Krüge, die Leier. Wie ein junger Gott tritt der Jüngling auf und durchstrahlt die weiblichen Gestalten, deren innerer Aufruhr in den Gewändern sich ausdrückt. Gessner befolgt hier genau die von Denis Diderot in der *Encyclopédie* 1753 verkündeten Regeln der guten Komposition, die Einheit von Zeit, Handlung und Ort [91]. Mit der zugehörigen Kopfvignette treibt der erste Schiffer in voller Aktion über plätschernden Wellen zur Insel [92]: „Wie schön schwimmst du daher mit flatternden Blumenkränzen auf schimmernden Wellen daher, wie der majestätische Schwan, mit künstlich lenkenden Füssen." Ein Erote führt ihn, Zephire glätten die Wellen, Tritonen, Nereiden und das Meerungeheuer begleiten den zerbrechlichen Kahn; der Künstler zitiert alle seine früheren Gestalten zum eindrucksvollen Finale. Die drängende Bewegung und einzelne Elemente der Komposition sind eindeutig von Raffaels *Triumph der Galatea* bestimmt, dem berühmten, 1511/14 gemalten antikisierenden Fresko in der Villa Farnesina in Rom, welches Gessner in irgendeiner der verbreiteten Kupferstich-Reproduktionen (von Marcantonio Raimondi, Hendrick Goltzius u. a.) gekannt hat; doch ist die Umformung durchaus von seiner individuellen Sehweise geprägt. Die Schlußvignette steigert das Thema der Dichtung, die von Göttern begünstigte Fahrt des Mutigen, ins Monumentale [93]: An der aus Delphinleibern gebildeten Leier, welche zwei gekreuzte Ruder, Lorbeer, Schilf und Korallen umrahmen, hängt das Bildchen mit dem rudernden Eroten im Nachen, den ein Delphin zieht, als heiterer Rückblick auf die frühere Vignette [84]. Gessner zitiert Gessner, ohne sich zu wiederholen.

Über die Nachwirkung seiner Buchkunst weiß man wenig [94]. Ein jüngerer Maler, der Winterthurer Johann Conrad Steiner (1757–1828), erneuert 1790–1800 Gessners Idyllenwelt rein landschaftlich in 24 lichten Radierungen, die er dessen einzigem Schüler im Geist, dem frühverstorbenen Zürcher Maler Ludwig Hess (1760–1800), vermutlich postum dediziert [95]. Carl Wilhelm Kolbe d. Ä. (1759–1835), der bedeutende Radierer in Dessau, findet seine bestürzende Eigenart mit den mächtigen chthonischen Kräuterstücken um 1800, nach längerer tiefgründiger Auseinandersetzung mit dem verehrten Vorbild [96]. Doch dieser Einfluß ist partikular, eine weitere Verbreitung scheint in der Kunst nicht sichtbar [97]. Denn Gessner bleibt, was er immer war, unnachahmlich.

1 Vgl. Johann Jakob Hottinger: Salomon Gessner. Zürich 1796. S. 29–32, 148–153.

2 Ebenda S. 36–40.

3 Gessner an Johann Georg Schulthess (1724–1802) am 5. Mai 1752. In: Heinrich Wölfflin: Salomon Gessner, mit ungedruckten Briefen. Frauenfeld 1889, S. 150. Vgl. den von Wilhelm Wartmann verfaßten Katalog: Ausstellung Salomon Gessner. Schriften, Radierungen, Zeichnungen, Malereien, Porzellan. Kunsthaus Zürich Mai/Juni 1930. Ausführliches Verzeichnis mit Abbildungen, S. 22, 25.

4 Gessner an Schulthess am 4. Juli 1752. In: Wölfflin 1889 (wie Anm. 3), S, 155. Der Schriftsteller Johann Heinrich Heidegger (1738–1823), Gessners Schwager und Hauptteilhaber in der gemeinsamen Firma Orell, Gessner, Füssli & Comp. (vgl. Anm. 33), überliefert in seiner gedruckten Vorrede zu „S. Gessners Studien und Kunstwerke" (Kunsthaus Zürich, O 11–12), einer um 1790 von ihm selbst aus dem Nachlaß „meines besten Freundes" für dessen Söhne zusammengestellten Auswahl von Zeichnungen (Hottinger erwähnt 1796, S. 116 diese Sammlung „in zwey Foliobänden"), wie der junge Kunstdilettant sich gleich mit großformatigen Landschaftsszenerien im Stil der täferfüllenden Dekorationsmalereien beschäftigte, die eben damals in Zürich durch Johann Balthasar Bullinger d. Ä. (1713–1793) modisch geworden waren (vgl. Anm. 32): „Um diese Zeit [1752] versuchte er in Oehl zu mahlen, und dekorierte in seinem Hause ein Zimmer mit Wasserfällen, Gebüschwerk und Grottesquen, grau in grau, mit Weiss aufgeblickt, welches alles er hernach durch die Hand des Flachmahlers auslöschen ließ. Was von dergleichen Arbeiten noch übrig geblieben, steht an den Wänden des Gesellschaftshäusgens an der Sihl, wo er mit seinen Freunden viele vergnügte Tage durchgelebt hat." Leemann-van Elck 1930 (wie Anm. 7, vgl. Anm. 20, 28) läßt S. 26 in ungenauer Wiedergabe der S. 81 zitierten Mitteilungen Heideggers vermuten, Gessner habe auch im Gesellschaftshaus gemalt, was nicht überliefert ist, vgl. Anm. 5.

5 Zu diesem vgl. Robert Faesi: Die Dienstags-Companie, eine unbekannte literarische Gesellschaft aus Bodmers Kreis. In: Zürcher Taschenbuch auf das Jahr 1918. NF. 39. Zürich 1918. S. 135–161 (bes. S. 151–153). Vgl. Anm. 62.

6 Hans Heinrich Füssli: Zürich im Spätrokoko. Briefe des Conte di Sant'Alessandro von Johann Heinrich Füssli. Hrsg. von Emil Ermatinger. Frauenfeld 1940. S. 128 (6. Brief vom Oktober 1770). Vgl. Paul Leemann-van Elck: Salomon Gessners Briefe an Friedrich Nicolai. In: Zürcher Taschenbuch auf das Jahr 1934. Zürich 1933. S. 151 (Gessner an Nicolai am 4. April 1772): „Diese beyderley Beschäftigungen stöhrten einander nicht, sie nuzten eine der andern."

7 Nach dem Verzeichnis in Paul Leemann-van Elck: Salomon Gessner, sein Lebensbild, mit beschreibenden Verzeichnissen seiner literarischen und künstlerischen Werke (Monographien zur Schweizer Kunst, 6). Zürich 1930 (1929 erschienen). S. 267–308, Nr. 1–470 (im folgenden L 1–470 zitiert). Nicht gezählt sind hier, da kaum noch oder nicht von Gessner stammend, die Zustandsdrucke und Varianten L 243, 244, 245, 246, 247, 290, 319, 450, 451. In Ergänzung zu diesem nach dem Verwendungszweck gegliederten Verzeichnis ist das radierte Werk im Katalog 1930 (wie Anm. 3), S. 25–32 chronologisch geordnet. Ein Wiederabdruck von 395 Radierungen (ohne sämtliche Titelblätter) erschien laut Leemann-van Elck 1930, S. 263, 307–308 in einer Auflage von 25 Exemplaren bei Orell, Gessner, Füssli & Comp. in Zürich vor 1796. Spätere Wiederabdrucke von nur 336 Radierungen erschienen unter dem Titel „Oeuvre de Salomon Gessner" bei Heinrich Gessner in Zürich 1802 (laut Anzeige in der Bibliothek der redenden und bildenden Künste. 1. Bd. 2. Stück.

Leipzig 1806. S. 298 in 20 Exemplaren, die aber nach Leemann-van Elcks Vermutung nur die in den Handel gebrachten aus einer Auflage von mehreren hundert Exemplaren darstellen); Restexemplare dieser Ausgabe unter dem Titel „Sämmtliche radierte Blätter von Salomon Gessner" bei Johann Jakob Siegfried in Zürich seit 1834/35. Die von Leemann-van Elck unpräzis „ca. 1796" datierte (eher um 1790 anzusetzende, vgl. Anm. 4) erste postume Ausgabe des radierten Werks scheint mit jener „Sammlung von allen geäzten Blättern, Vignetten, die er verfertigt" identisch zu sein, welche Johann Heinrich Heidegger in seiner gedruckten Vorrede zu „S. Gessners Studien und Kunstwerke" (Kunsthaus Zürich, 0 11–12, vgl. Anm. 4) als zusätzlichen Band erwähnt.

8 L 98, 114, 219–242.

9 L 55–95, 97, 99–113, 115–117, 179–215. Eine größere Produktionsdichte beginnt erst mit den Ausgaben der Gedichte und Schriften 1762. Dies bestätigt Johann Heinrich Heidegger (vgl. Anm. 4): „Als er im Jahre 1760 in die Orellische Buchhandl. Gesellschaft als Mitglied aufgenommen ward, und wenig merkantilischen Hang zeigte, munterte ich seinen Kunstfleiß auf: eine Ausgabe seiner sämtlichen Schriften mit Vignetten zu zieren."

10 L 35–54.

11 L 1–10, S. 72–73. Titelblatt 1764 datiert (vgl. Anm. 55). Publiziert in Zürich bei Orell, Gessner & Comp. im September 1764 und, laut Angabe auf dem Titelblatt, in Basel beim Kunsthändler Christian von Mechel, in Paris beim Kunsthändler Buldet. Angezeigt in den Donnstags-Nachrichten Nr. 39. Zürich 27. September 1764, Verschiedene Nachrichten Nr. 5. Rezensiert vom Dresdener Kunstgelehrten, Akademie- und Galeriedirektor Christian Ludwig von Hagedorn (1712–1780) in der Neuen Bibliothek der schönen Wissenschaften und der freyen Künste 1. Bd. 1. Stück. Leipzig 1765. S. 163–164 (dazu Gessners Briefe an Hagedorn in: Briefe über die Kunst von und an Christian Ludwig von Hagedorn. Hrsg. von Torkel Baden. Leipzig 1797. S. 164–170, datiert vom 1. April bzw. 1. Oktober 1768). Vgl. Wölfflin 1889 (wie Anm. 3), S. 128–129. Rudolf Bernoulli: Der Kupferstecher und Buchkünstler Salomon Gessner. In: Salomon Gessner 1730–1930. Gedenkbuch zum 200. Geburtstag. Hrsg. vom Lesezirkel Hottingen. Zürich 1930. S. 76–78. Vgl. Anm. 54–62.

12 L 11–22, S. 73–74. Bl. 8 1767 datiert, Bll. 9, 11, 12 1768 datiert. Publiziert in Zürich, laut Anzeige (s. u.) im „Gessnerschen Buchladen" oder, laut Angabe auf dem Titelblatt, beim Autor unter der Firma David Gessner Gebrüder im Oktober 1769. Angezeigt in den Donnstags-Nachrichten Nr. 40. Zürich 5. Oktober 1769, Verschiedene Nachrichten Nr. 3. Rezensiert vom Augsburger Literaten Hieronymus Andreas Mertens (1743–1799), seit 1773 Rektor des Gymnasiums St. Anna und Stadtbibliothekar, im ersten wöchentlichen Kunstblatt in Deutschland, der von ihm 1770–1772 hrsg. und verfaßten Kunstzeitung der Kayserlichen Akademie zu Augsburg 1. Jg. 5. Stück. 29. Januar 1770. S. 33–36; von Hagedorn (vgl. Anm. 11) in der Neuen Bibliothek der schönen Wissenschaften und der freyen Künste 6. Bd. 2. Stück. Leipzig 1768. S. 368, und 10. Bd. 1. Stück 1770. S. 154–155. Vgl. Wölfflin 1889 (wie Anm. 3), S. 130–131; Bernoulli 1930 (wie Anm. 11), S. 78. Wie Gessner am 9. April 1770 gegenüber Friedrich Nicolai bezeugt, sind „einige dieser ‚Landschaften' schon vor Jahren gemacht und nur später verbessert worden", in Leemann-van Elck 1933 (wie Anm. 6), S. 143. Vgl. Anm. 54.

13 L 23–32, S. 74. Bl. 2 1769 datiert, Bll. 3–5, 7 1770 datiert, Bll. 8–10 1771 datiert. Publiziert in Zürich beim Autor unter der Firma David Gessner Gebrüder und bei Orell, Gessner, Füssli & Comp. im September 1771. Angezeigt in den Donnstags-Nachrichten Nr. 36. Zürich 5. September 1771, Verschiedene Nachrichten Nr. 3. Rezensiert von Mertens (vgl. Anm. 12) in der Augsburgischen Kunstzeitung 2. Jg. 8. Stück. 25. Februar 1771. S. 58–59 (Bll. 1–5), und ebenda 2. Jg. 42. Stück. 21. Oktober 1771. S. 332–336 (10 Bll.); von Hagedorn (vgl. Anm. 11) in der Neuen Bibliothek der schönen Wissenschaften und der freyen Künste. 11. Bd. 1. Stück. Leipzig 1770. S. 158–159 (Bll. 1–5), und ebenda 12. Bd. 1. Stück 1771. S. 144 (Bll. 6, 7), sowie ebenda 13. Bd. 1. Stück 1772. S. 153–154 (Bll. 8–10). Vgl. Wölfflin 1889 (wie Anm. 3), S. 131–132; Bernoulli 1930 (wie Anm. 11), S. 78–79. Vgl. Anm. 54.

14 L 33, 34, 96, 178, 216, 218, 248–289, 291–318, 320–449, 450, 452. Vgl. Anm. 7.

15 L 96, 291–313 bzw. 359–372.

16 L 385–437. Rezensiert von Berchtold Friedrich Haller in den Miscellaneen artistischen Innhalts, hrsg. von Johann Georg Meusel. H. 23. Erfurt 1785. S. 267–271 (Jg. 1780–1784), ebenda H. 30. Erfurt 1787. S. 356–357 (Jg. 1785–1787), und im Museum für Künstler und für Kunstliebhaber, hrsg. von Johann Georg Meusel, 14. Stück Mannheim 1791. S. 3–6 (Jg. 1788 und folgende). Nur wenige dieser Ansichten sind originär, wie jene vom Sihlwald (Jg. 1783 Nr. 6, L 406) und sicher zwei Walliser Gegenden, zu denen sich im Studienband 0 12 im Kunsthaus Zürich Vorstudien von Gessners Reise 1778 feststellen lassen. Die übrigen sind Kopien nach größeren Vorlagen von verschiedenen, meist ungenannten Künstlern (genannt sind Johann Heinrich Wüest, Johann Joseph Hartmann, Ludwig Hess, der Kartograph Paul Usteri): Johann Balthasar Bullinger d. Ä., David Herrliberger, Johann Rudolf Holzhalb, Johann Ludwig Aberli, Johann Rudolf Schellenberg, Matthias Pfenninger u. a. m. Bemerkenswert an diesen Radierungen ist nicht der topographische Aspekt (wenngleich manche die betreffende Örtlichkeit erstmals druckgraphisch repräsentieren), sondern die flächengliedernde, in helleren Partien feinstrichelnde, in dunkleren schraffierend füllende, überlegen akzentuierende Technik, durch welche die Reduktion ins Kleinformat ohne Härten und Undeutlichkeiten gelingt.

17 L 217, 453–470.

18 Die beiden Antiquadrucke in der Zentralbibliothek Zürich (Gleim: 25.393, Kleist: 25.26a/17) stammen aus der Bibliothek von Johann Jacob Bodmer (1698–1783). Die Genesis dieser Erstausgaben ist aufschlußreich. Kleist schrieb Gleim am 9. 8. 1748, er sei entschlossen, sein Gedicht „Landleben" drucken zu lassen, und sandte ihm das Manuskript zur Durchsicht. Gleim gab diesem den Titel „Der Frühling" und sandte es Ramler am 15. 2. 1749 zur weiteren Bearbeitung, mit Kleists Empfehlung, es in Oktav drucken zu lassen. Zugleich dachte Gleim, wie er Kleist am 22. 1. 1749 mitteilte, die Sammlung seiner neuen Lieder auf Ostern herauszugeben. In seiner Antwort wünschte Kleist am 28. 1. 1749, seinen „Frühling" betreffend: „Ich bin so ehrgeizig, daß ich ein Buch daraus haben will, und kein Carmen, das man leicht verschmeißt." Gleim und Ramler dachten an eine vignettengeschmückte Ausgabe, für welche Johann Georg Sulzer (1720–1779), seit 1747 Professor in Berlin, einen Verleger suchen sollte; dieser erhielt in der Tat das Manuskript, wie Gleim am 10. 3. 1749 Kleist mitteilte. Da stellte Ramler am 13. 3. 1749 seinem Mentor Gleim die entscheidende Frage: „Was meinen Sie, wenn wir lateinische Buchstaben zu unserm Frühling nähmen? Der gantze Druck wird so prächtig, solten die Buchstaben nicht auch die besten seyn?" Gleim fand am 17. 3. 1749 nichts dagegen, nur möge Ramler „Herrn v. Kleist selbst befragen, ob er Lust hat, zu lateinischen Lettern. Er wird nicht dawieder seyn, nur wäre zu überlegen, ob es nicht scheinen möchte, dass man all zu viel besonders haben wollte, da die Poesie schon so sehr von der gewöhnlichen abweicht." In der Folge berauschte sich Ramler förmlich an der unerhörten Vision, Deutschland durch Antiqua-

Nr. 152; s. S. 119

Nr. 89 (L 91)

drucke zu erobern. Er entwickelte Gleim gegenüber am 13. 9. 1749 einen Plan, die klassischen Dichter von den besten Literaten reihenweise in Prosa übersetzen zu lassen: „Ich habe alle Griechen und Lateiner aufgeschrieben, und alle jetztlebende Deutsche, und sehe, daß wir sie bezwingen können. [. . .] Wenn ein jeder seinen Autor hat, so haben wir schon gewonnen, und in vier Jahren wird Deutschland, wie ehemals von Gothen und Hunnen, so jetzt von Griechen und Römern überschwemmt werden; wir sind unserm Lande diese Hülfe schuldig, die Nation wird zusehends einen bessern Geschmack gewinnen, und wird nicht mehr jenseits der Pyrenäen und des Canals unwitzig heißen. Wenn wir hierzu lateinische Lettern wehlen, bringen wir vielleicht diese Mode in Gang." Inzwischen waren Gleims Lieder in beiden Ausgaben in Halberstadt heimlich gedruckt worden und anonym ans Tageslicht getreten, was deren Autor am 24.4. 1749 Kleist mit den Exemplaren selbst bekanntgab: „Was sagen Sie nun zu meinem Spielwerk? [. . .] Wie gefällt Ihnen die Thorheit? Mein hiesiger Buchdrucker hat mich dazu mit verführt. Er wollte so gern einmal etwas Deutsches mit lateinischen Lettern drukken; gleich war ich da." Kleist fand für Gleims Antiquadruck (den dieser als Idee Ramler verdankte) am 2. 5. 1749 umgehend die richtigen Worte: „Welchem Deutschen sieht solche Schreibart und solche Einfälle ähnlich außer Ihnen? [. . .] Die lateinischen Lettern gefallen mir ungemein, und ich wollte, dass mein „Frühling" auch so gedruckt würde. Bereden Sie doch H. Sulzern dazu! Ihr Gutbefinden wird bei ihm mehr gelten als meins; zudem mag ich mich gar nicht mehr darum bekümmern. Ich habe mein Kind schon emancipirt." Indessen ließ Sulzer die Sache offenbar liegen; zudem rügte nun Kleist, daß Ramlers Bearbeitung aus seinem Gedicht ein durchaus neues Werk gemacht habe. So entschloß er sich gegen Jahresende, seine Originalfassung „ehestens hier drucken zu lassen", wie er Gleim am 20. 12. 1749 mitteilte. Diese auf eigene Kosten und in Antiqua hergestellte Erstausgabe bezeichnete er Hans Caspar Hirzel gegenüber am 31. 1. 1750 als „einen vorläufigen Druck", der laut seinem Brief an Gleim vom 8. 2. 1750 in nur 150 Exemplaren erschienen ist, weil er das Gedicht in der vorliegenden Form noch für zu wenig vollkommen hielt.
Kaum ein Jahr nach seinem Gedankenblitz verkündete der Urheber dieser typographischen Neuerung, Karl Wilhelm Ramler, in einer anonymen Rezension von Kleists Gedicht in den von Johann Georg Sulzer und ihm herausgegebenen Critischen Nachrichten aus dem Reiche der Gelehrsamkeit auf das Jahr 1750, Nr. 10, Berlin 6. März 1750, S. 91–92, mit missionarischem Eifer sein Credo zur Antiqua: „Von den lateinischen Buchstaben müssen wir bekennen, dass uns diese Form sehr wohl gefällt, als welche der gantze aufgeklährte Occident zu seinen verschiedenen Sprachen angenommen hat. Warum wolten wir nicht unsre eckigten und gothischen Buchstaben gegen die einfältigen und reinern lateinischen vertauschen? Die Schweden kommen uns schon darinn zuvor, und der Übergang ist sehr leicht, nur unsern grossen Anfangs-Buchstaben wird es stark anzusehen seyn, wenn sie ihre krumm geflochtenen Zierrathe abwerfen: denn das grosse lateinische Alphabet besteht aus der einfachesten Zusammensetzung gerader Linien und halber Zirkel. Es würde den Kindern in Schulen kein Schaden daraus erwachsen, wenn man ihnen diese Kleinigkeit erleichterte, und unsre Buchdrucker würden die ersparten Kosten auf bessere lateinische Schriften verwenden, und die Ausländer möchten unsrer Sprache vielleicht eher geneigt werden. Leibniz hat diesen Vorschlag längst gethan, aber er ist schwer ins Werk zu richten, da Deutschland nicht unter einem einzigen Haupte steht. Wie? wenn wir zum wenigsten anfiengen, diejenigen Schriften auf diese neue Art zu drukken, die wehrt sind, dass sie unsern Nachbarn bekannt werden?" Den letzten Gedanken hat Gessner offensichtlich in diesem zuerst von Leibniz formulierten propagandistischen Sinn aufgenommen und realisiert (vgl. Anm. 19).
Quellen: Ewald von Kleist: Werke. Hrsg. und mit Anmerkungen begleitet von August Sauer. 3 Bde. Berlin [1881–1882] (Bd. 2 S. 108, 135, 140, 144, 146–147, 161, 165, 166–167; Bd. 3 S. 78, 84, 94, 96, 99, 103, 110–111). Briefwechsel zwischen Gleim und Ramler. Hrsg. und erläutert von Carl Schüddekopf. Bd. 1: 1745–1752 (Bibliothek des Litterarischen Vereins in Stuttgart, 242). Tübingen 1906 (S. 155–156, 162–163, 164, 171, 188, 191, 206 210–211, 212, 218). Johann Wilhelm Ludwig Gleim: Versuch in scherzhaften Liedern und Lieder. Nach den Erstausgaben von 1744/45 und 1749 mit den Körteschen Fassungen im Anhang kritisch hrsg. von Alfred Anger (Neudrucke deutscher Literaturwerke, NF.13). Tübingen 1964 (S.XXIII–XXV, 151–160).

19 Die Stelle findet sich in der schon vor Gessners Zeit unter gebildeten Deutschen berühmten Abhandlung von Gottfried Wilhelm Leibniz (1646–1716): „Unvorgreiffliche Gedancken, betreffend die Ausübung und Verbesserung der Teutschen Sprache" (geschrieben 1697–1709), § 100–101. Dem Universalgelehrten erschien zur allgemeinen Verständigung unter den Europäern auch die Einführung von überall allgemeinverständlichen

Nr. 152; s. S. 120

Nr. 89 (L 93)

Schriftzeichen und Drucktypen erstrebenswert, am einfachsten als Alphabet in Antiqua, wozu ihn die persönliche Erfahrung führte: „Was ich von Auffhebung des Unterscheids der Schrifft gedacht, daß in Schreiben oder Drucken dergleichen Wort von den Teutschgebohrnen nicht mehr zu unterscheiden, dessen Beobachtung, ob sie schon gering scheinet, würde doch nicht ohne Nachdruck und Würckung seyn. Es haben auch sonsten viele dafür gehalten, man solte zu einem guten Theil Teutscher Bücher beym Druck keine andere als Lateinische Buchstaben brauchen, und den unnöthigen Unterscheid abschaffen, gleich wie die Frantzosen auch ihre alte Buchstaben, so sie Lettres de finance nennen [Lettres de civilité, von Robert Granjon in Lyon 1557 gegossene, der französischen Renaissance-Kurrentschrift nachgeformte Gotico-Antiqua-Drucktype], und die in gewissen Fällen noch gebräuchlich, im gemeinen Gebrauch, und sonderlich im Druck fast nunmehr aufgehoben. Ich will zwar solches an meinem Orte dahin gestellet seyn lassen, habe doch gleichwohl befunden, daß den Holl- und Nieder-Ländern die Hoch-Teutsche Schrifft bey unsern Büchern beschwerlich fürkommt, und solche Bücher weniger lesen macht, daher sie auch selbst guten theils das Holländische mit Lateinischen Schrifften drukken lassen, diese Behinderung zu verhüten. Und erinnere ich mich, daß, als ich etwas vor Nieder-Länder einsmahls Teutsch schreiben lassen sollen, man mich sonderlich gebeten, Lateinische Buchstaben brauchen zu lassen." Erstmals gedruckt in Leibnizens postumen, von seinem Sekretär Johann Georg Eckhart hrsg. „Collectanea etymologica." Hannover 1717. S. 255–314 (Zitat S. 306–307). Spätere Abdrucke in Leibniz: „Deutsche Schriften". Hrsg. von Gottschalk Eduard Guhrauer. Bd. 1. Berlin 1838. S. 440–486; dieselben, hrsg. von Walther Schmied-Kowarzik (Philosophische Bibliothek, 161). Leipzig 1916. S. 25–54. Vgl. Sigrid von der Schulenburg: Leibniz als Sprachforscher (Veröffentlichungen des Leibniz-Archivs, 4). Frankfurt/M 1973. S. 36–37.

Kaum drei Wochen vor Hirzels in Zürich geschriebener Vorrede hatte auch Ramler in Berlin mit seiner am 6. März 1750 publizierten Kleist-Rezension auf Leibniz hingewiesen (vgl. Anm. 18). Diese Gleichzeitigkeit ist als Koinzidenz, nicht in kausalem Sinn aufzufassen. Sie beweist, daß Leibnizens „Unvorgreiffliche Gedancken" wirklich in den verschiedensten Literatenköpfen rumorten. Hirzel lernte die Schrift aus dem Abdruck kennen, den Johann Christoph Gottsched (1700–1766) in den von ihm hrsg. Beyträgen zur critischen Historie der deutschen Sprache, Poesie und Beredsamkeit 3. Stück, Leipzig 1732, S. 369–411 einrückte; aus Gottscheds Einleitung S. 368 nahm er die Wendung „dieser grosse Mann".

19a Diese hochgemute Ankündigung des Bodmerianers provozierte die ironische Antwort eines Gottsched-Anhängers mit dem karikierenden, ausnahmsweise in Antiqua gedrucken Epigramm des Mathematikers und scharfzüngigen Parodisten Abraham Gotthelf Kästner (1719–1800) in dessen Vermischten Schriften. Altenburg 1755. S. 187–188:

Deutsche Verse mit lateinischen Buchstaben.
Seht die epischen Zeilen, frei vom Maasse der Syllben,
Frei vom Zwange des Reimes, hart, wie Zyrchische Verse,
Leer, wie Meissnische Reime; Seht, der glyckliche Kynstler
Fyllt mit roemischen lettern, mit pythagorischen yy (*)
Zum Ermyden des Lesers, besser zu nytzende Bogen.
(*) Deutsche Leser myssen sich belehren lassen, dass der Buchstabe *y* bei den Schweizern *i* genannt wird.

20 Winckelmanns Briefe an seine Freunde in der Schweiz. Hrsg. von Leonhard Usteri. Zürich 1778. Anm. S. 65. Die kleine Abhandlung wurde nicht zu Papier gefördert. Winckelmann erwähnte in einem Brief an Gessner vom 31. Oktober 1761 dessen „Aufforderung zu einem Schreiben", wozu aber sein Interesse wohl nicht groß genug war, „denn ich möchte selbst nicht mit Lateinischen schönern Buchstaben gedruckt werden". Am 4.Juli 1672, freilich zu spät, schien er dies Leonhard Usteri gegenüber zu bedauern: „Ich schäme und ärgere mich, daß ich eine mir rühmliche Gelegenheit versäumet, in unseres Freundes Schriften einen stolzen Platz zu bekommen: so gehet es wenn man Sachen aufschiebt." Am 26. November 1763 gab er dagegen Johann Caspar Füssli zu erkennen, daß „ich die mir angetragene Ehre an der Spitze einer würdigen und prächtigen Arbeit meines Freundes zu stehen, mit Freuden ergreife", und bat um Angabe eines Termins; „ich werde dieses Sendschreiben entwerfen, wenn Sie es verlangen". Gessner plante offenbar schon damals die Neuausgabe der Schriften 1765 und hoffte noch immer auf Winckelmanns Beitrag. Der ungeborene Entwurf wurde am 20. Januar 1764 ein letztes Mal erwähnt und blieb dann unausgeführt. Vgl. Johann Joachim Winckelmann: Briefe. In Verbindung mit Hans Diepolder hrsg. von Walter Rehm. Bd. 2. Berlin 1954. S. 184/438 Nr. 445, S. 247/462 Nr. 498, S. 357/514 Nr. 608; Bd. 3 1956, S. 10/424 Nr. 626.

Wie so oft gibt Leemann-van Elck 1930 (wie Anm. 7, vgl. Anm. 4, 28) den Sachverhalt S. 61 ohne Quellenangabe wieder (in diesem Fall aus: Winckelmanns Briefe an seine Züricher Freunde. Nach den auf der Züricher Stadtbibliothek aufbewahrten Originalen in vermehrter und verbesserter Gestalt neu hrsg. von Hugo Blümner. Freiburg i. Br. 1882. S. 220). So unentbehrlich seine Monographie auch ist und noch längere Zeit bleiben wird, kann doch nicht verschwiegen werden, daß der erste Teil in einer oberflächlichen, undifferenzierten und vielfach unkritischen Weise zusammengeschrieben worden ist. Das wichtigste Kriterium wissenschaftlicher Arbeit, die Nachprüfbarkeit, ist nicht genügend beachtet. Das „Quellen-Verzeichnis" erweist sich als bibliographisch unzureichend: Um auf die Quelle der verstreuten Zitate aus Gessners Briefen an Johann Georg Schultheß (vgl. Anm. 3) zu stoßen, muß man die entsprechende Bemerkung S. 22 wahrnehmen; dasselbe betrifft die S. 81 zitierten Sätze Heideggers (vgl. Anm 4), deren Herkunft nur aus einer Angabe S. 69 zu ermitteln ist. Im zweiten, als Materialsammlung wertvollen Teil sind Ungenauigkeiten nichts Seltenes.

21 Jean-Baptiste Poquelin dit Molière (1622–1673): „Oeuvres, Nouvelle édition". Paris: Pierre Prault 1734 (1733 erschienen). 6 Bde in groß Quart mit 33 ganzseitigen Radierungen nach Zeichnungen von François Boucher (1703–1770) sowie 198 Vignetten (Cohen/Ricci 1912, Sp. 712). Das Exemplar in der Zentralbibliothek Zürich (44.104–109) wurde der Stadtbibliothek erst 1896 geschenkt.

22 Jean de La Fontaine (1621–1695): „Fables choisies". Paris: Desaint & Saillant und Durand (Impr. Charles-Antoine Jombert) 1755–1759. 4 Bde in Folio mit 275 ganzseitigen Radierungen nach Zeichnungen von Jean-Baptiste Oudry (1686–1755) (Cohen/Ricci 1912, Sp. 548). Das Exemplar in der Zentralbibliothek Zürich (Res 55–58, ursprünglich KK 48) ist schon zu Gessners Lebzeiten, jedoch kaum vor 1770 in die Stadtbibliothek gekommen. Dieser dürfte somit 1764/65 aus dem eigenen oder einem in der Heideggerschen Bibliothek (vgl. Anm. 33) befindlichen Exemplar kopiert haben, wie Wartmann im Katalog 1930 (wie Anm. 3), S. 36–37, 44–46 nachweist im Hinblick auf Gessners Nachzeichnungen aus der von Etienne Fessard (1744–1777) nach Oudry illustrierten Oktavausgabe (6 Bde, Paris 1765–1775; Cohen/Ricci 1912, Sp. 551). Vgl. Anm. 59.

23 Hottinger 1796 (wie Anm. 1) gibt S. 130–131 nur Andeutungen. Was die reiche Bibliothek seines Schwiegervaters Hans Heinrich Heidegger enthielt, ist nicht mehr auszumachen, vgl. Anm. 33.

24 Owen Ernest Halloway: French Rococo Book Illustration (Chapters in art series, 46). London 1969. S. 54.

25 Antonio Francesco Gori (1691–1759): „Museum Florentinum ... Gemmae antiquae ex thesauro mediceo et privatorum dactyliothecis Florenthiae exhibentes tabulis". 2 Bde. Florenz 1731–1732. Vgl. Furtwängler 1900 (wie Anm. 27), Bd. 3 S. 410–411. Das Exemplar in der Zentralbibliothek Zürich (KK 31) wurde der Stadtbibliothek von Hans Heinrich Füssli 1769 geschenkt. Im 2. Bd. dieses Werks fand Gessner Vorlagen für einige Vignetten: Taf. XVI Nr. II vor S. 45 zu L 164 (Schriften 1765), Taf. XLVIII Nr. I vor S. 97 zu L 150 (Schriften 1762; vgl. Anm. 80), Taf. LI Nr. III vor S. 99 zu L 176 (Schriften 1765: vgl. Anm. 83).

26 In den Schriften 1765 sind drei Vignetten „Bartoli Ant." bezeichnet: L 162 im 2. Teil S. 121, L 168 im 3. Teil S. 79, L 169 im 3. Teil S. 108. Die Angabe bezieht sich auf Reproduktionen antiker Kunstwerke von Pietro Santi Bartoli (um 1635–1700) und dessen Sohn Francesco Bartoli (1675 – um 1730) in verschiedenen Sammelwerken. Die Vignette L 168 (Amor und Psyche) ist eine Variation aus Giovanni Pietro Bellori (1613–1696): „Le antiche lucerne sepolcrali figurate raccolte dalle cave sotteranee, e grotte di Roma ...", Rom 1691, Taf. 7. Die beiden anderen bezeichneten Vignetten lassen sich auf kein anderes von Bartoli illustriertes Werk zurückführen. Dagegen findet sich die Vorlage der beiden „Pict ant." bezeichneten Vignetten L 159 und L 160 in den Schriften 1765 2. Teil S. 9 bzw. S. 65, in Belloris Publikation neuentdeckter römischer Wandmalereien: „Le pitture antiche delle grotte di Roma, e del sepolcro de' Nasoni disegnate, e intagliate alle similitudine da Pietro Santi Bartoli e Francesco Bartoli suo figliuolo" mit Text von Bellori und Michel Ange de La Chausse (um 1660-nach 1738), Erstausgabe Rom 1706 nach einem bereits 1697 unter anderem Titel publizierten Werk ähnlichen Inhalts von Bellori/Bartoli („... Gli antichi sepolcri ovvero mausolei romani ed etruschi trovati in Roma ed in altri luoghi celebri"). Gessner benutzte die spätere erweiterte Ausgabe in der lateinischen Übersetzung: „Picturae antiquae cryptarum Romanorum et sepulcri Nasonum". Rom 1750. in der Stadtbibliothek (KK 18), und fand die römischen Groteskenmotive, welche er den beiden genannten Vignetten zugrundelegte, im dritten Teil Taf. IV: „Pictura, quae Domus Titi fornices exornabat, plures exhibens Genios in bigis, variosque puerorum ludos, et piscationem, ultra alias principales figuras." Vgl. Anm. 56.

27 Philipp Daniel Lippert (1702–1785): „Dactyliothecae universalis signorum exemplis nitidis redditae". 3 Kästen in Buchform mit 3000 Abgüssen von Gemmen und 3 Kommentarbände. Leipzig 1755–56 (Text von Johann Friedrich Christ), 1762 (Text von Christian Gottlob Heyne). Vgl. Lipperts deutschsprachige Folgepublikation mit neuer Auswahl von 2000 Abgüssen und eigenem Text: „Dactyliothec, das ist Sammlung geschnittener Steine der Alten, aus denen vornehmsten Museis in Europa zum Nutzen der schönen Künste und Künstler in zwey Tausend Abdrükken" Leipzig 1767, 1768; Supplement (mit 1049 Abgüssen), Leipzig 1776. Zu diesem epochemachenden Werk vgl. Adolf Furtwängler: Die antiken Gemmen, Geschichte der Steinschneidekunst im klassischen Altertum. 3 Bde. Leipzig 1900. In Bd. 3 S. 414–415.
Exemplar in der Zentralbibliothek Zürich (KK 55, 414–415 bzw. 501–503) ist laut Johann Jakob Horner (1772–1831): Leben Salomon Gessners von Zürich (8. Neujahrsstück hrsg. von der Künstler-Gesellschaft in Zürich auf das Jahr 1812). Zürich [1811], S. 7 dank Gessners „Eifer" von der Stadtbibliothek angeschafft worden, und zwar laut Füssli 1770 (wie Anm. 30), S.LXXV „erst neulich", nämlich durch Gessners ehemals in der Sammlung Leemann-van Elck befindlichen Brief an Lippert vom 20. September 1768 (vgl. S.31). Der Idyllendichter war als Mitglied des Convents der Stadtbibliothek seit 1758 durchaus in der Position, einen derart aufwendigen Kauf durchzuführen (das Werk kostete dreimal 21 Ducaten, wie Gessner festhält, oder insgesamt 60 Ducaten laut Salomon Vögelin: Geschichte der Wasserkirche und der Stadtbibliothek in Zürich, Zürich 1848, S. 93). Die Formulierungen dieses Schreibens bezeugen zudem, daß er damals Lipperts Abgüsse bereits kannte. In seinem Brief an Christian von Mechel von 10. Februar 1768 erwähnt er, daß er „mit Herrn Lippert keine offene Rechnung habe, sonder sogleich, was von seinen Abgüssen bestellt wird, bezahle". Vermutlich kaufte er für sich selbst schon seit spätestens 1765 (s. u.) nur den Kasten I mit dem ersten Tausend und entschloß sich später, die Stadtbibliothek zum Kauf des ganzen Werks von 3000 Abgüssen zu veranlassen, was im September 1768 geschah. Vgl. Paul Leemann-van Elck: Ein Brief von Salomon Gessner an Christian von Mechel. In: Zürcher Taschenbuch auf das Jahr 1929. NF. 49. Zürich 1928, S. 191–193.
Nach Abgüssen in Lipperts Kasten I radierte Gessner die Vignetten L 177 für die Schriften 1765 (vgl. Anm. 84) und L 85 für die Oeuvres 1777 (vgl. Anm. 53), vermutlich noch anderes mehr. Vgl. Anm. 28.

28 Füssli 1770 (wie Anm. 30) versichert S. LXXVI, Gessner zeichne gegenwärtig „oft ganze Abende mit der Hitze und dem Fleiß eines lernensbegierigen Knaben nach diesen köstlichen Überre-

sten der alten Kunst". In den gleichzeitigen Briefen, Füssli 1940 (wie Anm. 6), erwähnt er S. 85–87 nicht nur Lipperts „Sammlung von 30 000 Stücken" (statt 3000), sondern auch Gessners „meisterhafte Kopien einiger der besten Gemmen, ins Grosse gezeichnet". Nach Füssli berichtet Hottinger 1796 (wie Anm. 1) S. 116: „Man fand ihn oft ganze Abende auf der Stadtbibliothek sitzend, wo er sich nach den Gemmen aus Lipperts Daktyliothek, und andern alten Kunstwerken übte." In Leemann-van Elck 1930 (wie Anm. 7) erscheint diese Stelle als eigene Formulierung ohne Zitatnachweis wörtlich abgeschrieben, wie viele andere (vgl. Anm. 4, 20).

29 „Der Horizont ist meistens enge; denn das Mädchen des glücklichen Hirten strebt so wenig als sein eigen Herz in die weite Welt": So interpretiert schon Füssli 1770 (wie Anm. 6) S. 124 Gessners geschlossene Räumlichkeit nicht als Enge, sondern als Geborgenheit.

30 Gessners treffende Charakterisierung der klassischen heroischen Landschaft von Poussin und Lorrain, deren Gemälde er nur durch druckgraphische Reproduktionen kennen lernte, in seinem im Herbst 1769 verfaßten „Brief über die Landschaftsmarei", datiert vom 10. Januar 1770 und erstmals publiziert vom Adressaten Johann Caspar Füssli (1706–1782) in dessen „Geschichte der besten Künstler in der Schweitz, nebst ihren Bildnissen". Bd. 3. Zürich 1770. S.XXXVI–LXIV (Zitat S. XLVII). Vgl. die eingehende Würdigung des kunsttheoretischen Dokuments in Didrich Roskamp: Salomon Gessner im Lichte der Kunsttheorie seiner Zeit, ein Beitrag zum Problem Klassizismus und Romantik im 18. Jahrhundert (Phil. Diss. Univ. Marburg/L 1934) Marburg/L 1935. Zum Begriff der heroischen Landschaft vgl. Bruno Weber: Erläuterungen zur „Heroischen Landschaft" von Gottfried Keller, 1842. In: Zeitschrift für Schweizerische Archäologie und Kunstgeschichte 36. H. 4. Zürich 1979. S. 277 Anm. 51.

31 Waldlichtung mit weidenden Kühen, im Mittelgrund Hirtenpaar vor einer Herme des Hirtengotts Pan, entstanden vermutlich 1772; L 69, erstmals in den Contes moraux et nouvelles idylles 1773. S. 161. Entsprechende Tuschpinselvorzeichnung in der Zentralbibliothek Zürich (PAS II 112, Bl. 6).

32 Der kunstsinnige Politiker Hans Heinrich Heidegger war 1743 Landschreiber in Baden, 1752 Zwölfer zur Schmieden, seit 1754 Zunftmeister und als solcher Mitglied des Kleinen Rats; im Jahr seiner Heirat 1736 erwarb er von seiner Tante das Haus zum Kiel an der unteren Marktgasse, welches bis 1803 im Besitz des Sohns Johann Heinrich Heidegger (vgl. Anm. 33) blieb. Bereits 1742/43 malte der soeben aus Amsterdam zurückgekehrte Porträtist und Landschafter Johann Balthasar Bullinger d. Ä. (1713–1793) im Haus zum Kiel eine seiner ersten Tapetendekorationen, mit denen er in Zürich fortan großen Erfolg haben sollte; 6 von diesen ursprünglich 8 Leinwandgemälden sind heute im Schloß Frauenfeld erhalten. Vgl. Margrit Früh: Die Bullinger-Tapeten im Schloß Frauenfeld. In: Thurgauische Beiträge zur vaterländischen Geschichte 114. Frauenfeld 1977. S. 57–71. Ferner Ursula Isler-Hungerbühler: Johann Kaspar Füssli, Johann Balthasar Bullinger und Johann Heinrich Wüst als Zürcher Dekorationsmaler des 18. Jahrhunderts. In: Zürcher Taschenbuch auf das Jahr 1954. NF. 74. Zürich 1953. S. 46–62 (Bullinger S. 51–57).

33 Gessners Brief an Füssli 1770 (wie Anm. 30), Anm. S. XXXIX. Diese Sammlung erbte und bereicherte der genannte Sohn Johann Heinrich Heidegger (1738–1823), Hauptteilhaber im Verlag Orell & Comp., ab 1761 Orell, Gessner & Comp., ab 1770 Orell, Gessner, Füssli & Comp. (1756–1798), Fraumünsteramtmann, Schriftsteller, Gessners Schwager seit 1761 (vgl. Anm. 4). Heidegger zog 1810 nach Genua, wo er die Kunstsammlung von 100 Gemälden verkaufte (vgl. Paul Ganz: Zwei private Kunstsammlungen aus dem alten Zürich. In: Jahrbuch für Kunst und Kunstpflege in der Schweiz 1921–1924. Basel 1924. S. 307–310). Die wertvolle Heideggersche Bibliothek von 15 000 Bänden wurde ebenfalls „seit 1809 zum Verkauf angebothen" (Johann Gottfried Ebel: Anleitung, auf die nützlichste und genussvollste Art die Schweitz zu bereisen. 4. Teil. Zürich 1810. S. 552). Eine gedruckte vierseitige, undatierte „Uebersicht des Heideggerschen Gemählde- und Zeichnungen-Kabinets in Zürich" um 1809/10 (Zentralbibliothek Zürich: 0 352/9), verzeichnet eine „Sammlung aus 1053 Blättern, meistens ganz ausgeführte Capitalzeichnungen", unter diesen jene von Füssli 1770 (wie Anm.30) S. LXVII–LXXIV beschriebenen vier Gessnerschen Blätter, damals noch in Heideggers Besitz („Hr. Heidegger hat sie von Hr. Füssli selbst nach vieljährigem Nacherwerben eingehandelt", meldet der Katalog), von denen zwei im Katalog der Ausstellung 1930 (wie Anm. 3), S. 40, 56 Nr. 708, 709 identifiziert worden sind.

34 Gessners Brief an Füssli 1770 (wie Anm. 30), S. XLI bzw. LVII, LVIII.

35 Der Beitrag von Bernhard von Waldkirch in diesem Katalog vermittelt hier näheren Einblick.

36 Gessners Brief an Füssli 1770 (wie Anm. 30), S. LV–LVI bzw. LV.

37 Auf Gessners Stilentwicklung zum Klassizismus wird deutlich hingewiesen von Maria Lanckorońska/Richard Oehler: Die Buchillustration des XVIII. Jahrhunderts in Deutschland. Österreich und der Schweiz. 2. Teil. Frankfurt/M 1933. S. 160–161.

38 L 250, datiert 1753. Lanckorońska/Oehler 1933 (wie Anm. 37), S. 159 („besonders reizender Titel").

39 Vgl. Jean Fürstenberg: La gravure originale dans l'illustration du livre français du dixhuitième siècle. Hamburg 1975. Taf. 21, 22.

40 Der Maler und Radierer Daniel Düringer von Steckborn ist seit 1740 zunächst als Töpfergeselle in Zürich tätig und spezialisiert sich um die Jahrhundertmitte auf die arkadische Tier- und Landschaftsdarstellung. Er wird als Ansichtenzeichner und Radierer Mitarbeiter an der seit 1754 erscheinendem „Helvetischen Topographie" von David Herrliberger und radiert außerdem 58 Illustrationen nach Entwürfen von Ludwig Meyer von Knonau (1705–1785), dem Gerichtsherrn in Weiningen, für dessen „Neue Fabeln" in der dritten Auflage von 1757; 1761 heiratet er Meyer von Knonaus älteste Tochter Elisabeth (die „Cyane" Christoph Martin Wielands, der in den späteren 1750er Jahren als Hauslehrer im Schloß Weiningen verkehrte). Der als Dichter und Maler dilettierende Landedelmann lernt von ihm die Radierkunst, welche er in einigen kleinformatigen Landschaftsblättern ausübt. Bei Düringer scheint auch Gessner, der mit allen Genannten seit der Rückkehr nach Zürich 1750 mehr oder weniger gut bekannt ist, die ersten druckgraphischen Kenntnisse erworben zu haben. Sein früher Radierstil bis um 1760 ist offensichtlich durch dessen spitze, wie leicht hingeworfene dekorative Darstellungsweise geprägt.

41 L 224, Abb. S. 35. Wölfflin 1889 (wie Anm. 3), S. 126, Taf. („nicht ungeschickt komponirt"). Lanckorońska/Oehler 1933 (wie Anm. 37), S. 159 („zierlicher Titel"). Richard Zürcher: Salomon Gessner 1730–1788. In: Geist und Schönheit im Zürich des 18. Jahrhunderts. Zürich 1968. S. 113 (ausführliche Beschreibung), Abb. S. 127. Bereits mit diesem Werk zeigt sich im Buchschmuck Gessners Rückgriff auf antike Bildwerke, soweit ihm solche als Kupferstich-Reproduktionen in Büchern zugänglich waren. Vier Vignetten erweisen sich als Kopien (im Gegensinn) aus den großformatigen ganzseitigen Illustrationen im bekannten kunsthistoriographischen Quellenwerk von Joachim von Sandrart (1608–1688): „L'Academia Todesca della architettura, scultura & pittura: oder Teutsche Academie der edlen Bau- Bild-

Nr. 86 (L 124); s. S. 119

Nr. 85 (L 151); s. S. 118

und Mahlerey-Künste". [1. Teil] Nürnberg 1675. 2. Teil Nürnberg 1679: L 105 (S. 23) aus 1.1675, Taf. 10 (Theokrit, gegenseitig wiederholt in L 228, vgl. Anm. 47); L 110 (S. 90) aus 2.1679, Taf. dd zu S. 11 (Nympha et Faunus); L 111 (S. 112) aus 2.1679, Taf. 111 (Fauna); L 113 (S. 134) aus 2.1679, Taf. PP zu S. 13 (Atalanta cum Fauno), demnach auch bei Gessner ein Faun. Zu weiteren Kopien aus Sandrart vgl. Anm. 46–48, ferner 52.

42 L 225.

43 L 98, Kupfertitel als Titelbild. Wölfflin 1889 (wie Anm. 3), S. 126 („miserabel"); Zürcher 1968 (wie Anm. 41), S. 118 (Charakterisierung), Abb. S. 155.

44 Vgl. Holloway 1969 (wie Anm. 24), Abb. 93–95; Kupfertitel für Longus „Amours pastorales de Daphnis et Chloé" (1718), von Antoine Coypel, und für Boccaccio „Décaméron" Bd. 4,5 (1761), von Hubert-François Gravelot.

45 L 226. Zürcher 1968 (wie Anm. 41), S. 113–114 (Charakterisierung), Abb. S. 131.

46 L 227. Zürcher 1968 (wie Anm. 41), S. 114 (Charakterisierung), Abb. S. 132. Der Erote erweist sich als Kopie (im Gegensinn) einer antiken Statue des Cupido in Sandrart (wie Anm. 41) 2.1679, Taf. d zu S. 6. Zu weiteren Kopien aus Sandrart vgl. Anm. 47, ferner 52.

47 L 228. Lanckorońska/Oehler 1933 (wie Anm. 37), S. 161; Zürcher 1968 (wie Anm. 41), S. 114 (Charakerisierung), Abb. S. 133. Der Titel wirkt programmatisch, indem das Monument des alten Theokrit durch „S. GESSNERS SCHRIFTEN" wie festlich geschmückt erscheint, also zu neuer Bedeutung erhoben wird; selbst die Ziege zeigt sich über diesen ungewöhnlichen Aspekt nicht wenig erstaunt. Theokrits Reliefporträt wiederholt wiederum im Gegensinn Gessners Kopie aus Sandrart von 1762, L 105 (vgl. Anm. 41). In diesem 3. Teil sind zudem zwei Vignetten mit antiken Bildwerken als Kopien aus Sandrart (wie Anm. 41) nachweisbar: L 136 (S. 16) aus 1.1675, Taf. e (Faunus) und L 138 (S. 36) aus 2.1679, Taf. bb zu S. 11 (die wasserschöpfende Latona = Leto, Mutter von Apollon und Artemis). Ferner stammt die Vignette L 141 (S. 68) von einer Antikenreproduktion im „Speculum Romanae magnificentiae", einem vom Kupferstecher Antonio Lafreri (1512–1577) in Rom seit 1544 hrsg. Sammelwerk mit Abbildungen von römischen Altertümern; vgl. Christian Hülsen: Das Speculum Romanae magnificentiae des Antonio Lafreri. In: Collectanea variae doctrinae Leoni S. Olschki. München 1921. S. 169 Nr. 160 (Pan und Olympos). Das von Gessner eingesehene Exemplar der Stadtbibliothek (R 14, jetzt Zentralbibliothek Zürich: PAS 2045), welches 107 Blätter enthält, wurde dieser bereits 1636 von Christoph Scheitlein (1591–1646), Rektor des Gymnasiums in St. Gallen, geschenkt. Eine weitere Übernahme aus Lafreri in Anm. 48.

48 L 229. Wölfflin 1889 (wie Anm. 3), S. 127: „Der vollkommene Ausdruck von Gessners Klassizismus! Die Strenge des Plastischen ist gemildert durch malerischen Reiz, aber in einem ganz keuschen, zarten Sinn: reinliche Latten durchschlungen mit feinem Grün, spielende Schatten auf dem Boden, alles ganz durchsichtig"); Lanckorońska/Oehler 1933 (wie Anm. 37), S. 161. Die Darstellung der drei Chariten beruht auf der Wiedergabe eines hellenistischen Reliefs im Kupferstich B. 340 von Marcantonio Raimondi (um 1475– vor 1534), den aber Gessner nicht im Original, sondern in einer nach der Reproduktion von Marco Dente im Gegensinn verfertigten harten Kopie kannte, die er im Lafreri-Exemplar der Stadtbibliothek fand und abzeichnete (vgl. Anm. 47; Hülsen 1921, S. 156 Nr. 69).

49 L 219. Gessner nimmt das in den Titelblättern der Schriften 1770 plastisch-gegenständlich, dreidimensional konzipierte Monument ins Relief zurück; die Quartausgabe selbst wird zum Monument und trägt diese Inschrift.

50 L 97. Lanckorońska/Oehler 1933 (wie Anm. 37), S. 159 („recht unbeholfen"). Zum locker schraffierenden Radierstil dieser Frühzeit vgl. Anm. 40.

51 Mit der Kopfvignette L 188 zu „Die Nacht" in den Schriften 1770. 2. Teil S. 153 versucht Gessner doch einmal, das flutende Mondlicht bildhaft im Kleinformat zu illustrieren, ausgehend von der Stelle „Der Faun, der jetzt in den Klüften schläft". Er fängt den Lichtkegel des runden Monds in ein Höhlenrund auf den Schlummer von Pan und Putto; durch die Öffnung nach außen erscheint die Landschaft wie im Rahmen eines Fensterausschnitts fern und weit und still.

52 L 64 (S. 113), entstanden 1771/72. Zürcher 1968 (wie Anm. 41), S. 117, Abb. S. 153. Gessner könnte zu seinem faszinierenden Radierstück angeregt worden sein durch die Abbildung eines Relieffragments in überwachsener Ruinenlandschaft in Sandrart (wie Anm. 41) 2.1679, Taf. III oben: „Der Horatier und Curiatier Grabmal so weiland bey Alben erbaut, und noch also zusehen." Von dieser Vignette ausgehend gelangt der Radierer Carl Wilhelm Kolbe in den ersten Jahren des 19. Jahrhunderts mit monumentalen Kräuterstücken zu einer nur ihm eigentümlichen Kunstform von nahsichtigen Sumpflandschaften, der radikalen, aus dem Unbewussten erzeugten Verwirklichung seiner arkadischen Sehnsucht als „Intrauterin-Phantasie, als Wunsch-Rückkehr in den mütterlichen Schoss der Natur" laut Martens 1976 (wie Anm. 96), S. 25, 47–49, Taf. 18.

Schriften 1765. (L 177); s. S. 119

Nr. 85 (L 149); s. S. 118

53 L 85, Abb. S. 65; in den Oeuvres Bd. 2. S. 104. Bernoulli 1930 (wie Anm. 11), Abb. S. 158; Zürcher 1968 (wie Anm. 41), S. 117, Abb. S. 152. Im Kupferstichkabinett des Kunstmuseums Basel eine vorbereitende getuschte Bleistift- und Federzeichnung im Gegensinn (Inv. 1914.133.11); vgl. Katalog 1930 (wie Anm. 3), S. 50 Nr. 67, sowie den von Yvonne Boerlin-Brodbeck bearbeiteten Ausstellungskatalog: Zeichnungen des 18. Jahrhunderts aus dem Basler Kupferstichkabinett. Kunstmuseum Basel. 28. Oktober 1978–14. Januar 1979. S. 55, Nr. 109. Vorbild ist der Abguß einer antiken Gemme in Lippert (wie Anm. 27), I, 223: ein Satyr stößt sich mit einem Bock.

54 Watelet (vgl. Anm. 60) an Gessner am 10. Januar 1765 zur ersten Folge: „Ce sont de nouvelles idiles que vous avez composé en gravures." Hagedorn (vgl. Anm. 11) in der Neuen Bibliothek der schönen Wissenschaften und der freyen Künste, 2. Bd. 1. Stück. Leipzig 1770. S. 154–155. zur zweiten Folge: „Überall sieht man den Dichter der Natur, der die malerischen Vorstellungen zu wählen, und sie auf die beste Art zu ordnen weiß." Mertens (vgl. Anm. 12) in seiner Kunstzeitung, 2. Jg. 42. Stück vom 21. Oktober 1771. S. 332. zur dritten Folge: „Es scheint, daß Herr Gessner seinen Theokrit nicht nur in seinen Gesängen, sondern auch mit der Radiernadel so gar auszudrücken und nachzuahmen suche."

55 L 1, Titelblatt der ersten Folge 1764 (vgl. Anm. 11). Auf dem Brunnenstock der Titel „X. Paysages Dediés A Mr. Watelet Auteur Du Poeme Sur L'Art De Peindre Par Son Ami S. Gessner." Vgl. Anm. 95.

56 Die eindeutig weibliche Gestalt, welche eine Körnerspende in den als Opferbecken aufgestellten Dreifuß schüttet, ist eine Kompilation von drei römischen Reliefs mit kaiserlichen Opferhandlungen aus aurelischer bzw. hadrianischer Zeit am Konstantin-Bogen in Rom (315 geweiht). Gessner fand diese Vorbilder, in denen der Opfernde immer männlich ist, im Reproduktionswerk von Giovanni Pietro Bellori mit Kupferstichen von Pietro Santi Bartoli (vgl. Anm. 26): „Veteres arcus Augustorum triumphis insignes ex reliquiis quae Romae adhuc supersunt". Rom 1690: Taf. 27 (Stieropfer, mit Dreifuß), Taf. 33 (Bärenopfer an Silvanus, mit der am Baumast hängenden Syrinx oder Panflöte), Taf. 35 (Eberopfer an Diana-Artemis, mit ähnlicher Haltung der opfernden Gestalt). Demzufolge veranschaulicht Gessners unrömische Formulierung eine Priesterin, die dem Waldgott Silvanus ein Opfer darbringt. So bedeutet das Relief dem aufmerksamen Betrachter Watelet, den geheiligten Bäumen seines Parks immer mit antiker Ehrfurcht zu begegnen.
Zu den Vorbildern vgl. Heinrich Bulle: Ein Jagddenkmal des Kaisers Hadrian. In: Jahrbuch des Deutschen Archäologischen Instituts, 34. Leipzig 1919. S. 144–172; Hans Peter L'Orange/Armin von Gerkan: Der spätantike Bildschmuck des Konstantinsbogens (Studien zur spätantiken Kunstgeschichte, 10). Berlin 1939, S. 167 Nr. 2, S. 168 Nr. 4, S. 185, Taf. 39b, 40b, 46d; Irmgard Maull: Hadrians Jagddenkmal. In: Jahreshefte des Österreichischen Archäologischen Institutes in Wien, 42. Wien 1955. S. 53–67.

57 Vgl. Louis Wittmer: Au temps des bergerades, Gessner et Watelet. In: Revue de littérature comparée. Jg. 2. Paris 1922. S. 537–577.

58 Diese Publikationen (L 639, 643) befestigten die durch Hubers Übersetzung von Der Tod Abels 1760 begründete europäische Geltung Gessners, vgl. Wittmer 1922 (wie Anm. 57).

59 Ganzseitige Radierung in La Fontaine 1755 (wie Anm. 22), Bd. 1, Taf. zu S. 110: Fable XI, „Le renard et les raisins". Die Sphinxgestalten auf Oudrys Brunnen scheint Gessner im dritten Blatt der zweiten Folge von 1769 (L 13) als Bekrönung der Endbasen einer Treppenanlage zu zitieren.

60 Immerhin charakerisiert Watelet Gessners Folge richtig als Dichtung in Bildern, am 10. Januar 1765: „Ce sont de nouvelles idiles que vous avez composé en gravure; les compositions sont agréables, les sît très bien choisis et le travail plein de finesse et d'intelligence." Wittmer 1922 (wie Anm. 57), S. 561.

61 Vgl. den Beitrag in diesem Katalog: Gessners Denkmal auf dem Platzspitz in Zürich, Anm. 21.

62 Getuschte Bleistiftzeichnung im Kunsthaus Zürich (0 12, Bl. 91), frühestens 1755, eher um 1760 entstanden. Eine 1801 entstandene Kopie des Berner Kunstkenners Sigmund Wagner (1759–1835) in brauner Feder, ebenda (M 3, Bl. 28), ist bezeichnet: „Parthie des Gartens wo Salomon Gessner u: seine Freünde an Sommer-Abenden sich zu versammeln pflegten."

63 L 5, in der ersten Folge 1764 (vgl. Anm. 11).

64 L 11, Titelblatt der zweiten Folge 1767/68 (vgl. Anm. 12).

65 L 26, in der dritten Folge 1769–1771 (vgl. Anm. 13). Entsprechende Pinselvorstudie im Gegensinn, datiert 1769, in der Graphischen Sammlung der ETH Zürich.

66 L 32, letztes Blatt der dritten Folge 1769–1771 (vgl. Anm. 13). Wölfflin 1889 (wie Anm. 3), S. 132 („schön ist die Sage von Hylas erfaßt, den die Nymphen rauben: ein einsamer dunkler Waldsee ist die Stätte. Gessner kannte den sinnberückenden Zauber der unergründlichen grünen Tiefe"); Bernoulli 1930 (wie Anm. 11), Taf. nach S. 84. Im Kunsthaus Zürich Bleistiftvorstudie der Figurengruppe (0 12, Bl. 169) und Tuschpinselzeichnung der endgültigen Komposition im Gegensinn (0 12, Bl. 188); Katalog 1930

(wie Anm. 3), S. 46 Nr. 597, 598. In der Idylle „Lycas und Milon" (1756) führt Gessner den Heros Hylas als Sänger ein, wovon die Sage nichts überliefert (vgl. Paulys Real-Encyclopädie der classischen Altertumswissenschaft. Bearb. von Georg Wissowa. Bd. 17. Stuttgart 1914. Sp. 110 ff.): „Aber bald erschien Pan mir im Traum. Jüngling, so sprach er, geh in den Hain und hole die Flöte die der Sänger Hylas an die mir geheiligte Eiche hieng, du bist es werth ihm nachzuspielen." Die Flöte des Hirten ist nicht irgendeine, sondern wird zweifach mit chthonischen Mächten in Beziehung gebracht; so ist auch der Genius des Dichters ein Geschenk der Götter. Eine analysierende Interpretation von Gessners Raub des Hylas, einer der wichtigsten unter seinen Radierungen, müßte auch die quasi orphische Bedeutung, welche der Dichter mit dieser Stelle der mythischen Gestalt verleiht, berücksichtigen.

67 Mertens bereichert die begeisterte Rezension der zweiten Folge in seiner Kunstzeitung (vgl. Anm. 12), 1. Jg. 12. Stück vom 29. Januar 1770. S. 33–36. mit einem Vierzeiler eigener Prägung (?): „Wenn aber im Gegentheile der Künstler noch Dichter ist, und mehr als Virgil, und mit dem Haberrohre in der Hand, die Natur, wie Kleist bey seinem Frühlinge, belauschen kann; mit welchem Enthusiasmus wird er alsdenn die Radiernadel ergreiffen! Er weiß es, er hat es gesehen, und besungen:

Wie eine Nymphe dort den schönen Hylas liebte,
Und ihn ins Wasser zog; wie sich Alcid betrübte,
Wie ihn der Schiffer ruft, und oft das Ufer schallt,
Und Hylas! Hylas! oft vom Felsen wiederhallt."

Die Verse sind weder von Vergil noch von Kleist noch von Gessner noch gar von Theokrit. Die zwei letzten Zeilen erinnern aber entschieden an jene Vergils in Bucolica 6, 43–44, die jedem Lateiner im Ohr haften bleiben:
„His adiungit, Hylan nautae quo fonte relictum
clamassent, ut litus ‚Hyla Hyla' omne sonaret"
(Weiter dann ging's, wie die Schiffer den Hylas riefen, an welchem Quell er geblieben, wie's ‚Hylas, o Hylas' hallte am Strand lang). Mertens erhebt sich mit diesem Zitat auf Gessners Kunstebene, um in gebundener Form mitzuteilen, wie dieser dem Geheimnis der Natur nahekommt und die Sehnsucht zum Ausdruck bringt. Warum gerade die Anspielung auf Hylas, bleibt freilich unerklärlich. Derselbe Mertens kommt bei der Rezension des Gessnerschen „Hylas" in seiner Kunstzeitung, 2. Jg. 42. Stück vom 21. Oktober 1771. S. 335–336. nicht auf den Gedanken, daß die Radierung den Raub des Hylas darstellt: "Drey im Wasser stehende Mädchen wenden alle Kräften an, eine vierte zu ihnen hinein zu ziehen, bey welcher die Furcht vor dem Wasser sehr stark, durch alle Glieder ausgedrückt ist."

68 Vgl. Andor Pigler: Barockthemen, eine Auswahl von Verzeichnissen zur Ikonographie des 17. und 18. Jahrhunderts. Bd. 2. Budapest 1956. S. 126 (2. erweitere Auflage. Bd. 2. Budapest 1974. S. 135).

69 „Hylas und die badenden Nymphen", Gemälde: 230:261 cm, in der Galleria Palatina im Palazzo Pitti (Inv. 3562) seit 1928, zuvor seit 1910 in der Galleria dell'Accademia Florenz. Laut Baldinucci wurde das Bild in Furinis Frühzeit für die Casa Galli in Florenz gemalt: „Assai quadri dunque ebbe egli a fare per diversi Gentiluomini, fra quali troppo bello e troppo vero riusci un quadro da sala per Agnol Galli, ove egli rappresentò il giovanetto Ila e 'l bagno delle Ninfe, tutto quanto il naturale, in varie attitudini" (Filippo Baldinucci: „Delle notizie de' professori del disegno da Cimabue in quà". Bd. 6. Florenz 1728; Ausgabe 1773. Bd. 16. S. 6). Vgl. H. Popp: Zu Francesco Furini. In: Monatshefte für Kunstwissenschaft. Jg. 2. Leipzig 1909. S. 316–317. Abb. Vgl. Anm. 70.

70 Ludwig von Buerkel: Francesco Furini. In: Jahrbuch der Kunsthistorischen Sammlungen des allerh. Kaiserhauses. Bd. 27 H 2. Wien 1908, reproduziert S. 56 Abb. 2 zum Text S. 67 einen Kupferstich von Benedetto Eredi (um 1750–1812) nach Furinis Gemälde, der den unzutreffenden Titel „Aci e Galatea" führt, nach einem Exemplar der Galleria Corsini in Rom. In der Literatur wird nicht überliefert, wann Eredis Blatt publiziert worden ist. Es könnte Bestandteil des von Eredi und Giovanni Battista Cecchi gemeinsam hrsg. Reproduktionswerks sein, das unter dem Titel „Bonarum artium splendori XI Tabulae priores et posteriores, una cum sex alliis" 1776 in Florenz erschienen ist. Laut Michel Huber: Catalogue raisonné du Cabinet d'estampes de feu Monsieur [Gottfried] Winckler. Bd. 2. Leipzig 1803. S. 1238, Nr. 1. besteht dieses Werk aus „trois suites de 30 feuilles gravées d'après plusieurs Maîtres Etrusques et Italiens". Unter der Annahme, daß die Großfolio-Publikation in Lieferungen erschien und vor 1776 begonnen wurde, müßte Eredis Bild nach Furini, falls es zugehörig ist, jedenfalls spätestens um die Jahresmitte 1771 herausgegeben worden sein. Die Literatur verzeichnet keine andere Kupferstich-Reproduktion von Furinis Hylas-Gemälde.

71 Man vergleiche Körperform und Wendung der Nymphen links und rechts, den Rücken der mittleren mit Furinis Nymphen, die Einverleibung des bei Furini gewandeten, bei Gessner nackten Hylas in die verschlungenen Arme, die Form und Lage des Wasserkrugs.

72 Vgl. Salomon Gessner: Schriften. Zürich 1788 (9. Gesamtausgabe, letzter Hand). Band. 1, S. 210; Bd. 2, S. 22, 59, 90, 97.

73 L 35, erstmals in den Contes moraux et nouvelles idylles 1773, Bl. 3 vor S. 61. Nachgebildet im Gegensinn als Titelvignette im Bd. 3 (1772) der Schriften 1770 (L 535, Vignette L 206).

74 L 42, erstmals in den Contes moraux et nouvelles idylles 1773, Bl. 10 vor S. 147 (entstanden 1772): Die Nymphe Erythia im Gefolge der Artemis, eine Tochter des Flußgotts Eridanos (bei Hesiod Erytheia, eine der Hesperiden), zerfließt in Pans Umarmung zur Quelle. Bernoulli 1930 (wie Anm. 11), Taf. nach S. 126. Im Kunsthaus Zürich eine Tuschpinselvorzeichnung der Komposition im Gegensinn (0 12, Bl. 182); Katalog 1930 (wie Anm. 3), S. 47 Nr. 607. In der Graphischen Sammlung der ETH Zürich eine Studie der Figurengruppe. Buser 1960 (wie Anm. 97) erinnert S. 44 an die heimliche Beziehung dieser Figur zur numinosen Szene von Judiths nächtlichem Bad in der Heidenstube, ihrer Entrückung in die Natur, im Grünen Heinrich von Gottfried Keller, erste Fassung 3. Bd. 3. Kapitel; vgl. Weber 1979 (wie Anm. 30), S. 270, 278 Anm. 56.

75 L 44, erstmals in den Oeuvres 1777. Bd. 2, Bl. 4 vor S. 33. Zürcher 1968 (wie Anm. 41), S. 120 (Charakterisierung), Abb. S. 164. Im Kunstmuseum Basel eine Tuschpinselvorzeichnung im Gegensinn (Inv. 1914.133.3); Katalog 1930 (wie Anm. 3), S. 47 Nr. 608, und Boerlin 1978 (wie Anm. 53), S. 54 Nr. 106. Spätere Replik Gessners, Aquarell mit Deckfarben, in Privatbesitz.

76 L 49, erstmals in den Oeuvres 177. Bd. 2, Bl. 7 vor S. 99 (entstanden 1775). Roskamp 1935 (wie Anm. 30), S. 8 mit botanischer Bestimmung der Gewächse; Zürcher 1968 (wie Anm. 41), S. 119 (Charakterisierung), Abb. S. 161. Im Kunsthaus Zürich eine Bleistift- und Federvorzeichnung im Gegensinn (0 12, Bl. 181); Katalog 1930 (wie Anm. 3), S. 48, Nr. 613.

77 Hottinger 1796 (wie Anm. 1), S. 90.

78 L 149, in den Schriften 1762, 4. Teil, S. 169.

79 L 151, in den Schriften 1762, 4. Teil, S. 204.

80 L 150, in den Schriften 1762, 4. Teil, S. 203. Vorbild ist die in Gori (wie Anm. 25) 2.1732, Taf. XLVIII Nr. I vor S. 97 reproduzierte griechisch-römische Gemme; auch in Lippert (wie Anm. 27) I, 77 = Furtwängler XLI, 43.

81 L 123, in den Gedichten 1762, S. 163.

82 L 124, ebenda S. 195.

83 L 176, in den Schriften 1765, 4. Teil, S. 149. Vorbild ist die in Gori (wie Anm. 25), 2.1732, Taf. LI Nr. III vor S. 99 reproduzierte griechisch-römische Gemme.

84 L 177, ebenda S. 182. Vorbild ist der Abguß einer vermutlich pseudoantiken Gemme in Lippert (wie Anm. 27) I, 367. Vgl. Anm. 93.

85 L 202, in den Schriften 1770, 4. Teil, S. 149.

86 L 203, ebenda S. 182.

87 L 51, Abb. S. 51; erstmals in den Oeuvres 1777, Bd. 2, Bl. 9 vor S. 145 (entstanden 1776). Zürcher 1968 (wie Anm. 41), S. 120 (Charakterisierung), Abb. S. 165. Eine 1780 datierte Tuschpinselzeichnung als Replik Gessners in der Zentralbibliothek Zürich.

88 L 91, erstmals ebenda S. 145, Entsprechende getuschte Federvorzeichnung in der Zentralbibliothek Zürich (PAS II 112, Bl. 5); Katalog 1930 (wie Anm. 3), S. 51 Nr. 639.

89 L 92, Abb. S. 3; erstmals ebenda S. 168. Zürcher 1968 (wie Anm. 41), Abb. S. 167.

90 L 52, datiert 1776, erstmals ebenda Bl. 10 vor S. 169. Im Kunsthaus Zürich Bleistiftstudie (0 12, Bl. 184) sowie Bleistift- und Pinselvorzeichnungen zur endgültigen Fassung (0 12, Bl. 176); Katalog 1930 (wie Anm. 3), S. 48, Nr. 616, 617.

91 Denis Diderot (1713–1784): „Composition en peinture". In: Encyclopédie ou dictionnaire raisonné des sciences, des arts et des métiers. Bd. 3. Paris 1753. S. 772–774: „Un tableau bien composé est un tout renfermé sous un seul point de vue, où les parties concourent à un même but, & forment par leur correspondance mutuelle un ensemble aussi réel, que celui des membres dans un corps animal [. . .] Mais le peintre n'a qu'un seul instant presque indivisible; c'est à cet instant que tous les mouvements de sa composition doivent se rapporter [. . .] On peut distinguer dans chaque action une multitude d' instants différents, entre lesquels il y aurait de la maladresse à ne pas choisir le plus intéressant; c'est, selon la nature du sujet, ou l'instant le plus pathétique, ou le plus gai ou le plus comique [. . .] l'instant une fois choisi, tout le reste est donné [. . .] Un peintre habile saisit un visage dans l'instant du passage de l'âme d'une passion à une autre, & fait un chef-d'oeuvre [. . .] La loi d'unité d'action est encore plus sévère pour le peintre que pour le poète [. . .] Chassez de votre composition toute figure oiseuse, qui ne l'échauffant pas, la refroidirait; que celles que vous emploierez ne soient point éparses & isolées; rassemblez-les par groupes; que vos groupes soient liés entre eux" usw. Zitiert aus Denis Diderot: Oeuvres complètes. Bd. 6: Encyclopédie II, édition critique et annotée, présentée par John Lough et Jacques Proust. Paris 1976. S. 475–483.

92 L 93, erstmals in den Oeuvres 1777, Bd. 2, S. 169. Entsprechende getuschte Federvorzeichnung in der Zentralbibliothek Zürich (PAS II 112), Bl. 4); Katalog 1930 (wie Anm. 3), S. 51, Nr. 640.

93 L 94, erstmals ebenda S. 190. Entsprechende getuschte Federvorzeichnung in Privatbesitz; Katalog 1930 (wie Anm. 3), S. 51, Nr. 641. Vgl. Anm. 84.

94 Der lernwillige Bearbeiter kann, wenn er die Sekundärliteratur über Gessner und Buchillustration im 18. Jahrhundert hinter sich gebracht hat, die Aussage von Martens 1976 (wie Anm. 96), S. 17 nur bestätigen: „Über Gessners Bedeutung für die Buchillustration und über seine Nachwirkungen in der Landschaftskunst ist bisher kaum ein richtiges Bild zu gewinnen."

95 Folge von 24 idyllischen Landschaften (Nagler Nr. 12): 6 Bll. sind 1790 datiert, 4 Bll. 1793, 2 Bll. 1794, 4 Bll. 1795, 3 Bll. 1797, 4 Bll. undatiert; Titelblatt 1800 datiert; bezeichnet mit dem deutlich an Gessners Folge für Watelet (vgl. Anm. 55) anklingenden Titel: „XXIV Paysages Dedies a mr L Hess Paysagiste par son ami C Steiner". Zentralbibliothek Zürich (GKN 255, aus dem Nachlaß von Gottfried Keller). Vgl. Ulf Martens: Landschaftszeichnungen von Emanuel Steiner (1778–1831). In: Zeitschrift für Schweizerische Archäologie und Kunstgeschichte 31. H. 4. Zürich 1974. S. 251.

96 Vgl. Ulf Martens: Der Zeichner und Radierer Carl Wilhelm Kolbe d. Ä. (1759–1835). Berlin 1976. S. 16–17, 18–21, 25, 38. Dazu Anm. 52.

97 Gessners zweifellos prägende Einwirkung auf Gottfried Keller (1819–1890), den jungen Landschaftsmaler und späteren Vollender seiner Sprachkunst, geht nicht vom Radierer (den Keller mit der deutschen Quartausgabe kennen lernt), sondern von schriftlichen Zeugnissen, den Werken und Hottingers Biographie aus. Auch ragt Kellers malerisches Hauptwerk, die „Heroische Landschaft" von 1842, mit ihrer angestrengten religiösen Symbolik in rauhere Luft, weitab von Gessners Arkadien; vgl. Weber 1979 (wie Anm. 30), S. 259–279. Kellers Verhältnis zu Gessner behandelt ausführlich und differenziert Rita Buser: Gottfried Keller und Salomon Gessner (Phil. Diss. Univ. Basel 1960). Liestal 1963, bes. S. 24–29 in bezug auf Malerei.

Schriften 1770 (L 202); s. S. 119

Weidenstudien

Bernhard von Waldkirch

Die Entwürfe und Skizzen zu den Landschaftskompositionen von Gessner reichen nicht aus, um sich ein umfassendes Bild seiner Kompositions- und Gestaltungsprinzipien zu machen [1]. Dafür besitzen wir im *Brief über die Landschaftsmalerei* [2] authentischen Aufschluß über Methode und Zielsetzung seines Selbststudiums in der Kunst. Nachdem seine ersten Versuche als Landschaftsmaler in Berlin 1749 gescheitert waren, fand Gessner auf dem Umweg über die Illustrationsgraphik zum Studium der Landschaft zurück. In den frühen 60er Jahren widmete er sich eingehend den Kompositionsproblemen durch Kopieren berühmter Landschaftsmaler [3], die er durch Reproduktionsstiche aus der Sammlung seines Schwiegervaters Heinrich Heidegger kannte. Sein Hauptinteresse galt aber dem Zeichnen nach der Natur, das Gessner auf seinen Spaziergängen rund um Zürich systematisch betrieb. „Das beste, und der Hauptendzweck ist doch immer die Natur. So dachte ich und zeichnete nach der Natur. Aber was für Schwierigkeiten, da ich mich noch nicht genug nach den besten Mustern in der verschiedenen Art des Ausdrucks der Gegenstände geübt hatte! Ich wollte der Natur allzu genau folgen, und sah mich in Kleinigkeiten des Detail verwickelt, die den Effekt des Ganzen störten..."[4].

Durch die ganze Entwicklung von Gessners Landschaftsmalerei gilt es, diese beiden Pole im Auge zu behalten: die Kompositionsidee und die Verwendung naturalistischer Details in Vorder- und Mittelgrund. Das Figurenstudium nimmt nur vorübergehend einen breiteren Raum ein. Das erste Mal als Vorbereitung auf die Illustrationen der Quartausgaben von 1773 und 1777 und noch einmal in den Deckfarbenbildern zwischen 1779 und 1781. Später dominieren durchweg die landschaftlichen Elemente. Es ist unschwer zu erkennen, mit welcher Sicherheit Gessner seine Studien nach der Natur bereits in den ersten beiden radierten Landschaftsfolgen (1764 und 1767/68) einzusetzen versteht. Man kann also annehmen, daß der ganze Formenvorrat in seinen Handzeichnungen, von denen nur ein Teil auf uns übergekommen ist, zu diesem Zeitpunkt verfügbar war. – Das Ziel von Gessners „gemischten Übungen" ist das gleiche für das Kopieren nach Vorlagen wie für das Zeichnen nach der Natur. Die Weidenstudien sind dafür ein sprechendes Zeugnis, wie der Zeichner versucht, sich die Hauptzüge seines Gegenstandes durch verschiedene Ansichten, zu verschiedenen Tages- und Jahreszeiten einzuprägen, damit das Auge daran gewöhnt wird, „in der Natur das zu bemerken, was mahlerisch schön ist.... "[5]. Die naturalistische Formensprache, deren sich Gessner für seine Naturstudien bedient, erhält ihre Berechtigung erst auf dem Hintergrund seiner komplexen Kompositionsgrundlage, die sich auf realistische und idealistische Vorlagen stützt. Am lebendigsten läßt sich der Formprozeß dort verfolgen, wo Gessner sich von seinen Vorbildern entfernt und sich der Vielgestaltigkeit und auch der Unberechenbarkeit der Natur stellt. Das Motiv der Weide und besonders des Weidenstrunks ragt durch Abwechslungsreichtum und Entschiedenheit des künstlerischen Zugriffs aus allen hinterlassenen Naturstudien hervor. Für die Auswahl der auf S. 132–133 wiedergegebenen Beispiele waren nicht in erster Linie botanische Gesichtspunkte ausschlaggebend, obschon Gessners Vorliebe für gewisse Baumsorten auch von dieser Seite erhellt werden müßte. Sie wurde vielmehr von der Absicht geleitet, den Gestaltungsprozeß eines typischen Motivs, von der Einzelform bis zur Eingliederung in einen größeren Kompositionsentwurf in verschiedenen Stadien anschaulich werden zu lassen. Von den insgesamt 83 Baumstudien fallen 38 auf Weiden, 19 auf Obstbäume und 26 auf andere Laubbäume. Bei den Obstbäumen und Weiden interessiert sich der Zeichner vor allem für die kahlen Formen im Spätherbst oder im Frühjahr. Die Weide wird als selbständiger Bildgegenstand entwickelt und erst in Kompositionsentwürfen mit anderen Bäumen in Verbindung gebracht.

Der merkwürdig expressiv anmutende Gestaltungsdrang, der sich in Gessners Weidenstudien bemerkbar macht, scheint nicht zu den idyllischen Themen seiner Bilder zu passen. Dennoch begegnen wir der Weide am Ufer oder in unmittelbarer Nähe eines Gewässers in allen Schaffensperioden Gessners. – In den *Idyllen* von 1756 verwendet sie der Dichter durchweg als schattenspendenden Busch am Wasser, ohne nähere Charakterisierung. Sie wird mit allen Eigenschaften des Locus amoenus ausgestattet, der sich von der übrigen Landschaft kontrastiv abhebt. Der vor Alter verfallene Weidenstrunk kann seine „liebliche" Qualität nur vorübergehend im Zusammenhang mit einer Handlung wiedergewinnen. Wie ein Mahnmal steht er am Übergang vom Festland zum „triegenden Sumpf" [6]. In der 1762 erscheinenden Idylle *Die ybel belohnte Liebe* sitzen Faun und Satyr auf einer „schief yberhängenden Weide" am Rande des Sumpfes, wo der Satyr in den Netzen einer

Nymphe verstrickt lag. Die Illustration zeigt außerdem, wie der belebende Gesang des unglücklichen Satyrs von der Natur durch rankendes Efeu am Kopfende des morschen Stammes sinnbildlich begleitet wird (1777, S. 119). Anhand zahlreicher Beispiele läßt sich belegen, wie Weidenstämme szenisch in die Komposition eingesetzt werden, etwa als Versteck in der Illustration zur Idylle *Der Blumenstrauß*[7] oder wiederum als Grenze zwischen zwei Aktionsbereichen, demjenigen des Fauns (Wald und Ufer) und demjenigen der Tritonen (Fluß), die eine verfolgte Nymphe unter dem Weidenstamm erwarten, um sie in ihr Element zu entführen. Diese letzten Beispiele lassen erkennen, wie Gessner das Weidenmotiv schon in seiner Dichtung aus der kulissenhaften Funktion des Locus amoenus befreit und zu differenzieren versucht. Durch das Zeichnen bot sich ihm die Gelegenheit, das Wesen idyllischer Naturanschauung an jeder einzelnen Naturform zu erfahren und erfahrbar zu machen. Es ist bereits aufgefallen, daß die Weide an einer wichtigen Übergangsstelle des idyllischen Landschaftsraums steht: In den ersten Idyllen ist es ihr Blätterdach, das den „amoenen" Ruheplatz gegen die Flut des Baches und gegen das dahinterliegende Uferland abgrenzt, später greift sie vom gefahrvollen Sumpf aufs Festland über und teilt die Landschaft in szenische Teilräume auf. Als wesentliches Merkmal aller idyllischen Darstellungen wurde von Klaus Bernhard das „Transitorische" erkannt, das heißt „das Hinübergehen von einem Grad der Realität in einen anderen der Phantasie"[8]. Standort und Gestalt des Weidenbaums aktualisieren diese Übergänge nicht nur im Landschaftsraum, sondern auch im Volksglauben, der mit Zaubersprüchen und Aberglauben auf die sonderbaren Wuchsformen alter Weiden reagiert.

Die Nähe des Wassers erklärt die extreme Anfälligkeit des Holzkörpers, der Pilzen und Flechten aber länger als das niedere Ufergewächs widerstehen kann. Kopfweiden nennt man die gedrungenen knorrigen Stämme mit dem kopfig verdickten Ende. Durch die jährliche Köpfung, nämlich das Abschneiden der Weidenruten, wird der Stamm durch den menschlichen Eingriff geschwächt. Die geschmeidigen Ruten dienen zur Herstellung von Körben und von Hecken, Motive, die wir in Gessners Studien nach der Natur in mannigfachen Variationen antreffen. Die Weide festigt durch ihr Wurzelwerk das Ufer und wird daher seit alters her vom Menschen angebaut und gepflegt. Sie nützt dem Menschen und sie erfreut ihn im Frühling mit ihren blühenden Zweigen. Doch in der schlechten Jahreszeit, in der Dämmerung, im Nebel erschrecken ihn oft ihre bizarren Formen. Der ausgehöhlte Stamm, die vermeintliche Unfruchtbarkeit haben sie im Volksmund in Verruf gebracht. In Balladen wird auf das Gespenstische der Formen alter Weidenbäume angespielt:

„Mein Vater, mein Vater und siehst du nicht dort
Erlkönigs Töchter am düsteren Ort?
Mein Sohn, mein Sohn, ich seh' es genau,
Es scheinen die alten Weiden so grau."

Der Idyllendichter am düsteren Ort? Die Weide scheint also bewußt als ein Baum des Übergangs gewählt zu sein; er steht am Punkt der Verwandlung des Locus amoenus in den Locus terribilis.

Doch wenden wir uns noch einem Aspekt des künstlerischen Formprozesses bei Gessner zu. Sein Schwager Heidegger hat mit großer Wahrscheinlichkeit die Studien in chronologischer Reihenfolge geordnet und in die Sammelbände eingeklebt. Die lineare Lektüre der Studien verleitet nun zur Annahme, daß sie in einer relativ kurzen Zeitspanne entstanden sind: die kahlen Stammformen im Herbst, der Ausschlag und die Wäldchen im Frühjahr und Sommer des darauf folgenden Jahres. Weniger einheitlich gibt sich die Abfolge in der Ausführung. Den ersten Studien haftet noch etwas von der dekorativen Schauwirkung der Repoussoirs an. Sobald sich die Stämme plastischer vom Grund abheben, werden sie von Gessners beseelendem Blick durchdrungen: sie stellen sich paarweise ein, aus ihrer Mitte läßt er junge Stämme hervorwachsen, ein geborstener Stamm wird von einem jüngeren gestützt oder sie krümmen und wenden sich im geselligen Beisammensein. Indessen genügt das lineare Lesen nicht, um den Formgedanken zu verstehen. Zu jeder Einzelstudie gehört die simultane Übersicht über den Formprozeß als Ganzen. Erst in dieser Einbettung kommt das im *Brief* angesprochene „Wahre und Eigenthümliche" in jedem Teil zum Ausdruck. Anstelle der zaghaft tastenden Umrißlinien der Figuren tritt eine rhythmische Liniensprache, die durch Binnenzeichnung und Helldunkel den Gegenstand in kontrastierende Formen auflöst. Die Wendungen der Stammformen und der Duktus der Linien sind nach den organischen Gesetzen des Wachstums spiralig nach oben und drängend nach außen gerichtet. Bewegung und Leben, die den meisten Figuren in Gessners Landschaft fehlen, haben in diesen grotesken Baumgestalten Zuflucht gefunden. Das Groteske und Gedrungene, der plastische Ausdruck dieser Stämme lassen an Gessners Wachsfiguren der Schulzeit und an seine Karikaturen in der Hogarthschen Manier denken. Seine Freunde berichten, in welch unnachahmlicher Manier er Grimassen zu schneiden wußte. Die Faszination, die von solchen Einzelformen auf Gessner ausstrahlen mag, wird nur vorübergehend sein. Diese Summe der einzelnen Teile schließt sich zum lieblichen Wäldchen am Wasser zusammen, und schon

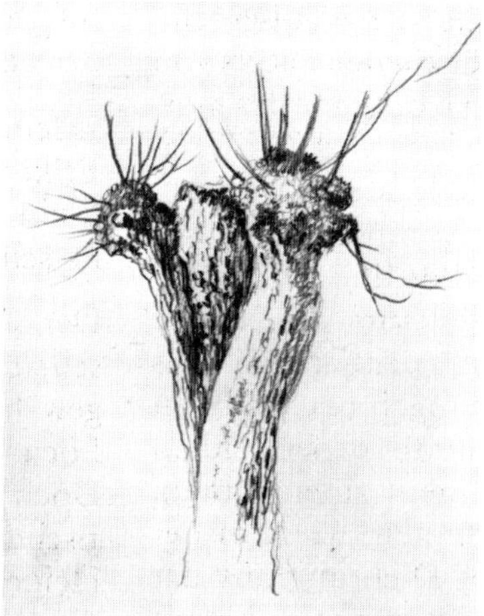

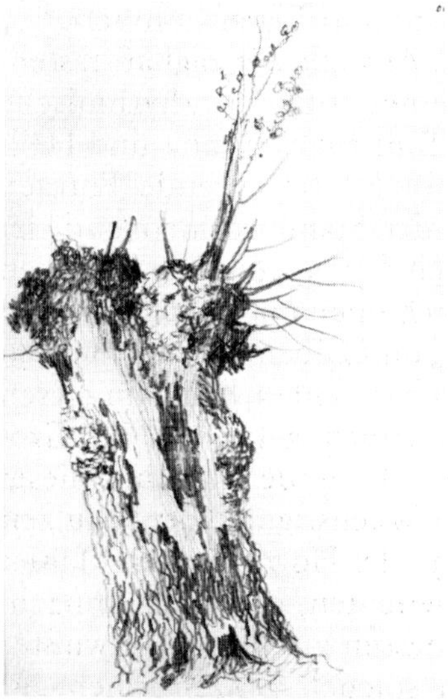

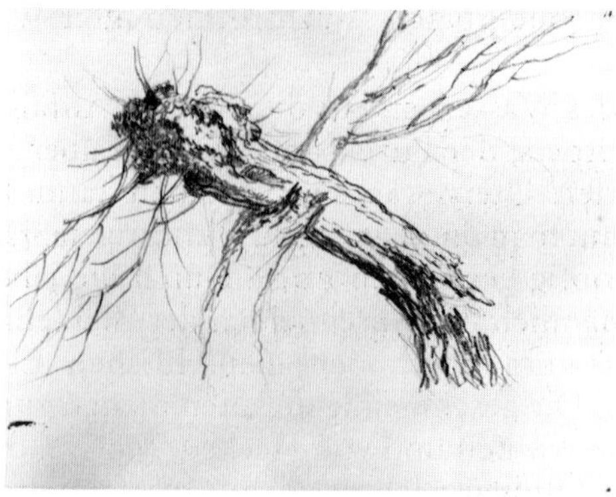

Nr. 140

Nr. 88 Vignette zum „Brief über die Landschaftsmalerei"

sind die Voraussetzungen für einen idyllischen Kleinraum gegeben, um die Personifikation der Stimmung in Gestalt einer Satyr- oder Panherme aus dem Schatten eines Baumstammes treten zu lassen. Gessner bemüht sich, die Wirkung seiner Zeichnung zu verstärken, indem er die Bildidee aus jedem Detail herausschält. Immer wird das Formgeschehen durch ein vermenschlichendes Sehen geleitet, dem in der Natur nicht das Fremde, Bedrohliche, Ferne begegnet, sondern etwas Artverwandtes. Für das Verborgene und Überraschende scheint Gessner immerhin nicht ganz unempfindlich gewesen zu sein. Bevor er die Bildidee aus dem lebendigen Formgeschehen als deren idealisierte Personifikation ausschied, versuchte er etwas von jenem „fast figuralen Hervortreten kontrastierender Erscheinungen" zu erhaschen, die Arnold Böcklin siebzig Jahre später mit meisterhafter Sicherheit aus einem einzelnen Stein oder einem Landschaftsausschnitt herauszulesen verstand [9]. Etwas Ähnliches hatte Gessner mit seinen Felsstudien vor (Kat. Nr. 129a, b), wenn er einzelne Steine im Atelier unter Lampenlicht als Felsen erlebte (vgl. *Die Felswand* 1784, Kat. Nr. 185). Anders als in seinen Weidenstudien begnügt sich hier die Phantasie mit dem Variieren der Größenunterschiede. Welcher Spielraum zwischen Gessners Wahrscheinlichkeitsbegriff und der Grenze mit dem Wunderbaren (*Brief über die Landschaftsmalerei)* offen blieb, kann an den Radierungen von W. Kolbe, seinem begabtesten Nachahmer, ermessen werden. Seine Landschaftsidyllen schärfen den Blick für das Suggestive und Phantastische in Gessners Pflanzenwelt, ohne selbst die Grenzen zum Grotesken überschritten zu haben.

Dominierend bleibt bei Gessner die Kontur, die auch bei Weidenstämmen die geschlossene Form betont. Oft gleitet er ins Ornamentale ab, indem er einzelne Partien des Stammes inselhaft eingrenzt, oder sich im Rhythmus der Bewegung verselbständigt. Im Schwanken zwischen expressivem Drängen und ornamentalem Beharren kommt der transitorische Wesenszug des Idyllischen, auch auf der Ebene der Darstellung zum Ausdruck. Jede Einzelstudie kann als Versuch gelten, die Totalität des idyllischen Schauens und Formens zum Ausdruck zu bringen. Der Wechsel der Jahreszeiten, Zerstörung und Überleben, Nützlichkeit und Verruf vereinigen sich im Biotop „Weide" zu einem idyllischen Kleinsymbol des Wirkens der ganzen Natur.

Das Zwielichtige und Widersprüchliche des scheintoten Körpers zieht Gessner an, was er aber mit ganzer Hingabe festhält: das ist das Pulsieren vegetabiler Kleinformen an der Oberfläche und im Umkreis des

faulenden Stammes. Die Weide existiert in Gessners Phantasie in einem geschlossenen Daseinsraum, als solcher wird er in seine späten Bilder eingesetzt; nicht als Versatzstück, sondern als Organismus inmitten anderer, kleinerer und größerer Organismen. Von einem mythologisch inszenierten Locus amoenus ist dort nichts mehr zu spüren. Indessen verschiebt sich die Bedeutung des Weidenstrunks in den späten Waldbildern. In seiner erschreckenden Kahlheit muß er uns als ein Symbol des Zerfalls und des Todes erscheinen, umso mehr, als er dort aus dem zyklischen Kompositionszusammenhang, wie wir ihn von den Zeichnungen kennen, herausgelöst wurde. Die elegische Stimmung, die viele dieser Spätwerke durchzieht, wird im Bild *Der Wald* 1784 (Kat. Nr. 186) durch die heiteren Töne eines lichtdurchfluteten Buchenwäldchens in der Schwebe gehalten. Im *Waldidyll* (Kat. Nr. 171) hebt eine bewußte Lichtregie das Weidenmahnmal vom düsteren Hintergrund ab. Die Beschreibung zum zehnten Gemälde im „Gessnerischen Gemählde-Cabinet" (*Der Wald*) spricht eine beinahe autobiographische Deutung des Motivs aus: „Ein vermoderter, am Fusse mit Schilf und auf dem zweigleeren Haupt mit Moos bewachsener Weidenstamm, steht einsam und gebückt neben den schlanken Buchen, wie ein Greis neben Jünglingen" (Kat. Nr. 186).
In einem der letzten Bilder Gessners stehen zwei auseinanderstrebende Weidenstöcke wie zwei stumme Betrachter abseits, ein Wasserlauf trennt sie vom mythischen Idyllenleben der Arkadier. (Nr. 182, S. 152)

---

1 Das gesamte Corpus von Gessners Zeichnungen befindet sich als Depositum der Stadt Zürich im Kunsthaus. – Eine größere Anzahl ist für die Ausstellung von 1930 aus den Sammelbänden herausgelöst worden; vgl. Kat. Nr. 550–559, 597–605, 645–653.
2 Erstmals 1770 veröffentlicht in J. C. Füsslis „Geschichte der besten Künstler in der Schweiz". Bd. 3. – Vgl. Gessner: Gesamtausgabe. Bd. 3. 229–273.
3 Zu Gessners eklektischer Methode vgl. B. Webers Beitrag „Gessner illustriert Gessner" in diesem Katalog.
4 Gessner: Gesamtausgabe. Bd. 3. S. 238–39.
5 A. a. O. S. 237.
6 In der Idylle „Tityrus. Menalkas". In: Gesamtausgabe. Bd. 2, Teil 3.
7 Ausgabe der „Schriften" in 4° von 1777 (L 48).
8 Klaus Bernhard: Idylle, Theorie, Geschichte, Darstellung in der Malerei 1750–1850. Wien 1977. S. XV.
9 D. Köpplin: Zu Böcklins Zeichnungen und Kritzeleien. In: Kunstmuseum Basel 1977. S. 92.

Zeichnungen und Gemälde

Bernhard von Waldkirch

Zeichnungen

Nach dem Tod Gessners wurden seine ungefähr 600 Zeichnungen von seinem Schwager Heinrich Heidegger in drei thematisch gegliederte Studienbände aufgeteilt, heute als Depositum im Zürcher Kunsthaus: Band 0.10 mit anatomischen Studien und Kopien nach seinen Gemälden,
Band 0.11 mit Pflanzen-, Baum-, Stein-, Fels-, Erd-, Wurzel- und Bachstudien,
Band 0.12 mit Landschafts- und Architekturstudien.
Die Zeichnungen sind in jedem Band durchnumeriert.
Alle Zeichnungen sind auf Papier ausgeführt. – Die Beschreibungen halten sich weitgehend an die Angaben der Kataloge von 1930 und 1951; alle Maßangaben wurden überprüft.

123 *Abbildung*

Wegwarte und Knöterich
Blatt 11 aus 0.11, Bleistift
18 x 11,8 cm
Bez.r.: „Wegwarte", oben links und auf der rechten Bildseite Farb- und Maßangaben.
Graphische Sammlung, Kunsthaus Zürich (Depositum der Stadt Zürich)

Lit.: Ausst. Zürich 1930 Nr. 654, Ausst. Zürich 1951.

124

Kräuterstudien
a) Blatt 34 aus 0.11, Bleistift
9,4 x 18 cm
Lit.: Ausst. Zürich 1951.
b) Blatt 36 aus 0.11, Bleistift
9 x 21,1 cm
Lit.: Ausst. Zürich 1951.
c) Blatt 40 aus 0.11, Bleistift
9,5 x 18,1 cm
Lit.: Ausst. Zürich 1951.
d) Blatt 46 aus 0.11, Bleistift
11,5 x 18,5 cm
Lit.: Ausst. Zürich 1951
Graphische Sammlung, Kunsthaus Zürich (Depositum der Stadt Zürich)

Nr.135

125

Baumstudie
Blatt 77 aus 0.11, Bleistift
19,2 x 17,5 cm
Graphische Sammlung, Kunsthaus Zürich (Depositum der Stadt Zürich)

Lit.: Ausst. Zürich 1951.

126

Weidenstudie
a) Blatt 79 aus 0.11, Bleistift
19,6 x 15,7 cm
b) Blatt 81 aus 0.11, Bleistift
17,9 x 12 cm
Unten in der Mitte Farbangaben.
Graphische Sammlung, Kunsthaus Zürich (Depositum der Stadt Zürich)

Lit.: Ausst. Zürich 1951.

127

Baumstudie
Blatt 114 aus 0.11, Bleistift
17,4 x 10,3 cm
Bez. oben: „Birke", links unten: „Ahorn".
Graphische Sammlung, Kunsthaus Zürich (Depositum der Stadt Zürich)

Lit.: Ausst. Zürich 1951.

128

Blick in Laubwerk
a) Blatt 125 aus 0.11, Bleistift
22,2 x 18,6 cm
b) Blatt 154 aus 0.11, Bleistift
22,2 x 18,5 cm
Graphische Sammlung, Kunsthaus Zürich (Depositum der Stadt Zürich)

Lit.: Ausst. Zürich 1930 Nr. 666.

129 *Abbildung*

Felsstudien
a) Blatt 221 aus 0.11, Pinsel in Tusche, laviert, über Bleistift
22,4 x 17,7 cm
b) Blatt 243 aus 0.11, Pinsel in Tusche, laviert, über Bleistift
22,5 x 17,6 cm
Graphische Sammlung, Kunsthaus Zürich (Depositum der Stadt Zürich)

Lit.: Ausst. Zürich 1951.

130

Waldstudie
Blatt 14 aus 0.12, Bleistift
6 x 18,6 cm
Graphische Sammlung, Kunsthaus Zürich (Depositum der Stadt Zürich)

Lit.: Ausst. Zürich 1951.

Nr. 134

131 *Abbildung*

Sieben Waldstudien
Blatt 17 aus 0.12, Bleistift
22,7 x 18,6 cm
Graphische Sammlung, Kunsthaus Zürich (Depositum der Stadt Zürich)

Lit.: Ausst. Zürich 1930 Nr. 673; Ausst. Zürich 1951.

132

Landschaft mit Garten und Villa
Blatt 43 aus 0.12, Bleistift
11,2 x 15,4 cm
Graphische Sammlung, Kunsthaus Zürich (Depositum der Stadt Zürich)

Lit.: Ausst. Zürich 1951.

133

Bäume in Wiese vor bewaldetem Hang
Blatt 58 aus 0.12, Bleistift
11 x 17,7 cm
Graphische Sammlung, Kunsthaus Zürich (Depositum der Stadt Zürich)

Lit.: Ausst. Zürich 1930 Nr. 678.

134 *Abbildung*

Ausblick auf Mäuerchen mit Blumentöpfen
Blatt 76 aus 0.12, Bleistift
11,9 x 19,8 cm
Graphische Sammlung, Kunsthaus Zürich (Depositum der Stadt Zürich)
Unter ausladendem Seitenast stehen zwei Tonnen und ein Boot. Im Hintergrund hellbeleuchtete Blumentöpfe auf Gartenmauer. Nach Wartmann dienten die Blumentöpfe als Vorlage für die griechischen Gefäße in *Die Wasserfahrt* (Kat. Nr. 195).

Lit.: Zürich 1930, Nr. 680 und S. 38; Ausst. Zürich 1951.

135 *Abbildung*

Weg, Brücke, Haus
Blatt 78 aus 0.12, Bleistift
10,4 x 18,5 cm
Graphische Sammlung, Kunsthaus Zürich (Depositum der Stadt Zürich)
An einer Hecke entlang, oberhalb eines kleinen Tales, führt ein Weg über eine Holzbrücke zu einem Haus.

Lit.: Ausst. Zürich 1951.

Nr. 129

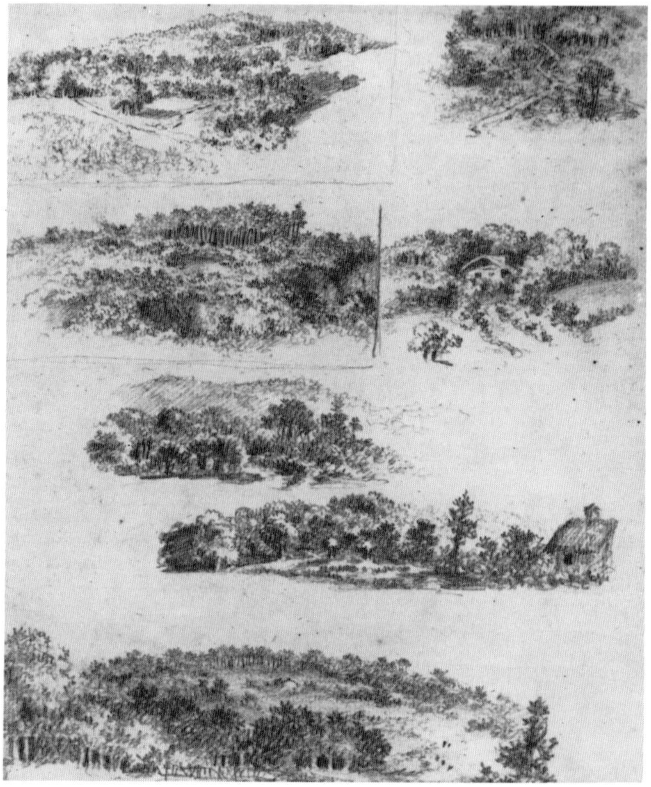

Nr. 131

136

Hügellandschaft mit Weg zwischen Hecken und Baumstämmen
Blatt 80 aus 0.12, Bleistift
10,9 x 19,6 cm
Graphische Sammlung, Kunsthaus Zürich (Depositum der Stadt Zürich)

Lit.: Ausst. Zürich 1930 Nr. 681; Ausst. Zürich 1951.

137

Bewaldete Hänge im Sonnenlicht
Blatt 88 aus 0.12, Bleistift
12,9 x 20,6 cm
Graphische Sammlung, Kunsthaus Zürich (Depositum der Stadt Zürich)

Lit.: Ausst. Zürich 1930 Nr. 683; Ausst. Zürich 1951.

138

Kahle Bäume zwischen Hecken und Aststudien im Vordergrund
Blatt 123 aus 0.11, Bleistift
17,2 x 18,7 cm
Graphische Sammlung, Kunsthaus Zürich (Depositum der Stadt Zürich)

Lit.: Ausst. Zürich 1951.

139

Bachtrichter
Blatt 192 aus 0.11, Bleistift
20,3 x 19 cm
Graphische Sammlung, Kunsthaus Zürich (Depositum der Stadt Zürich)
Von einem Bach erodiertes Uferstück in einem Wiesengrund.

Lit.: Ausst. Zürich 1930 Nr. 668; Ausst. Zürich 1951.

140 *Abbildungen*

Achtzehn Weidenstudien
Alle Blätter aus 0.11, Bleistift
Unterschiedliche Maße
Graphische Sammlung, Kunsthaus Zürich (Depositum der Stadt Zürich)

Die Blätter sind nach der Reihenfolge des Studienbandes aufgeführt.

Diese Auswahl aus der 36 Blätter umfassenden Gruppe der Weidenstudien macht deutlich, wie Gessner ein Motiv von der Einzelform bis zum Entwurf einer kleinen Landschaftskomposition zeichnerisch erarbeitet hat. In den frühesten Studien wird die bewegte Oberfläche des Stammes spannungsvoll in die Bildebene gesetzt. Erst allmählich reifen plastische Darstellungen heran, die sich vorerst auf die Binnenformen der Stämme beschränken. Durch Parallelismus und Überschneidung werden einfache Raumverhältnisse geschaffen und das Laub der Zweige zu größeren Massen zusammengeschlossen. Sobald der für Gessners Landschaftsauffassung typische locus amoenus ausgebildet ist, tritt als letzte Stufe die belebende Staffage auf.

141

Federzeichnungen zu Lafontaines Fabeln

Alle Blätter in Feder und Sepia auf Papier, aufgezogen, schwarz gerandet.
Graphische Sammlung Kunsthaus Zürich (141a–d); Musée Jenisch Vevey (141e–g)

a) La mort et le malheureux, Fabel XV
14 x 8,3 cm
Verso: in Handschrift die Fabel „Le loup et le chien". Mit Bleistift oben links: „Bild: La mort et le malheureux, Laf. I, XV", rechts: „Text: Le loup et le chien, Laf. I, 5 vers 23 (?) K. H. I." Bez.: „S. G. 1764"
Ausst. Zürich 1930 Kat. Nr. 570.

b) Le chat et un vieux rat, Fabel LX, 2
13,7 x 9,8 cm
Ausst. Zürich 1930 Kat. Nr. 596.

c) Le renard et la cygogne, Fabel XVIII, 2
14 x 8,4 cm
Ausst. Zürich 1930 Kat. Nr. 573.

d) Le dragon à plusieurs têtes, Fabel XII, 2
14,1 x 9,5 cm
Ausst. Zürich 1930 Kat. Nr. 569.

e) Le rat de ville et le rat des champs, Fabel IX
Ausst. Zürich 1930 Kat. Nr. 566.

f) Le chêne et le roseau, Fabel XXII
Ausst. Zürich 1930 Kat. Nr. 576.

g) Les loups et les brebis, Fabel LV, 2 *Abbildung*
Ausst. Zürich 1930 Kat. Nr. 593.

Gessner plante, in seinem Verlag eine Lafontaine-Ausgabe erscheinen zu lassen, für die er eine unbekannte Anzahl von Federzeichnungen entwarf, die sich stark an die Vorzeichnungen oder Kupferstiche der von 1765 an in Paris erschienenen sechsbändigen Ausgabe anlehnen (gezeichnet von Ph. J. Loutherburg und Ch. Monnet, gestochen von Fessard). Nach Wartmann zeigen Gessners Zeichnungen „Verwandtschaft in verschiedenem Grad... nie ganz Übereinstimmung" mit den Vorlagen. Aus unbekannten Gründen kam die Zürcher Ausgabe nicht zustande; Gessners Zeichnungen sind später in verschiedene Hände gelangt. Für die Gedenkausstellung von 1930 gelang es erstmals, 37 Blatt zusammenzubringen und zu identifizieren: 5 aus dem Besitz des Kunsthauses in Zürich, 3 aus Zürcher Privatbesitz und 29 aus dem Landesmuseum in Darmstadt. Während Renate Boeschenstein, Genf, glücklicherweise die drei ehemals in Privatbesitz befindlichen Blätter 1980 in Vevey im Musée Jenisch wiederfand (sie gelangten dorthin als Legat des Lausanner Journalisten René de Cerenville), wurden die Darmstädter Blätter bedauerlicherweie 1952 von der Galerie Fischer in Luzern für Fr. 5.900,– versteigert und ihr heutiger Besitzer ist unbekannt. Die großen Schweizer Sammler Martin Bodmer und Paul Leemann-van Elck diskutierten damals den Kauf, verzichteten aber leider beide auf den Erwerb, und auch die Zürcher Kunstinstitute zeigten offensichtlich kein Interesse.

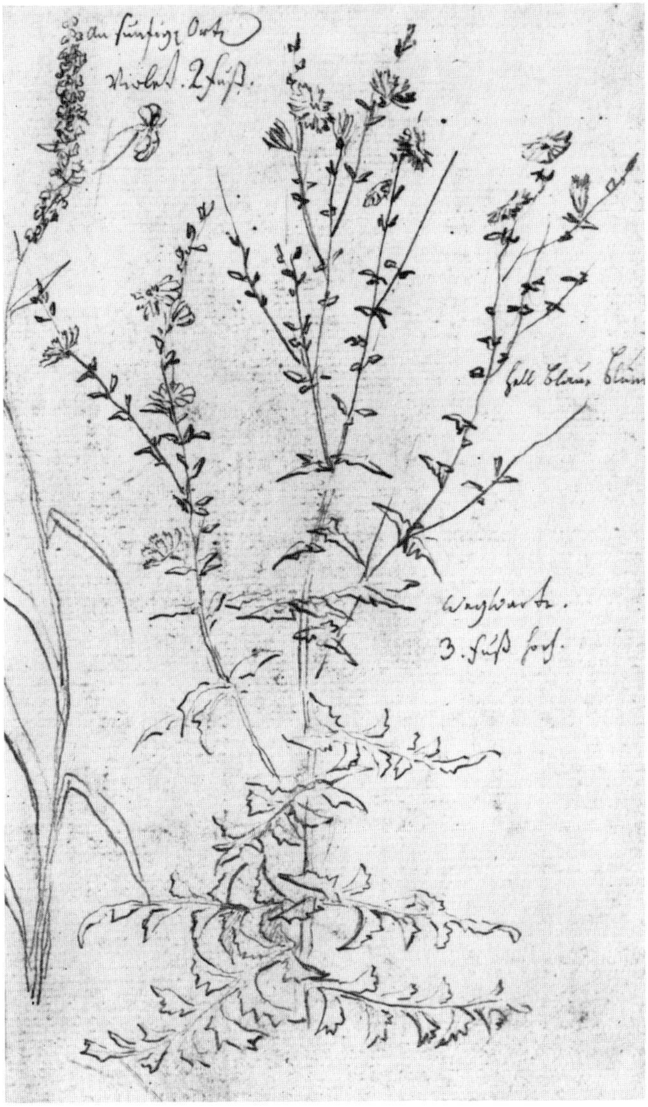
Nr. 123

Gemälde

Vorbemerkung

Titel und Bildbeschreibungen der für die Ausstellung ausgewählten Objekte richten sich weitgehend nach dem Verzeichnis Leemanns. Unstimmigkeiten wurden berichtigt, in einzelnen Fällen die Beschreibungen gerafft und die Angaben vereinheitlicht. Die Leemann unbekannten Bilder wurden neu beschrieben, die Feder- und Pinselzeichnungen zumeist nach den Verzeichnissen des Katalogs der Zürcher Ausstellung von 1930 datiert und überschrieben.
In der Literatur werden die Titel der Bilder uneinheitlich zitiert. Originale Bezeichnungen Gessners kennen wir kaum; ein Sonderfall sind die im folgenden Kapitel „Das Gessnerische Gemählde Cabinet" aufgeführten 20 Bilder. Da Gessner zumeist ähnliche Sujets in verschiedensten Variationen darstellt, ist die Wahl treffender Titel sehr schwierig. Zu ihrer besseren Identifikation empfahl es sich daher, zusätzlich zu den Angaben über Technik, Maße und Besitzer kurze Bildbeschreibungen beizugeben. Als ein wichtiges Desiderat, vordringlich für eine Persönlichkeit vom Ansehen Gessners, erweist sich die Erstellung eines Oeuvreverzeichnisses seiner Zeichnungen und Gemälde, nachdem bisher erst seine literarischen und graphischen Werke sorgfältig bibliographiert und dargestellt worden sind. Gessner hat seine Bilder meist mit der Bezeichnung „S. Gessner" signiert, in der Regel gibt er auch das Jahr der Entstehung an. Er setzt seine Signatur zumeist in die linke oder rechte Ecke des unteren Bildrandes, manchmal bevorzugt er die Sockelzone eines Denkmals oder eine helle Partie im Vordergrund.
Es ist bekannt, daß Gessner öfter mehrere Versionen desselben Sujets entworfen und gemalt hat, da er ja die Bilder gerne verkaufte. Er ist oft kopiert worden; ob unter seiner Anleitung ein anderer Künstler tätig war, ist im einzelnen schwierig nachzuweisen. Unsere Auswahl bemüht sich ausschließlich um authentische Werke, ohne sich aber in wissenschaftlicher Weise mit Fragen der Echtheit, Herkunft und Überlieferung sowie der Vorlagen und Abhängigkeit usw. auseinandersetzen zu können. Alle diese Aufgaben müssen dem künftigen Oeuvreverzeichnis Gessners vorbehalten bleiben.

142

Begegnung am Ufer. 1762
Silberstift, Pinsel in roter Farbe, aquarelliert, Tusche laviert, Rand mit Tusche.
20 x 18,2 cm
Bez. u. Mitte: „Salomon Gessner f. 1762". Inschrift unter dem Bildrand mit Tinte, ausnahmsweise mit ausgeschriebenem Vornamen.
Graphische Sammlung Kunsthaus Zürich

Unter zwei Bäumen am Wasser drei Hirten. Links im Hintergrund eine Hütte.
Lit.: Leemann S. 317; Ducret Bd. I, S. 147, Abb. 124; Ausst. Zürich 1930, Nr. 697.

143

Der Ruheplatz mit der Urne [undatiert]
Pinsel in Tusche, laviert.
19 x 14,3 cm
Nicht bezeichnet.
Graphische Sammlung Kunsthaus Zürich

Gedenkplatz mit der Urne am Wasser unter Bäumen und sitzendem Betrachter.
Lit.: Leemann S. 317.

144

Der flötende Amor. 1769
Aquarell
13,5 x 17,5 cm
Bez. u. l. „S. Gessner f. 1769" und auf der Rückseite von der Hand Ph. Hackerts: „Von meinem Freund Gessner erhalten. Ph. Hackert 1790"
Graphische Sammlung der ETH Zürich (aus Slg. Bühlmann)

Ein flötender Amor vor drei Hirtinnen am Brunnen. Vorlage für die Radierung „Ein flötender Amor besucht drei Mädchen im Walde", Blatt Nr. 4 (L 26) aus der Folge der Landschaften mit mythologischen Figuren, 1769/71.
Lit.: Leemann S. 320.

145 *Abbildung*

Chloe am Brunnen. 1771
Pinsel- und Federzeichnung in Grau, laviert über Bleistiftvorzeichnung, auf Papier.
29,9 x 37,6 cm
Bez. o. r. mit Feder in Braun „S. Gessner. f. 1771.", unterhalb der Bildeinfassung mit Feder in Braun „Chloe, dich hab ich behorcht, da du an jenem Morgen beym Bruñen sangest, den die Zwo Eichen beschatten. Gessners Idyllen. Milon."
Herzog Anton Ulrich Museum Braunschweig.

In der linken Bildhälfte Hirtin neben einem Brunnen unter einer Baumgruppe; in der rechten Bildhälfte Hirte mit Schafen, Ausblick auf Gewässer, Landhaus und bewaldete Höhen im Hintergrund. – Die Zeichnung war ein persönliches Geschenk Gessners an die Herzogin Philippine Charlotte von Braunschweig, vgl. Katalog Nr. 66.
Lit.: Ausst. Braunschweig 1975 Nr. 66.

146 *Abbildung*

Landschaft mit dem Hirtenpaar. 1771
Pinsel- und Federzeichnung in Grau, laviert über Bleistift-

Nr. 145

vorzeichnung, auf Papier, in brauner Federeinfassung.
29,8 x 37,7 cm
Bez. o. r. mit Feder in Braun „S. Gessner. F. 1771.", unterhalb der Bildeinfassung mit Feder in Braun „Sieh Amyntas, ich habe dein Körbgen am Arm. Gessners Idyllen. Phillis und Chloe."
Herzog Anton Ulrich Museum Braunschweig

In der Bildmitte Hirtin mit Körbchen im Gespräch mit einem Hirten unter einer Baumgruppe; rechts davon Schafe und Bachlauf mit kleinen Wasserfällen. Im Hintergrund Landhaus vor bergiger Landschaft. Im Hintergrund links ansteigender Hügel mit weidenden Schafen. – Die Zeichnung war ein persönliches Geschenk Gessners an die Herzogin Philippine Charlotte von Braunschweig, vgl. Katalog Nr. 66.

Lit.: Eduard Flechsig (Hrsg.): Zeichnungen alter Meister im Landesmuseum zu Braunschweig. Deutsche. Nr. 1–42. Frankfurt am Main 1920–22. Tafel 42; Ausst. Warschau 1974 Nr. 58; Ausst. Braunschweig Nr. 65, Abb. 41.

147

Sonnige Landschaft. 1772

Feder in Sepia, laviert, über Bleistift.
43 x 57 cm
Bez. u. l.: „S. Gessner fec. 1772".
Graphische Sammlung der ETH Zürich, Inv. Nr. 1920, 15, Depositum der Gottfried Keller-Stiftung, Inv. Nr. 561/3

Ideallandschaft nach Wilsons *Phaeton* (gestochen von W. Woolett). Links eine hohe Baumgruppe, darunter zwei ruhende Nymphen und ein junger Hirte, daneben Schafe. Rechts Tempelanlage unter hohen Bäumen. Im Mittelgrund Schloß und Aquädukt.

Lit.: Engelmann Nr. 3; Leemann S. 318; Bernoulli S. 31 f. und Abb. Taf. 5.

Nr. 153

148

Der Gewittersturm. [1772]
Feder in Sepia, laviert, über Bleistift.
44 x 55,5 cm
Bez. u. l.: „S. Gessner fecit".
Graphische Sammlung der ETH Zürich, Inv Nr. 1920, 15, Depositum der Gottfried Keller-Stiftung, Inv. Nr. 561/4

Bergige Landschaft mit Fluß und großen Bäumen, unter welchen eine Familie Schutz vor dem Gewitter sucht.
Nach G. Poussin (Gaspard Dughet) *Il temporale.*
Lit.: Engelmann Nr. 4; Leemann S. 318 und Abb. Taf. 6, S. 41; Bernoulli S. 31 f. und Abb. Taf. 6.

149

Die Panherme. 1773
(Baumlandschaft mit Herme und Hirten)
Pinsel und Feder in Tusche, laviert.
30,5 x 44 cm
Bez. u. l.: „S. Gessner 1773" und auf der Rückseite „Pour Mr. Ploos von Amstel, son serviteur S. Gessner"
Graphische Sammlung der ETH Zürich, Inv. Nr. 1920, 15, Depositum der Gottfried Keller-Stiftung, Inv. Nr. 561/10

Im Mittelgrund inselartige Anhöhe mit mächtigem Baum, Panherme und Hirtengruppe. Im Vordergrund arkadische Gestalten mit Ziegen. Ausblick auf Seelandschaft (idealisierter Zürichsee?) und Berge.
Dazu Pendant *Das Grabmal im Walde,* 1773, Kat. Nr. 150.
Lit.: Engelmann Nr. 10; Leemann S. 319; Ausst. Zürich 1930 Kat. Nr. 734 und Abb. Taf. XIV.

150

Das Grabmal im Walde. 1773
(Baumlandschaft mit Hirten und badenden Jünglingen)
Pinsel und Feder in Tusche, laviert, stellenweise rötlich gehöht.
30,5 x 44 cm
Bez. u. l.: „S. Gessner f. 1773" und auf der Rückseite „Pour Mr. Ploos van Amstel, son serviteur S. Gessner".
Graphische Sammlung der ETH Zürich, Inv. Nr. 1920, 15, Depositum der Gottfried Keller-Stiftung, Inv. Nr. 561/11

Waldige Gegend mit Grabmal, davor arkadische Hirten und Hirtin mit Schafen und Ziegen. Vorne am Bach zwei Badende. Aussicht auf Rundtempel und Villa.
Dazu Pendant *Die Panherme,* 1773, Kat. Nr. 149.
Lit.: Engelmann Nr. 11; Leemann S. 319; Ducret Bd. I, S. 151, Abb. 125; Ausst. Zürich 1930 Kat. Nr. 733.

151

Die Urne. [undatiert]
Aquarell, Feder in Tusche.
18,5 x 24 cm
Bez. u. r. „S. Gessner fecit".
Graphische Sammlung der ETH Zürich, Inv. Nr. 1920, 15, Depositum der Gottfried Keller-Stiftung, Inv. Nr. 561/14

In einer Felsnische neben einem Wasserfall eine große Urne mit der Inschrift „Auch ich, nun Staub, genoss dieser romantischen Gegend". Im Hindergrund Rundtempel.
Lit.: Engelmann Nr. 14; Leemann S. 319.

152 *Abbildung*

Federzeichnungen zu den „Contes moraux et nouvelles idylles". (1773)
6 Blätter mit getuschten Federzeichnungen, jeweils 23,8 x 17,0 cm maximal, Vorstudien zu 19 Vignetten in den *Contes moraux et nouvelles idylles* 1773 und den *OEuvres* 1777.
ZB: PAS II 112

153 *Abbildung*

Idylle „Phillis, Chloe". (1775)
Feder und Pinsel, laviert.
16,7 x 13,4 cm
Bez. u. l. „S. Gessner"
Kupferstichkabinett Basel (Inv. Nr. 1914.133.3)

Entwurf, seitenverkehrt, zu der ganzseitigen Illustration der 1775 datierten Idylle *Phillis, Chloe* in den *Schriften* von 1777 (Kat. Nr. 88), gegenüber S. 32, L 44.
Lit. Ausst. Zürich 1930, Kat. Nr. 608; Ausst. Basel 1979, Kat. Nr. 106.

154 *Farbtafel*

Idylle „Phillis, Chloe". (1775)
Aquarell. 16,0 x 12,7 cm. Nicht bezeichnet.
Privatbesitz Wolfenbüttel

Nr. 88 Idylle „Phillis, Chloe" (s. Nr. 153/54 und S. 118)

Vermutlich nach der 1775 datierten Radierung in den *Schriften* (L 44) ausgeführt. – Sehr aufschlußreich ist in diesem Fall ein Vergleich der verschiedenen Fassungen ein und desselben Idyllenthemas, insbesondere mit der Komposition, die Gessner 1771 der Herzogin von Braunschweig geschenkt hat (Kat. Nr. 146).

155 *Farbtafel*

Grabdenkmal für Albrecht von Haller. [nach 1777]
Gouache
32,3 x 41,5 cm
Bez.: „S. Gessner"
Privatbesitz Wolfenbüttel

Vor einem mächtigen, antikisierten und von Zweigen überwachsenen Denkmal mit der Aufschrift „Haller" unter einer Lyra als dem Zeichen des Dichters verweilen zwei Wanderer im Gespräch.
Lit.: Kat. Auktion Laube, 3. 6. 1970 Zürich, Nr. 1181.

156 *Abbildung*

Zwiegespräch. 1778
Gouache
15,2 x 12,7 cm
Bez. u. r.: „S. Gessner. 1778".
Privatbesitz Wolfenbüttel

Ein alter Mann mit Pfeife unterhält sich durch das Fenster mit einem jungen Hirten unter einer Weinlaube. Im Vordergrund Tisch mit Krug und Glas.
Lit.: Nicht bei Leemann; Ausst. Zürich 1969 Kat. Nr. 39.

157

Die Brücke über den Wasserfall. [1778]
Gouache
23,9 x 34,4 cm
Nicht bezeichnet.
Graphische Sammlung Kunsthaus Zürich

Ansteigender Weg mit ländlicher Figurenstaffage, zwei Schafen und einer Ziege. Im Vordergrund ruhender Jüngling.
Lit.: Leemann S. 316, Abb. Taf. 10; Engelhard S. 125; Fromer S. 37; Ausst. Zürich 1930 Kat. Nr. 751.

158 *Farbtafel*

Der Wasserfall. 1779
Gouache
38,5 x 28 cm
Bez. u. l. (auf dem Felsen): „S. Gessner 1779"
Graphische Sammlung der ETH Zürich (aus: Slg. Bühlmann)

Unter einem hohen Wasserfall musiziert ein Flötenspieler. Neben ihm lagern drei arkadische Hirten.
Danach Radierung von W. Kolbe *La cascade.*
Lit.: Leemann S. 320; Ausst. Zürich 1930 Kat. Nr. 755; Stuttgart, Hamburg, Hannover, Köln, Amsterdam 1953/54, Kat. Nr. 93.

159

Die Grotte. [1779]
Gouache
28,5 x 39,5 cm
Bez. u. l.: „S. Gessner".
Graphische Sammlung der ETH Zürich (aus: Slg. Bühlmann)

Vor einer Felsgrotte, über die sich üppiges Reblaub windet, ein flötender Satyr, zwei Frauen mit Kind und eine weinlesende Frau mit dem Kind des Satyrs. Rechts im Hintergrund von Bäumen gerahmter Durchblick auf einen Wasserfall. Vgl. Kat. Nr. 177, Ansicht von innen.
Danach Radierung von W. Kolbe *La grotte.*
Vielleicht eine Kopie der Gouache *Weinlese,* 1779 (lt. Leemann S. 320).
Lit.: Leemann S. 320; Ausst. Stuttgart, Hamburg, Hannover, Köln, Amsterdam 1953/54, Kat. Nr. 94.

160

Im Walde. 1780
(Der Hain)
Gouache
38,5 x 27,5 cm
Bez. u. l. (auf dem Sockel der Herme): „S. Gessner 1780".
Graphische Sammlung der ETH Zürich (aus: Slg. Bühlmann)

Im Walde tanzt ein Faun mit einem Mädchen, daneben sitzt ein musizierendes Paar. Links im Vordergrund eine Panherme.
Danach Radierung von W. Kolbe *Le bosquet.*
Lit.: Leemann S. 320; Ausst. Zürich 1930 Kat. Nr. 763; Stuttgart, Hamburg, Hannover, Köln, Amsterdam 1953/54, Kat. Nr. 95.

161

„Bey Meyeringen in Hasle Land". [vor 1781]
Pinsel in Tusche, laviert.
22 x 28 cm
Bez. u. l.: „S. Gesner del" und u. M. „Bey Meyeringen in Hasle Land".
Graphische Sammlung der ETH Zürich (aus: Slg. Bühlmann)

Danach Radierung *Bey Meyeringen im Hasle Land,* Blatt Nr. 6 (= L 393) aus der Folge *52 paysages dessinés et gravés par Gessner* oder *52 kleine Landschaften, Schweizergegenden,* wiederholt im Helvetischen Kalender von 1781.
Lit.: Leemann S. 320.

162

„Im Hasle Thal". [vor 1781]
Pinsel in Tusche, laviert.
22 x 28 cm
Bez. u. l. unleserlich (Blatt beschnitten) und u. M. „Im Hasle Thal".
Graphische Sammlung der ETH Zürich (aus: Slg. Bühlmann)

Danach Radierung *Im Hasle Thal,* Blatt Nr. 5 (= L 392) aus der Folge *52 paysages dessinés et gravés par Gessner* oder *52 kleine Landschaften, Schweizergegenden,* wiederholt im Helvetischen Kalender von 1781.
Lit.: Leemann S. 320.

Nr. 158 Der Wasserfall

Nr. 146

163

Statue eines liegenden Flußgottes mit Füllhorn. [undadiert]
Gouache
27,5 x 39 cm
Nicht bezeichnet.
Zürich, Privatbesitz

Statue eines liegenden Flußgottes an einem bewaldeten Wasserlauf. Zu seinen Füßen drei arkadische Hirtinnen. Rechts Laubengang mit Stufen zum Flußufer.
Lit.: Nicht bei Leemann.

164

Daphne. 1780
Gouache
36,3 x 27,5 cm
Bez. u. l.: „S. Gessner. 1780"
Graphische Sammlung Kunsthaus Zürich (Depositum der Stadt Zürich)
Lit.: H. Wölfflin S. 137; Leemann S. 314; Ausst. Zürich 1930 Kat. Nr. 761; Zürich 1951; Radierung von W. Kolbe *Apollon et Daphne.*

165

Die Überraschung. 1781
Gouache
28,9 x 39,9 cm
Bez. u. r.: „S. Gessner".
Graphische Sammlung Kunsthaus Zürich

Wasserfall im Wald; im Vordergrund rechts zwei junge Frauen, die aus dem Wasser flüchten.
Lit.: Leemann S. 315; Gedenkbuch zum 200. Geburtstag Abb. nach S. 52; Ausst. Zürich 1930 Kat. Nr. 773.

166

Das Gebirge. 1783
Gouache
27,5 x 39 cm
Bez. u. r.: „S. Gessner 1783".
Graphische Sammlung der ETH Zürich, Inv. Nr. 1920, 15, Depositum der Gottfried Keller-Stiftung, Inv. Nr. 561/15

Hohes, kegelförmiges Felsgebirge in der Abendsonne, über einer Waldlandschaft. (Vielleicht den idealisierten Glärnisch und das Klöntal darstellend.)
Lit.: Engelmann Nr. 15; Schmidt Abb. nach S. 8; Leemann S. 319 und Abb. Taf. 5, S. 23; Bernhard S. 224.

167

Waldwiese mit Steg und Herde. 1784 (1. Fassung)
Gouache
27,2 x 38,5 cm
Bez. u. r.: „S. Gessner. 1784".
Privatbesitz Wolfenbüttel

An einem Wiesenbach sitzt eine Schäferin, im Mittelgrund weidende Schafe und Ziegen, um eine Panherme eine Gruppe von Hirten.
Lit.: bisher unbekannt.

168

Waldwiese mit Steg und Herde. 1784 (2. Fassung)
Gouache
27,2 x 38,5 cm
Bez. u. r.: „S. Gessner. 1784"
Privatbesitz (Nachlaß Leemann) Goldbach

Zusammen mit der vorhergehenden Nummer ein interessantes Beispiel für die Art und Weise, wie Gessner verschiedene Fassungen desselben Bildes hergestellt hat.
Lit.: Ausst. Zürich 1930 Kat. Nr. 776 (damals im Besitz des Landesmuseums Darmstadt)

169

Baumlandschaft mit Brunnen und Obelisk auf Anhöhe. 1785
Gouache
39,2 x 28,2 cm
Bez. u. r.: „S. Gessner. 1785"
Privatbesitz (Nachlaß Leemann) Goldbach
Lit.: Nicht bei Leemann; Ausst. Zürich 1930 Kat. Nr. 784.

170

Der Wildbach. [1785[
Gouache
31 x 25 cm
Bez. u. r.: „S. Gessner".
Privatbesitz (Nachlaß Leemann) Goldbach

Ein Wasserfall weitet sich im Vordergrund unter hohen Bäumen zu einem seichten Gewässer. Darin stehen zwei Kühe; am Ufer zwei Schafe, eine Ziege und ein auf der dritten Kuh sitzender Viehhirte.
Lit.: Leemann S. 322, Abb. Taf. 2; Ausst. Zürich 1930 Kat. Nr. 781.

171

Waldidyll. [1785]
Gouache
35,3 x 28 cm
Bez. u. r.: „S. Gessner".
Privatbesitz (Nachlaß Leemann) Goldbach

In einem ruhigen Bach vor einem kleinen Wasserfall steht eine Kuh, hinter ihr zwei Weiden, neben ihr eine Gruppe von Bäumen im Kreis.
Lit.: Leemann S. 322, Abb. Taf. 3; Fromer S. 37; Bernhard S. 141; Ausst. Zürich 1930 Kat. Nr. 781.

172

Ideale Landschaft mit Wasserfall. 1786
Gouache
27,9 x 39,6 cm
Bez. u. r.: „S. Gessner. 1786".
Schweizerisches Landesmuseum (LM 58160)

Landschaft mit Wasserfall und jungem Hirtenpaar.
Lit.: Jahresbericht des Schweizerischen Landesmuseums 1977 S. 21, Abb. 44.

173

Das Denkmal, 1787
(Das Denkmal am Wasser)
Gouache
27 x 38,5 cm
Bez. u. r.: „S. Gessner 1787"
Graphische Sammlung der ETH Zürich, Inv. Nr. 19.20, 15, Depositum der Gottfried Keller-Stiftung, Inv. Nr. 561/7

Denkmal und Tempelanlagen am Ufer eines Flusses. Am Fuß des Denkmals ein arkadischer Fischer mit Frau und Kind. Ausblick auf Gebirge mit Gewitterwolken.
Lit.: Engelmann Nr. 7; Schmidt. Abb. nach S. 16; Leemann S. 318; Ausst. Zürich 1930 Kat. Nr. 792.

„Gessnerisches Gemählde-Cabinet"

Salomon Gessners künstlerischer Nachlaß – rund zwanzig seiner besten Gemälde aus den dreizehn letzten Lebensjahren – wurde von seinen Angehörigen als „Heiligtum" in ihrem Wohnhaus an der Münstergasse bewahrt und den Besuchern gezeigt. Ein kleiner Führer durch das „Gessnerische Gemählde-Cabinet" erschien bereits 1803. Jedes Bildnis ist in so einmalig poetischer und anschaulicher Weise beschrieben, daß alle diese Texte im Katalog wiedergegeben werden. Aus wirtschaftlicher Not mußte die Familie die Bilder der Stadt verkaufen, die sie als Depositum der von Salomon Gessner mitbegründeten Künstlergesellschaft übergab. Sie ist Vorgängerin des heutigen Kunsthauses, das somit seinen Ursprung auch der Initiative Gessners verdankt. Sein „Cabinet" wird in dieser Ausstellung erstmals seit jener Zeit in einem geschlossenen Raum und in der alten Reihenfolge ausgestellt.

Die nachfolgende Einführung verfaßte Eckhard Schinkel; die technischen Daten zu den Bildern Bernhard von Waldkirch.

Zur Geschichte des „Gemählde-Cabinets"

„Der Eindruck, den diese Gemählde auf das Publikum und besonders auf Kenner, machen werden, wird die Besitzerin derselben bestimmen, ob sie dem Wunsch einiger Freunde entsprechen soll, dieselben durch einen Künstler in Kupfer stechen zu lassen." Mit diesen bescheidenen Worten im Namen der Witwe Judith Gessner leitet ihr Sohn Heinrich den ersten Katalog (1803) zur ständigen Salomon Gessner-Ausstellung in seinem Haus „Zum Schwanen" ein. Freilich, es ist weniger eine Gedenkausstellung, um alten Ruhm neu zu beleben, wie es die zurückhaltende Formulierung des Vorspanns glauben machen möchte. Wirtschaftliche Not zwingt zu diesem Schritt. Der Konkurs des Porzellanunternehmens, in das der Vater eingestiegen war, hatte die Familie Gessner vor Gläubigerforderungen in Höhe von 26000 Gulden gestellt. (Vgl. dazu auch den Beitrag von R. Schnyder in diesem Katalog.) Jede denkbare Möglichkeit zur Minderung dieser drückenden Last mußte genutzt werden. Eine davon war die Einrichtung eines Gemäldekabinetts, denn „die Familie besitzt eine in jeder Rücksicht ihr unschätzbare Sammlung seiner Handzeichnungen, Studien nach der Natur, und mehr und minder ausgeführter Compositionen verschiedner Art. Diese, nebst einer Reihe der vollendetsten Guaschgemählde bewahrt sie als ein Heiligthum auf...", führt Heinrich Gessner aus. Viele Besucher, bekannte und unbekannte, betrachteten im Laufe der Jahre ehrfurchtsvoll diese „Schatzkammer von Gemählden", „wo bei seinem von Graff gemalten Portrait Geßners letzte Landschaften hängen" (Friedrich v. Matthisson, 1793); nach jedem Rundgang bat die Witwe um das Eintrittsgeld.

Diese allgemeine Verehrung überdauert die Französische Revolution und behauptet sich während der Besetzung der Schweiz durch französische Truppen (1798). So ist es nur konsequent, wenn unter den geschilderten Umständen der sonst glücklose Verleger Heinrich Gessner an weitergehende Versuche zur Vermarktung dieses Erfolgs denkt. Schon in seinem Herausgebervorwort zu *Salomon Gessners Briefwechsel mit seinem Sohne (1801),* dem Maler Conrad Gessner und Bruder Heinrichs, erläutert er den Plan zur Herausgabe von „möglichst genauen Nachbildungen" der väterlichen Gemälde.

Einen Überblick über die weiteren verlegerischen Aktivitäten gibt das:

„Verzeichniss von S. Gessners radierten Blättern.

	Liv. de France.
1. 10 Landschaften, in die Höhe, queer-folio, Herrn Wattelet zugeeignet, Hirtenscenen.	12;
2. 12 Landschaften, in die Breite, queer-fol. Hirtenscenen.	12;
3. 10 Landschaften, queer-folio, mit mythologischen Figuren.	12;
4. Idyllen. Quart-Ausgaben, 2 Bände, mit 20 radierten Blättern, in 4to und 42 Vign.	60;
5. 52 kleine Landschaften, in 4to, queer. Schweitzergegenden.	26;
6. Gessners sämtliches Kupferwerk, 2 Bände, in-folio, enthaltend 336 Kupferstiche, Theils grössere theils kleinere.	288;

Alle diese Artickel sind zu finden in der Gessnerischen Buchhandlung in Zürich."

Diese Aufstellung beschließt das in diesem Katalog erstmals veröffentlichte *Gessnerische Gemählde-Cabinet* (Kat. Nr. 176) aus dem Jahr 1803, in welchem Heinrichs Unternehmung einer eigenen Nationalbuchdrukkerei ebenfalls mit Konkurs endete.

Sicherlich ist es, angesichts der aktuellen politischen Situation, aber auch angesichts der einstigen Erfolge Gessners in Frankreich, berechtigter verlegerischer Kalkül, diesen Text in deutscher und – erweitert – in französischer Sprache zu veröffentlichen. Neben einer apologetischen Einführung, deren Inhalt weitgehend dem *Brief über die Landschaftsmalerei* verpflichtet ist, enthält er die Beschreibung von zwanzig Gemälden aus dem Familienbesitz. Die Zusammenstellung ist nicht weiter motiviert; mit Sicherheit handelt es sich um keinen Zyklus mit programmatischem Anspruch, wie er etwa bei den Idyllen von Wilhelm Tischbein in der Interpretation von Johann Wolfgang von Goethe vorliegt. Wir verstehen Heinrichs Schrift im Sinne eines Werbeprospekts einmal für das Kabinett im Haus der Familie und dann für das Projekt, das ab 1805 von dem Hofstecher des Fürsten Franz von Anhalt, Carl Wilhelm Kolbe, verwirklicht werden sollte. Erst in diesem Jahr, nachdem alle notwendigen Verhandlungen abgeschlossen waren, kündigt er in dem zusammen mit seinem Schwiegervater Christoph Martin Wieland herausgegebenen *Neuen Attischen Museum* (1. Band, 3. Heft, 1805) die neue Veröffentlichung an: *Salomon Geßners Guaschgemälde und Laviszeichnungen, radiert durch C. W. Kolbe.* Nach einigen einleitenden Bemerkungen, die z. T. wörtlich Formulierungen aus dem *Gemählde-Cabinet* aufgreifen, umreißt er das Programm: „An unsre Sammlung schliessen sich, wie schon erwähnt, noch mehrere Gemählde Salomon Geßners an, die hiesige und auswärtige Kunstfreunde, dem Geßnerschen Kunstgenius zu huldigen, uns zur Benutzung gütigst anvertrauen, so daß das Ganze - eine Reihe von dreißig und einigen Blättern, die nun in ununterbrochener Folge erscheinen sollen – die Auswahl der vollendetsten Gemälde des unsterblichen Dichters seyn wird. Hr. Kolbe widmet hier, von Geßners sämmtlichem Kunstnachlasse umgeben, einige Jahre ausschliessend dieser schönen Arbeit, und hat zu diesem Aufenthalte wirklich von seinem Fürsten, dem erlauchten Beförderer alles schönen und Guten, gütige Erlaubniß erhalten. Die Blätter selbst erscheinen Heftweise, jedes Cahier zu vier großen Folioblättern in sauberm Umschlage, auf Subscription, die wir, so sehr wir auch des Beyfalls versichert seyn dürfen, wegen des beträchtlichen Kostenaufwandes dennoch wählen zu müssen benöthigt sind. . ."

Dieser Text aus dem *Neuen Attischen Museum* wird zugleich als Einladung zur Subskription verteilt, wieder in deutscher und französischer Sprache. Die erste Lieferung (1805) umfaßt die Blätter:

„I. Die Fischer. Gouaschgemälde aus dem Kabinette Salomon Geßners. [Kat. Nr. 181]
II. Der Brunn im Walde. Gouaschgemälde aus dem Kabinette Salomon Geßners. [Kat. Nr. 180]
III. Damon und Phyllis. Idylle. Laviszeichnung aus dem Kabinette Sr. Durchlaucht der Fürstin von Dessau. [verschollen]
IV. Chloe. Idylle. Laviszeichnung aus dem Kabinette Sr. Durchlaucht der Fürstin von Dessau." [verschollen]

In den insgesamt sechs Lieferungen (1805; 1806; 1806; 1807; 1809; 1811) werden aus Gessnerischem Besitz 16 Blätter berücksichtigt; diesbezügliche Angaben sind in den Literaturhinweisen zu den nachfolgenden Gemälden vermerkt. In der französischen Ausgabe tragen alle Radierungen einen Provenienznachweis und einen Titel, dessen Authentizität ungeklärt ist. Eine differenzierte Beschreibung der gesamten Mappe gibt Ulf Martens (1976). Seiner kritischen Würdigung schließen wir uns in ihren Grundzügen an: „Da die Kompositionen ja festlagen, mußte sich die eigene Leistung auf die Detailbehandlung und den Ton des Ganzen, die Atmosphäre, konzentrieren. Kolbe nutzt den engen Spielraum voll aus. Er hebt die Gessnerschen Darstellungen aus ihrer leichten Verschwommenheit, bestimmt und differenziert die Objekte neu, z. B. die Kräutervorgründe. Es entstehen keine abbildhaften Reproduktionen, sondern die Umsetzung der Gessnerschen Vorstellungswelt in die eigene und zeitgemäße Sprache. Das ‚Zeitgemäße' überwiegt freilich. Die Blätter besitzen ein wenig das Glatte und Glänzende, wie es das Publikum nach Kolbes eigenen Beobachtungen forderte ... Das Bewußtsein, mit der Erhaltung des Gessnerischen künstlerischen Nachlasses ein ehrenvolles, öffentliches Anliegen zu erfüllen, belastete Kolbes Arbeiten offensichtlich. Immerhin hatte das Unternehmen zur Folge, daß Kolbe in weiteren Kreisen bekannt wurde, nicht zuletzt wohl durch Carl Ludwig Fernows ausführliche und wohlwollend kritische Besprechungen der ersten Lieferungen der Radierungen im *Journal des Luxus und der Moden. . .*" (S. 30; weitere Rezensionen nachgewiesen bei Martens S. 120). Einen Mosaikstein in der Wirkungsgeschichte dieser Folge enthält Gottfried Kellers Zürcher Novelle *Der Landvogt von Greifensee,* wenn er von Gessner spricht: „Sowohl seine eigenen Radierungen als die von Zingg und Kolbe nach seinen Gemälden gestochenen Blätter werden in hundert Jahren erst recht eine gesuchte Ware in den Kupferstichkabinetten sein, während wir sie jetzt für wenige Batzen einander zuschleudern."

Vermutlich hätten dererlei Töne den Buchhändler Heinrich Gessner betrübt. Er starb 1814, ohne die Familie von ihrer Schuldenlast befreit haben zu können. Noch zu seinen Lebzeiten hatte man eine Versteigerung des Gessner-Nachlasses in Erwägung gezogen. Es war der Berner Sigmund von Wagner, auch vermutet als Verfasser der kleinen Broschüre über das *Gemählde-Cabinet,* der „den Anstoß zur Erwerbung des Gessner'schen Nachlasses auf dem von ihm proponirten Wege einer Aktiensubskription gegeben hat. Ein erster Schritt in dieser Richtung, von Heinrich Meister empfohlen und durch Martin Usteri im Februar 1812 in's Werk gesetzt, gerieth zwar in's Stocken; da aber die ökonomischen Verhältnisse der Gessner'schen Familie sich noch bedrohlicher gestalteten und neuerdings eine Auktion in's Auge gefaßt wurde, nahm a. Ratsherr Conr. Meiss im Oktober 1814 die Sache neuerdings an Hand und es gelang, 99 Aktien à 12 Louis d'or zu placiren, aus deren Ertrag (fl. 11,400) der Nachlaß, bestehend in 24 Gouachebildern, 2 Bänden Handzeichnungen und 2 Bänden Radirungen angekauft und der Stadt als Eigentum überlassen werden konnte. Wahrlich ein ehrendes Zeugniß für den Kunstsinn und die Pietät des damaligen Zürichs, das der Millionäre doch nur wenige enthielt! Aus dem Subskribenten-Verzeichniß sei erwähnt, daß sich neben den Zürcher Bürgern auch die Kaiserin von Rußland (durch Landammann Reinhard), der Erbprinz von Hessen-Darmstadt, der Fürst von Dietrichstein, die Akademische Kuratel von Bern und die Regierung des Kantons Waadt mit je einer Aktie betheiligten. Die Kunstgegenstände blieben bis zum Tode der Wittwe Gessner, der damit eine zarte Rücksicht bewiesen wurde, in ihrem Besitz und wurden dann (im November 1813 [richtig: 1818]) den frühern Beschlüssen gemäß der Künstlergesellschaft zur Aufbewahrung übergeben. Leider haben eine Anzahl der Gouache-Bilder durch Veränderung der Farben erhebliche Einbuße erlitten. Nach den Akten der Künstlergesellschaft." (Neujahrsblatt 1888, S. 42, Anm.)

Lit.: Salomon Gessners Briefwechsel mit seinem Sohne. Bern und Zürich 1801; Gessnerisches Gemählde-Cabinet. Zürich 1803; Heinrich Gessner: Salomon Geßners Gouaschgemälde und Laviszeichnungen, radiert durch C. W. Kolbe. In: Neues Attisches Museum. 1. Band. 3. Heft. Zürich 1805. S. I–VI; Gedenkblätter zur Stiftungsfeier der Zürcher Künstlergesellschaft 1787–1887. Zürich 1887; Neujahrsblatt der Künstlergesellschaft in Zürich für 1889. Aus dem Briefwechsel des Berner Kunstfreundes Sigmund v. Wagner mit David Hess. I. Theil 1803–1813. Hrsg. v. Friedrich Otto Pestalozzi. Zürich [1888]; Salomon Geßner. Vorbereitungen. In: Neue Zürcher Zeitung. Nr. 348. 23. Februar 1930; P. Leemann-van Elck: Judith Geßner, die Gattin des Idyllendichters und Malers Salomon Geßner. Zürich 1942; Regula Gruber (u. a): Das Salomon Gessner-Haus „Zum Schwanen" in Zürich. Zürich 1952; Johann Wolfgang Goethe. Wilhelm Tischbeins Idyllen. Hrsg. u. erläutert von Herbert Wolfgang Keiser. München 1970; Ulf Martens: Der Dichter und Radierer Carl Wilhelm Kolbe d. Ä. (1759–1835). (Phil. Diss. Univ. Hamburg 1968; überarbeiteter Teildruck). Berlin 1976.

174

Salomon Gessners Briefwechsel mit seinem Sohne.
Während dem Aufenthalte des Letztern in Dresden und Rom, in den Jahren 1784–85 und 1787–88.
Bern und Zürich bey H. Gessner. 1801.
ZB: Gal Sp 159a; HAB: Töpfer 97

Heinrich Gessner, der jüngere Sohn und Verleger, gab 1801 den Briefwechsel seines Bruders Conrad mit dem Vater heraus und zwar, getreu der väterlichen Tradition, gleichzeitig in zwei Ausgaben, die eine in Fraktur, die andere in Antiqua (diese enthält eine hübsche Ansicht von Gessners Haus im Sihlwald). In Paris erschien hierauf eine französische Ausgabe des Briefwechsels, seine Lektüre ist nicht nur aus biographischen Gründen aufschlußreich, sondern auch aus menschlichen und literarischen Gründen überaus vergnüglich und schön.
In der Vorrede schreibt Heinrich vom künstlerischen Nachlaß des Vaters und von den Plänen, die unvollendete Quartausgabe der *Schriften* zu ergänzen und herauszubringen (dieser Plan sollte niemals realisiert werden) sowie die wichtigsten Gouachen von einem geeigneten Künstler radieren zu lassen.
Ein sehr bedauerlicher Unstern hat über den Handschriften der Briefe gewaltet; nur von den wenigsten wissen wir, wohin sie gelangt sind: je einer befindet sich im Kunsthaus Zürich, in der Sammlung Martin Bodmer in Genf, im Goethe-Museum Düsseldorf. Diese Beispiele zeigen, wie sehr die Originale für den Druck gekürzt und verändert worden sind.
Noch in seinem letzten Schriftstück, das Gessner wenige Tage vor seinem Tod aufgesetzt hat, erweist er sich als rührend um das Wohl seines Sohnes bedachter Vater: es ist ein unveröffentlichter, in der British Library London erhaltener Entwurf eines Briefes an den Kardinal de Bernis in Rom.

175

Collection des tableaux en gouache et des dessins de Salomon Gessner. Gravés à l'eau forte par Guil. Kolbe.
Dédiée à Sa Majesté l' Impératrice Douairière de toutes les Russies. Zurich, à la librairie de Gessner. 1811. 25 Blatt in 2°
ZB: AZ 62; Privatbesitz Wolfenbüttel

Auf Einladung von Heinrich Gessner reiste im Jahre 1805 der Zeichner und Radierer Carl Wilhelm Kolbe d. Ä. (1759–1835) von Dessau nach Zürich, um den längst gehegten Plan, das Gessnerische „Cabinet" der Öffentlichkeit zugänglich zu machen, zu verwirklichen. Kolbe brachte bereits drei radierte Blätter nach Gemälden Gessners mit: *Le pêcheur, Chloé* und *Damon et Phillis,* die zwei letzteren hatte er nach Originalen im Besitz der Gessner-Verehrerin Amalie von Anhalt (1774–1846) in Dessau radiert. Kolbe brauchte nicht weniger als drei Jahre intensiver Arbeit, um 22 weitere Gouachen Gessners (vornehmlich aus dem „Cabinet") zu radieren, ehe er nach getaner Arbeit wieder nach Dessau zurückkehrte. Die Radierungen erschienen bis 1811 in einzelnen Mappen zu vier Blättern, die bis zum Erlöschen des Subskriptionspreises am 1. Januar 1806 5 Reichstaler kosteten, nach diesem Termin 1 Carolin. Die Subskription konnte in verschiedenen, genau bezeichneten Buchhandlungen der Schweiz, Deutschlands, Frankreichs und Österreichs sowie sogar in St. Petersburg erfolgen.
Der Verleger preist das Werk in seinem Subskriptionsprospekt mit folgenden Worten: „Was Salomon Geßners Idyllen dem Maler sind, eine Schazkammer von Gemälden, das sind seine Gemälde dem Dichter, ein Magazin der Poesie. Hier wandelt sich mit eben der Feinheit der Empfindung und der Naivetät des Ausdrucks, der Dichter jeden Augenblik in den Maler, und der Maler in den Dichter, und zaubert uns in jene idealische Dichterwelt, in jenes arkadische Elysium hinüber, in die der Dichter uns versezt."
Die Witwe, Judith Gessner, widmet das Werk, im Jahr vor Napoleons Russlandfeldzug, der Gattin des Zaren Alexander I.: „L'intérêt plein de grâces et de bienveillance dont Votre Majesté, lors de son voyage en Suisse, voulut bien honorer les talens de Salomon Gessner, avait laissé dans son ame une profonde impression de reconnaissance et de respect." Wenig später hat die Zarin durch einen Betrag mitgeholfen, daß Gessners künstlerischer Nachlaß in Zürich bleiben konnte.

176

Gessnerisches Gemählde-Cabinet, oder Beschreibung von zwanzig Gemälden von Salomon Gessner, welche in Zürich im Hause der Wittwe Gessner zu sehen sind.

Nebst einer Anzeige aller radierten Blätter von dieses Dichters und Künstlers eigener Hand. Von einem Freunde der Kunst und des Gessnerischen Hauses.
Zürich, 1803.
ZB: Bro. 8322

Einen Wegweiser durch die ständige Salomon Gessner-Ausstellung in seinem Wohnhaus an der Münstergasse 9 hat sein Sohn, 15 Jahre nach des Vaters Tod, herausgebracht. Verfasser, „ein Freund der Kunst und des Gessnerischen Hauses", ist vermutlich der Berner Sigmund von Wagner, der sich tatkräftig für die Familie und den künstlerischen Nachlaß Gessners eingesetzt hat. Ohne ihn wäre er wohl, ähnlich wie die Briefe und der literarische Nachlaß, in alle Winde verstreut worden. Bis zum Tod Judith Gessners konnten die Gouachen in ihrer Obhut bleiben; einige haben dann, „weil längere Zeit unter Glas und Rahmen aufgehängt, leider einen guten Theil ihres malerischen Reizes an den Sonnengott abgetreten", wie in den „Gedenkblättern zur Feier des 100jährigen Bestehens der Zürcherischen Künstlergesellschaft" 1887 festgestellt wurde.

Eine französische Ausgabe der kleinen Schrift, *Tableaux de Salomon Gessner* (o. O., o. D.), erschien wahrscheinlich 1804. In wesentlichen Teilen folgt sie der deutschen Ausgabe, nur fehlen auch hier schon die Beschreibungen der Gemälde 19 und 20, die in der Folge auch nicht als Bestandteil des „Cabinets" ins Kunsthaus gelangt sind. Ein handschriftliches Verzeichnis von 1841 nennt 24 Nummern, die man aus dem Nachlaß erhalten hatte (und heute alle im Kunsthaus vorhanden sind), von denen offenbar sechs der Beschreibung Wagners nicht gewürdigt worden waren. – Überdies enthält die französische Ausgabe ein Nachwort (S. 35–40) und einen ausführlichen „Catalogue des gravures à l'eau forte" (S. 43–70).

Inwiefern die Titel der Gemälde und ihre Ausdeutungen durch den Verfasser auf Gessner zurückgehen, ist im einzelnen nicht auszumachen. Die so überaus anschaulichen und lebendigen Schilderungen verdienen indessen, daß sie in vollem Umfang erstmals wieder veröffentlich werden und somit dem Betrachter der schönen Bilder zur Verfügung stehen.

Der Eindruck, den diese Gemälde auf das Publikum und besonders auf Kenner, machen werden, wird die Besitzerin derselben bestimmen, ob sie dem Wunsch einiger Freunde entsprechen soll, dieselben durch einen geschickten Künstler in Kupfer stehen zu lassen. Salomon Gessner schuf mit seinem Pinsel eine Zauberwelt wie mit seiner Feder. Was seine Idyllen dem Maler sind, eine Schatzkammer von Gemälden, das sind seine Gemählde dem Dichter, ein Magazin der Poesie. Claude und Poussin, Swanefeld und Wilson, Ruysdael und Dietrich haben herrliche Landschaften gemahlt; aber ungeachtet der Wahl der erhabensten und reitzendsten Gegenstände, ungeachtet alles Aufwandes der höchsten Kunst, bleibt der Bewunderer ihrer Meisterstücke dennoch immer in der wirklichen Welt. Gessnern allein war es vorbehalten, mit der einfachen Zusammensetzung einer Gruppe Bäume, einer Wasserquelle, einer moosbewachsenen Felswand und ein Paar Hirten uns in eine idealische Dichterwelt, in ein arkadisches Elysium hinüber zu zaubern.

Von dieser Seite, wo der Dichter jeden Augenblick in den Maler und der Maler in den Dichter sich verwandelt, dünkt mich, sollte Gessner vorzüglich betrachtet und beurtheilt werden. Sinn für Natur, ein fühlendes Herz, Leidenschaft für alles Schöne, und vor allem aus eine schöpferische Einbildungskraft erheben allein den Maler zum eigentlichen Künstler; Zeichnung, Composition, Ordonnanz, Beleuchtung, kühne Führung des Pinsels; ja selbst die magievollste Farbengebung sind nur die untergeordneten, die materiellen Fertigkeiten. Alles dieses mag ein Maler besitzen, und das Dichterfeuer der Einbildungskraft, dieser ächte Prometheusfunke fehlt ihm; so bringt alle seine Kunst nur todtes Händewerk, nur ein unbelebtes Pygmalionsbild hervor.

Gewiß dringt man nicht genug darauf, daß nur solche Jünglinge der Kunst gewiedmet werden sollen, denen die Natur durch die Aussteuer einer reichen Phantasie die Bahn ihrer Bestimmung vorgezeichnet hat; nur solche sollten die Altäre der Musen und Künste bedienen dürfen. Aber auch die glücklichste Einbildungskraft, wenn gleich unterstützt von allen mechanischen Fertigkeiten eines Rubens und eines Rembrand, reicht noch nicht hin, den wahren Künstler zu vollenden. Selbst diese reiche Phantasie muß noch gebildet, gezügelt und veredelt werden; dieses aber kann allein durch Erwerbung vielfacher und zweckmäßiger Kenntnisse, durch Ausbildung eines reinen Geschmacks, geschehen. Nur ein durch die genaueste Bekanntschaft mit der glänzenden Mythologie der Griechen, mit dieser und der Römer heroischen Geschichte, genährter, durch das fleißige Studium eines Homer, und Virgil, eines Anacréon und Theocrit, eines Ovid, Ariost und Wieland geschmückter, und durch die innigste Vertrautheit mit den Künstlern und Kunstwerken aller Zeiten geleiteter Geist, und hieraus entspringender zarter sicherer Geschmack, setzt den Künstler endlich in Stand allen den Forderungen ein Genüge zu leisten, welche heut zu Tage jeder Mensch von einiger Bildung berechtigt ist an den Mann zu thun, der mit seiner Kunst nicht bloß auf das Geld seiner Zeitgenossen, sondern auch auf das Lob derselben, und auf einen bleibenden Ruhm bey der Nachwelt Anspruch zu machen gedenkt.

Daß Gessner, in demjenigen Fache, das er gewählt hatte, mehr als irgend ein anderer vor ihm, diese Bedingungen zu erfüllen gesucht und erfüllt hat, wird keinem unbefangenen und wahren Kunstkenner entgehen, der das Glück hat, die Arbeiten, nicht nur seiner Nadel, sondern auch die seines Pinsels, bewundern zu können.

177

Die tanzenden Knaben. 1781

Gouache
35,7 x 27,8 cm
Bez. u. r.: „S. Gessner 1781".
Graphische Sammlung Kunsthaus Zürich (Depositum der Stadt Zürich)

Erstes Gemälde.

In einer Felsgrotte, in welcher Wasser in Silberfäden über Moos hinunter rieselt, tanzen zwey kleine Kinder, ein junges bockfüßiges Faunchen und ein kleiner nackter Hirtenknabe, nach der Musik einer Cymbel, die eine Schäferin, welche am Fußgestell einer Pansäule sitzt, mit zarten Fingern schlägt. Gegenüber der Cymbelspielerin sind ein zweytes Mädchen und ein Jüngling neben einem niedern würfelförmigen Altar, auf dem ein mit Trauben und andern Früchten beladenes Körbchen und ein schöner Weinkrug stehen, gelagert, und sehen, sich umarmend, dem Tanze der Kinder zu. Auswärts bekränzet den Eingang der Grotte eine Weinlaube in Form eines Schwibbogens; lange Ranken schweben und spielen lieblich von demselben herab, bewegt vom Hauche des Zephyrs.

Nr. 178

Ein kühlender Wasserfall, der über einen malerischen mit reichem Buschwerk bewachsenen Fels hinunter plätschert und am Fuße desselben zum Teiche wird, worin junge Bäume, Schilf und andere Wasserpflanzen neben einander hervorsprossen, bildet den reitzenden Hintergrund.
Die Beleuchtung dieses reitzenden Gemäldes ist vortreflich und vom glücklichsten Effekt. Das Licht fällt in schiefer Richtung in die dunkle Grotte und macht die kleinen Knaben und die Cymbelspielerin in heller Sonne glänzen.
Lit.: Cabinet 1; Radierung von W. Kolbe: *Danse de ieunes garçons;* Wölfflin S. 138; Leemann S. 315; Gradmann/Cetto S. 64, Abb. 46; Bernhard S. 202; Deuchler/Roethlisberger S. 118; Ausst. Zürich 1930 Kat. Nr. 769.

178 *Abbildung*

Die arkadische Musik. 1781
Gouache
36 x 28,3 cm
Bez. u. r.: „S. Gessner. 1781".
Graphische Sammlung Kunsthaus Zürich (Depositum der Stadt Zürich)

Zweytes Gemälde.

Im Schatten zweyer alten Eichen und einer mächtigen Buche, welche sich malerisch wölben, sitzen am Rande eines stillen und hellen Baches auf schönen mit Moos bekleideten Steinblöcken ein Mädchen, welches die doppelte Flöte bläst, und ein Jüngling, der die Saiten einer lydischen Leyer erklingen macht.
Ein zweytes Mädchen, gelehnt an einen mit purpurnen Trauben gefüllten Handkorb, hört der lieblichen ländlichen Musik aufmerksam zu.
In mehrern kleinen Fällen hüpfet eine silberne Quelle über Fels und Moos lieblich hinunter, und mischt ihr sanftes Gemurmel in die melodischen Töne der Schäfer.
Der Effek dieser Composition ist eben so glücklich und pikant als der der vorhergehenden. Die drey grossen Bäume, das Spiegelhelle im Wiederschein magisch-durchsichtige Wasser, die mit einem sammtnen Moosteppich geschmückten Felsblöcke sind in starke, nur hie und da durch Reflexe gemilderte, Schatten gehüllt; wie verstohlen drängt sich von hinten durch die wiegenden Zweige und über den Saum der tanzenden Silberwellen ein einziger Sonnenstrahl, und beglänzt streifend die schönen Formen der beyden Mädchen und des Apollo ähnlichen Jünglings.
Lit.: Cabinet 2; Radierung von W. Kolbe: *Le concert champetre;* H. Wölfflin S. 138; Leemann S. 313; Ausst. Zürich 1930 Kat. Nr. 766; Zürich 1935 Kat. Nr. 313, Zürich 1946 Kat. Nr. 96.

179

Die ländliche Brücke. 1787
Gouache
29,2 x 40,6 cm
Bez. u. l.: „S. Gessner. 1787."
Graphische Sammlung Kunsthaus Zürich (Depositum der Stadt Zürich)

Drittes Gemälde.

Mitten in der freundlichsten Landschaft wirft sich eine einfache von Balken und Brettern gebaute Brücke über die tanzenden Fälle eines Waldbachs. Zwey hohe Bäume, eine junge Eiche und eine silberstämmige Buche wölben sich am Eingange der Brücke zu einem Laubportal und schlingen ihre Äste wie Arme zweyer Liebenden in einander. Ueber die Brücke wandeln zwey junge Mädchen; sie gehen behutsam, und die eine weiset auf einen Jüngling hin, der halb versteckt, in der Vertiefung eines Felsens, auf moosigte Steine gelehnt, von hohen Waldpflanzen umgeben, schwermüthigen Gedanken nachzuhängen scheint. Ein naher grasreicher Hügel, mit Buschwerk und einigen schlanken Bäumen gekrönt, bildet den Hintergrund, und leichte silberne Morgenwolken durchziehen den noch dämmernden Himmel.
Lit.: Cabinet 3; Radierung von W. Kolbe: *Le pont rustique;* Leemann S. 314; Ausst. Zürich 1930 Kat. Nr. 794.

180 *Abbildung*

Der Brunn im Walde. 1787
Gouache
28,3 x 39,9 cm
Bez. u. M.: „S. Gessner. 1787."
Graphische Sammlung Kunsthaus Zürich (Depositum der Stadt Zürich)

Viertes Gemälde.

Am schattigen Eingang eines Hayns steht ein schöner antiker Brunnen: seine Säule ist geziert mit dem Marmor-Bilde eines jungen Hirten, der die Panflöte bläst. Zwey junge reitzende Mädchen lehnen

Variante zu Nr. 180. Privatbesitz

Nr. 182

sich an das geräumige ovalförmige Wasserbecken, schwatzen vertraulich, und halten die schönen Gefässe worin sie das Wasser nach Hause tragen wollen, auf dem Rand der Brunnenschale nachläßig in den Armen. Dem Brunnen gegenüber auf der rechten Seite des Gemäldes sieht man eine steinerne Ruhebank an den Fuß schlanker Eichenstämme hingesetzt. Ein Rosengebüsch wirft seine Zweige und Blumen über die halbbeschattete Bank, Kürbisse ranken neben derselben malerisch über den grasreichen Boden. Mittelgrund und Ferne bilden ein stiller Fluß, worin Knaben nach Fischen angeln, eine Brücke und die Gebäude einer reitzenden Villa, welche freundlich aus Gruppen hoher Cypressen und Pinien hervorblinken.
Ein Himmel vom hellsten Azur, durch welchen goldne Abendwölkgen schwimmen, malt das herrliche Clima Italiens oder Griechenlands.
Lit.: Cabinet 4; Radierung von W. Kolbe: *La fontaine dans le bois;* Leemann S. 313; Ausst. Zürich 1930 Kat. Nr. 789.

181

Die Fischer. 1787
Gouache
27,4 x 39,3 cm
Bez.: „S. Gessner 1787."
Graphische Sammlung Kunsthaus Zürich (Depositum der Stadt Zürich)

Fünftes Gemälde.

Am Rand eines klaren Baches, der in einiger Entfernung über die malerischen Stuffen einer natürlichen Felsengruppe hinunterhüpft, steht ein junger Mann und wirft die lange Schnur seiner Fischerruthe in den sanft bewegten Wellenspiegel. Nahe bey ihm sitzt sein reitzendes Weib und sein kleiner Knabe, und sehen den herbeyeilenden Fischen lauschend zu.
Am Fuß zweyer schönen Eichen, die den Vorgrund schmücken, wimmelt eine ganze Welt üppiger Wald- und Wasserpflanzen. Das liebliche Windekraut schlängelt sich über Dornranken an die untern Äste der Bäume hinauf. Farrenkraut und goldne Honigblumen erheben sich stolz aus dem Volk niedrer Gräser.
Durch die Perspective eines schattigen Waldes zeigt sich in einiger Entfernung ein steinernes, einfaches Portal, der Ein- oder Ausgang eines ländlichen Parks. Cypressen und andere in Reihen gesetzte Bäume lassen den Hayn eines Göttertempels vermuthen.
Ein purpurner Abendhimmel glimmt durch die dunkeln Bäume und vollendet die melancholische Beleuchtung und zauberische Haltung des Gemäldes.
Lit.: Cabinet 5; Radierung von W. Kolbe: *Le pêcheur;* Leemann S. 313 „Der Fischer"; Ausst. Zürich 1930 Kat. Nr. 788 „Der Angler"; Zürich 1946 Kat. Nr. 102.

182 *Abbildung*

Die Apfellese. 1788
Gouache
28,2 x 39,2 cm
Bez. u. r.: „S. Gessner. 1788".
Graphische Sammlung Kunsthaus Zürich (Depositum der Stadt Zürich)

Sechstes Gemälde

Am Fuß eines alten mächtigen Apfelbaums sitzt eine junge arkadische Mutter in hohem Gras, und hält einem, in ihrem Schoose sich schaukelnden, Knaben einen Apfel hin, nach welchem der Kleine seine beyden Ärmchen in die Höhe hebt. Hinter diesen lehnt ein Jüngling sich an den grauen moosigten Stamm des Baumes, und bläst die Panflöte. Ein holdes Mädchen steht ihm zur Seite oder schmiegt sich vielmehr an ihn und hört seinem Spiele mit zärtlicher Aufmerksamkeit zu. Ein zweytes Mächen mit einem Fruchtkorbe am Arm, sammelt Aepfel von den untersten Aesten des hundertjährigen Baumes.
Den geheimen Platz schließt ringsrum ein Wald ein, aus dessen Dunkel ein Bach durch Schilf und morsche Weidenstöcke daher gleitet. Am Ufer desselben ruhet eine kleine Heerde Schaafe im üppigen Grase; über derselben blickt schauerlich die schwarze Nacht des Waldes zwischen den gräulichten Stämmen hervor. Die Kronen der Bäume erheben sich stolz in den tief blauen Äther, welchen nur seltene Wölkgen durchstreifen.
Lit.: Cabinet 6; Radierung von W. Kolbe: *La recolte des pommes;* H. Wölfflin S. 140; Leemann S. 314; Ausst. Zürich 1930 Kat. Nr. 796; Zürich 1939 Kat. Nr. 148; Zürich 1952.

Nr. 187 Der Wunsch

183

Die Träumerin. 1780

Gouache
28,7 x 40,3 cm
Bez. u. r.: „S. Gessner. 1780."
Graphische Sammlung Kunsthaus Zürich (Depositum der Stadt Zürich)

Siebentes Gemälde

Auf den überhängenden Stamm einer morschen, bemoosten und von einem malerischen Gewebe von Hopfen und Epheu umschlungenen Weide lehnt sich ein in Tiefsinn versunkenes Mädchen. Ein leichtes Gewand, das nur wenige der schönen Formen des jugendlichen Leibes verhüllt, läßt vermuthen, das Mädchen sey so eben dem Bad und der nahen Quelle entstiegen.
Ach sie konnte nicht, die schmeichelnde Flut, mit der Glut des wallenden Busens auch die Glut des liebenden Herzens erfrischen.
Über den Rücken der Felswand, von der in regellosen Sätzen die Quelle hinunter tanzt, zieht sich ein Kranz von allerhand Gebüschen und Bäumen. Ein Teppich von herrlichen Blumen und Kräutern schmückt den Vorgrund.
Lit.: Cabinet 7; Radierung von W. Kolbe: *La réveuse;* Leemann S. 314; Ausst. Zürich 1930 Kat. Nr. 762; Zürich 1952.

184

Die Straße zum Apollotempel. [1787]

Gouache
28,7 x 39,5 cm
Bez.: r.: „S. Gessner 17 . . ."
Graphische Sammlung Kunsthaus Zürich (Depositum der Stadt Zürich)

Achtes Gemälde

Eine breite Strasse auf der mehrere Reisende, mit Blumenkörben beladen, und mit Opferthieren begleitet, Gruppenweise wallen, führt zu einem auf dem Gipfel eines Hügels stehenden runden und mit vierzehn dorischen Säulen gezierten Tempel. Zur Rechten der Strasse, hundert Schritte, ehe man den Tempel erreicht, steht ein einfaches, steinernes Monument, ein Basrelief schmückt dasselbe, opfernde Nymphen sind der Gegenstand der künstlichen Arbeit.
Durch die in leichte schwimmende Nebel gehüllte Ferne, und durch die tiefere Landschaft schlängelt sich in lieblichen Windungen ein breiter Fluß. Hie und da umfasst derselbe buschigte Eilande mit seinen silbernen Armen.
Schöne in spielenden Farben schimmernde Berge erheben sich in sanften Abstuffungen zu beyden Seiten des Stromes.
Ein herrliches Wolkengebäude wird von der aufgehenden Sonne in zarten Rosenduft getaucht; der Abglanz desselben streut Feyerlichkeit in jeden Theil der erhabenen Landschaft.
Lit.: Cabinet 8; Leemann S. 316, Abb. Taf. 16; Roskamp S. 14–15; Fromer S. 36; Ausst. Zürich 1930 Kat. Nr. 795; Zürich 1946 Kat. Nr. 104; Zürich 1951.

185 *Abbildung*

Die Felswand. 1784

Gouache
27,8 x 38,7 cm
Bez. u. l.: „S. Gessner. 1784".
Graphische Sammlung Kunsthaus Zürich (Depositum der Stadt Zürich)

Nr. 185

Neuntes Gemälde

Über eine in schöne Parthieen und Massen geborstene Felswand stürzen zwey reiche Caskaden, in höhern und niedern Fällen plätschernd; und in Wolken von Silberstaub sich auflösend hinunter. Vielfärbigtes Moos, lockere, größere und kleinere Steine und schwebende Sträucher kleiden und zieren hie und da die amphitheatralische Felsmauer. An ihrem Fuße sammelt sich das vielfach getheilte Wasser wieder in einem breiten Strom. Jünglinge, die sich hinter dem schattigen Vorsprung eines nahen und mit schönen Baumen gekrönten Hügels entkleidet haben, werfen sich in die hüpfenden Wellen, und suchen darin Schutz vor der Hitze des Tages.
Über das waldigte Haupt der in voller Sonne prangenden Felswand blicken die Gipfel eines fernen Himmelhohen Gebirgs hervor. Gewitterwolken scheinen sich um dieselben zu sammeln.
Dieses Gemälde ist mit besondrer Geschicklichkeit von Farbenspielung, Wiederscheinen und gebrochenen Tönen und mit einer Klarheit gemalt, die wenig erreicht werden.
Lit.: Cabinet 9; Leemann S. 315, Abb. Taf. 14; Ausst. Zürich 1930 Kat. Nr. 777; Zürich 1939 Kat. Nr. 142; Zürich 1946 Kat. Nr. 99, Abb. Taf. 15; Zürich 1951; Zürich 1952.

186

Der Wald. 1784

Gouache
29,1 x 40,6 cm
Bez. u. l.: „S. Gessner. 1784".
Graphische Sammlung Kunsthaus Zürich (Depositum der Stadt Zürich)

Zehntes Gemälde.

Am Rande eines stillen, nur mit ein Paar kleinen Silberwellen schillernden Baches, über dem eine ländliche Brücke von ungezimmerten Baumstämmen liegt, stehen im Vorgrunde der Landschaft ein Paar junge Buchen, umwunden von Epheu und Windekraut, die um die schlanken weißen Stämme hinaufsteigen, und dann wieder in Kränzen und Bändern von den malerisch geworfenen Ästen hinunter wiegen. Ein vermoderter, am Fuße mit Schilf und auf dem zweigleeren Haupt mit Moos bewachsener Weidenstamm, steht einsam und gebückt neben den schlanken Buchen, wie ein Greis neben

Jünglingen. Nahe bey der Brücke, am Wege, der tiefer in den Wald führt, sitzt im Schatten des üppigen Laubwerks ein Hirtenknabe. Sich selbst behorchend bläst er, noch unerfahren, die selbst geschnittene Flöte; ruhende Schaafe liegen zu seinen Füßen, und ein weisser Ziegenbock rauft Laubzweige vom Sandborde des Hohlweges herab.
Nicht tief hinter dem Knaben, auf dem Rücken eines sanften Hügels, über den ein schlängelnder Fußpfad führt, erhebt sich ein leichter Wald von schönen Bäumen als Mittel- und Hintergrund des Gemäldes. Blätterreiche Äste in Abendschatten gehüllt, bilden daselbst mit den im niedern Sonnenstrahle glühenden Baumstämmen einen schönen Contrast. Über dem sammetnen Hügel liegen goldne Streiflichter im dunkelnden Grase.
Diese Landschaft, die eine Parthie des Sihlwaldes vorstellt, wo die Gessnerische Familie mehrere Jahre den Sommer zubrachte, hatte Salomon Gessner seinem Sohne Conrad nach Dresden, wo dieser die Mahlerey studirte, übersandt. Beym Anblick derselben ergriff den jungen Schweitzer, das jedem wahren Schweitzer im Auslande nicht unbekannte Heimweh. (Siehe S. Gessners *Briefwechsel mit seinem Sohne. Seite 91.)* Das Gemälde begleitete von da an den jungen Künstler auf allen seinen Reisen, im schönen Italien, in Rom, mitten im Schoos der herrlichsten Villen, fiel oft sein Blick auf dasselbe und er seufzte nach seinen Vaterlande.
Lit.: Cabinet 10; Radierung von W. Kolbe: *Le bois;* Leemann S. 315; Ausst. Zürich 1930 Kat. Nr. 775; Zürich 1951.

187 *Farbtafel*

Der Wunsch oder die poetische Einsiedeley.1786
Gouache
27,7 x 38,6 cm
Bez. u. l.: „S. Gessner. 1786".
Graphische Sammlung Kunsthaus Zürich (Depositum der Stadt Zürich)

Eilftes Gemälde.

Jedermann wird diese Composition Gessners für das getreue Bild einer wirklichen Landschaft ansehen; so wahr und natürlich ist das Ganze gedacht, ungeachtet alles dichterischen Reitzes, der darüber ausgegossen ist.
Unter hohen und schönen Bäumen steht ein niedliches, einfaches Wohnhäuschen; die Hütte eines helvetischen Philemon und Baucis in den ersten Jahren ihrer glücklichen Liebe.
Als Zugang zur lieblichen Einsiedeley dient eine kleine hölzerne Brücke, über welche ein Bogen von Geißblatt als ländliches Garten-Portal sich wölbte. Jasmin und Lila und Holunder und Rosengebüsche durchflechten ein niederes Geländer, das auf beyden Seiten des Laubbogens, längs einem klaren Bache, sich hinzieht. Die Blumen hängen über den Bach und spiegeln sich im vorbeyfliessenden Silber. Ein Gartenhäuschen, dessen Dach aus wilder Rebe geflochten ist, und dessen Thür und Fenster zum Theil offen stehen, ist nur wenige Schritte vom Wohnhause entlegen. Es bildet eine kleine Landspitze, um welche herum der Blumenbach sich windet, und hinter demselben in hohem Schilf, Weiden und dunkeln Laubschatten dem Auge sich entzieht. Diesseits des Baches, im Vorgrund, weiden junge weiße und buntgefleckte Kühe unter hohen Eichen im üppigen Grase. Nahe dabey kehrt ein junges, hübsches Weibchen vom Felde zurück. Sie trägt einen Korb voll Gemüse und führt an der Hand einen blondköpfigten Knaben. Sorgsam zieht derselbe einen kleinen, hoch mit Heu beladenen Wagen hinter sich nach. Vom Hause her läuft über die Brücke der lieben Mutter ein niedliches Mädchen entgegen. Gänse und Endten erschrecken von der ungestümen Läuferin, und stürzen in schnatterndem Gewühl von der Brücke ins Wasser.
Goldne Kornfelder, die einem schlängelnden Silberbache entlang, sich hinziehen, ein kleines Dorf, dessen Dächer aus Gruppen von Bäumen hervorblicken, und ein blauer Berg dienen dem reitzenden Bilde zur Ferne.
Ein heiterer Abendhimmel, durch den purpurne Wölkgen auf den Flügeln des Zephyrs getragen werden, vollendet die Dichtung, und jedermann wird sich eine solche Einsiedeley zum Aufenthalte wünschen.
Lit.: Cabinet 11; Radierung von W. Kolbe: *Le Souhait ou la solitude poetique;* H. Wölfflin S. 140; Leemann S. 314, Abb. Taf. 15; Bernhard S. 225; Fromer S. 38; Ausst. Zürich 1930 Kat. Nr. 786; Zürich 1939 Kat. Nr. 145; Zürich 1946 Kat. Nr. 101, Abb. Taf. 16; Zürich 1952.

188

Leda. 1779
Gouache
29,5 x 20,4 cm
Bez. u. r.: „S. Gessner 1779."
Graphische Sammlung Kunsthaus Zürich (Depositum der Stadt Zürich)

Zwölftes Gemälde.

Ein junges, schönes, nur wenig in ein durchsichtiges Gewand gehülltes Mädchen sucht verschämt und erröthend den ungestümen Liebkosungen eines Schwans sich zu entziehen; schon ist die Nymphengestalt beynahe ganz dem Bade entstiegen; aber ein steiler Fels mit rankendem Gebüsche bekrönt, hindert die weitere Flucht. Der Schwan von zwey schwimmenden Liebesgöttern geführt, drängt sich näher an die blendenden Formen, wohllüstig windet sich sein Hals über die runden Knie hinauf. Sein Aug glimmt von heissem Liebesfeuer, und die wogenden Fittige umfangen die zarten Füße des Mädchens.
Eine kleine Quelle rieselt leise murmelnd hinter dem Felsen und dunkeln Gebüsch hervor.
Die bunten Flügel der Liebesgötter, ihre goldnen Pfeile, die blauen hüpfenden Wellen, der Schnee des Schwans, die rosigten Glieder des Mädchens, der dunkle Fels und seine überhängende Krone von Laubwerk bilden ein Farbengemisch, dessen Harmonie und Zauber ein andrer Gegenstand als das Bad einer Leda nicht leicht würde vereinigen können.
Lit.: Cabinet 12; Leemann S. 315; Ausst. Zürich 1930 Kat. Nr. 757.

189

Pomona. [1779]
Gouache
29,5 x 20,3 cm
Bez. u. r. im Tamburin: „S. Gessner"
Graphische Sammlung Kunsthaus Zürich (Depositum der Stadt Zürich)

Dreyzehntes Gemälde.

Von einem blauen Gewande nachläßig umflossen, lehnt sich ein schönes Weib an den Stamm eines Apfelbaumes. Die runden Arme langen, lieblich sich hebend, nach den hesperischen Früchten, die golden von den schönen Ästen des Baumes herunterhängen. Drey kleine Faunen sind zu den Füssen der Göttin gelagert. Der eine ißt Trauben aus einem schön geflochtenen Korbe; der zweyte neckt muthwillig einen alten Ziegenbock, der neben ihm im hohen Grase ruht; der dritte versucht, an die schöne Göttin sich schmiegend, den Baum zu erklimmen.

Eine Cymbel und Flöte liegen auf dem Kräuterreichen Boden; Waldgesträuch wallet malerisch über denselben hin, und bildet, an Felsen sich hinaufziehend, den Hintergrund des Bildes.
Lit.: Cabinet 13; Leemann S. 315; Ausst. Zürich 1930 Kat. Nr. 758.

190

Der arkadische Brunnen. 1781
Gouache
36,1 x 29,3 cm
Bez. u. r.: „S. Gessner. 1787".
Graphische Sammlung Kunsthaus Zürich (Depositum der Stadt Zürich)

Vierzehntes Gemälde.

Unten an einem Fels, auf dessen Zinne eine schwebende Gartenlaube gebaut ist, wo ein Mädchen Blumen in Töpfen wartet, steht ein antiker Brunnen.
Über der Fontäne liegt, in einer Nische, das marmorne Bild einer Wassernymphe, gelehnt auf die unterstützende Urne. Hinter einer grünen Vergitterung von wilder Rebe Geißblatt und Epheu, scheint die Halbgöttin zwey Mädchen und einen Jüngling zu belauschen, die unten an der Schaale des Brunnens vertraulich miteinander schwatzen.
Zur Rechten des Felsen führt eine sich windende Treppe zu der schwebenden Gartenlaube. Durch das Portal, das zu oberst an der Treppe steht, und derselben zum Ausgang dienet, zeigt sich ein lieblich von der Sonne beleuchtetes Geländer, junge Bäume und Blumen blicken durch das Gitter der Stakete über dasselbe hinauf.
Nichts kann magischer seyn, als die Beleuchtung dieser einfachen Scene. Ein einziger aus getheilten Gewölke des Himmels hervordringender Sonnenstrahl fällt auf die malerische Fontäne und die drey stehenden Figuren. Das Licht ist blendend, und die Schlagschatten der schwebenden Ranken und des geschnittenen Mauerwerks nett und bestimmt. Alles Übrige ist mit Dunkel bedeckt. Durch diese wohlverstandene Lichtökonomie erhält das Bild jenen Zauber, den eine, nach einem Sommerregen frisch in der Sonne glänzende, Blumenwiese dem Auge darbietet.
Lit.: Cabinet 14; Radierung von W. Kolbe: *La fontaine en Arcadie;* Leemann S. 313; Ausst. Zürich 1930 Kat. Nr. 768; Zürich 1946 Kat. Nr. 98.

191

Das Bad. 1781
Gouache
35 x 28 cm
Bez.: „S. Gessner. 1781"
Graphische Sammlung Kunsthaus Zürich (Depositum der Stadt Zürich)

Fünfzehntes Gemälde.

In der Höhle eines schönen amphitheatralischen Felsens, den reiches Moos, Ranken üppigen Strauchwerks und junge Bäume malerisch zieren, steht auf einem einfachen Stein das weisse marmorne Bild einer Wassergöttin. Ihre Stellung ist die einer Nymphe, die dem Bade entstiegen, die wallenden Haare zu flechten beschäftigt ist. Silberfäden von einer durch das vielfarbige Moos rinnenden Quelle fallen auswärts über die dunkele Nische herab, und dienen der entkleideten Göttin zum zarten Schleyer. Im Spiegel des Wassers, das den Fuß des Felsens und die Grotte bespühlt, entstehen vom Fallen der Tropfen sanft sich ausbreitende Wellenringe. Zur

Nr. 192

Rechten der Höhle läßt ein hoher, von der Natur in den Felsen gesprengter Bogen in einen jungen Eichenhain sehen. Die Stämme und die Laubparthieen der Bäume glühen daselbst in der goldenen Abendsonne. Ein reitzendes Mädchen hat ihr Gewand im einsamen Haine abgelegt; schüchtern tritt sie, wie die junge Aphrodite, durch den hohen Felsbogen in's kristallene Bad. Nur wenige durch den blauen Äther schwimmende Rosenwölkchen sind die Zeugen der geheimen Scene.
Lit.: Cabinet 15; Radierung von W. Kolbe: *Le bain grec;* Gedenkbuch Abb. nach Titelblatt; Bernhard S. 191; Ausst. Zürich 1930 Kat. Nr. 767; Zürich 1946 Kat. Nr. 97.

192 *Abbildung*

Das Bad
Öl auf Holz
37,8 x 29,4 cm
Nicht bezeichnet.
Privatbesitz Zürich.
Ausführung von Nr. 191 in Öl.

193 *Farbtafel*

Die Waldquelle. 1786.
Gouache
37,8 x 27,7 cm
Bez. u. r.: „S. Gessner. 1786".
Graphische Sammlung Kunsthaus Zürich (Depositum der Stadt Zürich)

Sechszehntes Gemälde.

In der verborgenen Stelle eines Waldes sitzen, bey der murmelnden Quelle eines klaren Bachs, zwey junge Mädchen. Geschützt von den Schatten der Bäume gegen die Strahlen der Mittagssonne und vor den Blicken des lauschenden Jünglings, haben sie ihr Gewand abgelegt, und schon erfrischen sich die runden niedlichen Füsse in der durchsichtigen Welle, die schmeichelnd an die jugendlichen Glieder hinaufhüpft. Aufgefordert von der einsamen Stille und dem zur Vertraulichkeit einladenden Bade, erzählen sie einander die Geheimnisse ihrer Liebe.
Frischheit und gebrochene Farbentöne kühler Schatten machen den Charakter dieses kleinen lieblichen Gemäldes.
Lit.: Cabinet 16; Leemann S. 314 (andere Version); Ausst. Zürich 1930 Kat. Nr. 785; Zürich 1939 Kat. Nr. 144; Zürich 1946 Kat. Nr. 100. Das beschriebene Bild scheint eine Variante der vorhandenen Gouache zu sein.

194

Das ländliche Fest. 1775
Aquarell
31 x 45,2 cm
Bez. u. r.: „S. Gessner. 1775"
Graphische Sammlung Kunsthaus Zürich (Depositum der Stadt Zürich)

Siebenzehntes Gemälde.
(Eine Lavis-Zeichnung)

Vor dem Eingangsportale eines schattigen Parks sitzen, unter einer Laube von Geisblatt und Rosen, ein griechisch geschmücktes Mädchen und ein schöner Jüngling, welcher die Zither schlägt. Vor diese hin stellt ein goldlockiger Knabe Früchte, Wein und künstlich gearbeitete Becher auf das ovalförmige Blatt eines antiken Tisches. – Zur Linken des Gemäldes, der Gartenlaube gegenüber, am Ufer eines stillgleitenden Flusses, entsteigen zwey andere Mädchen und ein Jüngling einem kleinen Nachen. Das leichte Schiffchen ist geziert von der weissen Leinwand eines sanft geblähten Segels und dem flatternden Bande eines blaufarbigen Wimpels. Froh wollen die Jünglinge und die Mädchen den schönen Tag bey den Bechern der Rosenlaube oder im Dunkel der hohen Eichen des Parkes geniessen. Am jenseitigen Ufer des Flusses zeigt sich, umgeben von einem Lustwäldchen, ein Tempel von weissen Marmorsäulen. Eine Blandusische Quelle sprudelt neben demselben in den langsam vorbeyfliessenden Strom. Hoch über das Lustwäldchen erhebt sich in der Ferne ein blaues Gebürge.

Nr. 195

Nr. 196

Lit.: Cabinet 17; Radierung von W. Kolbe: *La fête champêtre;* dazu Pendant *Die Wasserfahrt* (Kat. Nr. 195); H. Wölfflin S. 137; Leemann S. 315; Ausst. Zürich 1930 Kat. Nr. 739.

195

Die Wasserfahrt. 1775 *Abbildung*
Aquarell
26,7 x 41 cm
Bez. u. r.: „S. Gessner. 1775."
Graphische Sammlung Kunsthaus Zürich (Depositum der Stadt Zürich)

Achtzehntes Gemälde
(Eine Lavis-Zeichnung, das Gegenstück des Vorigen).

Ein sanfter Peneischer Fluß windet sich um die Ecke der Gartenmauer einer schönen Villa. Drey Jünglinge sitzen in einem mit Schnitzwerk kostbar gezierten Schiffe. Die Gondel gleitet unter dem Bogengang einer Reblaube, welche auf Pfählen sich aus dem Wasser erhebt und malerisch über die Gartenmauer sich wölbt. Zitterndes Licht spielt durch den langen perspectivischen Laubgang, und schwebende Schatten von Weinranken bewegen sich an der Mauer und auf den Wellen des Flusses. Der eine der Jünglinge bläst die Flöte, der andere hält im Arme eine goldne Leyer, und entlockt derselben schmelzende Töne, und beyde machen den dritten durch ihr liebliches Spiel das Ruder und seine Arbeit vergessen.

Blumengefässe mit Myrthen, Lilas und Rosen stehen auf dem Gesimse der Gartenmauer, sie streuen den Balsam ihrer Blumen weit und breit in die zephyrischen Lüfte. Über die Blumentöpfe heraus blicken aus dem Hintergrunde des Gartens die weissen dorischen Säulen eines marmornen Wohnhauses, dem Sommer-Aufenthalte eines Aristipp's, den es gelüstet, zur Abwechslung einige Monate im Schoose ländlicher Unschuld und Einfalt zu leben.
Gruppen von hohen reichbelaubten Eichen stehen zu beyden Seiten im Vordergrund des reitzenden Gemäldes. Zwey Mädchen sitzen am Fuße der schönen Bäume, am Ufer des spiegelhellen Flusses.
Eine kleine Schäferey endigt zur Linken die idealische Landschaft. Vor der leichten Umzäunung irren weidende Schaafe herum. Der schönste Abendhimmel vollendet das herrliche Ganze.
Lit.: Cabinet 18; Radierung von W. Kolbe: *La promenade sur l'eau;* dazu Pendant *Das ländliche Fest* (Kat. Nr. 194); H. Wölfflin S. 136–137, Abb. nach Rad. W. Kolbe; Leemann S. 315; Ausst. Zürich 1930 Kat. Nr. 740; Zürich 1939 Kat. Nr. 132.

196

Die Grotte. 1768 *Abbildung*
Gouache
52 x 38,5 cm
Bez. u. l.: „S. Gessner. 1768."
ZB Graphische Sammlung, Legat Emil Gessner, Richelshausen 1907, Inv. Nr. 227

Neunzehntes Gemälde

Aus der Grotte eines malerischen, oben mit Bäumen und Buschwerk bewachsenen Felsen, geht eine Heerde Ziegen und Schaafe hervor und steigt gegen eine Tiefe hinauf, in welche ein schöner Wasserfall durch ein wildes Bett sich hinunterstürzt. Ein Schäfer mit seinem Hunde führt die Heerde, ein Mädchen und ein flötender Hirt folgen derselben nach. Im Mittelgrund der Gegend wölbt sich eine steinerne Brücke von einem einzigen Schwibbogen über den Fluß. Hinter demselben erhebt sich in der Ferne sanft ein Hügel, hinter dessen Abhang ein ländlicher Kirchturm hervorblickt. Ein niederer blauer Berg schließt den Horizont.
Die Beleuchtung der Zeichnung ist von grosser Wirkung. Der ganze Fels mit seiner Waldkrone steht im Schatten; nur ein einziger Lichtstrahl streift schief an demselben gegen die Grotte hin, und vermehrt auf diese Weise das Dunkel derselben; vorher gleitete dieser gleiche Sonnenblick über den Saum des Wassersturzes und den Rand der daraus hervorsteigenden Felsspitzen. Schöne grosse Wolken thürmen sich in dem, nur gegen den Horizont hellen und etwas purpurnen, Abendhimmel.
Lit.: Cabinet 19; Leemann S. 321 „Arkadische Landschaft mit Hirten"; Ausst. Zürich 1930 Kat. Nr. 711. – Die Bildbeschreibung trifft genau auf das in der ZB vorhandene Gemälde zu, das offenbar, zusammen mit der folgenden Nummer (Kat. 197), nicht ins Kunsthaus gelangt ist, sondern zunächst in Privatbesitz verblieben ist, vgl. die Provenienz des Gemäldes. Denkbar ist natürlich auch, daß in Gessners Cabinet noch eine weitere, spätere Fassung vorhanden war, die heute verschollen ist; die vorliegende in der ZB wäre ohnehin mit Abstand die früheste innerhalb des Cabinets.

197

Die Wildnis
Original des Bildes nicht zu ermitteln.

Zwanzigstes Gemälde.

Am Ausgang eines Waldes sitzen auf dem über einen stillen Bach hängenden alten Weidenstock ein Jüngling, der die Flöte bläst, und ein Mädchen, welches mit dem Angel fischt.
Eine wilde Gegend, wo Ruinen grosser alter Gebäude den Gipfel einer Felswand krönen, über welche ein Wasser hinunter stürzt, bildet die Ferne.
Die Bäume des Vorgrunds sind frey und characteristisch behandelt; in grossen Massen die Eichparthieen, und leicht und schwebend die kleinern Geräusche.
Die ganze Landschaft hat so etwas Wahres, daß man glaubt, auf seinen Spatziergängen hundertmal dahin gekommen zu seyn.
Lit.: Cabinet 20.

Salomon Gessner als „Porzelliner"

Rudolf Schnyder

In der Erinnerung an die künstlerische Sendung Salomon Gessners nimmt seine Teilnahme am Unternehmen der 1763 von Zürich aus in Kilchberg-Schooren gegründeten Porzellanmanufaktur verhältnismäßig kleinen Raum ein. Gessner ist als Dichter, Maler, Radierer und Zeichner weit bekannter geworden denn als Porzelliner.Und doch –, wenn wir heute in Zürich Gessner nachfragen, uns nach einem Ort umsehen, wo wir ihm und seinem Wirken öffentlich begegnen können, dann bieten hierzu die Erzeugnisse seiner Porzellanfabrik in der im Zunfthaus zur Meisen gezeigten, ständigen Ausstellung des Schweizerischen Landesmuseums die leichteste und liebenswürdigste Gelegenheit. Es gibt gewiß keinen zweiten Schweizer Dichter, der ein gleich heiteres Denkmal hätte, ganz aus der Welt gebildet, die seine war, und gleich viel besucht. In Würdigung seiner Verdienste um das Werk des Zürcher Porzellans hängen dort die Bilder von ihm und Frau Judith über der Ausstellung, vom Freund Anton Graff so lebendig und sprechend gemalt, daß man spürt: dieses liebenswürdige Paar erhebt schalkhaft gewissen Anspruch, hier Gastgeber spielen zu dürfen.

Mit welchem Recht kann Salomon Gessner solchen Anspruch erheben? Gewiß als Meisen-Zünfter, als welcher er seit 1767 im Kleinen Rat der Stadt saß [1]. Inwiefern aber im Hinblick auf die Schöpfung des Zürcher Porzellans?

Wenn wir die Akten zur Gründung der Porzellanfabrik in Kilchberg-Schooren durchblättern, dann suchen wir vergebens nach seinem Namen. Doch erscheint dieser in einem an den Zürcher Rat gerichteten Bittschreiben um Bewilligung einer Porzellanlotterie im Jahr 1773 an oberster Stelle [2]. Und die Urkunde zur Liquidation der Manufaktur vom 31. 12. 1791 nennt unter den Beteiligten, die für die entstandenen, großen Verluste aufzukommen hatten, als erste Herrn Ratsherrn Salomon Gessners sel. Erben [3]. Daraus darf nun freilich nicht geschlossen werden, daß der Dichter die wichtigste Person des Unternehmens war. Er erscheint hier auf vorderstem Platz nur deshalb, weil er von allen in den entsprechenden Dokumenten aufgeführten Herren derjenige war, der schon am längsten die Würde eines Ratsherrn bekleidet hatte. Die andern, nach ihm genannten, standen 1791 mit wesentlich höheren Schulden zu Buch.

Daß Salomon Gessner nicht die treibende unternehmerische Kraft war, der wir die Gründung der Zürcher Porzellanmanufaktur verdanken, belegen die Prozeßakten zum Konkurs der Fabrik 1791 [4]. Das Prozeßprotokoll hält fest, daß Hans Konrad Heidegger „die wahre und einzige Ursache gewesen sei, daß dieses Etablissement überhaupt zustande gekommen sei". Als Heidegger 1768 zum Bürgermeister der Stadt Zürich gewählt wurde, mußte er sich von seinen privaten Geschäften zurückziehen. Die Führung der Porzellanmanufaktur überließ er damals seinen Teilhabern, vier Männern aus der jüngeren Generation seiner weiteren Verwandtschaft, die er für den Plan dieses Unternehmens hatte gewinnen können: nämlich Salomon Gessner, Gessners Schwager Heinrich Heidegger, Hans Martin Usteri und Heinrich Lavater [5].

Von den Gründern ist Salomon Gessner nun freilich der einzige, der sich laut Berichten und Briefen aus der Anfangszeit in der Manufaktur nicht nur geschäftlich, sondern auch künstlerisch engagiert hat. So notierte der österreichische Diplomat Karl Graf von Zinzendorf im Bericht der handelspolitischen Studienreise, die er im Sommer 1764 durch die Schweiz machte: „Die Fayence-Fabrike zu Tschoren ... ist ein seit 6 Monaten angelegtes Werk, so eine Compagnie angefangen, bey welcher der Poet Salomon Gessner, Herr Heidegger und verschiedene andere interessiret sind. . . Der Poet Gessner zeichnet viele Dessins . ." [6]. Gessner selbst bekennt in einem Brief vom 3. März desselben Jahres an Stadtschreiber Wolfgang Dietrich Sulzer in Winterthur: „Ich hatte vieles für die neue Fabrike zu thun, und musste zugleich das andre nicht versäumen, auch jetzt noch bin ich stark mit dieser Sache beschäftigt, die ihren sehr guten Weg geht. Wir haben schon ziemlich viel sehr gute Arbeiter und Arbeit, die man in einer neu angehenden Fabrike so schön nicht vermutet" (Kat. Nr. 200) [7]. Zu diesem Selbstzeugnis kommt eine vom 4. 9. 1765 datierte briefliche Mitteilung Johann Jakob Bodmers an Johann Georg Sulzer in Berlin: „Die Porcellain-Fabrike hier, in der unser Gessner associert ist, wird immer vollkommener. Sie nimmt sich in der Form der Gefäße und der Zeichnungen aus. Diese sind größtenteils von dem Poeten Abels, und er würdigt sie seinen Namen darauf zu setzen. Ich denke, diese Stücke werden einmal um desswillen gesucht werden. Schade, daß man nicht von jedem Stück Editionen machen kann" [8]. Spätere Nachrichten, die davon zeugten, daß Gessner als Zeichner in der Manufaktur selbst Hand anlegte, sind keine bekannt. Ein Brief vom 29. Mai 1770 an seinen Freund Johann Georg Zimmermann nach Hannover enthält nur noch den geschäftlichen

Hinweis: „Sie wissen, dass ich Antheil an der hiesigen Porcellain-Fabrik habe, und uns ist alles daran gelegen in Deutschland und anderwärts bekannt zu werden. Ich ersuch ihn, wo möglich, einen Mann in Ihrer Stadt mir an die Hand zu geben, der sich des Verkaufs unserer Waare annehmen würde; würde dieses zugleich mein Freund sein, so würde zu unserm Vortheil mehr zu erwarten seyn; sollte sich nicht etwa ein Kaufmann, der Geschmack hat und etwas von mir hält, da finden? Wir würden ihm Proben senden, und ihn bitten, selbst drauf zu denken, was in seinen Gegenden und in seiner Stadt vorzüglich gefallen müsste. Wenn dann die Waare da ist, wie sehr würden Sie uns verpflichten, wenn Sie bei gegebenen Anlässen helfen würden die Leute auf solche aufmerksam zu machen; wenn die dortigen grossen Häuser, mit denen Sie in Bekanntschaft stehen, nicht blindlings Ihren Einsichten und Ihrem Geschmack trauen, so sind sie nicht werth, dass Sie unter ihnen wohnen. Doch im Ernst geredt, ich weiss, Sie denken zu grossmüthig, als dass Sie nicht das Ihrige zur Aufnahme eines Unternehmens thun sollen, das unserm Vaterlande Ehre bringen soll, und worbey Ihre besten Freunde ihr Glück versuchen" [9].

Salomon Gessner wandte sich vor allem in der Zeit der Manufakturgründung dem Porzellan zu. Die Nachricht, er habe damals selbst zum Pinsel gegriffen, Stücke eigenhändig bemalt und seinen Namen drauf gesetzt, läßt sich heute freilich nur noch mit einem Werk belegen: dem von Nachkommen des Dichters dem Schweizerischen Landesmuseum geschenkten Tabaktopf (Kat. Nr. 198) [10]. Andere, unsignierte Porzellanmalereien auf Grund stilistischer Argumente ihm zuzuweisen ist bis heute nicht überzeugend gelungen [11].

Bei der Bemalung des Tabaktopfes hat Gessner nicht seine eigene Einbildungskraft walten lassen, sondern nach Radierungen von Ostade und von Teniers gearbeitet. Solcher Rückgriff auf eine Vorlage und ihr passender, geschickter Gebrauch für einen dekorativen Zweck war in der Porzellankunst eine Selbstverständlichkeit. In jeder Manufaktur bildete eine gute Sammlung von Musterblättern die grundlegende Voraussetzung für eine leistungsfähige Malstube. Die Zürcher Fabrikherren waren diesbezüglich gut dran. Sie verfügten über bedeutende graphische Sammlungen [12]. Gessner hat diese Schätze eifrig benützt und sich, so sagt er selbst, sie studierend und kopierend als Spätberufener zum Landschaftsmaler ausgebildet [13].

Sein leidenschaftlicher Wunsch, in der Kunst weiterzukommen, war eben erst neu erwacht, als die Porzellanfabrik gegründet wurde. Dort bot sich ihm nun willkommene Gelegenheit, durch sein Zeichnen zum Vermittler und selbständigen Interpreten von ausgewähltem Bildgut jener Sammlungen zu werden. Zinzendorfs Auskunft, „der Poet Gessner zeichnet viele Dessins", kann nichts anderes heißen, als daß dieser sich damals sehr darum bemüht hat, dem Betrieb einen guten Bestand sowohl an nach großen Vorbildern ausgeführten als auch an selbst entworfenen Vorlageblättern zu verschaffen. Für ihn war die Anfertigung solcher „Muster" eine Arbeit, die dem Studium und der Übung diente. Sie lag genau auf der Linie des Plans, den er sich laut seines Briefes über die Landschaftsmalerei zurechtgelegt hatte, um auf kurzem und sicherem Weg noch ein von Kennern und Künstlern geschätzter Maler zu werden [14].

Von den Blättern, die in jenen Jahren für die Manufaktur entstanden, ist fast nichts auf uns gekommen. Sie waren für den Gebrauch bestimmt und werden dabei verbraucht worden sein. Eine verfleckte Federzeichnung, auf der ein Uferweg zu einer im Schatten einer mächtigen Baumgruppe stehenden Statue führt, entstammt vielleicht diesem Zusammenhang (Kat. Nr. 201) [15]. Sie trägt auf der Rückseite den von späterer Hand geschriebenen Vermerk: „Dessin de Sal. Gessner pour porcelaine". Gleichzeitig führten Gessners Studien zur Edition seiner ersten radierten Bildfolge grösseren Formats: den zehn Landschaften in Waterloos Geschmack. Dass auch diese Bilder sofort als Vorlagen in der Porzellanmanufaktur verwendet wurden, zeigt das Beispiel einer frühen Zürcher Teekanne (Kat. Nr. 199).

Salomon Gessners künstlerische Verdienste um das Zürcher Porzellan sind größer, als es die wenigen, eigenhändigen Werke, die ihn heute noch mit diesem verbinden, ermessen lassen. Sie sind aber auch größer als die eines eifrigen Vermittlers und Entwerfers von richtungweisenden Vorlagen. Seine stärkste Wirkung geht gewiß darauf zurück, daß er selbst auch zum Lehrer seiner Landschaftskunst geworden ist. Gessners Brief über die Landschaftsmalerei darf als die Zusammenfassung der Ratschläge angesehen werden, die er den Malern der Manufaktur erteilte. Unter solcher Anleitung ist in Kilchberg-Schooren eine junge Generation von Künstlern herangewachsen, die zu Virtuosen sicher komponierter Landschaften wurden [16], in denen kleine Figuren an glitzernden Wassern unter prächtigen Bäumen zwischen Felsmassen bei einfachen Hütten sich aufhalten oder, einer hochgelegenen Stadt und fernen Bergen zugewandt, ihres Wegs ziehen. Es ist eine Landschaftsbildnerei, die wir im Schooren vor allem mit dem Namen Heinrich Thomann, aber auch mit Heinrich Füssli verbinden (Kat. Nr. 211–17), und die bis zum Zusammenbruch der Manufaktur ganz unverwechselbar Gessners Lehre hochhielt. Im internationalen Vergleich macht diese Schule dem Meister, der sie schuf, alle Ehre.

1 Schnyder, Werner: Die Zürcher Ratslisten 1225–1798. Zürich 1962. S. 529.
2 Ducret, Siegfried: Die Zürcher Porzellanmanufaktur. Bd. I. Zürich 1958. S. 299.
3 Ducret, Siegfried: (vgl. Anm. 2) S. 300.
4 Willi, Hans: Ein aufschlußreicher Prozeß vor dem Stadtgericht Zürich im Jahre 1791. Keramik-Freunde der Schweiz. Mitteilungsblatt Nr. 63. 1964. S. 6–8.
5 Schnyder, Rudolf: Zürcher Porzellan. Zürich 1964; ders.: Die Gründer der Zürcher Porzellanmanufaktur. Keramik-Freunde der Schweiz. Mitteilungsblatt Nr. 63. 1964. S. 4 f.
6 Basler Zeitschrift für Geschichte und Altertumskunde. Bd. 35. 1936. S. 285.
7 Angst, Heinrich: Salomon Gessner und die Zürcher Porzellan-Fabrik im Schooren. Anzeiger für schweiz. Altertumskunde. NF Bd. 2. 1900. S. 270; Frei, Karl: Salomon Gessner und die Porzellanmanufaktur im Schooren. In: Salomon Gessner 1730–1930. Gedenkbuch zum 200. Geburtstag. Zürich und Leipzig 1930. S. 153 ff.
8 Abschrift von der Hand des Empfängers in der Zentralbibliothek Zürich Ms Bodmer 20.10 Nr. 39.
9 Briefe von Salomon Gessner an J. G. Zimmermann. Zürcher Taschenbuch 1862. S. 167.
10 Ducret, Siegfried (vgl. Anm. 2) S. 176, 218; Isler-Hungerbühler, Ursula: Salomon Gessners Tabaktopf. Keramik-Freunde der Schweiz. Mitteilungsblatt Nr. 63. 1964. S. 11–13.
11 Für einen entsprechenden Versuch, vgl. Ducret, Siegfried (vgl. Anm. 2), S. 214 f.
12 Schnyder, Rudolf: Zürcher Porzellan – seine Bedeutung für Zürichs Erziehungs- und Museumswesen. Keramik-Freunde der Schweiz. Mitteilungsblatt Nr. 78. 1969. S. 13; Ganz, Paul: Zürcher Kunstsinn und Kunstsammeln. Zürich 1943. S. 14–18.
13 Füssli, J. C.: Geschichte der besten Künstler in der Schweiz. Bd. 3. Zürich 1770. S. XXXIX-XLV.
14 Füssli, J. C. (vgl. Anm. 13) S. XL, LVII.
15 Die Auskunft von S. Ducret (vgl. Anm. 2. S. 50), daß die Zeichnung eine Beilage zum Originalbrief Gessners an W. D. Sulzer vom 3. März 1764 sei, ist irreführend. Es gibt keinen Hinweis, daß Brief und Zeichnung zusammengehören.
16 Schnyder, Rudolf (vgl. Anm. 12) S. 14; Ducret, Siegfried (vgl. Anm. 2), S. 201

Erzeugnisse der Zürcher Porzellanmanufaktur aus den ersten Jahren ihres Bestehens. (1765/70).
(Alle nachstehend erwähnten Objekte, Nr. 198–217, aus dem Besitz des Schweizerischen Landesmuseums Zürich, SLM.)

198 *Farbtafel*

Tabaktopf
Bemalt von Salomon Gessner mit Grisaillen nach Radierungen von Ostade und Teniers.
Signiert: Zürich 1765/ S. Gessner pinx. H 17,5 cm.
LM 1218

199

Teekanne
Farbig bemalt mit Motiven nach Radierungen von Salomon Gessner.
Blaumarke Z mit 3 Punkten, Ritzzeichen 3. H 14,5 cm.
SLM HA 535

200

Brief Salomon Gessners an Wolfgang Dietrich Sulzer in Winterthur. Zürich 3. März 1764
Er schreibt darin: „Ich hatte vieles für die neue Fabrik zu tun. . .".
SLM

201

Zeichnung mit Landschaftsmotiv
Rückseite von unbekannter Hand beschriftet: Dessin de Sal. Gessner pour porcelaine.
10,3 x 17,8 cm.
SLM

202

Radierung
Ländliches Gehöft mit offenem Holztor am Seeufer und Angler in der Fischerhütte.
Signiert: S. Gessner f. 19,3 x 17,2 cm. Nr. 3 aus der Folge: X paysages dédiés A Mr. Watelet. . . 1764/65. Vorlage für die Teekanne Nr. 199.
SLM

203

Radierung
Stadttor, durch das ein Gerichtsherr einzieht.
Signiert: S. Gessner inv. et f. 19,4 x 17 cm. Nr. 10 aus der Folge: X paysages dédiés A Mr. Watelet . . . 1764/65. Vorlage für die Teekanne Nr. 199.
SLM

204

Teller
Farbig bemalt mit Jäger vor Ruinenkulisse in Landschaft.
Blaumarke Z mit 3 Punkten, Ritzzeichen 2. Dm 24 cm.
SLM 21824

205

Geschirr mit Blumenmalerei
Kännchen (H 16,5 cm; SLM HA 452), Teller (Dm 22,7 cm; SLM HA 424), Koppchen (H 4,3 cm; Blaumarke Z, Ritzzeichen I; SLM HA 349), Untertasse (Dm 11,7 cm; SLM HA 349) mit farbigem, feinem Blumendekor.

206

Schreibzeug
In Form einer Muschel mit durchbrochenen Behältern für Tinte und Streusand, überhöht von schreibendem Putto, Adler und Federhalter.
Blaumarke Z mit 2 Punkten. H. 15,2 cm. Modell von vor 1769.
SLM 14977

Nr. 198 Tabaktopf

Erzeugnisse der Zürcher Porzellanmanufaktur aus den Jahren 1770/90 mit gessnerischem Motivgut.

207

Medaillon aus Biskuitporzellan mit dem Porträt Salomon Gessners

Rückseite mit eingepreßter Inschrift: S. GESSNER. Modell von Valentin Sonnenschein.
Dm 9 cm. 1775/80. SLM 29375

208

Putto als Bildhauer

Blaumarke Z mit 2 Punkten, Preßmarke K · P. H 12,5 cm. Um 1770.
SLM 14980.

209

Putto mit Schleifrad aus Biskuitporzellan

Preßmarke K·2. H 11,2 cm. Modell um 1770.
SLM 3869

210

Artikel- und Preisverzeichnis der Zürcher Porzellanmanufaktur

1. Februar 1769. 31,8 x 22,2 cm.
SLM

211

Teller

Farbig bemalt mit baumbestandener, gebirgiger Seelandschaft mit Fischern und Stadt auf felsiger Anhöhe.
Blaumarke Z mit 2 Punkten, Ritzzeichen 2 über iD. Dm 23,2 cm. Um 1770/75.
SLM 30365

212

Runde Platte

Farbig bemalt mit baumbestandener Flußlandschaft mit Hirtenszene.
Ritzzeichen NI N°, Preßnummer 3. Dm 32,5 cm. Um 1775/80.
SLM 24128

213

Ovale Platte

Farbig bemalt mit baumbestandener, felsiger Flußlandschaft.
Blaumarke Z, Ritzmarke NI +, Preßnummer 2. Um 1775/80.
SLM 3862

214

Kännchen

Farbig bemalt mit Landschaft, Haus am Wasser und Wegkehre mit Wanderern.
Blaumarke Z mit zwei Punkten, Ritzzeichen N3 N° 1. H 17,5 cm. Um 1775/80.
SLM 3862

215

Kännchen

Farbig bemalt mit baumbestandener, gebirgiger See- und Flußlandschaft mit Brücke.
Blaumarke Z, Ritzzeichen 2N. H 13,2 cm.
SLM HA 260

216

Untertasse

Farbig bemalt mit Landschaft mit Wasserfall.
Blaumarke Z mit zwei Punkten, Ritzzeichen 37. Dm 13,5 cm. Um 1775/80.
SLM 3862

217

Teekannen-Untersatz aus Pâte tendre

Grauschwarz bemalt mit felsiger Flußlandschaft.
15 x 18,5 cm. Um 1780/85.
SLM HA 235

Pl. 1.
ŒUVRES
DE
S. GESSNER
IDILLES
&C.
Ut pictura poësis erit ....
Horat. Art. Poët.
Le Barbier del.
1779

Nr. 91

Wirkungsgeschichte

Das Denkmal auf dem Platzspitz in Zürich

Bruno Weber

Das 1788–1792 verwirklichte Monument für Salomon Gessner ist das zweite von vier klassizistischen Denkmälern, die hochgesinnte Zürcher Bürger einigen auserwählten, um den Ruhm ihrer Stadt verdienten Männern jeweils nach deren Ableben errichteten. 1778 wurde zu Ehren des hervorragenden Bibliothekars und großen Bürgermeisters Johann Conrad Heidegger (1710–1778) eine von Johann Valentin Sonnenschein verfertigte Bronzebrüste auf einem Marmorpostament im Chor der Wasserkirche, wo bis 1917 die Stadtbibliothek untergebracht war, aufgestellt. 1795 dekorierte der Convent der Stadtbibliothek sein Sitzungszimmer im 1791–1794 neuerbauten Helmhaus durch ein von Joseph Anton Maria Christen ausgeführtes Marmorrelief mit dem Porträt von Johann Jacob Bodmer (1698–1783), wodurch dem bahnbrechenden Literaten und Mentor die Reverenz der Nachgeborenen gesichert schien. Beide Verstorbenen wurden sinnvoll in einem Innenraum, der ihrer besonderen Bedeutung entspricht, verewigt. Dem Dichter Salomon Gessner weihte man 1788 den Platzspitz, einen Ort im Freien, wie er schon in den frühen 1770er Jahren für die Büste des Universalgelehrten Conrad Gessner (1516–1565) im ersten, von der Naturforschenden Gesellschaft 1767 beim Landhaus zum Schimmel in Wiedikon eingerichteten Botanischen Garten bestimmt worden war. Der ebenso baumbestandene nähere Ort, ein in den späten 1770er Jahren angelegter Lusthain am Ende der langen Promenade, die den Schützenplatz beim Zusammenfluß von Limmat und Sihl abschließt, konnte von jedermann begangen werden. Hier wurde ein Denkmal öffentlich unbeschränkt zur Schau gestellt, was freilich in einem gewissen Gegensatz zu Gessners Reputation steht, die wirklich nur unter Gebildeten, in der Elite der Gesellschaft sich manifestierte. Das vierte und vielleicht bedeutendste Monument, welches man zur Erinnerung an den weitberühmten Prediger Johann Caspar Lavater (1741–1801) als öffentliches Denkmal im Waisenhausgarten plante, kam aus verschiedenen, letztlich politisch motivierten Gründen nicht zustande, doch ist die von Johann Heinrich von Dannecker 1802–1805 geschaffene Marmorbüste in der Zentralbibliothek Zürich erhalten [1].

Das Denkmal auf dem Platzspitz ist das vierte und letzte, welches die Zeitgenossen dem Andenken Gessners stifteten. Ein erstes schmückte einst den Park um das Schloß Batthyány-Strattmann, jetzt Landwirtschaftliche Fachschule, in Körmend an der Raab in Westungarn. Der Gessner-Verehrer Fürst Lajos Batthyány (gest. 1806) errichtete 1786 im englischen Garten seines weitläufigen Stammguts das einfache Denkmal in Form einer rechteckigen Sandsteinplatte, an deren oberem Teil ein Zinnrelief befestigt war, auf dem nach der Beschreibung des Gessner-Übersetzers Ferencz Kazinczy (1759–1831) kleine Faune von musizierenden Kindern oder Putten zum Tanz animiert erschienen [2]. Im unteren Teil liest man die deutschsprachige Inschrift: DEM ANDENKEN SAL. GESSNERS GEWIDMET VON LVD: V: BATTHYÁN MDCCLXXXVI [3]. Ein zweites Monument, das erste postume, wurde 1788 am Klöntalersee vom 6. zum 10. September in nur vier Tagen errichtet, auf Initiative der nachmaligen Politiker Johann Peter Zwicky (1762–1820) von Glarus und Franz Joseph Büeler (1750–1816) von St. Gallen, die im Frühjahr 1788 kurz nach Gessners Tod (am 2. März) sich dazu vereinigten. Das Werk des Steinmetzen Heinrich Simmen von Glarus besteht aus einem an Ort und Stelle ausgewählten und behauenen Felsblock, weithin sichtbar „auf einem sehr hohen Alpengebirge, in der anmuthigsten Gegend, mitten unter Hirten, und ländlicher Einfalt, bey einem freyen biedern Volke" [4]. Der Stein trägt die Inschrift: SALOMON GESSNERN WOLTE DIE NATUR EIN DENKMAL STIFTEN UND SIE LIES HIER SEINEN NAMEN VEREWIGEN DURCH ZUB 1788 [5]. Ein drittes Monument, welches von einem schon 1780 zu Lebzeiten des Dichters publizierten Idealdenkmal herzuleiten ist, ziert als Grabmal den 1785 eröffneten, 1793 von den Franzosen zerstörten und 1810–1812 wiederhergestellten englischen Garten der Eremitage von Arlesheim. In einer zuerst Eremitengrotte, seit Aufstellung des Denkmals 1788 Gessnergrotte genannten künstlichen Felsenhöhle steht ein vierkantig behauener Stein, der sich nach oben verjüngt und abrundet, von einer kleinen Urne bekrönt, an der Schauseite Leier und Palette (Dichtkunst und Malerei) über der verlöschenden Lebensfackel darstellend, an der Basis mit dem Namen S. GESSNER. „Zur Seite rieselt von dem Felsen dieser Grotte eine kleine Quelle hernieder, welche sich neben dem Denkmal in einer Vertiefung sammelt, und den ohnehin romantischen Zauber dieses Plätzchens zu einer, dem Andenken des mahlerischen Sängers der ländlichen Natur, würdigen Ruhestätte erhöhet." [6]

Die Geschichte des Werdegangs von Gessners wichtigstem Denkmal, das ihm von seinen Mitbürgern in Zürich errichtet wurde, ist überaus interessant und für das Verhältnis zwischen Auftraggeber und Künstler allgemein aufschlußreich. Sie kann aber hier aus Raumgründen nur andeutungsweise gestreift werden [7]. Die Idee zur Aufstellung im neuen, durch den Schanzenherrn Hans Caspar Fries gestalteten Lusthain, den auch Gessner laut Hottinger 1796 „häuffig besucht" hatte [8], stammt vom Literaten Leonhard Meister (1741–1811): „Wie schicklich würde nicht des Dichters Brustbild z. B. bey jenem Pavillon auf dem öffentlichen Spatzierplatz an den Ufern der Limmat angebracht werden? Zu gleicher Zeit hätte man nicht nur das Genie, sondern auch die Lebensweisheit und die Herzensgüte geehrt." [9] Das projektierte Denkmal sollte nicht nur das Individuum preisen, vielmehr „einen erlaubten Nationalstolz erwecken", wie der aufklärerische Politiker Hans Caspar Hirzel 1791 unzweideutig formulierte, „also nicht so fast dem grossen Dichter und Künstler Ehre bringen, als dem engern und weitern Vaterlande Zürich und der Schweitz, die solche Männer erzeugt haben" [10]. Eine wenige Wochen nach Gessners Tod gebildete siebenköpfige Kommission [11] von Gelehrten, Künstlern und Freunden des Verewigten nahm die Idee auf und eröffnete eine Subskription, welche schließlich 185 namhafte Persönlichkeiten in der Stadt Zürich unterzeichneten; durch diese im April 1788 veranstaltete Sammlung verfügte sie über einen Fonds von 2533 Gulden, der 1792 um weitere 1000 Gulden erhöht wurde [12]. Einzelne ihrer Mitglieder führten Verhandlungen mit verschiedenen Bildhauern; man erbat Entwürfe nicht nur von den Professoren Johann Valentin Sonnenschein (1749–1828) in Bern und Johann Martin Fischer (1741–1820) in Wien, sondern auch von den berühmten Meistern Jean-Antoine Houdon (1741–1828) in Paris und Alexander Trippel (1741–1793) in Rom sowie vom Architektur- und Landschaftsmaler Michel-Vincent Brandoin (1733–1790) in Vevey. Von Brandoins Projekt übernahm die Kommission die Vorstellung eines Würfels von schwarzem Marmor mit eingelassenen Reliefs von weißem Marmor und einer ebensolchen Urne als Bekrönung. Sie übertrug Trippel, dem sie schließlich das Gesamtwerk anvertraute, nicht nur die Ausführung der von ihm entworfenen Reliefs, sondern auch die architektonische Gestaltung. Das verwirklichte Denkmal ist somit auch formal in allen wesentlichen Teilen als Trippels Arbeit aufzufassen; dessen letzte, im Herbst 1789 in Rom verfertigte Zeichnung wurde am 23. November 1789 an der Kommissions-Sitzung in der Zunft zur Meisen als endgültiger Entwurf angenommen [13]. Das Hauptrelief für die Schauseite traf im August 1791 in Zürich ein; das Porträtmedaillon

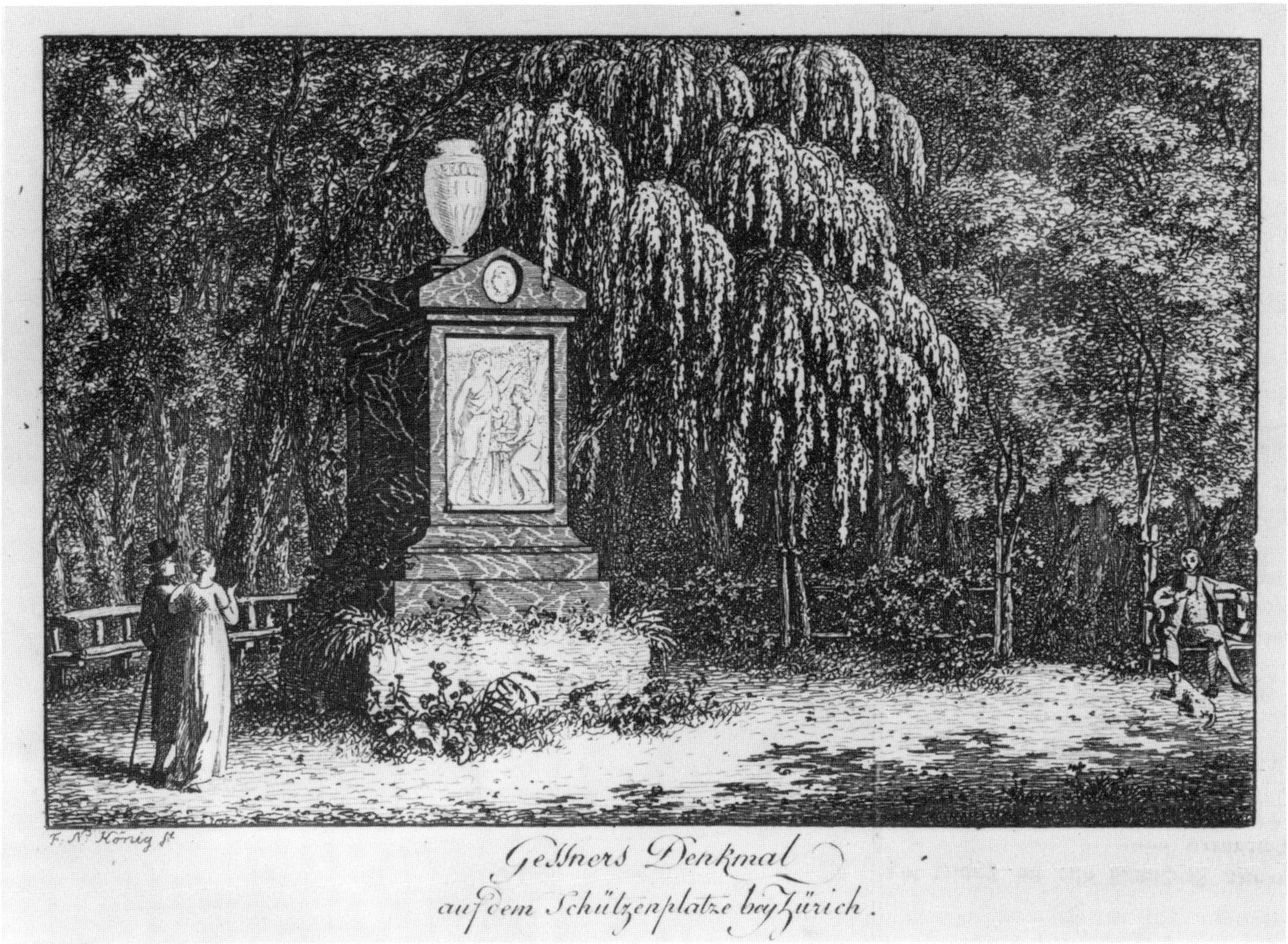

Nr. 219

schuf Trippel nach Gessners Totenmaske von Mai bis September 1792 [14]. Der Aufstellungsort des Monuments wurde nach dem Vorschlag von Hans Caspar Fries festgelegt und die „natürliche Verzierung" nach dessen Angaben gestaltet [15]. Im Herbst 1792 war das Werk vollendet; die Einweihung erfolgte im Frühjahr 1793, vermutlich am 2. März, Gessners Todestag [16].

Das verwirklichte Denkmal von schwarzem, heute grau verwittertem „Marmor aus dem Bernergebiet" besteht aus einem mächtigen würfelförmigen Block auf dreistufigem Postament, von einer gleichartigen Platte mit Flachgiebeln an den vier Seiten bedeckt, mit einer abschließenden Graburne von weißem Marmor [17]. Trippels Entwurf wurde vom Steinbildhauer Jean-François Doret (1742–1801), Brandoins „marbrier" in Vevey, teils dort teils in Zürich handwerklich ausgeführt [18]. Die beiden an der Westseite eingelassenen Reliefs, Trippels Arbeiten aus hellem Carrara-Marmor, bildeten mit der bekrönenden weißen Urne im würdevoll kontrastierenden Aufbau den markanten Blickfang. Die Urne war schon auf dem Titelkupfer in Büeler 1789 [4] als Idee vorgebildet; auf dem unterhalb jener gesetzten Gessnerzitat beruht auch die Inschrift, welche an der Ostseite des Denkmals in vergoldeten Lettern glänzt: DEM ANDENKEN SALOMON GESSNERS VON SEINEN MITBÜRGERN BILLIG VEREHRET DIE NACHWELT DEN DICHTER DEN DIE MUSEN SICH GEWEIHET HABEN DIE WELT UNSCHULD UND TUGEND ZU LEHREN TOD ABELS I. GES. [19]. Die Schauseite ist gegen Abend gerichtet; man betrat von der Sihl her den Umkreis eines frisch gepflanzten Hains, in dessen stillem Grün die Erinnerung an den Verehrten feierlich wirkte, wie Johann Heinrich Meyer 1793 anzeigt: „Ein Kranz von jungen Pappeln erhebt sich rings um das Denkmal – Am Eingang stehen zwo Trauerweyden – hinter der Gruppe verbreiten alte Bäume ihre schwerbelaubten Aeste. Die ganze Parthie des Hayns ist so angeordnet, dass die niedergehende Sonne ihre lezten schönen

Strahlen auf die Hauptseite des Denkmals werfen kann" [20]. So war die Inszenierung auch mit Einbezug der Natur ganz auf die Erwartung des abendlichen Promenadengängers gerichtet, wie es Hirschfeld in seiner Theorie der Gartenkunst [6] forderte.

Das große Relief verbildlicht, indem es in der formalen Gestaltung deutlich auf das antikisierende Relief im Titelblatt der ersten, Claude-Henri Watelet 1764 gewidmeten Folge von Gessners Landschaftsradierungen anspielt, den Schlußdialog in *Daphnis und Micon*, einer der erstmals 1772 publizierten späten Idyllen Gessners. Daphnis bewirtet seinen Freund im Schatten belaubter Bäume vor der Hütte, die sein Vater in der von ihm ringsum bebauten Gegend errichtete; Micon gießt im Gedenken an diesen redlichen Vater seine erste Schale Weins zum Trankopfer auf die fruchtbare Erde [21]. Trippels Kunstwerk offenbart den Sinn des Monuments in zwingender Weise. Das wahre Denkmal des Redlichen sind seine Taten, wie Gessner in *Daphnis und Micon* zum Ausdruck bringt. Indem er diese Idylle zum Gegenstand wählt und Gessners Bildformulierung zitiert, weist der Bildhauer auf die Werke des Dichters und Radierers, die das wahre Denkmal sind. Der Betrachter sollte daher nicht vor dem Denkmal der Mitbürger stehen bleiben, sondern sich still auf eine der Bänke setzen, die im Umkreis des Hains auf ihn warteten, und Gessner lesen. Diese Aufforderung verkörperte das Monument nur während 14 Jahren, solange das Relief in ihm war und der Hain bestand. Oben im Giebelfeld thronte das Medaillon mit Gessners Profilporträt in Lebensgröße [22]. Bei der ersten Restaurierung des Denkmals 1807/08 wurden die beiden beschädigten Reliefs entfernt [23]. Das Hauptbild ersetzte man durch eine lebensgroße Gessnerbüste in Bronzeguß, welche Trippels Schüler Joseph Anton Maria Christen (1767–1838) schon im Herbst 1792 in Luzern nach dem eigenen, im Frühjahr 1790 in Zürich verfertigten Gipsrelief-Medaillon modelliert hatte [24]; sie wird von einer in den Block gemeißelten halbrunden Nische eingefaßt. Darunter wurde damals eine neue Inschrift mit Gessners Namen und Lebensdaten in vergoldeten Lettern angebracht, wodurch man einen Mangel gutmachte, den schon Johann Caspar Lavater gerügt hatte [25]. Das von Christen im Herbst 1807 reparierte[23] Hauptrelief Trippels gelangte 1808 in den nahegelegenen, ehemals auf dem heutigen Kinderspielplatz befindlichen Pavillon von 1782, der als Geräteschuppen diente, wo es bald vergessen wurde, bis man es vor der 1883 im Platzspitz aufgebauten Schweizerischen Landesausstellung rechtzeitig wiederentdeckte, um es als Hauptstück in deren Kunstgebäude zeigen zu können [26]. Danach wurde die Marmortafel als städtisches Eigentum zunächst in der Wasserkirche aufbewahrt, 1904 dem Schweizerischen Landesmuseum übergeben [22], seit 1925 im Kunsthaus ausgestellt und 1948 in das Muraltengut (Seestrasse 203) gebracht, wo sie noch zu sehen ist.

---

1 Über Entstehung, Gestalt und Schicksal der genannten Denkmäler orientiert künftig eine Abhandlung von Bruno Weber, die in der Zeitschrift für Schweizerische Archäologie und Kunstgeschichte erscheinen soll: Zur Ikonographie des Geniekults in Zürich 1777–1802, Idee und Gestalt der ersten profanen Denkmäler in der Schweiz (in Vorbereitung).

2 Kazinczys Beschreibung zitiert Béla Dezsényi: Magyarország és Svájc (Hazánk és a nagyvilág, 6). Budapest 1946. S. 100, aus Aladár Fürst: Gessner Salomon hazánkban. In: Irodalomtörténeti közlemények, Jg. 7. Budapest 1900. S. 177–193, 322–335. Das Denkmal in Körmend erwähnte Johann Jakob Hottinger: Salomon Gessner. Zürich 1796. S. 176, nach Kazinczys brieflicher Mitteilung an Judith Gessner-Heidegger vom 1. Juli 1793. Diese ist abgedruckt in Leo Weisz: Gessner und Kazinczy. In: Der Lesezirkel. Jg. 17. Nr. 5. Zürich 1930. S. 48. Danach die nicht ganz richtige Angabe in Leemann-van Elck 1930, S. 131. Das von Dezsényi angeführte Datum 1790 widerspricht der 1786 datierten Inschrift des Denkmals (vgl. Anm. 3).

3 Zitiert nach einer um 1930 aufgenommenen Photographie des Denkmals in der Zentralbibliothek Zürich (Sammelmappe Ms V 524), welche dieses ohne das Zinnrelief zeigt. Dessen Künstler war zweifellos der häufig in Blei- und Zinnguß arbeitende Wiener Bildhauer Johann Martin Fischer (1741–1820), welcher vermutlich ebenfalls um 1786 „die Nothwendigkeit, nach Horazens Allegorie, für den Grafen Ludw. Bathiany" ausführte, laut dem von Franz Gabriel Fiesinger am 29. September 1786 mitgeteilten Werkverzeichnis (worin das Zinnrelief zum Gessner-Denkmal noch nicht figuriert) in: Museum für Künstler und für Kunstliebhaber. Hrsg. von Johann Georg Meusel. 3. Stück. Mannheim 1788. S. 51. Ein 1787 bei Bad Dürkheim erbautes „Gessnertempelchen" ist nicht als Denkmal im strengen Sinn, vielmehr als Architekturteil einer klassizistischen Gartenanlage zu werten, vgl. Paul Leemann-van Elck: Ein wenig bekanntes Denkmal für Salomon Gessner. In: Librarium. Jg. 1 Nr. 2. Zürich 1958. S. 5.

4 (Franz Joseph Büeler:) Geschichte von Salomon Gessners Denkmal in den Alpengebirgen des Cantons Glarus, in einem Sendschreiben von F. J. B., Bregenz 1789. S. 98. Diese Schrift erschien bereits im Januar 1789, laut Anzeige im Donnstags-Blatt Nr. 5. Zürich 29. Januar 1789, S. 40 Nr. 10. Zum Denkmal vgl.: Das Rätsel des Gessnersteins. In: Zürichsee-Zeitung Nr. 118, Stäfa 23. Mai 1927, und Nr. 242, Stäfa 17. Oktober 1927; Jacob Gehring: Pannerherr Johann Peter Zwicky 1762–1820. Zürich 1947. S. 24–33.

5 Büeler 1789 (wie Anm. 4), Taf. vor dem Titel; danach in: Biographie von Salomon Gessner mit Zeichnungen und kurzer Beschreibung der ihm in der Schweiz errichteten Denkmaeler. Zürich 1795. Taf. 3. Das Denkmal wurde bekannt durch die Ansicht von Ludwig Hess (irrtümlich 1789 datiertes Deckfarbenblatt in der Graphischen Sammlung der ETH Zürich), die Johann Heinrich Bleuler über eine eigenhändige Kopie (Deckfarbenblatt in der Graphischen Sammlung der Zentralbibliothek Zürich) zu einer mit Deckfarben dunkeltonig kolorierten Umrißradierung verwendete, die bereits im Oktober 1788 vorlag (laut Anzeige im Donnstags-Blatt Nr. 44. Zürich 30. Oktober 1788, S. 451 Nr. 9; ebenda Nr. 8, 25. Februar 1790, S. 91 Nr. 4). Vgl. Frieda Maya Brandenberger: Ludwig Hess 1760–1800, zur zürcherischen Landschaftsmalerei des 18. Jahrhunderts (Phil.

Nr. 218

Diss. Zürich 1939). Zürich 1941. S. 73, 125, 126 (1788). Zur Umrißradierung vgl. Hans Jenny-Kappers: Der Kanton Glarus, ein beschreibender Katalog der gedruckten Landkarten und Pläne, Ortsansichten und Landschaftsbilder von den Anfängen bis 1880. Frauenfeld 1939. S. 195 Nr. 427 sowie S. 197 Nr. 434.

6 P[eter] Petersen: Gessners Denkmal bey Arlesheim, ein Gedicht von P. Petersen S. M. C. von Basel vorgelesen der Helvetischen Gesellschaft in Olten 1789, Basel [1789]. S. 4, Abb. S. 12. (auch in: Verhandlungen der Helvetischen Gesellschaft in Olten, im Jahr 1789. Basel [1789]. S. 49–60); danach in Biographie 1795 (wie Anm. 5), Taf. 2. Vgl. Hans-Rudolf Heyer: Die Kunstdenkmäler des Kantons Basel-Landschaft. Bd. 1: Der Bezirk Arlesheim (Die Kunstdenkmäler der Schweiz, 57). Basel 1969. S. 171–172. Abb. 177. Daß dieser Ort schon 1788 dem Dichter geweiht wurde, beweist die Description de la Solitude romantique près d'Arlesheim à une lieue de Bâle, Porrentruy 1788, S. 7 („une cavité, que S. Gessner lui même eut choisie pour y composer ses Idylles, & on y trouve son monument"), ferner ein anonymes Distichon im Schweitzerschen Museum. Jg. 6 H. 10, Zürich [1791]. S. 795 („Arlesheim, bey Gessners Denkmal. 10. Junius 1791. Gessners sucht' ich am Ufer der Limmat – Gessnern im Sihlwald – Dort such' Fremdling ihn nicht; schon drey Jahr' ist er hier!"). Ein schlichtes Monument beim Forsthaus im Sihlwald, der Amtswohnung des Sihlherrn Gessner seit 1781, war vom jungen David Hess bald nach dem Tod des Verehrten vorgeschlagen worden, wurde jedoch im Hinblick auf das prunkvollere und auf dem Platzspitz günstiger gelegene Denkmal der Mitbürger nicht verwirklicht: „Dort, wo die Sihl durch die romantische Gegend rauscht, und im erquickenden Schatten der Tannen seine Hütte stand – dort setzt ein prunkloses Mal seinem Andenken. – Nur eine Urne, mit der Innschrift: Geßner." (David Hess: An die Jünglinge meines Vaterlands. In: Schweitzersches Museum. Jg. 4. Zürich 1788. S. 225.) Die Idee des kleinen Monuments in der Arlesheimer Gessnergrotte war schon 1780 vorgebildet und publik. Der Kieler Philosophieprofessor Hirschfeld hatte in seiner maßgebenden Theorie der Gartenkunst „dem größten Idyllendichter der neuern Zeit" noch zu dessen Lebzeiten ein figurengeschmücktes „Denkmal in einer Felsenhöhle an einem Bache" gewünscht und durch den Dresdener Architekten Christian Friedrich Schuricht (1753–1832) als „Entwurf, der eine Ausführung erwartet", abbilden lassen (Christian Cay Lorenz Hirschfeld: Theorie der Gartenkunst. Bd. 3. Leipzig 1780. S.

Nr. 221

149–150, Taf. VI). Diese Radierung wurde wiederverwendet als Titelbild zur anonymen Elegie dem Andenken Gessners des Dichters der Natur und Unschuld geweiht 1788. Vgl. Anm. 20.

7 Ein vollständige Darstellung des Werdegangs von Gessners Denkmal findet sich in der Anm. 1 genannten Abhandlung.

8 Hottinger 1796 (wie Anm. 2), S. 139. Gessners jüngerer Freund, der Radierer Johann Heinrich Meyer (1755–1829), erklärte in seiner kleinen Monographie des Denkmals 1793 (vgl. Anm. 16). S. 4–5 dessen Aufstellungsort als jenen Naturraum, an dem der Dichter laut mündlicher Tradition zu seinen Idyllen inspiriert worden ist, und zugleich als mithin geweihte Örtlichkeit, wo die Inspiration durch das Denkmal auf den Betrachter zurückwirkt: „Da, wo sich dieser Lustplaz in eine länglichte Spize einengt und die Sihl und Limmat in einander fliessen, hat die wartende Kunst den Anlagen der Natur mit Geschmak aufgeholfen. Liebliche Ruhepläze unter Platanusbäumen wechseln mit Lustgängen hoher Pappeln, oder bemooster Weyden. Unter ihren Schatten versammeln sich an schönen Abenden in muntern Kreisen die Jünglinge und Mädchen von Zürich, oder die ernsten Weisen und Väter gehen mit einander in Gesprächen die langen Schattengänge auf und nieder. Sollte da, wo Gessner selbst so oft in der Mitte dieser würdigen Männer wandelte; da – wo seine Muse so oft Ihn begeisterte, unsterbliche Gesänge den Schönheiten der Natur anzustimmen – das Andenken des Sängers nicht aufleben, den das Zeitalter zum Rang der Horaze oder der Theokrite einmüthig erhob? Ists nicht der Sänger der Natur, der uns auf ihre Schönheiten aufmerksam macht? Ist nicht Er es gleichsam, der uns diese unerschöpfliche Quelle stillen, reinen Entzükens aufschliesst?" Gessner selbst bezeichnete im Sommer 1775 der Gräfin von Genlis gegenüber die ältere, vor der Anlage des Lusthains in den späten 1770er Jahren nur aus einer die Flußufer säumenden langen Baumallee bestehenden Platzpromenade als den Hauptort seiner Eingebungen, wie diese später überliefert: „J'ai fait avec lui une promenade délicieuse, sur les bords charmants de la Sihl et de la Limmat. C'est là, m'a-t-il dit, qu'il a rêvé toutes ses idylles" Stéphanie-Félicité comtesse de Genlis (1746–1830): Les souvenirs de Félicité L***. Paris 1804. Bd. 1 S. 222; zitiert von Paul Usteri: Briefwechsel Salomon Gessners mit Heinrich Meister, 1770–1779. In: Archiv für das Studium der neueren Sprachen und Literaturen. Jg. 62 Bd. 120. Braunschweig 1908. S. 375.

9 Leonhard Meister: Über Salomon Gessner an Frau von La Roche. In: Journal von und für Deutschland, hrsg. von Siegmund Freyherrn von Bibra. Jg. 5 H. 1. 1788. S. 106–108. Abdruck eines vom 3. März 1788, einen Tag nach Gessners Tod, datierten Briefs an die schwäbische Schriftstellerin Sophie von La Roche (1731–1807) in Offenbach.

10 [Hans Caspar Hirzel:] Arist und Kleant, über Gessners Denkmahl. Zürich 1791. S. 13.

11 Der Kommission gehörten an Prof. Leonhard Usteri (1741–1789), Bibliothekar der Stadtbibliothek, als Vorsitzender, an dessen Stelle seit Mai 1789 ein Bruder, Ratsherr Johann Martin II. Usteri (1738–1790), nach diesem der gleichnamige Sohn und bekannte Malerdichter Johann Martin IV. Usteri (1763–1827); sodann Schanzenherr Hans Caspar Fries (1739–1805), der Maler Johann Heinrich Wüest (1741–1821), der damalige Ratsherr und spätere Obmann Hans Heinrich Füssli (1745–1832), als Gessners Verlagspartner mit diesem seit 1770 eng verbunden, und der Maler Heinrich Freudweiler (1755–1795); als Protokollführer der damalige Ratssubstitut und Verfasser eines denkwürdigen Nachrufs auf den Dichter (in: Schweitzersches Museum. Jg. 4. Zürich 1788. S. 241–245.) David von Wyss d. J. (1763–1839), Sohn des mit Gessner eng befreundeten Säckelmeisters und späteren Bürgermeisters David von Wyss d. Ä., nachmals selbst Bürgermeister; endlich der ältere Sohn des Verehrten, der Maler Johann Conrad Gessner (1764–1826), damals noch in Rom Schüler des Schaffhauser Bildhauers Alexander Trippel.

12 (David von Wyss d. J.:) Verhandlungen betr. das Denkmal von Sal. Gessner, 1788–1792, 32 Seiten 8° (Manuskript in der Zentralbibliothek Zürich, FA von Wyss VI. 142; dabei die Beitragsliste von 1788 mit Nachweis von 185 Subskribenten für das Denkmal), S. 5, 31.

13 Ebenda S. 18. Vgl. Max Bendel: Zur Entstehungsgeschichte des Salomon-Gessner-Denkmales in Zürich, nach Briefen Alexander Trippels, zu dessen 200. Geburtstag. In: Schaffhauser Beiträge zur vaterländischen Geschichte. Bd. 21. Thayngen 1944. S. 186–188, Taf. 10 rechts.

14 David von Wyss (wie Anm. 12), S. 26; Bendel 1944 (wie Anm. 13), S. 188–190. Gessners Totenmaske ist in der ZB Zürich erhalten (Var 11). Sie soll von Johann Conrad Gessner, Heinrich Freudweiler, David Breitinger und Johann Heinrich Meyer gemeinsam abgenommen worden sein, wie letzterer überliefert (im Zürcher Taschenbuch auf das Jahr 1921. NF. 41. Zürich 1923. S. 176 Anm. 2).

15 David von Wyss (wie Anm. 12), S. 2, 12, 15, 20, 30.

16 Darauf deutet das Erscheinungsdatum einer kleinen Monographie des Gessner-Denkmals von Johann Heinrich Meyer, die laut Anzeige im Donnstags-Blatt Nr. 9, Zürich 28. Februar 1793. S. 113 Nr. 1 wenige Tage zuvor publiziert worden ist mit einer Titelradierung, die erstmals das verwirklichte Monument vorstellt: Denkmal Salomo Gessners in Zürich, dargestellt in einem Kupferstiche in Quarto, von Joh. Heinrich Meyer, Zürich 1793. Vgl. Anm. 8 und 20. Eine im März publizierte Kunstnachricht in den Monatlichen Nachrichten Schweizerischer Neuheiten, gesammelt im Jahr 1793, Zürich bei Johann Caspar Ziegler, S. 25–26, beschreibt das nun aufgestellte Denkmal, welches „unter die schönsten neuern Werke der Bildhauerkunst" eingereiht wird, da es „ein Muster edler Einfachheit" und durch Trippels Reliefs „unschätzbar" sei.

17 Biographie 1795 (wie Anm. 5), S. 14 und Titelbild (das augenfällig die ursprüngliche Marmorschwärze der Architekturteile verdeutlicht). Die laut David von Wyss (wie Anm. 12), S. 32 erst nach dem 22. Januar 1792 von Füssli, Wüest und Usteri festgelegte endgültige Form der Urne ist der Vase auf Gessners Vignette Nr. 290 (L 458) mit der lesenden jungen Frau ähnlich. Bei der zweiten Restaurierung (zur ersten vgl. Anm. 23) im Herbst 1861 ersetzte man den ursprünglichen Rustikasockel durch das heute sichtbare Fundament auf einer Plattform, pflanzte emporwachsenden Efeu und errichtete ein gußeisernes Gitter um das Denkmal (Neue Zürcher Zeitung Jg. 41 Nr. 295, 22. Oktober 1861, S. 1.); die wuchernde Pflanze erstarb im Frühjahrsfrost 1929 (ebenda Jg. 157 Nr. 1560, 13. September 1936, Bl. 2). Das altersgraue, vom Eisengitter wieder befreite Monument wirkt heute unscheinbar in seiner übersichtlichen, gegenüber dem einstigen Hain kahlen Umgebung.

18 David von Wyss (wie Anm. 12), S. 10; Doret war seit Frühjahr 1789 im Gespräch.

19 Der Text dieser Inschrift wurde laut Kommissions-Protokoll vom 11. Mai 1790 von Füssli und Wyss bestimmt und am 22. Januar 1792 genehmigt, wie letzterer S. 24, 31 überliefert.

20 Meyer 1793 (wie Anm. 16), S. 5. Der Künstler selbst hatte schon 1788 in seiner als Titelradierung zu Salomon Hirzels Gessner-Nachruf (Neujahrsblatt der Stadtbibliothek Zürich für 1789) publizierten Idealansicht des künftigen Denkmals diese Wirkung vordemonstriert.

21 Carrarischer Marmor, Höhe 142 cm, Breite 116 cm. Beschreibung mit zeitgenössischem Kommentar von Hirzel 1791 (wie Anm. 10), S. 5–9. Vgl. Carl Heinrich Vogler: Der Bildhauer Alexander Trippel aus Schaffhausen, I. Hälfte: Die Lebensgeschichte / II. Hälfte: Die Werke und die Beurteilung Trippels, Beilagen (Neujahrsblatt des Kunstvereins und des historisch-antiquarischen Vereins zu Schaffhausen 1892/1893). Schaffhausen [1891] bzw. [1892]. S. 44–47 bzw. S. 61–62 Nr. 70.; Konrad Escher: Die Kunstdenkmäler des Kantons Zürich,Bd. 4: Die Stadt Zürich, 1. Teil (Die Kunstdenkmäler der Schweiz, 10), Basel 1939, S. 90, 92 Abb. 43.; Adolf Reinle: Die Kunst der Renaissance, des Barock und des Klassizismus (Joseph Gantner/Adolf Reinle: Kunstgeschichte der Schweiz, Bd. 3), Frauenfeld 1956, S. 413, 412 Abb. 265 („Wohlklang im Aufbau, atmosphärische Stimmung, menschliche Anteilnahme charakterisieren dieses Relief. Trippel gelingt, was viele Klassizisten nicht erreichen, die Verlebendigung des Steines"). Zum Titelblatt von Gessners Watelet 1764 gewidmeten Landschaftsradierungen vgl. den Beitrag: Gessner illustriert Gessner; S. 116.

22 Durchmesser 40 cm laut Vogler II. 1892 (wie Anm. 21), S. 61 Nr. 70. Das Medaillon ist laut Escher 1939 (wie Anm. 21), S. 90 „heute verloren". Laut dem handschriftlich ausgefüllten Depositenschein des Schweizerischen Landesmuseums zuhanden der Stadtbibliothek Zürich vom 20. April 1904 (Zentralbibliothek Zürich) wurde aus dieser vom Landesmuseum nur das Hauptrelief übernommen; das zugehörige Medaillon ist nicht erwähnt, muß demnach zwischen 1892 und 1904 verschwunden sein.

23 Laut einer Meldung in den Gemeinnützigen Schweizerischen Nachrichten, Bd. 6 1. Hälfte Nr. 87. Bern 31. Mai 1805. S. 348. wurde das Gessner-Denkmal, welches bis anhin „unbeschädiget, wie durch ein Wunder, die Verwüstungen von drey feindlichen Kriegsheeren überstanden" hatte, obwohl es jederzeit unbewacht war, „lezthin bey Nacht auf eine boshafte Weise zertrümmert". Im Morgenblatt für gebildete Stände, Jg. 1 Nr. 265, Tübingen 5. November 1807. S. 1060 wird berichtet, daß die beschädigte Stelle am Hauptrelief damals „von einem Lukkeser Gypsgiesser elend genug restauriert worden war", nun aber „von Neuem durch den geschickten Bildhauer Hrn. Christen aus Stanz" ausgebessert wurde. Indessen sei der Marmor, „ungeachtet das Monument jeden Winter bedeckt wird, von der Kälte ganz zu Grunde gerichtet, und so mürbe geworden, daß man mit der Hand, wo man wollte, Stücke hätte wegbrechen können, daß also jene Beschädigung höchstwahrscheinlicher Weise nicht ein Werk der Bosheit, sondern des Unverstandes eines Knaben war, der daran hinaufklettern wollte, um seinen von einem muthwilligen Cameraden hinaufgeworfenen Hut herunterzuholen". Man habe daher beschlossen, das Hauptrelief „aus dem Denkmale herauszunehmen, und in dem nicht weit davon stehenden Pavillon aufzustellen". Vgl. die Notiz im Archiv für Künstler und Kunstfreunde, hrsg. von Johann Georg Meusel, Bd. 2 H. 3. Dresden 1808, S. 168 Nr. 24 (Christen restaurierte die „Hand mit

der Schaale"); Vögelin 10. Juni 1883 (wie Anm. 26); Vogler I. 1891 (wie Anm. 21), S. 46 Anm. 3.

24 Vgl. Hans von Matt: Joseph Maria Christen, sein Leben, sein Werk und seine Zeit (Quellen und Forschungen zur Kulturgeschichte von Luzern und der Innerschweiz, 3). Luzern 1957. S. 49–51, 133 Nr. 29, 30, Taf. 4 sowie S. 143 Nr. 125; Weisz 1930 (wie Anm. 2), S. 49 (Judith Gessner-Heidegger an Ferencz Kazinczy, 23. Juli 1793); Christens Selbstbiographie in: Neue Miscellaneen artistischen Inhalts für Künstler und Kunstliebhaber, hrsg. von Johann Georg Meusel. 8. Stück. Leipzig 1798. S. 1048 zum anscheinend nicht erhaltenen Gipsmedaillon, dem ersten postumen und laut Urteil der Witwe ähnlichsten Porträt Gessners, welches der Oldenburger Literat und Historiker Gerhard Anton von Halem (1752–1819) bereits am 10. August 1790 brieflich erwähnt (Gerhard Anton von Halem: Blicke auf einen Theil Deutschlands, der Schweiz und Frankreichs bey einer Reise vom Jahre 1790, erster Theil, Hamburg 1791, S. 80.).

25 „Geburts- und Sterbjahr sey nicht angezeigt", laut Carl Ludwig Junker, in: Neue Miscellaneen artistischen Inhalts für Künstler und Kunstliebhaber, hrsg. von Johann Georg Meusel, Bd. 2. Leipzig 1796. S. 200.

26 Friedrich Salomon Vögelin: Die alte Kunst an der schweizerischen Landes-Ausstellung. In: Züricher Post Nr. 133, Zürich 10. Juni 1883, S. 2., und Nr. 139, 17. Juni 1883, S. 2. Derselbe in: Officieller Katalog der Schweizerischen Landesausstellung Zürich 1883, Special-Katalog der Gruppe XXXVIII: „Alte Kunst", Zürich 1883, S. 11. Vgl. Vogler I. 1891 (wie Anm. 21), S. 47 Anm. 1.

---

218 *Abbildung*

Das Denkmal auf dem Platzspitz in Zürich 1791

„LE MONUMENT DE SALOMON GESNER A ZURIC", Idealansicht des im Herbst 1792 errichteten Denkmals nach dem von Alexander Trippel (1741–1793) in Rom im Herbst 1789 verfertigten endgültigen Entwurf. Das Blatt zeigt den projektierten, vom realisierten mehrfach abweichenden Zustand. Als Basis dient ein weites begrastes Postament anstelle des verwirklichten Rustikasockels; am Ort der 1792 aufgesetzten dickbauchigen Graburne erscheint eine Vase in Form eines antiken Stamnos.
Radierung von Wilhelm Friedrich Gmelin (1760–1820) in Rom nach einem im Sommer 1791 verfertigten, in mehreren Fassungen überlieferten Gemälde von Johann Heinrich Wüest (1741–1821).
Bild 35,2 x 47,6 cm
ZB Graphische Sammlung: Zürich II K 480.

219 *Abbildung*

Das Denkmal auf dem Platzspitz in Zürich 1801

Gessners Denkmal auf dem Schützenplatz bey Zürich, auf dem ursprünglichen Rustikasockel, Idealzustand ohne die umgebenden Sträucher hinter der ebenfalls weggelassenen hölzernen Abschrankung.
Radierung von Franz Niklaus König (1765–1832) nach eigener, im Oktober 1801 verfertigter Zeichnung. Illustration zu Königs *Reise von Interlacken nach Zürich, und von da durch die kleinen Cantone wieder zurück, im Oktober 1801,* im *Helvetischen Almanach für das Jahr 1803,* Zürich [1802], S. 139–161 (zu S. 150).
Bild 8,4 x 12,7 cm
ZB Graphische Sammlung: Apz 524
Lit.: Leemann Abb. S. 131.

220

Das Denkmal auf dem Platzspitz in Zürich 1804

Ansicht des wirklichen Zustands mit den umgebenden Sträuchern hinter der hölzernen Abschrankung sowie den hölzernen Sitzbänken im Rund unter Ahornbäumen, bei Nachmittagbeleuchtung von Südwesten.
Pinselzeichnung in Braun und Grau auf Papier von Johann Heinrich Wüest (1741–1821), auf der Rückseite bezeichnet „S. Geßners Denkmahl im Platz Ao 1804 v Wüst".
38,6 x 54,8 cm
ZB Graphische Sammlung: Zürich II K 481

221 *Abbildung*

Das Denkmal auf dem Platzspitz in Zürich 1883

Das Gessnerdenkmal in der Platzpromenade, mit Gessners Porträtbüste in Bronzeguß von Joseph Anton Maria Christen, die man 1808 am Ort des verwitterten Marmorreliefs von Alexander Trippel einsetzte. Zustand nach der Restaurierung von 1861; das Monument erscheint hinter gußeisernem Gitter von Efeu umrankt. Im Hintergrund die Industriehalle, das Hauptgebäude der Schweizerischen Landesausstellung 1883, an dessen Ort 1893–1898 das Schweizerische Landesmuseum erbaut worden ist. Vgl. S. 169 Anm. 17.
Holzstich von Barberis nach Zeichnung von Prof. A. Bonamore. Illustration in: *Ausstellungs-Zeitung, Officielles Organ der schweizerischen Landesausstellung 1883,* Nr. 11 & 12, Zürich 1. Mai 1883, S. 107 (zum Text S. 110). Vgl. das Gedicht von Jules F. U. Jurgensen (1837–1894) *Le printemps de 1883 à Zurich, à la Mémoire du poète idyllique Salomon Gessner qui, dès cinquante ans, a son buste érigé dans le parc de l'Exposition,* ebenda Nr. 17 vom 7. Juni 1883, S. 165.
16,5 x 22,8 cm
ZB: KK 1356

222

Elegie Dem Andenken Gessners Des Dichters Der Natur Und Unschuld Geweiht.

o. O. 1788
ZB: 18.655 (3); HAB: Lo 1221

223

Salomon Gessner. Der Tugend und Wissenschaft liebenden Jugend, gewiedmet von der Stadt-Bibliothek in Zürich, am Neujahrstag 1789.

ZB: KK 553

224

[Büeler, Franz Joseph]
Geschichte von Salomon Geßners Denkmal In den Alpengebirgen des Canton Glarus.

In einem Sendschreiben von F* J** B** [Vignette]
Bregenz, Verlegts Brentano und Geißler 1789.
ZB: PA 438 (oder 31.205/2)

225

Mallet, Jean Louis
Idylles pour la jeunesse.

Troisième Edition ... Genève, chez Guers, libraire, place de la Fusterie. 1809.
Privatbesitz Zürich

„eine sehr flüchtig gemachte Zeichnung" von Angelika Kauffmann

Eckhard Schinkel

In demselben Maß wie sich das Angebot an künstlerischer Originalgraphik, aber auch an Reproduktionsgraphik vervielfacht, gewinnt das originale Einzelkunstwerk an Bedeutung. Gedacht ist in dem vorliegenden Zusammenhang vor allem an Zeichnungen, Entwürfe, an jene flüchtig hingeworfenen Skizzen, die noch in der ersten Hälfte des 18. Jahrhunderts gerade aufgrund ihres fragmentarischen Charakters weitgehend verpönt waren. Ihnen eignet im Gegensatz zu vielen gesellschaftlich arrivierten, abgeschlossenen und hierin geschichtlich oft überholten Werken ein Moment von Unfertigkeit und Offenheit. Der Prozeß der Erarbeitung, die persönliche Auseinandersetzung mit der Tradition – in diesem Stadium zumeist den Augen des Publikums entzogen, manchmal nur einem kleinen Kreis von Eingeweihten zugänglich – geht in sie ein, bewußt oder unbewußt, macht sie zu vorläufigen Versuchen, verwerfbar in jedem Moment, weil nicht dem Druck des Gelingen-müssens preisgegeben. Hier hat das ‚Kunststück' die Möglichkeit eines Neuen, Befremdenden, dem allgemein Verbindlichen Widerstehendes. Diesen Charakterzügen gilt unsere kritische Aufmerksamkeit heute, neben der Bewunderung bloßer Kunstfertigkeit. Die „sehr flüchtig gemachte Zeichnung", wie Angelika Kauffmann (1741–1807) sicher nicht aus Unsicherheit ihrem zeichnerischen Können gegenüber bemerkt, erweist sich vor diesem Hintergrund als um so aufschlußreicher, als ihre Vorlage bekannt ist, eine kleine, nicht sehr kunstvolle Vignette von Salomon Gessner (1730–1788), dem Maler und Dichter der Idylle. (Abb. S. 175 unten)

In der zweiten Hälfte des 18. Jahrhunderts – Schaffenszeit beider Künstler – beschleunigen sich viele Entwicklungen in Kunst, Musik, Wissenschaft und Gesellschaft. Der Vorgang wurde beschrieben als Emanzipation des Bürgertums von der Herrschaft spätabsolutistischer Willkürgesetze und Normen. Er geht Hand in Hand mit der konfliktträchtigen Suche nach neuen, ‚gültigen' Gesetzen und Idealen für eine menschenwürdige, an der Natur orientierte Gestaltung der Zukunft. Zur Bildung und Beförderung der Humanität – das ist der entscheidende und folgenreichste Gedanke in diesem gesellschaftlichen Strukturwandel – bedarf es des kritischen Studiums der Geschichte, weitgehend in Gestalt der griechischen Kunst; sie sei die wahre „Schule der Humanität" (Herder).

Einen wesentlichen Anstoß hierzu gaben Johann Joachim Winckelmanns *Gedanken über die Nachahmung der griechischen Werke in der Malerei und Bildhauerkunst* (Dresden 1755). Ihr Kern beruht auf der Forderung nach Abkehr des Künstlers von der sklavischen Nachahmung der griechischen Kunstwerke. Nicht die erreichte Kunstfertigkeit in der Nachahmung, sondern das „wohl verstehen" der alten Autoritäten, das deutende Erkennen bestimme die Qualität der modernen Kunst. In einer ansatzweise geschichtsphilosophischen Überlegung begründet er diese Wende. Die Grundlagen einer Auffassung vom „Vollkommenen in der Natur des Altertums", womit die griechische Antike gemeint ist, haben sich in 2000 Jahren entscheidend geändert. Außerhalb Griechenlands, in der zweiten Hälfte des 18. Jahrhunderts gelten Lebensbedingungen, die unter den „Begriffen des Geteilten in unserer Natur" sich fassen lassen. Mehr ahnend als begründend umschreibt Winckelmann hier das Auseinandertreten von Kunst, Natur und Gesellschaft – später wird man von Entfremdung sprechen. Eine neue Verbindung dieser Bereiche sei die Aufgabe des Kunstwerks, sein Ziel „edle Einfalt" und „stille Größe", die Aufhebung dieser Gegensätze in sich durch eine neue Form aus dem Geist der antiken Kunst.

Angelika Kauffmann ist bereits keine unbekannte Künstlerin, als sie 1763 während einer Bildungsreise mit ihrem Vater durch Italien den hochgebildeten, empfindsamen Johann Joachim Winckelmann (1717–1768) kennenlernt. Er hat soeben den Höhepunkt seiner beruflichen Laufbahn erreicht als „Prefetto dell' Antichità" (Präsident der Altertümer) und „Scriptor linguae teutonicae" (Schreiber) in der Vaticanischen Bibliothek. Ein Abglanz dieser Bekanntschaft überdauert in dem außergewöhnlich schönen Porträt, das Angelika 1764 von ihrem Mentor anfertigt (vgl. Kat. Nr. 58, 59). In demselben Jahr, darauf könnte die Darstellung anspielen, faßt Winckelmann seine langjährigen Studien in der *Geschichte der Kunst des Altertums* zusammen. Bereits zwei Jahre zuvor hatte er dem von ihm sehr verehrten Salomon Gessner seinen Plan eröffnet, dieses Buch bei „Orell, Gessner und Comp." zu veröffentlichen (Brief an S. G., Rom 12. Juni 1762). Politische Rücksichtnahme ließ ihn diesen Entschluß revidieren.

Einer der vielen römischen Gäste in dieser Zeit war Heinrich Füssli (über Winckelmanns Verbindungen nach Zürich vgl. S. 52–56). Mag sein, daß er nach seiner Rückkehr dem Verlagsmitinhaber Salomon Gessner auch von Angelika Kauffmann erzählt hat. Sie ihrerseits mag schon bei Winckelmann von den Idyllen aus der Schweiz erfahren haben, denn er war von ihnen begeistert – was uns heute zumindest unter dem Gesichtspunkt „stille Größe" nachzuvollziehen nicht ganz leicht fällt – und er gab diese Begeisterung weiter: „Gestern habe ich meinem Freunde, Herrn Mengs, die Hälfte derselben [der *Idyllen*] vorgelesen, und er freuet sich, als ein eifriger Patriot unseres Volkes, daß unter demselben Seelen mit so Mahlerischen, Harmonischen, zärtlichen und Tugendhaften Empfindungen gebohren, und denen der Himmel das Talent verliehen, dieselbe mit eben dem Gefühle auszudrücken, und in andern zu erwecken." (an S. G., Rom den 17. Januar 1761).

Fehlendes Quellenmaterial verhindert eine Rekonstruktion der Biographie bis zu jenem Brief Angelika Kauffmanns aus London vom 6. April 1779, aus welchem wir erfahren, daß Gessner ihr am 28. März 1777 einen Brief, nicht näher benannte Schriften, die „während des Irrlaufs dieser Sendung verloren gingen", und eine „schöne Zeichnung die Sie mir gewidmet" geschickt hatte. In ihrer späten Antwort erklärt sie den Irrlauf und versichert, „daß ich nicht aus nachlässigkeit bis jetzt aufgeschoben habe Ihnen meinen Dank abzustatten und Sie meiner aufrichtigen Hochachtung zu versichern, und Ihnen zu sagen daß ich Sie schon lange in Ihren Gedichten und Zeichnungen bewunderet, und verehrt habe, und sehnlich gewünscht Sie persönlich zu kennen." Nun betont auch Gessner in dem bisher einzigen bekannten Brief an Angelika Kauffmann den Wunsch nach einer Begegnung (an A. K., Zürich 19. Juni 1779). Er sollte unerfüllt bleiben. Das briefliche Gespräch dagegen, ohne daß wir sagen können wie intensiv gepflegt, blieb erhalten. Noch sechs Monate vor seinem Tod schreibt der Vater dem zu Kunststudien in Rom weilenden Sohn Conrad: „Ich habe einen ungemein freundschaftlichen Brief von der so liebens- und hochachtungswürdigen Angelika. Sie sagt mir, sie mache sich ein wahres Vergnügen daraus, wenn sie Dir nützlich seyn könne. Benutze das; sie ist in allen Absichten ein fürtreffliches Weib, und ihr Umgang kann nichts anders als äusserst interessant seyn. Sie soll bezaubern, wenn sie Harmonika spielt; hast Du das noch nie gehört?" (30. August 1787). Wie *Salomon Geßners Briefwechsel mit seinem Sohne* (vgl. Kat. Nr. 174) zu entnehmen ist, besuchte dieser die Künstlerin mehrfach, sein künstlerisches, vom Vater nicht ohne Sorge betrachtetes Interesse richtete sich jedoch mehr auf die neuesten Entwicklungen in der Historien- und Pferdemalerei.

Zu ungenau umreißen diese historischen Stichpunkte, was uns heute interessiert: wie gestaltet sich die Beziehung zwischen Angelika Kauffmann und Salomon Gessner unter künstlerischen Gesichtspunkten? Sicherlich ist sie nicht so bedeutsam wie die zu Winckelmann, Goethe und anderen, verdient allerdings auch nicht, unerwähnt zu bleiben wie in der Biographie von Dorothy Moulton Mayer (1972). Zwei wichtige Dokumente zu dieser Frage sind die Zeichnungen *Glicère*, heute in der Hamburger Kunsthalle (Inv. Nr. 1932/177), und *Melida und der junge Schiffer* (vgl. Kat. Nr. 226), heute in Privatbesitz, nach einer Vignette von Salomon Gessner zu *Der erste Schiffer. Zweyter Gesang.* (vgl. Kat. Nr. 85) aus der Ausgabe *Sal. Gessners Schriften, IVer Theil.* (Zürich 1770, S. 182). Letztere, um die es uns hier gehen soll, schenkte die Künstlerin einer Gesellschaftsdame der Gräfin Solms-Erbach, Marianne Kraus, allerdings mit einer Oberflächlichkeit, die mit den sonst so gerühmten, tiefen Gefühlen für herzliche Freundschaft nicht recht in Einklang zu bringen ist. Vielleicht war diese Freundschaft so tief auch wieder nicht. Die Unterschiede beschreibt die eine Generation jüngere Freundin (geb. 1765) anläßlich einer Komödie, die beim gemeinsamen Frühstück (!) gegeben wurde: „gibt es doch nicht Empfindsame Seelen... ich schämte mich meiner starken Nerven wie ich so Alles, Damens und Herren, weinen sah. wenn ichs so vorgesehen hätte, ich würde mir Sals mitgenommen haben. da sitze also die holzige Krauss neben einer Angelika, die so laut schluckte, das sich steine hätten bewegen können... von anfang an koste es mir Mühe, mein Lachen zu verbergen..." (zitiert nach Helbok, 1968, S. 204 f). Wir vermuten, auch Angelika empfand derartige Unterschiede: „ich habe ihnen liebe Mad. Kraus eine sehr flüchtig gemachte Zeichnung geschickt, die ich schon vor einiger Zeit gemacht habe diese ist mier unter meinen zerstreuten papieren zu erst in die Hände gekomen. nemen Sie indessen mit dieser vorlieb vielleicht folgt mit der Zeit etwas besseres..." (zitiert nach Boerner, S. 2). Tatsächlich folgte ‚etwas besseres', das Miniaturbild *Ariadne am Meeresstrand.* – Unsere Fragen aber nach genauerer Datierung der vorliegenden Zeichnung, nach dem Anlaß für ihre Anfertigung und nach den wahren Gründen für die Geringschätzung des Blattes bleiben unbeantwortet. Dennoch ergeben sich aus dem bisher Gesagten einige Anhaltspunkte für ein „wohl verstehen" der Zeichnung.

Immer wieder wird in Arbeiten über Angelika Kauffmann betont, sie sei „in ihrem Werk den Forderungen nach ‚edler Einfalt und stiller Größe' sehr nahe gekommen." (zuletzt C. Helbok in: Boerner, S. VI). Sehr viel seltener wird ausgeführt, was mit jener inzwischen gewöhnlichen Umschreibung für Klassizismus eigentlich gemeint ist, so daß dieses schöne Wort in manchen

Nr. 226

Fällen zum Slogan deformiert. Vergleichbares geschieht in der Kunst, wenn das Lebendige von Klassik in Klassizismus erstickt. Formen und Inhalt beginnen zu klappern, wenn sich vormaliger Bildungsgehalt nur noch selbst wiederholt; Bildung, sinnentleert, verkommt zum Wissen. Tendenzen dieser Art begegnen auch in Werken der gebildeten Angelika Kauffmann, ja sie sind ein Teil ihres Erfolgs und im Blick auf einige Gemälde oder Stiche verstehen wir die Kritik des gleichaltrigen J. H. Füssli: „Liebe ohne Feuer; Lächeln ohne Fröhlichkeit; glänzende Tränen / Für unbekannten Kummer; und ohne Schönheit Vornehmtuerei; / Himmlische Huren; von Frankreich kostümierte Grazien; ... betroffene Menge / Starrt andächtig, bricht dann laut in Entzücken aus."

Nichts aus dieser Aufzählung indessen vermag die Zeichnung *Melida und der junge Schiffer* zu treffen. Ein Blick auf die Vorlage, die radierte Kopfvignette von Salomon Gessner, zeigt, was sie übernimmt und verändert: das Personenpaar, das Boot mit Ruder und Blumengirlande, den Wald und einen Durchblick. Die Handlungsszene spielt im Vordergrund, ihre Hauptelemente, der junge Schiffer, Melida und das Boot, sind vollständig gezeichnet; Mittel- und Hintergrund füllen Gebüsch und Wald mit einem in sich nicht weiter differenzierten Durchblick. Die Bilddiagonale von rechts oben nach links unten (über die rechte Schulter der Frau, zwischen den rechten Armen beider Personen auf den Ruderschaft zu) führt zu einer Bewegungsrichtung in den Vordergrund zum Boot. Die Logik dieser Bewegung stiftet der Text. „Sie gieng, der Jüngling mußte mit ihr, die schönsten Früchte zu brechen. Unvermerkt, da sie unter öftern Umarmungen und zärtlichen Gesprächen, der Früchte, die sie suchten, vergassen, verirrten sie dahin, wo der Nache am Ufer stand. Sieh, sprach der Jüngling, sieh meine Geliebte! Da steht der Stamm am Ufer, der mich über die Wellen des Meeres hin in deine Umarmung gebracht hat." Dieses literarischen Bezugs-

rahmens bedarf die Vignette, sie ist auf ihn hin konzipiert. Für sich betrachtet bietet sie ein synthetisches Ensemble heterogener Elemente, ihre Form stellt Zusammenhänge nur unzureichend dar.
Angelika Kauffmann kannte die zu dieser Vignette gehörige Erzählung. Der Früchtekorb in ihrer Zeichnung, bei Gessner nur im Text erwähnt, beweist es. Fraglich dagegen, ob das auch noch für Marianne Kraus zutraf – die Zeichnung trägt keinen originalen Titel. Als sie sie 1791 erhält, waren sowohl Stoff als Form der Erzählung überholt, hatte sich doch schon Salomon Gessner in den letzten Jahren seines Lebens nur noch als geschickter Verwalter seines Erfolgs betätigt. Entfällt aber mit dem unmittelbaren Bild-Text-Bezug eine Identifizierung als Illustration, konzentriert sich der Deutungsversuch auf die Darstellung und ihre Interpretation einer Vorlage. Abweichend davon gibt Angelika Kauffmann ihrer Zeichnung ein Zentrum. Mann und Frau werden durch parallele Schrittstellung und die ausgestreckten Arme, wobei der rechte der Frau nichts Trennendes wie in der Vorlage bewirkt, zu einer in verhaltener Bewegung ruhenden Zweiergruppe zusammengefaßt. Beide Figuren erhalten ein gräcisierendes Kostüm mit parallelisiertem Faltenwurf. Spurlos verschwindet dabei der Hauch spielerischer Erotik, welche noch Gessners Erzählung belebend durchzieht. Sie hat im offiziellen, bürgerlichen Tugendkatalog keinen Platz mehr. Kopf- und Armhaltung betonen das intensive Gespräch. Was in dessen Verlauf für die Frau als Problem sich erweist – fragend scheint sie sich ihrem Begleiter zuzuwenden –, nämlich das Boot (Zeigegeste ihrer rechten Hand) in eine Beziehung zur Ferne zu setzen (Zeigegeste der linken Hand in Horizonthöhe), entbehrt für ihn des Außergewöhnlichen. Wie selbstverständlich, ohne hinzusehen, stellt er in seinem Hinweis auf das Boot die Verbindung zwischen Nähe und Ferne her. Dagegen vertieft er sich mit hingebungsvollem Blick in die Anwesenheit der Frau. „Stille Größe" auf seiten des Mannes und „edle Einfalt" auf der der Frau? In ihrem harmonischen Beisammen Darstellung idealer Tugend? „In allen Kompositionen der Angelika ist diese ihr eingeborene moralische Grazie der Charakter ihrer Menschen ... Wie etwa ein schuldloser Geist sich menschliche Charaktere denken mag, so hat sie solche, aus ihren Hüllen gezogen und mit einem schönen Verstande, der das Ganze auf das leiseste umfaßt und jeden Teil wie eine Blume entsprießen läßt, harmonisch sanft geordnet. Ein Engel gab ihr ihren Namen, und die Muse der Humanität ward ihre Schwester." (J. G. Herder, Briefe zur Beförderung der Humanität, 1793–97, 71. Brief).
Wir spüren die Kraft dieses gläubigen Vertrauens in das Erlebnis ‚unmittelbarer' Schönheit, Harmonie und in den Schein des Guten; doch weniger denn je können wir ihr uns heute vorbehaltlos hingeben. Beachten wir z. B. die Haltung der Frau – bei Gessner ist sie noch gleich groß, wenn nicht sogar größer als der Mann, beide stehen aufrecht. Warum nicht bei Angelika Kauffmann? Ihre Darstellung erhebt die spießbürgerliche Unterordnung der Frau unter den Mann zum Prinzip. Der Mann ist führend vorausgegangen, sie sieht ergeben zu ihm auf, steht gebückt; und ohne daß der Betrachter dafür den Grund erfährt – bei Gessner steht nichts davon –, bestärkt die Korrespondenz ihrer Haltung mit dem Baum im Vordergrund rechts dieses Schicksal als natürliches und allgemeines Los des ihr zugeordneten Daseins. Dazu kommt das entsprechende Klischee, durch den Mann verwirkliche sich die weibliche Sehnsucht, deren Bild Ferne und Weite sind; Meer, das ferne Land und der Horizont werden durch die Anordnung in der linken Bildhälfte der männlichen Existenz zugeordnet, außerdem das Boot, das mit dem urtümlichen Einbaum in der Vignette nichts mehr gemeinsam hat.
Unklassisch im Sinne einer Unstimmigkeit wirkt das schemenhaft angedeutete Land im Hintergrund links – bei Gessner bleibt der Durchblick leer. Es liegt nicht im Blickfeld der beiden Personen. Jedoch wird der Blick des Betrachters durch die Diagonale von rechts unten nach links oben in den Bildhintergrund darauf hingeführt. Die dabei abnehmende zeichnerische Beschwerung erscheint als romantische Möglichkeit einer Grenzüberschreitung, heraus aus dem sonst ausgewogenen Strukturzusammenhang des Bildes in eine Wirklichkeit jenseits klassizistischer, will sagen „vornehmtuerischer" Harmonie, Symmetrie und Zeitlosigkeit.
Was an ausgesuchten Punkten zu erfassen versucht wurde, sind Ausdrucksaspekte des Kunstwerks nicht nur in seinen ‚wesentlichen' Teilen und Bezügen. Das muß nicht der Absicht oder Meinung des Künstlers über sein Werk entsprechen. So beschreibt das Wort von der „sehr flüchtig gemachten Zeichnung" ein subjektiv empfundenes Mißlingen, gemessen an den Leitbildern klassizistischer Bildkonzeption, an dem gebildeten Auge der Künstlerin und ihrer mechanischen Kunstkenntnis (Goethe). Weniger die maltechnischen Verzeichnungen, vielmehr der Stoff *Des ersten Schiffers* – sein Thema von der Erfindung der Seefahrt aus den quälenden Liebesphantasien eines einsamen Jünglings und einer ebenso einsamen Jungfrau – kann nicht vor den geforderten hohen Idealen bestehen. Gemessen jedoch an dem dargestellten Ausdruck fällt es schwer, sich dem konservativ geprägten Urteil Angelikas anzuschließen. In der angedeuteten Weise enthält ihre unbenannte Zeichnung neben allem Klassizismus auch Spuren bewußtlosen Widerstands gegen ihn. Nur

Angelika Kauffmann: Zeichnung zu Gessners Idylle *Glicère (= Daphne).* Kunsthalle Hamburg.

in diesem augenaufschlagenden Innehalten, das sich im Moment des gesellschaftlichen Erfolgs bereits überlebt, ist sie mit Gehalt und Schicksal der Prosadichtung von Salomon Gessner verwandt.

Lit.: S. Geßners Briefwechsel mit seinem Sohne. Während den Aufenthalten des Letztern in Dresden und Rom, in den Jahren 1784–85 und 1787–88. Bern und Zürich 1801; Winckelmanns Briefe an seine Zürcher Freunde. Neu hrsg. v. Hugo Blümner. Freiburg i. B. und Tübingen 1882; Salomon Geßners Beziehungen zu Zeitgenossen. Von P. Leemann-van Elck. Zürich 1930; P. Leemann-van Elck: Salomon Gessner als Buchkünstler. In: Stultifera Navis. Mitteilungsblatt der Schweizerischen Bibliophilen-Gesellschaft. 7. Jg. Nr. 3/4. 1950. S. 77–84; E. C. Mason: Unveröffentlichte Gedichte von Johann Heinrich Füßli. Zürich 1951; Werner R. Deusch: Die französischen Illustrationsfolgen zu Salomon Gessners Werken. In: Philobiblon. Jg. IX/I. 1965; Eugen Thurner (Hg.): Angelika Kauffmann und die deutsche Dichtung. Bregenz o. J. (1966); Claudia Helbok: Miss Angel. Angelika Kauffmann – Eine Biographie. Wien 1968; Ausst. Bregenz 1968. Angelika Kauffmann und ihre Zeitgenossen. Vorarlberger Landesmuseum. Bregenz 1968; Leo Balet und E. Gerhard: Die Verbürgerlichung der deutschen Kunst, Literatur und Musik im 18. Jahrhundert. Hrsg. u. eingeleitet von G. Mattenklott. Frankfurt-Berlin-Wien 1973; Johann Heinrich Füssli: Sämtliche Gedichte. Hrsg. v. Martin Bircher und Karl. S. Guthke. Zürich 1973; Ausst. Düsseldorf 1979. Angelika Kauffmann und ihre Zeit. Graphik und Zeichnungen von 1760–1810. Antiquariat C. G. Boerner. Düsseldorf 1979; Bruno Weber: Gessner illustriert Gessner. In diesem Katalog.

226

Angelika Kauffmann
Zeichnung nach einer Vignette aus Salomon Gessners „Der erste Schiffer". Zweiter Gesang. Zürich 1770.

Braune Feder über Kreide auf blauem Naturpapier.
20,7 x 27,4 cm
Am Unterrand rechts monogrammiert „AK".

Alt aufgezogen und in brauner Feder auf der Rückseite des Unterlagebogens beschriftet „No 6 / Angelica Kaufmann an Maria Kraus gegeben; bey Ihrer Anwesenheit in Rom mit dem Grafen und der Gräfin von Erbach im Jahr 1790".
Foto (Antiquariat C. G. Boerner, Düsseldorf)

Lit.: Ausst. Düsseldorf 1979. Angelika Kauffmann und ihre Zeit. Graphik und Zeichnungen von 1760–1810. Antiquariat C. G. Boerner. Düsseldorf 1979. S. 2.

„Toujours passionné pour vous et pour la Nature ...“ Schöpferische Begeisterung eines italienischen Zeitgenossen

Jörg-Ulrich Fechner

Wirkung haben zu wollen, ist ein Grundantrieb aller Künstler und Kunstwerke; Wirkung zu haben, liegt nicht von vornherein in ihrem Ermessen und ihrer machbaren Macht. Salomon Gessner erzielte Wirkung in seiner Doppelrolle als Dichter und Maler; ja, man kann sagen, daß es ihm als deutschsprachigem Verfasser schöngeistiger Literatur erstmals gelang, bei den Zeitgenossen, wenn freilich schon nicht zeitenüberdauernd, breite Anerkennung zu finden. Die Internationalität dieser Wirkung, die sich von Übersetzungen des gesamten Westeuropa bis hin zu skandinavischen, slawischen, ja, hebräischen erstreckt, ist ein wesentlicher Faktor, den es bei der geschichtlichen Einordnung und Bewertung der gessnerischen Leistung jeweils zu berücksichtigen gilt. Das soll hier an einem Extremfall und Randkapitel der Wirkungsgeschichte Gessners dargestellt werden.

Übersetzungen von Gessners Werken in Buchform gab es auf Französisch seit 1756, auf Englisch und Holländisch seit 1761 und auf Italienisch seit 1771. Hier in Italien war es nun, daß aus Begeisterung für Gessner und sein Werk ein um fast eine Generation jüngerer Übersetzer über die Literatur hinaus den persönlichen Kontakt mit dem Schweizer Verfasser anstrebte und auch anbahnte, eine Verbindung zudem, die bis zu Gessners Tod andauerte und aus einer zunächst literarischen und stilistischen Freundschaft zu einer letztlich ethischen Auffassung von persönlicher Integrität und damit Vorbildlichkeit führen sollte. Es war dies der Abate Aurelio de' Giorgi Bertòla (1753–1798) aus Rimini, der, nachdem er sich dem klösterlichen Leben entzogen und einige Jahre als Soldat in Ungarn, dann in Wien und Umgebung verbracht hatte, seit 1774 in Siena im weltlichen Lehramt stand und nach längerem Aufenthalt in süditalienischen Hofkreisen 1780 als Professor für Erdkunde und Weltgeschichte in der Königlichen Militärakademie zu Neapel eine Anstellung fand, bis er 1784 an die Universität Pavia überwechselte, wo er bis zu seinem Lebensende blieb, unterbrochen durch den Lebenshöhepunkt einer Reise zu Gessner und an den Rhein im Sommer und Herbst 1787. Beiden diesen gesteigerten Erlebnissen begegnete Bertòla mit literarischer Gestaltung seiner Erfahrung: dem *Elogio di Gessner* (Pavia: Bolzani 1789), das noch im selben Jahr in deutscher Übersetzung vorlag, und dem *Viaggio sul Reno e ne' suoi contorni* (Rimini: Albertini 1795), das schon im Folgejahr – wohl von dem in Rom ansässigen Maler Müller übersetzt – in Mannheim bei Schwan und Götz erschien. Mit diesen Werken wie mit seiner weitverstreuten Lyrik, Idyllik und mit seinen Fabeln, die alle durchweg von seiner Kenntnis deutscher Literatur und, was damals für Italiener weitaus seltener war, auch der deutschen Sprache mitbestimmt sind, zeigt sich Bertòla zwischen der traditionsgebundenen Norm der römischen Dichtergesellschaft Arcadia, in der er den Schäfernamen Ticofilo Cimerio trug, und der neuen, internationalen Sensibilität der Vorromantik. In dem Geflecht der ihn und seinen kulturellen Standort bestimmenden Faktoren ist nun Salomon Gessner für Aurelio de' Giorgi Bertòla das höchste Vorbild, sein Maß und sein Muster.[1]

1777 hatte Bertòla seine gedruckte *Scelta d'Idillj di Gessner* (Napoli: Raimondi 1777) mit einem Begleitschreiben an Gessner verschickt. Gessner antwortete, und es erwuchs daraus die Freundschaft, die ihren Gipfelpunkt bei Bertòlas Besuch im Sihlwald 1787 erreichte. Schon am 6. Juli 1779 kündigte ein Brief aus Neapel dann ein Gessner thematisch wie persönlich gewidmetes Gedicht Bertòlas an: „J'ai actuellement sous presse un nouveau Recueil de mes *Poesies Champêtres;* où on lira le petit poème, que vous me donnates déjà la permission de consacrer à votre Nom immortel.“ [2] Doch dazu sollte es vorerst noch nicht kommen; ein Brief vom 26. Oktober 1779, der die Übersendung der *Nuove Poesie Campestri e Marittime* (Genova 1779) anzeigte, bemerkte hierzu: „Vous ne trouverez pas dans ce petit volume de mes Poesies l'hommage que je vous ai preparé: je lui destine une edition à part, et cela bientôt. Heureux cependant mille fois, si dans ces essais vous daignez reconoitre, Monsieur, votre imitateur, faible peut-être, mais toujours passionné pour vous et pour la Nature! Nous n'avions pas des poesies dans ce genre-là: on commence cependant à l'aimer, et à le cultiver.“[3] Bertòlas Gedicht auf Gessner steht in diesem Zusammenhang; es gehört zu einer für die italienische Literatur neuen Gattung, die der Übersetzer deutscher Beispiele hier eigenschöpferisch fortsetzte, so daß ihn der nur moderne Vorwurf der Nachahmung nicht treffen kann, da er sich eben nicht als Epigonen, sondern als leidenschaftlichen Anhänger seines literarischen Vorbildes und der dahinterstehenden Natur selbst einstuft. Aber auch der hier geplante Einzeldruck kam aus ungenannten Gründen noch nicht zur Ausführung. Fertiggestellt war das Gedicht jedenfalls, wie das Datum des beigefügten Widmungsbriefes zeigt, am 2. Mai 1780. Eine Pause von Bertòlas Übungen auf dem Feld der Musen ergab sich durch seine bald nun einsetzende Lehrtätigkeit an der Neapolitaner Militärakademie [4]. Erst am 7. August 1781 lautet eine Briefbemerkung Bertòlas: „J'espere de pouvoir vous envoyer à la fin de septembre l'édition complette de mes oeuvres, où il y a un poême avec une lettre à Mr. Gessner sur le Repos." [5] Das so angekündigte Buch sind die *Poesie di Ticofilo Cimerio* (Cremona: Manini 1782. – Das Gedicht *Il Riposo* steht dort S. 213 ff. –). Als eine briefliche Bestätigung Gessners ausblieb, schrieb Bertòla erneut am 17. Dezember 1782: „Avez vous reçu de Cremone le volume de mes Poesies nouvellement imprimées, que j'ai ordonné qu'on vous envoi? Il y a dans ce volume ce petit poème, dont je vous ai parlé, il a longtems: on y lit à la tête: *A Monsieur Gessner.* Agreez je vous en prie ce foible attestat de l'amitié et de l'estime la plus sincere." [6] Und da Bertòla aus den früheren Briefen wußte, daß Gessner seine italienischen Schriften nur mit Hilfe des Freundes Usteri lesen konnte, nutzte er die Gelegenheit seiner jungen Bekanntschaft mit einem deutschschweizerischen Reisenden, dem Speyerer und Hildesheimer Domherrn Joseph von Beroldingen [7], zu einem Postscriptum: „Mr. Beroldingen en doutant que mes Poesies ne vous soient encore parvenues, il va faire une traduction du petit poême *il Riposo*, et de la lettre dedicatoire à Mr. Gessner. Il vous l'envoyera incessament." [8] Das geschah in der Tat, und schon am 25. Januar 1783 antwortete Gessner: „Ob ich ihre Gedichte erhalten habe? Ja, mein bester freund! und ich habe ihnen so lange nicht gedankt, fur das susseste Vergnugen, das sie mir gemacht haben, ob ich sie gleich so muhsam verstehen muß. Sie sind der Dichter der sussesten Gefuhle und der schönen Natur, ihr Herz redt in jedem Zug, und eine glühende Phantasie belebt alles wie ein süsser fruhlings Duft. Unser von Beroldingen hat mir durch Seine Übersetzung der *Ruhe* unendlich viel Vergnügen gemacht. Ihr Gedicht ist sanft und angenehm, wie die Ruhe, die sie besingen, aber wie kan ich, bester Freünd! ihnen fur die Ehre danken, die sie mir darbey vor dem ganzen sie bewundernden Publico erweisen! Ich fühle ihren ganzen Werth, und bin stolz darauf, ihr Freünd zuseyn." [9]

Der Widmungsempfänger Gessner findet sich also in der zeitgenössischen Darstellung Bertòlas wieder; der Kreis von Naturnachahmung in der Kunst und der ihr folgenden Kunstnachahmung schließt sich so. Bertòla hatte in seiner Idylle das Thema der Ruhe im Sinne der klassischen Vorstellung von der ‚tranquillitas animi' behandelt. Ähnlich wie in Gessners Idyllen oszilliert der Text zwischen visualisierbaren Wortaussagen und literarisierten optischen Eindrücken. Auch Bertòla verwendet dazu Naturelemente, die trotz ihrer angestrebten Wirklichkeitsverankerung topisch sind; nur fehlen seinem auf die lyrische Sprechergestalt beschränkten Gedicht die holzschnittartigen Handlungsträger Gessners, deren unindividualisierte Konturlosigkeit, die den geistesgeschichtlichen Ort vor den Forderungen des Sturm und Drang kennzeichnet, noch Goethe in *Dichtung und Wahrheit* in bezug auf Gessner mit dem heute leicht mißverständlichen, damals aus der kunstgeschichtlichen Terminologie entlehnten Attribut ‚charakterlos' plakatiert. Auch Bertòlas Gedicht steht – wie die Idyllik Gessners – an der Grenzscheide vom idyllischen Bildchen und dem Stilleben. Aber Bertòla beläßt es nicht bei einem ortlosen Nirgendwo seiner Idylle. Indem er die ihr zugrunde liegende Wertvorstellung mythisch in die Vergangenheit der Antike verlängert, findet er zugleich eine aktuelle Bestätigung in der realen Existenz Gessners. Das betont nachdrücklich der widmende Begleitbrief an Gessner, der ihn in seinen Rollen als Familienvater, als Ämterträger im Gemeinwesen seines demokratischen Vaterlandes und als wahren Menschenfreund anspricht, um erst dann aus dieser Vielfalt der Beschäftigungen ein gelungenes Bewahren der Gemütsruhe zu begründen. Der von der Antike ausgewiesene Mythos wird so gegenwärtig, reaktualisiert.

Ähnliches zeigt wiederum der Briefwechsel. Als Bertòla 1781 eine anthologische Sammlung von Gedichten mehrerer Verfasser nebst seiner Leichenrede auf die Fürstin Livia Doria Caraffa zusammenstellte, erbat er am 7. August 1781 auch von Gessner einen Beitrag: „il y a longtems, que l'Italie n'a eu un'ame pareille: la pureté de ses moeurs, ses vertus citoyennes etoient dignes des beaux jours de la Grece et de Rome. Donnez, je vous en supplie, un de vos momens, à consacrer à ces vertus: laissez couler de votre plume une petite idylle; j'en donnerai la traduction italienne, qu'on imprimera à coté de l'original. Permettez-moi de vous en faire la demande avec l'empressement le plus vif. Une petite description de ce sejour charmant, dont vous me parlez si bien dans votre derniere lettre, peut me suffire." [10] Gessner hatte am 24. Juni 1781 dazu geschrieben: „ich habe ein amt erhalten, bey dem ich auf die angenehmste arth für die Geschäfte, die ich darbey habe, belohnt bin. Ich bin durch dieses amt der besizer eines land-hauses, in einer Gegend, die alles das phantastische hat, was mahler oder dichter sich denken könen. Ein kleiner fluss fliesst an meinem haus vorbey, das in einer Wiese steht, diese ist von einem buchen Wald ganz eingeschlossen, und alles ist mit anhöhen begränzt, von denen ich die bezauberndesten aussichten habe, und hier werd ich nun alle Jahre die schönsten Sommermonate zubringen. Das schönste, was der landschaftsmahler zu seinen Studien wählen kan, ist hier um mich her, und eh ich eine antwort von ihnen werde haben könen, werd ich vermuthlich schon da seyn." [11]

Bertòla rezipierte diese Briefschilderung wie die Idyllen Gessners mit seiner italienischen Bildungstradition und mit seinem zeitgenössisch weltliterarischen Wissen von Popes wie Thomsons *Jahreszeiten,* Youngs *Nachtgedanken,* dem Rousseauismus und vor allem der deutschen vorklassischen Literatur. Er pendelt – ‚onduliert', wie er selbst gern sagt – zwischen der Begeisterung für das psychisch wie symbolisch auffüllbare Pittoreske, der Elektrisierbarkeit seiner ‚sensibilità' und der Nostalgie nach dem Mythos, dem Heimweh nach der frühzeitlichen Unschuld. Doch gerade in der Erfahrung von Gessner als einem menschlich präsenten, realen Zeitgenossen und Kunstgefährten wie -vorbild aktualisiert sich für Bertòla der Mythos neu, bleibt nicht einer unerreichbaren Vergangenheit als nur ein intellektuelles Wissen unwiederholbar verhaftet. Zumindest in diesem Sinn, verbürgt durch die gegenwärtige Existenz und Leistung Gessners, erhält der Mythos für Bertòla wiederum Züge einer zukunftsorientierten Utopie: er wird Ausdruck einer zwar unpolitischen, aber dennoch in das Umfeld und in die Gleichzeitigkeit der Vorrevolution gehörigen Hoffnung.

---

1 Zu Bertòla vgl. Città di Rimini: Studi su Aurelio Bertòla nel II centenario della nascita. Bologna: STEB 1953; Jörg-Ulrich Fechner: Erfahrene und erfundene Landschaft. Aurelio de' Giorgi Bertòlas Deutschlandbild und die Begründung der Rheinromantik. Opladen: Westdeutscher Verlag 1974 (= Abhandlungen der Rheinisch-Westfälischen Akademie der Wissenschaften; Bd. 52).

2 Fechner, a. a. O., S. 278. – Die Briefzitate erscheinen originalgetreu, ohne normalisierende Eingriffe in die Rechtschreibung, Bertòlas Italianismen und auch Sprachfehler.

3 ebd., S. 280.

4 Vgl. den Brief Bertòlas an Gessner vom 23. Februar 1781; ebd., S. 281.

5 ebd., S. 284.

6 ebd., S. 284

7 Zu Beroldingen (1738–1816) vgl. zuletzt: Hartmut Harthausen: Joseph Anton Siegmund Freiherr von Beroldingen. In: Pfälzer Lebensbilder. Bd. 3. Speyer 1977. S. 107 ff.

8 Fechner, a. a. O., S. 285.

9 ebd., S. 285 – Der seltene Erstdruck des Briefes findet sich in der „Raccolta di scelte prose alemanne con gli elementi gramaticali ad uso degl' Italiani". Pavia: Bolzani 1781. Bd. II. S. 84 ff. – Zu dem Anthologisten Anton Drexl und zu der ihm von Bertòla gewährten Hilfe vgl. Fechner, a. a. O., S. 76 f., 256 ff.

10 ebd., S. 283.

11 ebd., S. 282.

227

Aurelio de' Giorgi Bertòla (1753–1798)

Ölporträt eines unbekannten Malers, etwa 1792/93 entstanden.
Farbfoto des Gemäldes im Besitz der Pinacoteca Comunale Rimini.
Privatbesitz J.-U. Fechner

Das Halbbild zeigt Bertòla mit dem fertigen Manuskript seines Buches *Viaggio sul Reno e ne' suoi contorni* (Rimini: Albertini 1795; deutsch unter dem Titel: *Malerische Rhein-Reise von Speyer bis Düsseldorf.* Mannheim: Schwan und Götz 1796) nebst der eingebundenen Landkarte, auf der die Zeigefinger den Anfangs- und Endpunkt der Reisebeschreibung hervorheben. – Auf dieser im Sommer und Herbst 1787 unternommenen Reise hatte Bertòla Gessner im Sihlwald besucht.

Lit.: Mario Zuffa: I lavori della commissione di vigilanza sugli istituti culturali di Rimini. In: La Piê, rassegna bimestrile d'illustrazione romagnola 36. Nov./Dez. 1963. S. 251.

228

Aurelio d' Giorgi Bertòla (1753–1798)

Kupferstich, ca. 1783.
22,5 x 14,5 cm
Sergent Marceau del. / L. Rados sc.
Privatbesitz J.-U. Fechner

Gesamtporträt mit perspektivisch verzerrter Rokoko-Parkarchitektur im Hintergrund.
1783 hatte Bertòla aus freien Stücken seine Professur an der Königlichen Militärakademie in Neapel aufgegeben, um mit seinem Freund, dem Speyrer und Hildesheimer Domherren Joseph von Beroldingen, in die Schweiz zu Gessner zu reisen, an der Jahrestagung der Helvetischen Gesellschaft teilzunehmen und anschließend in Deutschland literarisch und journalistisch als Berufsschriftsteller zu leben. Durch äußere Zufälligkeiten verpaßten sich die Freunde an dem vereinbarten Treffpunkt. Bertòla reiste allein nach Wien, lebte dort einige Zeit im Umkreis des Kardinal Garampi und wurde in der Folge zum Professor an der Universität Pavia ernannt. Von dort aus holte er 1787 seinen Besuch bei Gessner nach.

Lit.: Über diese Künstler vgl. Thieme-Becker Bd. 30, 1936, S. 512 bzw. Bd. 27, 1933, S. 551 f.

229

Aurelio de' Giorgi Bertòla
Scelta d'idillj di Gessner, tradotti dal tedesco.
Napoli: Raimondi 1777.
Mit gestochenem Frontispiz von Cimarelli.
ZB: Z AX 672

Bertòlas erster Versuch, das Gessnersche Modell einer modernen Idylle dem italienischen Lesepublikum in Form eines Buches zu vermitteln, bot zugleich den Anlaß, durch die Übersendung eines Exemplars mit dem Schweizer Verfasser eine Brieffreundschaft anzuknüpfen. In seiner Vorrede ergriff Bertòla die Gelegenheit, die bisher geschmähte deutsche Literatur in Italien umzuwerten. Gessner, der für ihn den Höhepunkt der gleichzeitigen deutschen Literatur bildet, steht in einer weltliterarischen Traditionskette, die zu Theokrit und Vergil zurückreicht; andererseits ist Gessner durch besonders die französische Idyllen-Nachfolge von Dorat, Léonard, Sabatier, Saint-Lambert, den Abbé Arnaud und Diderot auch gattungsmäßig bei den Zeitgenossen anerkannt. Gessners Prosaform der Idyllen verbirgt für Bertòla eine latent angelegte poetische Sprache, die der italienische Übersetzer nur mit dem Mittel des Verses angemessen übertragen kann, um Gessners innige Verknüpfung von Zeichnung und Kolorit zu erhalten, die allein das Ideal dieser Dichtungsart ermöglicht: „wahre Darstellung, nicht bloß eine schöne Kunstfigur". Gessners Kunst lebt mit seiner Behandlung des Details, die eine äußerste Feinheit aufweist. Eben durch die Verknüpfung von solchen Details erzielt Gessner die gesteigerte Kunstform der durchgängigen Miniaturen.

230

Aurelio de' Giorgi Bertòla
Idea della poesia alemanna.
Neapel: Raimondi 1779.
Privatbesitz

Nachdem Bertòla seit 1774 in Zeitschriftenbeiträgen einzelne deutsche literarische Texte in seiner italienischen Übersetzung zum Abdruck gebracht hatte, faßte er 1777 eine erste Sammlung mit Texten von Gessner, Kleist, Cronegk, Hagedorn, Jacobi, Gotter, Gleim, Gerstenberg und Wieland in Buchform als Hochzeitsgabe zusammen: *Poesie diverse tradotte, e pubblicate per le faustissime nozze de' nobilissimi Signori Francesco Piccolomini di Siena, e Contessa Francesca Bertozzi di Fano* (Neapel: Raimondi 1777). Gleichzeitig legte Bertòla auch eine nur auf Gessner bezogene Sammlung seiner Übersetzungen in Buchform vor: *Scelta d'Idillj di Gessner* (Neapel: Raimondi 1777). Die hier nun verzeichnete Arbeit Bertòlas ging folgerichtig dazu über, die Anthologie um eine Geschichte der deutschen Literatur zu erweitern. Das Buch stellt die erste deutsche Literaturgeschichte in Italien dar. Bertòla unterteilt die deutsche Literatur in vier klar voneinander geschiedene Epochen. Bertòla versucht, die fremdsprachliche Literatur nach den aufklärerischen Ansätzen über die nationalen Eigentümlichkeiten und die natürlichen Lebensbedingungen zu verstehen und sie so in ein großes Konzept der Weltliteratur und deren fortschreitender Entwicklung einzubeziehen. Auch hier bildet Gessner für Bertòla wiederum den Höhepunkt und die Erfüllung deutschsprachiger Literatur. – In überarbeiteter und erweiterter Form erschien Bertòlas Literaturgeschichte und Anthologie dann unter dem Titel *Idea della bella letteratura alemanna* in Lucca: Bonsignori 1784 in zwei Bänden.

231

Aurelio de' Giorgi Bertòla
Operette in verso e in prosa
dell'Abate De' Giorgi–Bertòla.
Bassano: Remondini 1785–1789. 3 Bände.
Privatbesitz J.-U. Fechner

Dies ist die einzige, noch zu Lebzeiten des Verfassers erschienene Sammelausgabe des italienischen Übersetzers, Briefpartners und Verehrers Gessners, Aurelio de' Giorgi Bertòla (1753–1798). Sie enthält etliche Spuren der Freundschaft des Italieners mit Gessner, so im ersten Band (S. 157 ff.) das dem Schweizer gewidmete Versidyll *Il Riposo* oder im dritten Band (S. 247 ff.) den Nachdruck von Bertòlas *Elogio di Gessner.* – Bertòla, aus Rimini gebürtig, für den geistlichen Stand bestimmt, dem Kloster entflohen, Soldat in Ungarn, Hofmann in Wien, Lehrer in Siena, Hofmann erst, dann Hochschullehrer in Neapel, später in Pavia ist der einzige italienische Übersetzer Gessners, der zu dem Zürcher Verfasser und Maler in persönlicher Beziehung stand. Als italienischer Dichter, Übersetzer und Schriftsteller steht Bertòla zwischen dem Erbe des Rokoko und den Vorboten der Romantik, ist weltliterarisch angeregt und wirkt besonders als Mittler deutscher Literatur, für deren Übersetzung er fast eine Monopolstellung besitzt.

232

Aurelio de' Giorgi Bertòla
Elogio di Gessner.
Pavia: Bolzani 1789.
Mit gestochenem Ziertitel von F. Anderloni.
ZB: 18.17555

Bertòlas Lobschrift auf Gessner wurde durch den aktuellen Anlaß von Gessners Tod beschleunigt zum Druck befördert und erlebte noch im Erscheinungsjahr zwei voneinander unabhängige deutsche Übersetzungen, die des Zürcher Ratsherrn Ziegler und eine anonyme in Schlesien. Bertòlas Elogium ist von der humanistischen Gattungstradition abhängig, dient dem Verfasser aber zugleich dazu, seine Einsichten in das Wesen der Literatur an einem aktuellen Autor darzustellen. Mit dem Versuch „di esprimere alcuni più segreti e più sfuggevoli lineamenti" enthält diese Lobrede so zugleich das poetische Selbstbekenntnis Bertòlas. Mit seiner stilistischen Palette erzielt Bertòla eine Verfeinerung des kritischen Wortschatzes, der erstmals Impulse der deutschen Literatur in Italien beschreibend freilegt und damit für die italienische Literatur verfügbar macht. Unter dem wertenden Kunstbegriff der ‚grazia' versteht Bertòla in Anlehnung an Mengs, Winckelmann und Sulzer die Gessnersche Lösung des Verhältnisses von Natur und Kunst.
„Tanta e tale è la precisione e la convenienza delle parole, il suono e la collocazione di queste, che ne presentano in un baleno e gli atteggiamenti e finanche il colore proprio di ciascuna passione, e fanno sempre intendere assai più di quello che si legge. I tratti più fini della espressione degli affetti son rilevati con una gradazione quasi furtiva, così che ne sentiamo la forza senza vederne l'artefizio: siffatta gradazione

non potea essere disposta e guidata che da una mano pittorica padrona di aprir quelle vie, onde nell'atto che commovesi il cuore, si va a colpir l'intelletto e a dilettare l'immaginazione."

233

Raccolta di scelte prose alemanne con gli elementi gramaticali ad uso degl'Italiani.
Pavia: Bolzani 1789. 2 Bände.
Privatbesitz J.-U. Fechner

Diese Anthologie als Hilfsmittel des Spracherwerbs ist zugleich die erste originalsprachliche Anthologie deutscher Literatur in Italien. Die aufgenommenen Autoren gehören insgesamt der gleichzeitigen Literatur Deutschlands an und umfassen namentlich Lessing, Winckelmann, Garve, Engel, Schlözer, Zimmermann, Gellert, Iselin, Goethe, Haller, Möser, Wieland, Rabener, Mendelssohn, Gessner, Sulzer, Sophie La Roche, Herder, Meiners, Müller, Sonnenfels, Frank, Bronner und Meinhardt. In Verbindung mit einigen ausgewählten Idyllen Gessners wird dessen Brief an Aurelio de' Giorgi Bertòla vom 25. Januar 1783 in der Originalsprache mitgeteilt. – Pater Anton Drexl aus Bayern war Mitarbeiter an der *Oberdeutschen allgemeinen Litteraturzeitung* und an Wekhrlins *Grauem Ungeheuer* gewesen, mußte 1785 wegen seiner Verbindung mit dem Illuminatenorden die Heimat verlassen und flüchtete über Graubünden nach Italien, wo er 1787 Professor für Kirchengeschichte am Collegium Germanicum in Pavia wurde. Aus der freundschaftlichen Gemeinschaft mit Bertòla erwuchs diese Anthologie deutscher Prosaliteratur der damaligen Gegenwart. Drexl kehrte 1802 nach Deutschland an die Universität Landshut zurück.

Lit.: Zu Drexl. vgl. Felder: Gelehrtenlexikon. Bd. I. S. 181 f.; Jörg-Ulrich Fechner: Erfahrene und erfundene Landschaft. Aurelio de' Giorgi Bertòlas Deutschlandbild und die Begründung der Rheinromantik. Opladen 1974. S. 76 f.; 256 ff. (= Abhandlungen der Rheinisch-Westfälischen Akademie der Wissenschaften, Bd. 52).

234

Der Frühling. Ein Gesang aus dem Französischen eines hohen Verfassers.
Frankfurt und Leipzig [ohne Verlagsangabe] 1761. 8°, 2½ Bogen, 40 Seiten.
Privatbesitz J.-U. Fechner

Die bibliographisch nicht nachweisbare Sammelausgabe bildet einen Sondertypus des Raubdrucks im achtzehnten Jahrhundert. Die Sammlung stammt weder von einem hohen Verfasser, noch ist sie aus dem Französischen übersetzt, noch ist sie ein Gesang. All das sind werbende Signale des anonymen Herausgebers und Verlegers. Zu diesen auf Werbewirksamkeit angelegten Signalen kommt der Obertitel, der auf die zeittypische Jahreszeiten-Literatur von Pope, Thompson oder auch Ewald von Kleist anspielt. In Wirklichkeit enthält das Bändchen aneinandergereihte Idyllen Gessners nach der Ausgabe von 1756 bzw. 1758. Der anonyme Bearbeiter variiert stilistisch die Vorlagen Gessners, reiht sie neu, ergänzt sie um eine Einleitung, Überleitungen und einen Schluß und stellt das Ganze unter eine irreführende Verfasser- wie Titelangabe.

Lit.: Jörg-Ulrich Fechner: Versteckte Raubdrucke – eine Aufgabe für Sammler. In: Philobiblon XXIV, 1980, S. 109–124.

235

Scherze und Erzählungen von Gellert und Gessner.
[Ohne Orts- und Verlagsangabe] 1763. 8°, 4 Bogen, 64 Seiten. [Vignette].
Privatbesitz J.-U. Fechner

Die bibliographisch nicht erfaßte Sammelausgabe in einem entzückenden gewachsten Tapetenpapiereinband der Zeit bildet einen Raubdruck. Bemerkenswert ist in diesem Fall die anthologische Zusammenstellung der Verfasser Gellert und Gessner, deren Gattungsbezeichnungen ‚Fabeln' bzw. ‚Idyllen' durch den unscharfen Obertitel umgangen und unterschlagen werden. In Gellerts Fabeln (S. 38–64) sind S. 48–56 drei Idyllen Gessners ohne Kennzeichnung des Verfassers eingeschoben. Die Idyllen Gessners (S. 3–38) sind fortlaufend abgedruckt und durch kurze überleitende Sätze des anonymen Bearbeiters zu einem anscheinenden Kurzroman episodischer Struktur verbunden.

Lit.: Jörg-Ulrich Fechner: Versteckte Raubdrucke – eine Aufgabe für Sammler. In: Philobiblon XXIV, 1980, S. 109–124.

236

Le premier Navigateur Comédie en un acte en vers, Tirée d'un Poëme Allemand Par Mr. de Relly. Représentée au Théâtre de la Haye le 1766.
[Vignette]
A. Amsterdam & A La Haye, Chez Constapel & Le Febure, Libraires. 1766. 8°, 31 Seiten.
Privatbesitz Zürich

Eine bibliographisch nicht nachweisbare frühe Bearbeitung von Gessners *Erstem Schiffer* (Erstdruck: 1762) als Komödie. In dem Einakter treten vier handelnde Personen auf: Sêmire, Mére de Mélide, Mélide, Zélindor, L'Amour. „La Scene est dans une Isle de la Mer Laconienne."

Auch Er war in Arcadien! Stimmen für und wider Gessner

Thomas Bürger

Wenn im Folgenden Stimmen über Gessner unter einigen Aspekten versammelt werden, so sind diese nur ‚unordentliche Collectanea' zu einer Wirkungsgeschichte, deren Nutzen freilich nicht sein kann, unter Berufung auf gewichtige Autoritäten das eigene Urteil über Gessners *Idyllen* zu erübrigen; im Gegenteil soll durch die Vergegenwärtigung der zahlreichen Be- und Umwertungen in der 200jährigen Wirkungsgeschichte der *Idyllen* die historische Distanz zwischen ihrer Entstehung und unserer Lektüre verdeutlicht und damit ein Beitrag zur historischen Erklärung unserer Schwierigkeiten mit Gessners *Idyllen* geleistet werden.

Nach den Wirkungen, welche ein Buch hervorbringt, könne man den Grad seines Werts bestimmen, resümierte am Ende des 18. Jahrhunderts Adolph Freiherr von Knigge [1], und hätte er recht, Gessners *Idyllen* und Goethes *Leiden des jungen Werthers* gehörten zum Besten der deutschsprachigen Literatur dieser produktiven Epoche. Aber niemand wird ernstlich glauben wollen, daß die sprunghaft angestiegene Selbstmordrate unglücklich Liebender und die Reisewelle nach Gessners Sihlwald-Idylle uns ein Maßstab für die Qualität dieser Literatur sein könne. Vielmehr sind diese spektakulären Reaktionen ein wesentlicher Grund, warum wir uns überhaupt an sie erinnern und für sie interessieren, festrednerisch ausgedrückt: diese Bücher haben Geschichte gemacht, wenn auch nur Literaturgeschichte ...

Das Echo auf das literarische Ereignis der *Idyllen* bestand aus leisen Geständnissen der Zuneigung und Kritik ebenso wie aus Lobeshymnen und lautstarker Verachtung. Einigen erschienen sie als ein liebenswürdiges und persönliches Bekenntnis, anderen als fortschrittsfeindliche und öffentliche Provokation. Da gibt es die zahllosen Freundesbriefe mit Worten der Anerkennung so unterschiedlicher Geister wie Weisse, Winckelmann und Wieland; die eher überschwenglichen als zurückhaltenden Biographien und Erinnerungen Johann Jakob Hottingers, Abbé Bertòlas, Leonhard Meisters und Friedrich von Matthissons; die freundlichen Worte Lessings, die zwiespältigen Äußerungen Herders, die anonyme Rezension Goethes, den Handbuchartikel Sulzers; die Briefe über Gessner, etwa Rousseaus an Usteri oder Schubarts und Schillers an Goethe; die Abgrenzungen der deutschen Idyllendichter Johann Heinrich Voss und Friedrich (Maler) Müller; die zunehmend negativen Kritiken der nachrevolutionären Zeit von August Wilhelm Schlegel, Jean Paul, Schiller, Hegel und Karl Marx; schließlich die bemerkenswerte Wiederbelebung des inzwischen immer weniger gelesenen Gessner durch die Schweizer Malerdichter Gottfried Keller und Hermann Hesse.

Arkadien und das „Zürcherthal"

In seinem gesellschaftskritischen Buch *Ueber die Einsamkeit* [2] widmete der Hannoveraner Leibarzt und englische Hofrat Johann Georg Zimmermann einige Kapitel dem „Wohlthäter der Menschheit" (51) und seinem Heimatland: „Bedenke daß in keinem Lande der Welt, die Schönheiten der Natur reicher an Mannichfaltigkeit sind, als in der Schweitz; und daß die Landschaft um Zürich und der Zürchersee, dem angenehmsten unter allen Sängern der Natur, dem unsterblichen Geßner, seine Idyllen eingaben!" (30) Diese und andere Entzückungen mochten das gelegentliche Mißverständnis erhärtet haben, bei Gessners *Idyllen* handle es sich um ‚Heimatdichtung', und als prominentester Schweizreisender scheint Goethe dieser trügerischen Hoffnung aufgesessen zu sein, wenn er in *Dichtung und Wahrheit* zum Besten gibt: „Vergegenwärtige man sich zunächst jene unbedingte Richtung nach einer verwirklichten Naturfreiheit, so wird man den jungen Gemütern verzeihen, welche die Schweiz gerade als das rechte Lokal ansahen, ihre frische Jünglingsnatur zu idyllisieren. Hatten doch Geßners zarte Gedichte, sowie seine allerliebsten Radierungen hiezu am entschiedensten berechtigt." [3] Goethe beschreibt im weiteren, wie er mit den Grafen Stolberg – richtiger: mit „harmlosen Jünglingen, welche gar nichts Anstößiges fanden, halb nackt wie ein poetischer Schäfer, oder ganz nackt wie eine heidnische Gottheit sich zu sehen" [4], in der Sihl bei Zürich gebadet hatte, um leibhaftig die gepriesene Naturfreiheit zu genießen, bis ein Steinbombardement sittsamer Schweizer diese Idylle gründlich zerstörte. Das Mißverhältnis von Dichtung und Wahrheit, von Goethe am eigenen Leibe erfahren, wurde im gleichen Jahre 1775 den deutschen Idyllendichtern Friedrich (Maler) Müller und Johann Heinrich Voss Anstoß zu ernsthafter Kritik an Gessners Idealisierung des Hirten- und Schäferlebens. Maler Müller verachtete in der Person des pfälzischen Bauern Walter Gessners *Idyllen* als „Possen", weil seine Schäfer, die nicht fühlen, hungern oder dursten, von Großmut und hundert Sachen schwatzten, die einen Schäfersmann nichts angehen: „und das, was uns alle Tage vor Augen kommt und ans Herz geht, davon piepsen sie kein Wort" [5]. Mit Klopstocks (mündlich überlieferter) Bemerkung aus dem Jahre 1762, Gessner sei „ein geringer Dichter" und Johann Heinrich Voss habe sich „auf seinen Trümmern erhoben" und „Geßner vergessen gemacht" [6], ist die Kritik zwar schon sehr früh auf die Spitze getrieben, aber keinesfalls begründet. Der Verfasser der Leibeigenenidyllen nannte Gessner 1774 selbst noch einen „großen Dichter" [7], jedoch mit der bezeichnenden Einschränkung, daß er „Schweizernatur mit arkadischen, oder besser idealischen, das heißt chimärischen, Einwohnern" [8] gemalt, sich also nur „ins Zürcherthal verirrt" [9] habe. Vortrefflich sei Gessner nur da, wo er wirklich Natur schildere; ganz ähnlich argumentierte Maler Müller in seiner pfälzischen Idylle *Die Schafschur:* während dem in Gessners *Idyllen* vernarrten Schulmeister in der Poesie „am schlechtesten ist", was „Ihm am natürlichsten vorkömmt", sind Ihm, dem einfachen Bauern Walter, ungelehrte Mundart und reale Empfindung Bedingungen für die Möglichkeit einer „rechten, wahren, guten Idylle" [10]. So stehen, konsequent weitergedacht, nach der Lektüre der *Schafschur* Gessners Hirtengedichte schon bald nach ihrem Erscheinen als verlogene, falsche und schlechte Idyllen da. Gessners gleichsam programmatische Ignorierung der „Sclavischen Verhältnisse", in denen der „Landmann mit saurer Arbeit unterthänig seinem Fürsten und den Städten den Überfluß liefern muß" [11], war den Idyllendichtern in den deutschen Fürstenterritorien eine unerträgliche Voraussetzung für die Schilderung ländlichen Lebens. Die in der Projektion eines Ideals von Zeit und Raum enthaltene, nicht aber eigens artikulierte Kritik der „Verhältnisse" schien ungenügend und wurde als Flucht in die Scheinwelt eines unwirklichen Arkadien gedeutet: in die reale Welt des Zürchertals habe sich Gessner lediglich verirrt.

„Ihr lebt alle in Arcadien wenn ihr wollt", beschwor Zimmermann seine Zeitgenossen, angesichts einer noch immer höfisch verwalteten Welt, in der Einsamkeit die persönliche Freiheit zu behaupten und in den „Einbildungen" der Hirtenlieder den „höchsten und reinsten Ausdruck ländlicher Glückseligkeit" zu erfahren. [12] Aber die Qualität einer Einbildung wider alle Erfahrung war der Kritik ausgesetzt und so sehr verwundbar, daß selbst im Lob der Idyllen schon der Ansatz für ihre Kritik enthalten war; denn wenn Leonhard Meister in einem Brief an Sophie von La Roche den toten Gessner mit der topischen Wendung „Auch Er war in Arcadien!" würdigte, so sagte er im gleichen Atemzug, daß dieses Arkadien im Diesseits zwar als Einbildung vorschweben, aber nur im Jenseits erfahren werden könne: „Nun ist er aus unserer Mitte verschwunden, der Liebling der Grazien, nun lebt er in jenen paradiesischen Schöpfungen der Liebe und Unschuld, die ihm schon damahls vorschwebten, als er seine Werke verfertigte. Traurig flüstern wir einander entgegen: Auch er war in Arcadien!" [13]

Deutscher Theokrit

Die von Le Barbier illustrierte dreibändige französische Gesamtausgabe von Gessners Werken beginnt mit einem erstaunlichen Bildkupfer (Kat. Nr. 91; Abb. S. 162): zwischen einem Baum mit der Hirtenflöte und einer Säule mit den Medaillonbildnissen Theokrits, Virgils und Gessners hält die Muse der Dichtkunst auf einem Postament die *Oeuvres de S. Gessner*; davor sitzt die Muse der Bildkunst und zeichnet nach den *Idilles*: „Ut pictura poesis erit ..." Damit harmonisiert das Frontispiz aus dem Jahre 1779 mit der Unschuld Gessnerischer Schäfer, was in Deutschlands Dichtungstheorie längst heftig umstritten war: ob man Gessner mit Theokrit vergleichen und die Dichtkunst als redende Malerei und die Malerei als stumme Poesie bezeichnen dürfe. Beiden Streitpunkten hatte Lessing zur Diskussion verholfen: dem zweiten mit Entschlossenheit durch seine Schrift *Laokoon oder Über die Grenzen der Malerei und Poesie* (1766), dem ersten eher unvermutet durch seinen siebten *Literaturbrief (1759).* Hier mutmaßte Lessing über die traurigen Folgen für die Nachwelt, wenn „durch eine große, wunderbare Weltveränderung auf einmal alle Bücher, die deutsch geschriebenen ausgenommen, untergingen"; und so kühn wie diese Spekulation sollte auch Lessings Trost ausfallen: es fehle „nicht an Männern, die alsdenn an die Stelle der großen Ausländer, und der noch größeren Alten treten müßten und könnten! Klopstock würde Homer; Cramer, Pindar; Utz, Horaz; Gleim, Anakreon; Geßner, Theokrit; Wieland, Lucrez –" [14]. Mit großer Ernsthaftigkeit griff Herder diese These auf und verglich in seiner Fortsetzung der Literaturbriefe, in den Fragmenten *Ueber die neuere Deutsche Litteratur,* die deutschen Nachahmungen mit ihren Originalen und folgerte: „Ich gehe fort, und mit einem zurückgeworfenen Liebesblick seufze ich: O ihr Deutsche Griechen, wenn das Schicksal eurer Urbilder auf euch kommen sollte: wie viel werden eurer nach 2000 Jahren übrig seyn?" [15] Solchem Kulturpessimismus unterwarf Herder auch die Beurteilung Gessners, „der von den Griechen seine Weisheit erlernt hat und seiner Zeit sie bequemte". Weil dieser die Darstellung von Sitten und Charakteren an ein gewisses moralisches Ideal gebunden habe, so Herder in seiner Abhandlung über *Theokrit und Geßner* [16], mußte er die „schöne Grille" eines goldenen

Weltalters entwerfen und „lauter Schäferlarven, keine Gesichter: Schäfer, nicht Menschen" malen. „Die Süßigkeit des Griechen ist noch ein klarer Wassertrank aus dem Pierischen Quell der Musen; der Trank des Deutschen ist verzuckert. Jenes Naivite ist eine Tochter der einfältigen Natur; die Naivite im Geßner ist von der Idealischen Kunst geboren ... Kurz! Theokrit malt Leidenschaften und Empfindungen nach einer verschönerten Natur: Geßner Empfindungen und Beschäftigungen nach einem ganz verschönerten Ideal... " (347) Deshalb sieht Herder in Theokrit den besseren Lehrer, in seinen Idyllen das wahre Original: „was ein Genie bildet ist vorzüglicher im Theokrit: Leidenschaft und Empfindung; was uns Geßner zeigen kann, ist mehr Kunst und Feinheit: Schilderung und Sprache. Ahmen wir nun blos dem leztern nach, so entstehet eine peior progenies von Landdichtern, die ewig schildern und langweilig schwazzen: wie Geßner viele solche schon hervorgebracht." (349)

Gessner hatte „den Theokrit immer für das beste Muster in dieser Art Gedichte gehalten" [17] und wurde nun von Herder an seinem Vorbild gemessen. Dabei fragte Herder weder nach der spezifischen Funktion idealisierender Darstellungsweise in Gessners *Idyllen* noch bemerkte er, daß der Grieche Theokrit seine Idyllen eigens nach Sizilien verlegte, um das rauhe Arkadien nicht idealisieren zu müssen, wie es schließlich der Römer Virgil mit politischer Absicht tat [18]. Seine entschiedene Abwertung der *Idyllen* Gessners ist nur verständlich im Kontext der vom Bildungspessimismus Rousseaus und der Sprache des Geniekults des Sturm und Drang mitgeprägten Studie über die Nachahmung der Alten, so wie auch die ebenso entschiedene, aber uneingestandene Umwertung der *Idyllen* im Jahre 1796 nur im Kontext der *Briefe zu Beförderung der Humanität* verständlich ist, in denen Herder unter dem Leitstern des klassischen Ideals der Humanität und der Prämisse einer fortschreitenden Geschichte der Völker seine eigene vorgängige Methode desavouierte: „Sehr leer war daher der Streit über den Vorzug der Alten oder der Neuern, bei welchem man sich wenig Bestimmtes dachte, er ward noch leerer dadurch, daß man keinen oder einen falschen Maasstab der Vergleichung annahm: denn was sollte hier über den Rang entscheiden? ... Auch in Zeiten des größesten Ungeschmacks können wir uns nach der großen Regel der Natur sagen: tendimus in Arcadiam, tendimus! Nach dem Lande der Einfalt, der Wahrheit und Sitten geht unser Weg" [19]. Und dies ist Herders zweites, völlig revidiertes Urteil über Gessner: „Mit Kindern ward er ein Kind, mit den ersten Menschen Einer der ersten Schuldlosen Menschen, liebend mit den Liebenden und selbst geliebt von der ganzen Natur, die ihm in seiner Unschuld ihren Schleier wegzog. Gerade der einfachste Dichter, deßen ganze Manier Verbergung der Kunst war, ist unser berühmtester Dichter worden, und hat manche Ausländer mit dem süßen Wahne getäuscht, als sei alle unsre Poesie *reine Humanität, Einfalt, Liebe und Wahrheit*"[20]. Als Schiller die *Briefe zu Beförderung der Humanität* gelesen hatte, kommentierte er in seinem Brief an Goethe 1796 Herders literaturkritische Methode und sein neues Urteil über Gessner mit scharfen Worten: „Er wirkt dadurch, daß er immer aufs Verbinden ausgeht und zusammenfaßt, was andere trennen, immer mehr zerstörend als ordnend auf mich. ... Seine Verehrung gegen Kleist, Gerstenberg und Geßner – und überhaupt gegen alles Verstorbene und Vermoderte hält gleichen Schritt mit seiner Kälte gegen das Lebendige."[21]

„ut pictura poesis"

Im Jahre 1774 erschien in Frankfurt und Leipzig der erste Band einer Anthologie *Idyllen der Deutschen,* in die einige von Gessners *Neuen Idyllen* (1772) aufgenommen wurden. In der fingierten Vorrede „An Lina" meinte der Herausgeber Klamer Eberhard Karl Schmidt: „Geßner schrieb schon bey Uebersendung der neuesten Idyllen, an einen seiner Freunde: es sey ihm bey dem letzten Besuche der Idyllenmuse nicht viel besser ergangen, als der ehrwürdigen Mutter Saara, bey der Erscheinung des heiligen Engels, der ihr einen jungen Erben versprach; er habe herzlich lachen müssen, daß er in seinem Alter noch einmal Vater werden solle. Glauben Sie denn, daß er auf diese Art noch einmal lachen werde? Ich glaub' es um so weniger, da das kritische Tribunal zu Frankfurt seine Vaterfreude so übel gesegnet hat"[22]. Das kritische Tribunal, das war Goethes anonyme Rezension in den *Frankfurter gelehrten Anzeigen* 1772, in der er die „Schattenwesen Geßnerischer Menschen" verwarf und nach einem Zitat aus dem *Brief über die Landschaftsmahlerey* folgerte: „Mahlender Dichter! dazu karakterisirt sich in angeführter Stelle Geßner selbst, und wer mit Leßingen der ganzen Gattung ungünstig wäre, würde hier wenig zu loben finden"[23]. Obwohl sich Goethe mit der Anspielung auf eine mögliche Kritik an Gessners ‚malender Poesie' begnügt, reagierte der Rezensent in der *Neuen Bibliothek der schönen Wissenschaften und der freyen Künste* (1773), Johann Jakob Engel, gerade so, als hätte Lessing den Schweizer Malerdichter ein für allemal erledigt: „Schon mehr als Einen haben wir von unserm vortrefflichen Geßner sagen hören: Der Mann ist ja nur ein malender Dichter! Sein größtes Talent ist ja nur die Schilderung der leblosen Natur! Die Menschen, womit er seine Landschaften staffirt, sind ja keine wirklichen Menschen! Die Art, wie er sie einführt, ist ja so frostig, so matt! Fast niemals Gespräch,

Daß Rousseau so ungemeines Wohlgefallen an den Idyllen finden würde, hätte sich psychologisch voraussehn lassen; eine seltsamere Erscheinung ist es, daß der Held der Enzyklopädie . . . , Diderot, so enthusiastisch dafür eingenommen war. Doch läßt es sich aus seinem Ekel an der konventionellen Künstlichkeit der französischen Modeliteratur und auch daraus erklären, daß er ästhetische Zwecke nicht für etwas unbedingt Höchstes hielt, sondern sie den sittlichen unterordnete. Für diese sah er denn in Geßners einfacher Unschuldswelt einen Spiegel, worin die kultivierte Verderbis ihre Häßlichkeit erkennen könnte.
August Wilhelm Schlegel, Allgemeine Literatur-Zeitung 1796

Je suis aussi charmé, Monsieur, des Idylles de M. Gessner que je l'ai été de son Abel; je trouve une touchante et antique simplicité qui va au coeur.
Jean Jacques Rousseau an Leonhard Usteri 1761

Was Rousseau mit seiner bezaubernden Beredsamkeit nicht ausrichten konnte, die Welt zu überzeugen, daß der Mensch durch übelausgedachte, unnatürliche Gesetze, lasterhaft und unglücklich werde, das kann der Hirtendichter uns empfinden lassen. Aber ist es nicht eine Grausamkeit, die Menschen eine Lebensart und eine Glückseligkeit, die sie unwiederbringlich verloren haben, wieder kennen zu lehren? Nein!. . . das Urtheil der Verdammniß ist vielleicht noch nicht so unwiederruflich . . .
Johann Georg Sulzer, Über Hirtengedichte 1777

immer Erzählung!"[24] Die Entrüstung Engels richtete sich jedoch nicht nur gegen Goethes Berufung auf den Verfasser des *Laokoon,* sondern auch gegen Herders Ablehnung von Gessners *Idyllen.* Dies wird schon deutlich aus der Ankündigung von Engels Rezension in einem Brief Christian Felix Weisses an Johann Peter Uz: „Die Frankfurther Zeitung ist allerdings ein seltsames Werk: auf einer Seite hat sie viel Gründlichkeit, auf der andern viel seltsame Anforderung an unsere Schriftsteller, eine unerklärliche Theorie, übertrieben in Lob und Tadel und viel Partheylichkeit. Unfehlbar ist Herder nebst einem gewissen Gede (i. e. Goethe!) Hauptverfasser, so wie er auch bei der allg. Bibliothek Verfasser von verschiedenen Recensionen ist, die sich gleich durch die Sprache kenntlich machen. Ich werde vermuthlich den Zorn dieser Herrn sehr auf mich laden: denn in dem Stücke der Bibliothek, das itzt die Presse verlassen wird, steht eine Recension der lezten Gessnerischen Idyllen, worinnen die Frankfurther Recension, die Gessnern so tief herabsezte, gerade widerleget wird"[25]. Engels Widerlegung der Kritik fiel jedoch ebenso wenig überzeugend aus wie die Kritiken Herders und Goethes selbst, da sie sämtlich auf eine Text- und Sprachanalyse der *Idyllen* verzichteten und sich stattdessen mit den „unerklärlichen Theorien" auseinandersetzten. Herder und Goethe hatten ihre Kritiken aus den theoretischen Erörterungen Mendelssohns und Lessings abgeleitet, und so mußte sich Engel konsequent diesen Zeugen zuwenden, wollte er die Bewertungen Herders und Goethes in ihrem Ansatz demontieren: „Geßner mag es wohl nie, als Philosoph, aus dem ersten Begriffe der Dichtkunst geschlossen haben, in wie ferne sie malen könne, in wie fern es ihr möglich sey, die Erkenntniß sichtbarer Gegenstände anschauend zu machen; aber er hat es gewiß, wie seine Werke bezeugen, als Mann von Geschmack empfun-

den; so sehr empfunden, daß sich eben aus ihm alle Regeln für die wahre Manier, wie der Dichter malen solle, abstrahiren ließen" [26]. Anstelle dieser Abstraktion lieferte Engel nur eine wortreiche Apologie; mit rhetorischen Fragen und zahlreichen Zitaten aus den *Idyllen* empfahl er der Empfindung des Lesers die Schönheit der *Idyllen*, welche die „seynwollenden Philosophen" tadelnd hinwegdiskutierten: alles sei in ihnen „Leben und Bewegung, alles Gefühl und Seele" – „kein erdichtetes Elysium", nur „wahre Natur" habe Gessner geschildert. Erst gegen Ende seiner Rezension konkretisierte Engel seine Bedenken: Goethes Einschränkung der Dichtkunst auf lebendige Gegenstände, auf wirkliche Menschen und auf die dramatische Form laufe auf „Shakespears Manier" hinaus. „Wir gehören gewiß zu den eifrigsten Bewunderern dieses großen Engländers; aber wir müssen doch auch sagen: Wenn Skakespear vortrefflich ist, so ist darum noch nicht alles, was vortrefflich ist, Shakespear" [27]. In gleicher Weise beargwöhnte auch Weisse Goethes Rezension: „Kennen Sie schon die gel. Zeitung von Frankfurth am Main? Unter vielen guten und richtigen Urtheilen kommt viel Wunderbares und Eigenes darin zum Vorschein: richterliche, partheyische Aussprüche, und wehe dem, den ein Verdammungsurtheil trifft! Man richtet alles nach einer besondern Theorie, redet beständig von Ideal und Intuitionsgefühle. Kein Gedicht ist ein wahres Gedicht, was nicht Handlung hat, d.i. kein Drama ist, kein Drama aber gut, was nicht mit Leib und Seele Shakespear ist. Nach dieser Theorie werden selbst Gessners Idyllen verworfen" [28].

Wir kennen die Empfindungen, die aus der bürgerlichen Gesellschaft in die Einsamkeit führen, aufs Land, wo wir dann nur zum Besuch sind, nur bey einer Visite die schöne Seite der Wohnung sehn, und ach! nur sehn, der geringste Antheil, den wir an einer Sache nehmen können! Und so ist es Geßnern gegangen. Mit dem empfindlichsten Auge für die Schönheiten der Natur . . . hat er reitzende Gegenden durchwandelt, in seiner Einbildungskraft zusammen gesetzt, verschönert, und so standen paradiesische Landschaften vor seiner Seele.
Johann Wolfgang Goethe über die Idyllen 1772.

Mit Kindern ward er ein Kind, mit den ersten Menschen Einer der ersten Schuldlosen Menschen, liebend mit den Liebenden und selbst geliebt von der ganzen Natur, die ihm in seiner Unschuld ihren Schleier wegzog. Gerade der einfachste Dichter, dessen ganze Manier Verbergung der Kunst war, ist unser berühmtester Dichter worden, und hat manche Ausländer mit dem süßen Wahne getäuscht, als sei alle unsre Poesie reine Humanität, Einfalt, Liebe und Wahrheit.
Johann Gottfried Herder über Gessner in den Briefen zu Beförderung der Humanität 1796.

So unrichtig waren diese Vorwürfe nicht. Goethe bezeichnete Gessners *Idyllen* als Gemäldestaffagen und bewertete sie nach Maßstab eines Dramaturgen: die handelnden Personen zeigten kein „wahres Interesse an- und mit einander", mangelhaft sei die Verschmelzung von „Scene, Handlung und Empfindung", ungenügend schließlich sei die Wirkung auf den Leser, der weder interessiert noch gerührt werde. Mit dem Nachweis der Einseitigkeit des parteiischen Urteils Goethes hatte der Spätaufklärer Engel freilich mehr gegen den Goethe des Sturm und Drang als über Gessners *Idyllen* gesagt. Goethe hatte 1771 mit seiner Rede *Zum Shakespeares-Tag* ein Bekenntnis zu Natur und Genie im Geiste des Sturm und Drang abgelegt, und Engel hatte die Spuren dieser Konfession in Goethes *Idyllen*-Rezension kritisch verfolgt. Frühere und prägnantere Spuren hätte er bereits in Herders Gessner-Kritik des Jahres 1767 erkennen können: „Erst Leidenschaft, denn Empfindung, denn Beschäftigungen, und endlich todte Malerey: so ist der Gegenstand der Dichtkunst nach verschiedenen Zeitaltern gesunken" [29]. Gegen diese Entwicklung stellten Herder und Goethe die Forderung nach dem Dichtergenie, das die von Herder skizzierten Folgen für die moderne Dichtung bekämpfen sollte: „Wir, die von diesem Zeitalter der Natur so weit entfernt sind, daß wir fast niemals wahre Menschliche Sitten, sondern Politische Lebensart erblicken, müssen entweder einem ganz abgezogenen Ideal folgen, oder wenn wir unsre Lebensart verfeinern wollen, Artigkeit malen" [30]. Gegen die Artigkeit einer höfisch-ständischen Dichtung sollte sich das Dichtergenie ebenso erheben wie gegen *das* Ideal der Aufklärung, das die Funktion der Dichtkunst auf die Einkleidung eines moralischen Lehrsatzes beschränkte. Herders Schlußfolgerung: „aus eben den Ursachen, warum derselbe Kunstrichter von der Bühne und aus der Epopee das Ideal der Vollkommenheit verbannen will, verbanne ichs aus Arkadien; es schafft Unfruchtbarkeit, Einförmigkeit, und schränkt die Erfindung ein" [31]. Dem Plädoyer für Natur und Genie, für die Darstellung lebendiger Charaktere und menschlicher Leidenschaften stellte Engel eine Apologie des moralischen Ideals mit

J. G. Herder

der Darstellung sanfter Charaktere und geläuterter Interessen entgegen: „Soll uns nun nichts mehr interessant seyn, was nicht gleich im höchstmöglichen Grade interessant ist?" [32] So wie Herder und Goethe mit ihren negativen Urteilen über Gessners *Idyllen* das kulturpolitische Programm des Sturm und Drang zu befördern suchten, wollte Engel als Popularisator der Aufklärung mit seiner Verteidigung der *Idyllen* die alten Ideale vor der neuen Bewegung schützen.

Werther, ein Narr?

Aufhalten konnte Engel die literarischen Erneuerungsbestrebungen nicht; als sie sich zu einer national-politischen Bewegung auszuweiten begannen, suchte der württembergische Patriot Schubart Goethe gegen Gessner geradezu auszuspielen: „Vortrefflicher junger Mann, Bewunderung und Dank vor die herrlichen Stücke, die Sie unserm Vaterlande liefern! Alles was ich von Ihnen gelesen habe, entzückt mich, schwillt mein Herz im edlen Stolz empor, daß wir dem Auslande einen Mann entgegensetzen können, den sie nicht haben und nach ihrer Versteinerungssucht niemals haben werden. Ihre Idyllen sind so ganz Natur, so voll reicher Geniezüge und starker deutscher Pracht, daß Geßners idealische Hirtenwelt umreißen kann" [33]. Schubarts *Werther*-Begeisterung läßt keinen Zweifel, was ihm die zitierten „Idyllen" sind: „Da sitz' ich mit zerfloßnem Herzen, mit klopfender Brust und mit Augen, aus welchen wollüstiger Schmerz tröpfelt, und sag Dir, Leser, daß ich eben *Die Leiden des jungen Werthers* von meinem lieben Goethe – gelesen?– nein, verschlungen habe" [34]. Goethe hatte in seiner Rezension von Gessners *Idyllen* die Empfindungen gut geheißen, die aus der bürgerlichen Gesellschaft in die Einsamkeit führen"; aber Gessner habe „seine Landschaft mehr nach seines Herrn Schwehervaters Kupferstichsammlung, als nach der Natur ausgebildet" und ein „zu abstraktes und ekles Gefühl, physikalischer und moralischer Schönheit" hinterlassen [35]. Seine literarische Antwort war Konkretisierung statt Abstraktion, Subjektivierung statt Idealisierung: auch Werther mißbilligte „die fatalen bürgerlichen Verhältnisse", floh aus der unangenehmen Stadt in die „unaussprechliche Schönheit der Natur" und gewann im „Herzen das süße Gefühl der Freiheit, daß er diesen Kerker verlassen kann, wann er will" [36]. Die Konsequenz dieser Freiheit zeigte das Ende Werthers, das Gessner dem Dichter vorwarf: „Ein Kerl, der Talente u. Genie hat", schrieb er 1775 an Nicolai, „und sich für ein Mädgen, das wol ein gutes, ehrliches Ding ist, vor den Kopf schießt, ist nie ein Muster von Größe, und doch scheints, als wenns Hr. Göthe darfür habe geben wollen. Ich bewundre ihn, wie er die Sache auszuführen gewußt hat; viele Situationen sind unverbesserlich und ganz Natur, aber er hätt' uns doch bey alle dem sollen merken lassen, daß Werther ein Narr ist, daß er sich so in diese Situationen hinein wirft und sich nicht mit gesunder Vernunft herausschleppt, das doch mit Menschenverstand ganz wol zu machen war. Göthe ist gewiß ein Genie, aber er affectierte zumerklich Genie und Original und außerordentlich zuseyn" [37]. Gessner begrüßte das „Gegengifft" der Parodie auf diesen Roman, so wie Lessing, mehr Unheil als Gutes fürchtend, dem warmen Produkt eine „kleine kalte Schlußrede" [38] gewünscht hätte.

Goethes eigene Distanzierung vom *Werther* steht im biographischen Kontext seiner ersten und dritten Schweizer Reise. In Erinnerung an das beschriebene Badeabenteuer mit den Grafen Stolberg 1775 stellte er seinen *Briefen aus der Schweiz* 1796 in satirischer Absicht ein „Fragment von Werthers Reisen" voran, um den „Gegensatz der schweizerischen löblichen Ord-

nung und gesetzlichen Beschränkung mit einem solchen, im jugendlichen Wahn geforderten Naturleben zu schildern"[39]. Werther bereist vor seiner Bekanntschaft mit Lotte die Schweiz, flieht die „falschen Verhältnisse" des „bürgerlichen Lebens" und sucht in der ländlichen „Beschränkung" sein Glück. Aber schon bald begnügt er sich nicht mehr mit der Betrachtung der leblosen Natur und nimmt sich vor, auf der Suche nach dem Menschen im Naturzustande, „es koste was es wolle"[40], ein nacktes Mädchen zu sehen. Werther arrangiert das Abenteuer, und Goethe führt in seinem Meisterstück erotischer Erzählkunst Werthers Schwärmerei ad absurdum: „Sie fing an sich auszukleiden; welch eine wunderliche Empfindung, da ein Stück nach dem andern herabfiel, und die Natur, von der fremden Hülle entkleidet, mir als fremd erschien und beinahe, möcht' ich sagen, mir einen schauerlichen Eindruck machte. Ach! mein Freund, ist es nicht mit unsern Meinungen, unsern Vorurteilen, Einrichtungen, Gesetzen und Grillen auch so? Erschrecken wir nicht, wenn eine von diesen fremden, ungehörigen, unwahren Umgebungen uns entzogen wird, und irgend ein Teil unserer wahren Natur entblößt dastehen soll?"[41] Werther ist zwar ernüchtert, seine „Einbildungskraft" aber entzündet; Fortgang und Ende seiner Lebensgeschichte waren den Lesern bekannt.
Im gleichen Jahr 1796 schrieb Goethe die Elegie *Alexis und Dora*, in der das Eifersucht-Motiv völlig umstrukturiert aufgenommen scheint, welches Gessner in seiner Idylle *Die Eifersucht* entfaltet hatte. Während Alexis' unbegründete Eifersucht in Gessners Idylle im Angesicht der Gottheit versöhnt wird, steigert sich die Eifersucht Alexis' in Goethes Elegie bis zum auktorialen Eingriff des Dichters: „Nun, ihr Musen, genug!" Ist das die Liebenden trennende Schiff („unaufhaltsam strebet das Schiff") in der Elegie der Ausdruck einer eigenmächtigen Wirklichkeit, so wird es in Gessners Gesang *Der erste Schiffer* eigens erfunden, um die sich Liebenden im Schutze der providentia deorum zusammenzuführen. Goethe hat in seiner Elegie jenen „aufgehobnen Antagonismus der Kräfte" reaktiviert, der – so August Wilhelm Schlegel in der Jenaischen *Allgemeinen Literatur-Zeitung* 1796 – die Teilnahme an Gessners *Idyllen* sanft einschlummern ließ: „Wo ein geßnerischer Hirt anfängt zu lieben, da ist gewöhnlich schon die Gegenliebe im voraus bestellt. Wenn einmal physische Schwierigkeiten vorkommen, zum Beispiel im ersten Schiffer, so ist der Dichter so besorgt, sie zu mildern und auf alle Art zu Hülfe zu eilen, daß doch kein rechter Knoten der Handlung daraus entsteht"[42]. Schiller rechnete in demselben Brief an Goethe, in dem er Gessner verachtete, Goethes „Idylle" *Alexis und Dora* „unter das Schönste, was Sie gemacht haben"[43].

„Palme der Moralität"

Nachdem die Französische Revolution die Möglichkeit von Geschichtsveränderung zur realen Erfahrung erhoben hatte, war die Nützlichkeit einer Gegenüberstellung von naivem goldenem Zeitalter und entfremdeter bürgerlicher Gesellschaft endgültig in Frage gestellt: ebenso sinnlos wie eine ‚Rückkehr zur Natur' schien jetzt auch der Verrat eines geschichtlich reflektierten Vernunftideals durch eine ahistorische Gefühlsunmittelbarkeit des Dichtergenies. Die durch die Revolution sinnfällig gewordene Fortschrittsmöglichkeit bewegte Schiller in seiner Abhandlung *Ueber naive und sentimentalische Dichtung* zur Aufwertung einer Kunst, die mit der „Darstellung des Ideals" die Versöhnung von Wirklichkeit und Ideal anstrebt, statt dem Verlust naiver Naturerfahrung nachzutrauern. Für den „Menschen, der von der Einfalt der Natur einmal abgewichen und der gefährlichen Führung seiner Vernunft überliefert worden ist", sei es wichtig, daß er sich den „Zustand der Harmonie und des Friedens mit sich selbst" in Form der Idylle vor Augen führe: „Aber ein solcher Zustand findet nicht bloß vor dem Anfange der Kultur statt, sondern er ist es auch, den die Kultur, wenn sie überall nur eine bestimmte Tendenz haben soll, als ihr letztes Ziel beabsichtet"[44]. Die Hirtenidyllen aber „stellen unglücklicherweise das Ziel hinter uns, dem sie uns doch entgegen führen sollten, und können uns daher bloß das traurige Gefühl eines Verlustes, nicht das fröhliche der Hoffnung einflößen. Weil sie nur durch Aufhebung aller Kunst und nur durch Vereinfachung der menschlichen Natur ihren Zweck ausführen, so haben sie, bey dem höchsten Gehalt für das Herz, allzuwenig für den Geist....: sie können nicht beleben, nur besänftigen." Die Schäferidyllen Gessners seien jedoch weder für das Herz noch für den Geist völlig befriedigend: „Ein Geßnerischer Hirte z. B. kann uns nicht als Natur, nicht durch Wahrheit der Nachahmung entzücken, denn dazu ist er ein zu ideales Wesen; eben so wenig kann er uns als ein Ideal durch das unendliche des Gedankens befriedigen, denn dazu ist er ein viel zu dürftiges Geschöpf." Der moderne Dichter müsse den unwürdigen Ausweg verschmähen, „den Gehalt des Ideals zu verschlechtern, um es der menschlichen Bedürftigkeit anzupassen, und den Geist auszuschließen, um mit dem Herzen ein leichteres Spiel zu haben. Er führe uns nicht rückwärts in unsre Kindheit, um uns mit den kostbaren Erwerbungen des Verstandes eine Ruhe erkaufen zu lassen, die nicht länger dauren kann, als der Schlaf unsrer Geisteskräfte; sondern führe uns vorwärts zu unsrer Mündigkeit, um uns die höhere Harmonie zu empfinden zu geben, die den Kämpfer belohnet, die den Überwinder beglückt. Er mache sich die

Aufgabe einer Idylle, ..., welche mit einem Wort, den Menschen, der nun einmal nicht mehr nach Arkadien zurückkann, bis nach Elisium führt" [45]. Schiller sieht in den *Idyllen* Gessners die Früchte eines regressiven Geschichtsverständnisses, das mit latenter Geistesarmut gepaart ist.

Mit gleicher Zielsetzung kritisierten auch Jean Paul und Hegel. Jean Paul, der die Idylle als „epische Darstellung des Vollglücks in der Beschränkung" definierte und gerade deshalb „die unbestimmten duftigen Allgemeinheiten Geßners (verwarf), in welchen höchstens etwan Schaf und Bock aus den Wasserfarben auftauchen, aber die Menschen verschwimmen", problematisierte die rückwärtige Projektion eines goldenen Zeitalters mit nur einer einzigen Frage: „Wodurch ist denn bewiesen, daß das erste, das goldne Alter der Menschheit ... das reichste, freieste, hellste gewesen? Wenigstens nicht durch die Bibel..."[46] Hegel stellte in seinen *Vorlesungen über die Aesthetik* die „Vorstellung eines sogenannten goldenen Zeitalters oder auch eines idyllischen Zustands" auf andere Weise in Frage: „Auf den ersten Blick hat ein solcher Zustand allerdings einen idealen Anstrich, und gewisse beschränkte Sphären der Kunst können sich mit dieser Darstellungsweise begnügen. Gehen wir aber tiefer ein, so wird uns solches Leben bald langweilen. Die geßnerschen Schriften z. B. werden wenig mehr gelesen, und liest man sie, so kann man nicht darin zu Hause seyn. Denn eine in dieser Weise beschränkte Lebensart setzt auch einen Mangel der Entwicklung des Geistes voraus. Für einen vollen ganzen Menschen gehört es sich, daß er höhere Triebe habe, als daß ihn dieß nächste Mitleben mit der Natur und ihren unmittelbaren Erzeugnissen befriedigen kann. Der Mensch darf nicht in solcher idyllischen Geistesarmuth hinleben, sondern er muß arbeiten; wozu er den Trieb hat, das muß er durch seine eigene Thätigkeit zu erlangen streben"[47]. Dem idyllischen stellt Hegel den idealischen Weltzustand entgegen, in dem die Individuen die Befriedigung ihrer unmittelbaren Bedürfnisse ihrem eigenen Tun, d. h. der Kraft ihres eigenen Armes und der Klugheit ihres eigenen Geistes verdanken. Die ‚ideale' Idylle sieht er in Goethes *Hermann und Dorothea*, weil in ihr die Darstellung der idyllischen Charaktere und Begebnisse vor dem Hintergrundgeschehen der Französischen Revolution das Ideal der Selbstverwirklichung des Menschen durch Arbeit und sein Interesse für geschichtlichen Fortschritt einschließt. Hegels geistreichster Interpret Karl Marx sah in der religiösen Phantasie der Völker den wahren Feind der Selbstverwirklichung und des Fortschritts, da sie die *Geschichte* gebrandmarkt habe, „indem sie das Zeitalter der Unschuld, das goldne Zeitalter, in die *Vorgeschichte* verlegt, in die Zeit, da noch überhaupt keine geschichtliche Entwicklung stattfand ... So erscheinen in geräuschvollen Umwälzungsepochen, in Zeiten starker, leidenschaftlicher Verneinung und Verleugnung, wie im 18. Jahrhundert, brave, wohlmeinende Männer, wohlerzogene, anständige Satyre, wie Geßner, die der geschichtlichen Verderbnis den entwicklungslosen Zustand der Idylle entgegenhalten. Zum Lob dieser Idyllendichter, auch einer Art kritisierender Moralisten und moralisierender Kritiker, sei immerhin bemerkt, daß sie gewissenhaft schwanken, wem die Palme der Moralität zuzuerkennen, dem Schäfer oder dem Schaf." [48]

„kein Denker, sondern ein Schwärmer"

Als der junge Heinrich Lee in der Bibliothek seines Oheims die ‚wenig mehr gelesenen Schriften Gessners' (Hegel) aufstöberte, mußte er erst den „dichten Staub" davonblasen, bevor er sich in sie vertiefen und den Malerdichter zu seinem „Propheten" erheben konnte [49]. Ihn vom Staub des Vergessens zu befreien, errichtete Gottfried Keller mit seiner Zürcher Novelle *Der Landvogt von Greifensee* auch Gessner ein literarisches Denkmal: „Geßners idyllische Dichtungen sind durchaus keine schwächlichen und nichtssagenden Gebilde, sondern innerhalb ihrer Zeit, über die keiner hinaus kann, der nicht ein Heros ist, fertige und stilvolle kleine Kunstwerke" [50]. Diese Würdigung übernahm Hermann Hesse in sein Vorwort zu einer Anthologie von Gessners *Idyllen* [51], mit der er seine „kleine stille Liebe zu diesem verschollenen Dichter" bekennen wollte: „Jede Zeit hat ihre Wirklichkeit, ihre Verherrlichung des Alltags, und jede Zeit hat ihre Flucht aus der Wirklichkeit. Jede Zeit hat ihre Tendenz nach Rationalisierung und Fortschritt, und jede Zeit hat ihre Sehnsucht nach Paradiestraum und unverantwortlichem Spiel der Gefühle. Keines dieser Bedürfnisse hat recht, keines hat unrecht" [52]. Mit dem Bekenntnis zum Bedürfnis nach Flucht vor dem Wirklichen gibt sich der Dichter Hesse zu erkennen, der nach dem Ersten Weltkrieg die *Herrliche Welt* [53] besungen hatte:

„Oft versucht' ich den Weg in die
schreckliche ‚Wirklichkeit',
Wo Assessor, Gesetz, Mode und Geldkurs
gilt,
Aber einsam entfloh ich immer, enttäuscht
und befreit
Dort hinüber, wo Traum und selige
Narrheit quillt."

Wie das Gegen- und Nebeneinander von Traum und Wirklichkeit akzeptiert Hesse auch das Miteinander von Kritik und Vernunftmoral auf der einen und Gefühlsfreiheit, Schwärmerei und paradiesischer Naivität auf der anderen Seite. „Beide Richtungen kreuzen sich und vermengen sich, wie bei vielen andern, auch im Werk Salomon Gessners. Er gehört nicht zu den Gründern und Führern, sondern zu den Musikanten und Spielleuten, die überall mit dabei sind; er ist kein Denker, sondern ein Schwärmer. ..."[54]

Hesses positive Bewertung kommt zustande, weil er die insbesondere von Schiller und Hegel als fortschrittsfeindlich kritisierte Paradiessehnsucht enthistorisiert, d. h. den diachronen Antagonismus von Rückschritt und Fortschritt auflöst zu einem synchronen Nebeneinander antagonistischer Bedürfnisse, die er als anthropologische Konstanten rechtfertigt. Und wenn Gessner mit seinen *Idyllen* in besonderem Maße den Bedürfnissen seiner Zeit Rechnung getragen hat, dann kann Hesse dies mit einigem Recht an ihrem Erfolg ablesen: „Daß er für seine eigene Zeit keineswegs etwas Unkluges und Unnützes tat, sehen wir schon daraus, daß diese Zeit ihn sehr gebraucht, daß sie ihn freudig willkommen geheißen und seine Idyllen begierig verschlungen hat."[55]

Die vorliegende Übersicht mit den gewichtigsten Stimmen für und wider Gessner konnte freilich zeigen, daß die begierige Aufnahme sich sehr bald in kritische Distanz wandelte; gleichwohl sind die *Idyllen* – gerade durch die ständige Vergegenwärtigung ihres angefeindeten Wirklichkeitsgehalts und immanenten Geschichtsverständnisses – immer wirksam geblieben. Lob und Kritik in einer 200jährigen Rezeptionsgeschichte sind gleichermaßen Zeugen dieser Wirkung. Insofern, aber nur insofern hatte die *Epistel an Geßner*[56] 1787 wahrgesagt:

„– Das Loben oder Schelten
Der Thoren mag gleich viel zu deinem Ruhme gelten."

---

1 Adolph Freiherr von Knigge: Ueber Schriftsteller und Schriftstellerey. Hannover 1793. 75.

2 Johann Georg Zimmermann: Ueber die Einsamkeit. Vierter Theil. Leipzig 1785.

3 Johann Wolfgang Goethe: Aus meinem Leben. Dichtung und Wahrheit IV. 19. 8. Aufl. München 1978 (Hamburger Ausgabe Bd. 10). 152.

4 ebda. 153.

5 Friedrich (Maler) Müller: Die Schafschur. Eine pfälzische Idylle. In: Maler Müler: Idyllen. Leipzig (Reclam) 1976. 112 f.

6 Giuseppe Acerbi: Aus Klopstocks letzten Jahren. Aufzeichnungen eines Italieners. In: Deutsche Rundschau 79 (1894). 68 f. Zitiert nach E. Theodor Voss: Zur Beziehung von Klopstock und Gessner, anlässlich zweier unveröffentlichter Briefe aus dem Jahre 1760. ZfdPh 97 (1978). 534–561, hier 537.

7 Johann Heinrich Voss an Brückner, Göttingen 17. November 1774: „Geßner ist so leicht, als Gellert, und doch ein Dichter, ein großer Dichter!" Abraham Voß [Hg.]: Briefe von Johann Heinrich Voß. Erster Band. Halberstadt 1829. 185.

8 Johann Heinrich Voss an Brückner, Göttingen 20. März 1775. In: Voß (wie Anm. 7). 189.

9 Johann Heinrich Voss: Allegro. In: J. H. V.: Sämtliche Gedichte. Sechster Theil. Königsberg 1802. 203.

10 Müller (wie Anm. 5). 128 und 137.

11 E. Theodor Voss [Hg.]: Salomon Gessner: Idyllen. Kritische Ausgabe. Stuttgart (Reclam) 1973. 15 f.

12 Zimmermann (wie Anm. 2). 48 f.

13 Leonhard Meister: Ueber Salomon Geßner an Frau von la Roche. In: Journal von und für Deutschland 1 (1788). 106–108, hier 108.

14 Gotthold Ephraim Lessing: Siebender Brief. 18. Jenner 1759. In: G. E. L.: Werke. 5. Bd. Hg. von Herbert G. Göpfert. München 1973. 42.

15 Johann Gottfried Herder: Ueber die neuere Deutsche Litteratur. Zwote Sammlung von Fragmenten. Eine Beilage zu den Briefen, die neueste Litteratur betreffend. In: Herders Sämmtliche Werke. Hg. von Bernhard Suphan. Erster Band. Berlin 1877. 354.

16 ebda. 337–350.

17 Gessner: Idyllen (wie Anm. 11). 17.

18 Vgl. Bruno Snell: Arkadien. Die Entdeckung einer geistigen Landschaft (1945/55) *und* Erwin Panofsky: Et in Arcadia ego. Poussin und die Elegische Tradition (1955). Beide Aufsätze in: Klaus Garber [Hg.]: Europäische Bukolik und Georgik. Darmstadt (Wiss. Buchgesellschaft) 1976 (= Wege der Forschung 355).

19 Johann Gottfried Herder: Briefe zu Beförderung der Humanität. In: Herders Sämmtliche Werke. Hg. von Bernhard Suphan. Achtzehnter Band. Berlin 1883. 135 und 140.

20 ebda. 120.

21 Schiller an Goethe, Jena 18. Juni 1796. In: Briefe an Goethe. Hamburger Ausgabe Bd. 1. Hamburg 1965. 223 ff.

22 [Klamer Eberhard Karl Schmidt, Hg.]: Idyllen der Deutschen. Aus gedruckten sowohl als handschriftlichen Originalen gesammlet. Frankfurt und Leipzig 1774. Vf.

23 [Johann Wolfgang Goethe:] Moralische Erzählungen und Idyllen von Diderot und S. Geßner. 1772. In: Frankfurter gelehrte Anzeigen vom Jahr 1772. [= Deutsche Litteraturdenkmale des 18. Jahrhunderts in Neudrucken hg. von Bernhard Seuffert. Bd. 7/8.] Heilbronn 1883. 446–449, hier 447.

24 Johann Jakob Engel: Salomon Gessners Schriften. Fünfter Band. Zürich ... 1772. In: J. J. E.: Über Handlung, Gespräch und Erzählung. Hg. von Ernst Theodor Voss. Stuttgart 1964. 118–131, hier 119.

25 Weisse an Uz, Leipzig 28. Dezember 1772. Zitiert nach: Frankfurter gelehrte Anzeigen vom Jahr 1772 (wie Anm. 23). Einleitung XIII.

26 Engel (wie Anm. 24). 120.

27 Engel (wie Anm. 24). 130.

28 Weisse an Uz, Leipzig 13. Oktober 1772. Zitiert nach: Frankfurter gelehrte Anzeigen vom Jahr 1772 (wie Anm. 23). Einleitung XIII.

29 Herder (wie Anm. 15). 340.

30 Herder (wie Anm. 15). 345.

31 Herder (wie Anm. 15). 341.

32 Engel (wie Anm. 24). 124.

33 Christian Friedrich Daniel Schubart an Goethe, Ulm 3. Oktober 1775. In: Briefe an Goethe (wie Anm. 21). 55.

34 Schubart in: Deutsche Chronik. 5. Dezember 1774. Zitiert nach: Johann Wolfgang Goethe: Die Leiden des jungen Werther. Hg. und kommentiert von Erich Trunz. 9. Aufl. München 1977 (Hamburger Ausgabe Bd. 6). Anhang 524.

35 Goethe (wie Anm. 23). 447. 448. 449.

36 Goethe (wie Anm. 34). 8. 14. 63.

37 Gessner an Friedrich Nicolai, Zürich 12. Februar 1775. In: Paul

Leemann-van Elck [Hg.]: Salomon Geßners Briefe an Friedrich Nicolai. Zürcher Taschenbuch für das Jahr 1934. 152–154, hier 153.

38 Lessing an Johann Joachim Eschenburg, 26. Oktober 1774. Zitiert nach: Goethe (wie Anm. 34). Anhang 522.

39 Goethe: Dichtung und Wahrheit (wie Anm. 3). 154.

40 Goethe: Briefe aus der Schweiz. In: J. W. G.: Sämtliche Werke. Bd. 9. München (Artemis/dtv) 1977. 481–496, hier 492.

41 ebda. 495.

42 August Wilhelm Schlegel: Salomon Gessner von Johann Jakob Hottinger. In: Allgemeine Literatur-Zeitung No. 308. Jena, 1. October 1796. 1–8. Neudruck in: A. W. S.: Kritische Schriften. Hg. von Emil Staiger. Zürich und Stuttgart 1962. 114–126, hier 123.

43 Schiller an Goethe, Jena 18. Juni 1796 (wie Anm. 21). 223.

44 Schiller: Ueber naive und sentimentalische Dichtung („Idylle"). In: Schillers Werke. Nationalausgabe. 20. Bd. Hg. von Benno von Wiese. Weimar 1962. 466 ff.

45 ebda. 472.

46 Jean Paul: Vorschule der Ästhetik. Kleine Nachschule zur ästhetischen Vorschule. Hg. von Norbert Miller. Studienausgabe. 2. Aufl. München 1974. 257–262 („§ 73: Die Idylle"), hier 258 f. und 260 f.

47 G. W. F. Hegel: Vorlesungen über die Aesthetik I 3 („Das Kunstschöne oder das Ideal"). In: Hegel's Werke. Vollständige Ausgabe. 10. Bd. Hg. von H. G. Hotho. Berlin 1835. 333 f.

48 Karl Marx: Die moralisierende Kritik und die kritisierende Moral (1847). In: K. M./Friedrich Engels: Über Kunst und Literatur. 1. Bd. Frankfurt am Main und Wien 1968. 442 f.

49 Gottfried Keller: Der grüne Heinrich. Zwanzigstes Kapitel: „Berufsahnungen". In: G. K.: Sämtliche Werke. 3. Bd. Hg. von Jonas Fränkel. Zürich und München 1926. 224.

50 Gottfried Keller: Zürcher Novellen. In: G. K.: Sämtliche Werke. 9. Bd. Hg. von Carl Helbling. Bern und Leipzig 1944. 198.

51 Salomon Gessner: Dichtungen. Ausgewählt und eingeleitet von Hermann Hesse. Leipzig 1922 (= Die Schweiz im deutschen Geistesleben. Zweites Bändchen).

52 Hermann Hesse: Salomon Geßners Dichtungen (= Einleitung zur Anthologie, wie Anm. 51). In: H. H.: Gesammelte Werke. 12. Bd. Hg. von Volker Michels. Frankfurt am Main 1970. 116–129, hier 128.

53 Hermann Hesse: Wanderung. Aufzeichnungen mit farbigen Bildern vom Verfasser. Frankfurt am Main 1979. 41 f.

54 Hesse (wie Anm. 52). 117.

55 Hesse (wie Anm. 52). 120.

56 Der Ruhm. Eine Epistel an Geßner. In: Berlinische Monatsschrift. Hg. von F. Gedike und J. E. Biester. Neunter Band. Berlin 1787. 334–345, hier 345.

Lit.: Ernst Theodor Voss [Hg.]: Johann Jakob Engel: Über Handlung, Gespräch und Erzählung. Stuttgart (Metzler Bd. 37) 1964. Nachwort 1*–171*; ders. [Hg.]: Salomon Gessner: Idyllen. Kritische Ausgabe. Stuttgart (Reclam) 1973. Schlußbemerkung 321–323; Helmut J. E. Schneider: Bürgerliche Idylle. Studien zu einer literarischen Gattung des 18. Jahrhunderts am Beispiel von Johann Heinrich Voss. Bonn 1975; Klaus Garber [Hg.]: Europäische Bukolik und Georgik. Darmstadt (Wissenschaftliche Buchgesellschaft) 1976 (= Wege der Forschung 355); Renate Böschenstein-Schäfer: Idylle. 2. Aufl. Stuttgart (Metzler Bd. 63) 1977; Helmut J. Schneider [Hg.]: Idyllen der Deutschen. Texte und Illustrationen. Frankfurt am Main (Insel) 1978 (mit einem Nachwort: Die sanfte Utopie. Zu einer bürgerlichen Tradition literarischer Glücksbilder. 353–423.).

Literaturverzeichnis (Auswahl)

Ausst. Basel 1979. Zeichnungen aus dem Basler Kupferstichkabinett. Bearb. von Yvonne Boerlin-Brodbeck. Kunstmuseum Basel. 1979.

Ausst. Bonn–Bad Godesberg. Wie die Alten den Tod gebildet. Wandlungen der Sepulkralkultur 1750–1850. Mainz 1979. (= Kasseler Studien zur Sepulkralkultur. Bd. 1).

Ausst. Braunschweig 1975. Deutsche Kunst des Barock. Herzog Anton Ulrich Museum. Braunschweig 1975.

Ausst. Köln 1974. Idylle, Klassizismus und Romantik. Deutsche Druckgraphik zu Wallrafs Zeiten. Bearb. von Hella Robels. Wallraf-Richartz-Museum. Köln 1974.

Ausst. Marbach 1966. Auch ich in Arcadien. Kunstreisen nach Italien 1600–1900. Hrsg. v. Bernhard Zeller. Sonderausstellung des Schiller-Nationalmuseums. Katalog Nr. 16. Stuttgart 1966.

Ausst. Warschau 1974. Sztuka Baroku w. Niemczeck. Muzeum Narodowe w Warszawie. Pażdziernik 1974.

Ausst. Yverdon 1977. Pestalozzi et son temps – L'enfant à l'aube du 19e siècle. Hôtel-de-Ville et château. Yverdon 1977.

Ausst. Zürich 1930. Salomon Gessner 1730–1788. Schriften / Radierungen / Zeichnungen / Malereien / Porzellan. Kunsthaus Zürich. 1930.

Ausst. Zürich 1969. 450 Jahre Druckerei und Verlag. Art Institut Orell Füssli. Helmhaus Zürich. 1969.

Ausst. Zürich 1969. Zürcher Malerei im 18. Jahrhundert. Haus zum Rechberg. Zürich 1969.

Ausst. Zürich 1973. Schweizer Stilleben im Barock. Haus zum Rechberg. Schweiz. Institut für Kunstwissenschaft. Zürich 1973.

Ausst. Zürich 1977. Kennst du das Land ... Bearb. von Marcel Baumgartner. Wohnmuseum Bärengasse. Zürich 1977.

Baechtold, Jakob: Geschichte der Deutschen Literatur in der Schweiz. Frauenfeld 1892.

Baldensperger, Fernand: Gessner en France. In: Revue d'histoire littéraire de la France. 10. 1903.

Baldensperger, Fernand: L'Episode de Gessner dans la littérature européenne. In: Salomon Gessner 1730–1930. Gedenkbuch. Zürich 1930. S. 85–116.

Bechstein, Hanns: Reisen in den Klassizismus. Leipzig 1975.

Berckenhagen, Ekhart: Anton Graff. Leben und Werk. Berlin 1967.

Bernhard, Klaus: Idylle. Theorie, Geschichte, Darstellung in der Malerei 1750–1850. Zur Anthropologie deutscher Seligkeitsvorstellungen. Köln/Wien 1977.

Bernoulli, Rudolf: Der Kupferstecher und Buchkünstler Salomon Gessner. In: Salomon Gessner 1730–1930. Gedenkbuch. Zürich 1930. S. 73–84.

Bernoulli, Rudolf: Zu Salomon Geßners Arbeitsweise. In: Zeitschriften für Schweizerische Archäologie und Kunstgeschichte. IX. 1947. S. 31–33.

Bircher, Martin: Shakespeare im Zürich des 18. Jahrhunderts. In: Geist und Schönheit im Zürich des 18. Jahrhunderts. Zürich 1968. S. 59–104.

Bircher, Martin und Straumann, Heinrich: Shakespeare und die deutsche Schweiz bis zum Beginn des 19. Jahrhunderts. Bern u. München 1971.

Blümner, Hugo (Hrsg.): Winckelmanns Briefe an seine Züricher Freunde. Nach den auf der Züricher Stadtbibliothek aufbewahrten Originalen in vermehrter und verbesserter Gestalt neu herausgegeben. Freiburg i. Br. u. Tübingen 1882.

Bodmer, Johann Jakob. Denkschrift zum CC. Geburtstag. Zürich 1900.

Boerlin-Brodbeck, Yvonne: Johann Caspar Füssli und sein Briefwechsel mit Jean-Georges Wille. Marginalien zu Kunstliteratur und Kunstpolitik in der zweiten Hälfte des 18. Jahrhunderts. In: Beiträge zur Kunst des 17. und 18. Jahrhunderts in Zürich. Jahrbuch 1974–77 des Schweiz. Instituts für Kunstwissenschaft. Zürich 1978. S. 77–178.

Böschenstein-Schäfer, Renate: Idylle. In: Sammlung Metzler M 63. Stuttgart ^{2}1977. (Mit guter Bibliographie).

Brunner, Horst: Die poetische Insel. Insel und Inselvorstellung in der deutschen Literatur. Stuttgart: Metzler 1967 (Germanistische Abhandlungen 21). S. 113 ff und passim.

Cetto, Anna Maria und Gradmann, Erwin: Schweizer Malerei und Zeichnung im 17. und 18. Jahrhundert. Basel 1944.

Dedner, Burghard: Topos, Ideal und Realitätspostulat. Studien zur Darstellung des Landlebens im Roman des 18. Jahrhunderts. Tübingen 1969.

Deusch, Werner R.: Die französischen Illustrationsfolgen zu Salomon Gessners Werken. Hans Fürstenberg zum 75. Geburtstag. In: Philobiblon IX, 1. 1965. S. 2–17.

Ducret, Siegfried: Die Zürcher Porzellanmanufaktur und ihre Erzeugnisse im 18. und 19. Jahrhundert. 2 Bde. Zürich 1958.

Ermatinger, Emil: Salomon Geßner, der Mensch und der Dichter (Raum und Zeit – Der Mensch – Der deutsche Theokrit). In: Salomon Gessner 1730–1930. Gedenkbuch. Zürich 1930. S. 1–52.

Ermatinger, Emil: Dichtung und Geistesleben der deutschen Schweiz. München. 1933.

Ermatinger, Emil (Hrsg.): Zürich im Spätrokoko (darin: „Brief des Conte di Sant'Alessandro"). Frauenfeld 1940.

Ernst, Fritz: Der europäische Gessner. In: Neue Zürcher Zeitung. Nr. 619. 1. April 1930.

Faesi, Robert: Salomon Gessner, Heimat und Genius. Frauenfeld und Leipzig 1933.

Fechner, Jörg-Ulrich: Erfahrene und erfundene Landschaft. Aurelio de' Giorgi Bertòlas Deutschlandbild und die Begründung der Rheinromantik. Opladen 1974.

Finsler, Georg: Zürich in der zweiten Hälfte des 18. Jahrhunderts. Zürich 1884.

Frei, Karl: Salomon Gessner und die Porzellanmanufaktur im Schooren. In: Salomon Gessner 1730–1930. Gedenkbuch. Zürich 1930. S. 149–160.

Frey, Adolf: Salomon Geßner. Zur hundertsten Wiederkunft seines Todestages. In: Deutsche Rundschau 14. 1888. S. 450–455.

Fromer-im Obersteg, Liselotte: Die Entwicklung der schweizerischen Landschaftsmalerei im 18. und 19. Jahrhundert. Diss. Basel 1945.

Garber, Klaus (Hrsg.): Europäische Bukolik und Georgik. Wiss. Buchges. Darmstadt 1976 (= Wege der Forschung CCCLV).

Gessner, Salomon: Werke. Auswahl. Hrsg. v. Adolf Frey. In: Deutsche National-Litteratur Bd. 41. Berlin u. Stuttgart [1884].

Gessner, Salomon: Idyllen. Hrsg. v. E. Theodor Voss. Stuttgart 1973. (Mit guter Bibliographie).

Gessner, Salomon: Sämtliche Schriften in drei Bänden. Hrsg. v. Martin Bircher. Zürich 1972–1974. (zitiert: Gessner: Gesamtausgabe)

Salomon Gessner 1730–1930. Gedenkbuch zum 200. Geburtstag herausgegeben vom Lesezirkel Hottingen. Zürich 1930. [Die Beiträge sind einzeln verzeichnet.]

Das Salomon Gessner-Haus „Zum Schwanen" an der Münstergasse 9 in Zürich. Zürich 1952.

Gies, Hans: Zu Salomon Geßners „Ein Gemähld aus der Syndfluth" und zwei kleinen Ölgemälden. Konstanz 1968.

Guthke, Karl S.: Haller und die Literatur. Göttingen 1962.

Guthke, Karl S. (Hrsg.): Hallers Literaturkritik. Tübingen 1970.

Hafner, Franz: Johann Jacob Bodmer, der Vater des europäischen Zürich. In: Geist und Schönheit im Zürich des 18. Jahrhunderts. Zürich 1968. S. 15–58.

Hibberd, John: Gessner in England. In: Revue de littérature comparée. 47. Jg. 1973. S. 296–306.

Hibberd, John: Salomon Gessner's Idylle as Prose Poems. In: The Modern Language Review. 68. 1973.

Hibberd, John: Salomon Gessner. His Creative Achievement and Influence. Cambridge 1976.

Hoffmeister, Gerhart: Gessners Daphnis – das Ende des europäischen Schäferromans. In: Studia Neophilologica 44. 1972.

Hürlimann, Martin: Die Aufklärung in Zürich. Die Entwicklung des Zürcher Protestantismus im 18. Jahrhundert. Leipzig 1924.

Hugelshofer, Walter: Schweizer Kleinmeister. Zürich 1943.

Im Hof, Ulrich: Isaak Iselin. Sein Leben und die Entwicklung seines Denkens bis zur Abfassung der „Geschichte der Menschheit" von 1764. 2 Bde. Basel 1947.

Im Hof, Ulrich: Aufklärung in der Schweiz. Bern 1970.

Jäger, Hella: Naivität. Eine kritisch-utopische Kategorie in der bürgerlichen Literatur und Ästhetik des 18. Jahrhunderts. Kronberg/Ts. 1975.

Kaiser, Gerhard: Wandrer und Idylle. Goethe und die Phänomenologie der Natur in der deutschen Dichtung von Goethe bis Gottfried Keller. Göttingen 1977.

Kamber, Urs Viktor: Johann Jakob Hottinger: Briefe von Selkof an Welmar. Herausgegeben von Welmar. Zürich 1777. Zu einer rationalistischen Version des Briefromans im 18. Jh. In: Deutsche Vierteljahrsschrift für Literaturwissenschaft und Geistesgeschichte 47. 1973. S. 381–399.

Kesselmann, Heidemarie: Die Idyllen Salomon Geßners im Beziehungsfeld von Ästhetik und Geschichte im 18. Jahrhundert. Ein Beitrag zur Gattungsgeschichte der Idylle. Kronberg/Ts. 1976.

Kircher, Gerda: Vedute und Ideallandschaft in Baden und in der Schweiz, 1750–1850. Heidelberg 1928.

Körte, Wilhelm (Hrsg.): Briefe der Schweizer Bodmer, Sulzer, Geßner. Aus Gleims litterarischem Nachlasse. Zürich 1804.

Landsberger, Franz: Die Kunst der Goethezeit. Leipzig 1931.

Lange, Thomas: Idyllische und exotische Sehnsucht. Formen bürgerlicher Nostalgie in der deutschen Literatur des 18. Jahrhunderts. Kronberg/Ts. 1976.

Leemann-van Elck, Paul: Salomon Gessner. Sein Lebensbild mit beschreibenden Verzeichnissen seiner literarischen und künstlerischen Werke. Monographien zur Schweizer Kunst. Bd. 6. Zürich und Leipzig 1930.
(Zitiert: L – Die grundlegende Bibliographie für die Schriften, Übersetzungen und für die Graphik.)

Leemann-van Elck, Paul: Salomon Geßners Beziehungen zu Zeitgenossen. Mit 28 ungedruckten Briefen an S. Geßner. In: Zürcher Taschenbuch für das Jahr 1931. Zürich 1930. S. 1–66.

Leemann-van Elck, Paul: Salomon Geßner im Kreise zeitgenössischer Freunde. In: Jahrbuch „Das Bodenseebuch 1930".

Leemann-van Elck, Paul: Salomon Geßners Freundschaft mit Anton Graff. In: Zürcher Taschenbuch auf das Jahr 1938. Zürich 1937. S. 186–211.

Leemann-van Elck, Paul: Judith Geßner, die Gattin des Idyllendichters und Malers Salomon Geßner, mit einer Auswahl ihrer Familienbriefe. Zürich 1942.

Leemann-van Elck, Paul: Salomon Geßner als Buchkünstler In: Stultifera Navis. Mitteilungsblatt der Schweiz. Bibliophilen-Gesellschaft. 7. Jg. 1950. S. 77–84.

Merker, Paul (Hrsg.): Deutsche Idyllendichtung 1700–1840. Nach stilgeschichtlichen Gesichtspunkten ausgewählt von Paul Merker. Berlin 1934.

Meyer-Huber, Vera: Die Entwicklung des Paysage intime in der schweizerischen Landschaftsmalerei des 19. Jahrhunderts. Zürich 1946.

Mörikofer, Johann Caspar: Die Schweizerische Literatur des achtzehnten Jahrhunderts. Leipzig 1861.

Nagel, Leo: Probleme der Idyllendichtung. In: Weimarer Beiträge. Heft 7. 1970.

Noseda, Irma: Das Gessner-Denkmal, ein Krokus im Bürgerlichen Frühling. In: Tages Anzeiger Magazin. 15. 2. 1975. S. 30–33.

Pfister-Burkhalter, Margarete: Ein Skizzenbuchblatt von Salomon Geßner. In: Zeitschrift für Schweizerische Archäologie und Kunstgeschichte. IX. 1947. S. 119–121.

Raabe, Paul: Lorbeerkranz und Denkmal. Wandlungen der Dichterhuldigungen in Deutschland. In: Festschrift für Klaus Ziegler. Tübingen 1968. S. 411–426.

Roethlisberger, Marcel: L'opera completa di Claude Lorrain. Mailand 1975.

Roskamp, Diedrich: Salomon Gessner im Lichte der Kunsttheorie seiner Zeit. Diss. Marburg 1935.

Rychner, Max: Rückblick auf vier Jahrhunderte. Entwicklung des Art. Institut Orell Füssli in Zürich. Zürich 1925 (178 S., 67 Tafeln).

Rychner, Max: Salomon Geßner als Verleger. In: Salomon Gessner 1730–1930. Gedenkbuch. Zürich 1930. S. 127–135.

Salzmann, Martin: 450 Jahre Zürcher Druck und Verlagsgeschichte. (Zur Ausstellung des Orell Füssli-Verlags im Helmhaus.) Zürich 1969.

Schmidt, Paul. F.: Geßner, der Meister der Idylle. München 1921.

Schneider, Helmut J. E.: Bürgerliche Idylle. Studien zu einer literarischen Gattung des 18. Jahrhunderts am Beispiel von Johann Heinrich Voss. Bonn 1975.

Schneider, Helmut J. (Hrsg.): Idyllen der Deutschen. Frankfurt/M. 1978. (Anthologie und Anhang: Die sanfte Utopie. Zu einer bürgerlichen Tradition literarischer Glücksbilder. S. 353–442).

Schnur, Harry C. und Kössling, Rainer (Hrsg.): Die Hirtenflöte. Bukolische Dichtungen von Vergil bis Geßner. Leipzig (Reclam 690) 1978.

Schnyder, Rudolf: Porzellan und Fayence im Zunfthaus zur Meisen. Aus dem Schweizerischen Landesmuseum 27. Bern 1978.

Schollenberger, Hermann: Grundriß zur Geschichte der deutschschweizerischen Dichtung. 1. Bd. 1789–1830. Dresden u. Bern 1919.

Sengle, Friedrich: Wunschbild Land und Schreckbild Stadt. Zu einem zentralen Thema der neueren deutschen Literatur. In: Studium generale. 16. 1963.

Straßer, Rudolf: Stilprobleme in Geßners Kunst und Dichtung. Heidelberger Diss. Berlin 1936.

Ulrich, Conrad: Begegnungen mit Zürich. Zürich 1965.

Voss, E. Th.: Salomon Gessner. In: Deutsche Dichter des 18. Jahrhunderts, Ihr Leben und Werk. Unter Mitarb. zahlr. Fachgelehrter hrsg. von Benno Wiese. Berlin (E. Schmidt) 1977. S. 249–275.

Voss, E. Th.: Zur Beziehung von Klopstock und Gessner, anläßlich zweier Briefe aus dem Jahre 1760. In: Zeitschrift für deutsche Philologie. Bd. 97. 1978. S. 534-561.

Wartmann, Wilhelm: Der Maler und Zeichner Salomon Gessner. In: Salomon Gessner 1730–1930. Gedenkbuch. Zürich 1930. S. 53–72.

Weber, Werner: Wiederfinden: Salomon Gessner. In: Neue Zürcher Zeitung. 7. Mai 1972. S. 49.

Wehrli, Max: Salomon Geßner. In: Große Schweizer. Zürich 1939.

Wehrli, Max: Das geistige Zürich im 18. Jahrhundert. Texte und Dokumente von Gotthard Heidegger bis Heinrich Pestalozzi. Zürich 1943.

Weisz, Leo: Gessner in Ungarn. In: Neue Zürcher Zeitung. Nr. 619. 1. April 1930.

Weisz, Leo: Der Rats- und Sihlherr Salomon Gessner. In: Salomon Gessner 1730–1930. Gedenkbuch. Zürich 1930. S. 136–148.

Weisz, Leo: Salomon Gessner als Verlagsbuchhändler. In: Orell Füßli Almanach. 1931. S. 11–26.

Weisz, Leo: Die Redaktoren der Neuen Zürcher Zeitung bis zur Gründung des Bundesstaates 1780–1848. Zürich 1961.

Wernle, Paul: Der schweizerische Protestantismus im XVIII. Jahrhundert. 3 Bände. Tübingen 1923/24.

Widmer, Sigmund: Zürich. Eine Kulturgeschichte. Bd. 7: Schöngeister und Aufrührer. Zürich u. München 1979.

Wölfflin, Heinrich: Salomon Geßner. Mit ungedruckten Briefen. Frauenfeld 1889.

Wölfflin, Heinrich: Zur allgemeinen Charakteristik von Gessners Kunst. In: Salomon Gessner 1730–1930. Gedenkbuch. Zürich 1930. S. 117–126.

Wüthrich, Lucas: Vignetten und allerlei Kunstfertiges von dem Zürcher Salomon Gessner. In: Die Weltkunst. H. 21. 1964.

Zürcher, Richard: Salomon Gessner 1730–1788. In: Geist und Schönheit im Zürich des 18. Jahrhunderts. Zürich 1968. S. 105–167.

Namenregister